# HISTORIA DE LA
# LITERATURA ESPAÑOLA

# HISTORIA
# DE LA
# LITERATURA ESPAÑOLA

**EDICIÓN REVISADA**

## Angel del Río

*late of Columbia University*

## TOMO II

DESDE 1700 HASTA NUESTROS DÍAS

HOLT, RINEHART AND WINSTON

NEW YORK

ISBN:   0-03-019075-4

Printed in the United States of America

A  MI  MUJER
AMELIA  AGOSTINI

# Ángel del Río

(n. Soria, 1901; m. Nueva York, 1962)

Aunque se especializó en historia, Ángel del Río se dedicó pronto a la filología y, sobre todo, a la literatura. Su vasta erudición y la claridad de su mente las puso al servicio de la pedagogía a la que llevó la vocación del verdadero maestro que ve en el discípulo no sólo un ente intelectual al que ha de guiar y estimular sino un ser humano al que es preciso comprender. Su obra como ensayista y crítico interpreta especialmente la literatura moderna; dedica múltiples estudios a Jovellanos, Galdós, Unamuno, Fernando de los Ríos; un libro a Federico García Lorca, monografías a Salvador de Madariaga, Pedro Salinas y Eugenio Florit. Pero no se limita del Río a la literatura contemporánea sino que escribe sendos ensayos sobre los moralistas españoles de los siglos XVI y XVII, sobre Lope de Vega y Cervantes. "El equívoco de don Quijote," traducido al inglés por Arthur Armstrong, apareció en *Varieties of Literary Experience* (*Eighteen Essays in World Literature*), con una Introducción de Stanley Burnshaw, New York University Press, 1962. Esta obra, publicada después de su muerte, fue dedicada a su memoria. Al estudiante americano, del norte o del sur, habrá de interesarle el libro *El mundo hispánico y el mundo anglo-sajón en América* (*Choque y atracción de dos culturas*), 1960, que contiene dos de las varias conferencias que pronunció en siete repúblicas suramericanas en el año 1959. Del Río fue director de Lenguas Romances en la Universidad de Nueva York, profesor de Columbia University, donde dirigió el Instituto Hispánico en los Estados Unidos y la *Revista Hispánica Moderna,* desde 1953 a 1962. Fue también director de la Escuela Española de Verano de Middlebury College 1950-54. Las horas dedicadas a estas labores le quitaron tiempo para dos libros que no pudo terminar: uno sobre el siglo XVIII y otro sobre Antonio Machado, su maestro en Soria. Castellano viejo y ciudadano americano desde 1941 —vivió 37 años en América— supo comprender y valorar ambas culturas.

## Advertencia a la edición de 1963

La *Historia de la Literatura Española* publicada en 1948 (4.ª edición en 1956) fue concebida y ejecutada bajo ciertas limitaciones de tiempo y, sobre todo, de espacio, y con un criterio pedagógico por el que se sacrificó—acertadamente según la opinión del autor—la acumulación de datos a la valoración crítica de los hechos literarios y al propósito de estimular el gusto por la literatura. El éxito, de que recibió numerosos testimonios Ángel del Río, demuestra que no erró el propósito.

En esta edición de 1963, que el autor revisó con mayor reposo y sin tantas restricciones de espacio, se intentan dos cosas:

1) Por un lado conservar su condición de texto relativamente elemental dedicado a la enseñanza, evitando caer en el mamotreto erudito cuyas fechas y nombres constituyen un escollo para el estudiante.

2) Como se hacía constar en la primera edición, el autor—aunque esperaba que su criterio y sus preferencias fueran patentes—pretendió reunir la riqueza de aportaciones críticas de los últimos quince años, entre las que descuellan las de A. Castro, P. Salinas, D. Alonso, María Rosa Lida, Bataillon, Morley y otros muchos, tanto españoles como extranjeros.

La ampliación mayor quizás sea más evidente en la parte medieval, por lo mismo que fue la más sacrificada a las restricciones que los editores y el autor impusieron de común acuerdo.

Se ha aumentado la bibliografía y se ha dado un orden más claro mediante la clasificación por temas o materias en cada capítulo. Se citan a veces estudios especiales, lo cual podría confundir al lector al no ver citados otros muchos de importancia mayor o igual. La razón de ello es que los citados se relacionan generalmente con algún punto especial que destaca o al que se alude dentro del carácter sintético o elemental de la exposición.

Finalmente en la bibliografía extranjera se notará una preferencia por los estudios de lengua inglesa. La razón es obvia, ya que este libro nació directamente de la enseñanza en las universidades norteamericanas y a ellas se destina en primer lugar. Se mantiene el criterio explicado en la "Advertencia" a la primera edición aquí reproducida, es decir: dar una bibliografía selecta, y con miras a la utilidad que pueda tener para el estudiante o un lector de tipo general, no para el erudito o el especialista.

La revisión hecha por Ángel del Río quedó trunca en el capítulo dedicado a la época contemporánea. Comenzando con D. Américo Castro soy responsable de la revisión—así de la incorporación de algunos autores como del aumento de información sobre otros ligeramente mencionados en ediciones anteriores. También he tratado de poner al día la bibliografía del último capítulo.

El Índice-glosario no se reproduce íntegro en los dos volúmenes; va uno especial para cada tomo. Se ha prescindido de los asteriscos que se emplearon en el texto para marcar los nombres de escritores extranjeros y términos técnicos o históricos que van en el Índice-glosario.

En cuanto a los Apéndices sobre las literaturas catalana y gallega quedan lo mismo que en la primera edición.

Expreso mi agradecimiento al profesor Ricardo Gullón por la lectura del texto añadido en las últimas páginas del segundo volumen, y por su valiosa y cordial ayuda.

Amelia A. Vda. de del Río

*Nueva York, junio de 1963*

## Advertencia a la primera edición

De acuerdo con el propósito histórico que indica el título de este libro, hemos intentado en él estudiar y resumir la evolución de la literatura española, caracterizada como toda evolución, por la continuidad de ciertos rasgos distintivos y por los cambios que el transcurso del tiempo produce en esos rasgos como resultado de su propio desarrollo o por la influencia de diversos factores.

Por eso nos detenemos a definir los caracteres de cada época en lo que tienen de común con los de las épocas precedentes y en lo que tienen de nuevo y distinto. Dentro de cada época estudiamos los fenómenos más significativos junto con las obras y los escritores que mejor la representan. Cada escritor está visto como unidad indivisible. El dividir el estudio de un escritor según los géneros que cultiva, procedimiento bastante común en las historias de la literatura, conduce, a nuestro juicio, a la confusión porque relega a segundo término el elemento básico de toda creación literaria, que es la personalidad misma del autor. No vemos razón para tratar en un capítulo de Cervantes como novelista y en otro de Cervantes como poeta o dramaturgo; ni creemos que tenga utilidad alguna el separar al Quevedo moralista del Quevedo poeta o satírico. Para evitar que la obra se convirtiese en un catálogo de nombres y fechas, hemos prestado poca atención a las figuras secundarias. Éstas se estudian solamente en relación con las figuras más importantes o con referencia al desarrollo de tendencias y corrientes; pero, dentro de ese criterio, hemos procurado mencionar a cuantos escritores, por pequeño que sea su mérito, tuvieron alguna significación en su tiempo o dan, agrupados,

ix

idea del alcance de un género o de un movimiento literario en una época determinada.

Sin olvidar el carácter elemental de la obra, hemos procurado también aludir a la relación entre los fenómenos literarios y los de otra índole (históricos, artísticos, sociales, etc.) y a la relación de la literatura española con otras literaturas, siempre que la alusión a esas relaciones facilite la comprensión de la obra y la personalidad de un autor o del espíritu de una época.

Más que expresar puntos de vista originales o aportar nuevos datos, nuestro propósito ha sido el de sintetizar en forma asequible al estudiante de literatura española lo más significativo de lo que hoy se sabe y se piensa sobre ella.

La bibliografía va al fin de cada capítulo y ha sido seleccionada pensando en su utilidad para el estudiante. En la que sigue a la introducción recomendamos algunos ensayos de tipo interpretativo, las historias de la literatura y las antologías más conocidas, algunas obras en campos que pudiéramos llamar auxiliares (historia, geografía, historia de la lengua) y las bibliografías de carácter más general. En la de cada período, citamos las ediciones de las obras importantes más fáciles de consultar, que, dentro de esa facilidad, tienen textos aceptables; los mejores estudios de conjunto y las mejores monografías sobre los escritores de mayor significación. No indicamos, salvo alguna excepción, estudios de puntos especiales ni obras cuyo valor, a veces muy grande, es principalmente erudito. Debemos advertir que obras citadas en la bibliografía de un capítulo deben tenerse en cuenta para el estudio de la materia incluída en otros, pero con objeto de evitar repeticiones sólo las citamos más de una vez en algunos casos de importancia excepcional. Tampoco repetimos en la sección de "estudios" de cada capítulo la referencia a los prólogos de las ediciones citadas en la sección de "textos" que muchas veces constituyen la mejor introducción crítica a la obra de un autor.

Combinado con el índice alfabético de autores va un glosario en el que explicamos en forma sumaria términos técnicos, abstractos o históricos cuya significación no está siempre clara para el alumno y hacemos alguna indicación sobre los escritores, pensadores y personajes extranjeros citados en el texto. Este Índice—glosario se reproduce íntegro en los dos volúmenes. Las palabras en él incluídas van marcadas con un asterisco la primera vez que aparecen en cada uno de ellos.

Para terminar esta advertencia deseamos expresar nuestro agradecimiento más ferviente a varios colegas: al profesor Joseph E. Gillet, de

Bryn Mawr College, por una lectura muy cuidadosa del texto y una larga lista de utilísimas indicaciones de toda clase; al profesor Eugenio Florit, de Barnard College, que también leyó el texto íntegro según se iba escribiendo y nos alentó con su juicio amistoso y con su consejo; a Miguel Pizarro, de Brooklyn College, que leyó algunos capítulos e hizo de ellos una crítica asimismo utilísima; a los editores de la Dryden Press, Mr. Stanley Burnshaw y el profesor Frederick Ernst por sus indicaciones editoriales y su múltiple ayuda. Si a pesar del consejo de estos buenos amigos se han deslizado algunos errores, el autor reclama para él toda la responsabilidad.

Ángel del Río

*Nueva York, julio de 1948*

# Índice

# 1 SIGLO XVIII: REFORMA, ILUSTRA- CIÓN Y NEOCLASICISMO

## I. Introducción: carácter del siglo

**El problema de su valoración en la cultura española.** — Al acabar, por agotamiento, su gran época clásica, entra la cultura española en una etapa nueva bajo el impulso, amortiguado al pasar los Pirineos, de la gran sacudida intelectual que agita al mundo europeo. El impulso llegará también a la América española donde engendrará el movimiento independentista. El siglo XVIII, pasados los primeros años de completa esterilidad, será un siglo de esforzada ascensión, desde el punto más bajo de la decadencia. El esfuerzo perseguirá un doble propósito: el de establecer un contacto cada vez mayor con los focos de la cultura moderna, es decir, con los otros países europeos, y el de reanimar la tradición nacional, salvando, mediante una revisión meditada, los valores compatibles con el nuevo espíritu racionalista, científico y liberal.

Fue, por tanto, el siglo XVIII una época eminentemente crítica, de lucha ideológica, encaminada a la transformación de ideas, instituciones y creencias. Por un momento —los años de Carlos III— pareció que la reforma podía llevarse a cabo, sin trastornar las bases fundamentales de la realidad nacional; que los reformadores podían conseguir su doble intento. Mas los temores producidos por la revolución francesa suscitaron una fuerte reacción defensiva en el sector tradicionalista. La política ilustrada quedó interrumpida, sus propulsores fueron anulados, cuando no perseguidos, y el país empezó a polarizarse en dos posiciones extremas. Por primera vez, hacia fines del siglo, hay quien habla de liber-

1

tad y revolución, mientras, en el otro bando, los poderes represivos recobran la fuerza que habían perdido. El país se divide profundamente y se incuban los gérmenes que iban a convertir las polémicas intelectuales del siglo XVIII, en lucha política armada: en una casi permanente guerra civil, aún persistente en nuestros días.

Se explica así que la interpretación misma de lo que el setecientos significa en la historia de la cultura española se haya hecho con ánimo polémico y que su valoración resulte afectada por el partidismo tradicionalista o liberal, expresión de lo que vendrá a llamarse "las dos Españas." Cuando Menéndez Pelayo, por ejemplo, se enfrenta con el siglo XVIII, se deja llevar por su pasión de abanderado del tradicionalismo y, en tanto que alaba sin medida a escritores mediocres sin más razón que la de haber sido fieles a una tradición ya infecunda, rebaja el valor de otros por haber sido víctimas de lo que él consideraba como perjudicial contaminación de la impiedad extranjera.

Hay desde luego razones suficientes para que los españoles, sobre todo los enamorados de las antiguas glorias, miren al siglo XVIII como una etapa desgraciada de la historia nacional. En 1700, tras de la muerte de Carlos II, pasa el trono de España a Felipe V, nieto de Luis XIV. Entra así a reinar en el país la dinastía francesa de los Borbones, al ganar "la guerra de sucesión," que dura trece años, en la que el país se divide y de la que sale muy quebrantado.

Primer caso, desde los tiempos medievales, de contienda civil entre españoles dentro y como parte de una guerra internacional. Es decir, en que la discordia española sirve a intereses extranjeros: Francia, que combate por su hegemonía frente a Austria e Inglaterra. [1]

En la Paz de Utrecht (1713) y luego en la de Rastadt (1714), el imperio español en Europa se deshace: pierde la monarquía española Sicilia, Cerdeña, Milán, Luxemburgo y el Franco Condado, e incluso dos pedazos del territorio nacional, Gibraltar y Menorca. La política de los Borbones posteriores, si en el dominio interno —cultura, economía, administración— tuvo mucho de beneficiosa, sobre todo en los reinados de Fernando VI (1746-59) y Carlos III (1759-88), fue en el internacional casi siempre funesta, quizás más por las circunstancias que por

---

[1] Las rebeliones de Portugal y Cataluña —partidarios ahora de los ingleses y austríacos— en el siglo XVII tuvieron también sus contactos internacionales, pero jugaban entonces elementos distintos, en cuyo análisis no es necesario entrar aquí.

la torpeza de los dirigentes. Mediante los llamados Pactos de Familia (1733; 1743; 1761) o alianza entre los monarcas de la Casa de Borbón, España estuvo supeditada a la política francesa y, ocasionalmente, a la inglesa, en las rivalidades entre los dos poderes que ahora se disputaban el mando. Fue debilitándose cada vez más, sobre todo, en el Nuevo Mundo donde empezó a perder posesiones periféricas y donde se iban infiltrando las ideas emancipadoras. Sólo el rey Fernando VI —a quien se atribuye la frase "Nunca consentiré ser, en el trono de España, virrey del rey de Francia"— supo mantener una política de neutralidad, a partir de la paz de Aquisgrán (1748), que terminó poco después de su muerte con la firma del Tercer Pacto (1761) y el comienzo de una nueva guerra con los ingleses, en 1762. Fue durante este intermedio pacífico, cuando, bajo la dirección de varios gobernantes y, en especial, del marqués de la Ensenada, se inició a fondo la reforma, ya preparada por algunos ministros de Felipe V.

El siglo termina, como hemos sugerido, con una reacción, preludio de hondas conmociones. Carlos IV, en 1808, se entrega vergonzosamente en manos de Napoleón, los españoles se levantan contra sus ejércitos de ocupación en la guerra de la Independencia y el proceso de desmembración del Imperio se acelera con las rebeliones de las colonias americanas.

El siglo que había empezado con el país dividido por una guerra en la que las potencias extranjeras se disputaban el trono de España, acaba viendo ese mismo trono ocupado por otro monarca francés, José I, hermano de Napoleón, y con los españoles en armas contra quien consideran un usurpador.

No es extraño, pues, que en la visión histórica de la época haya entrado un sentimiento de fracaso nacional visible también en la valoración de la literatura, interpretada con un simplismo tendencioso. Así es común estudiar las corrientes literarias como resultado exclusivo en un sentido u otro de la influencia francesa, entronizada por la dinastía borbónica: de un lado, neoclasicismo y enciclopedismo, de origen francés; de otro, la reacción tradicionalista o nacionalista del espíritu castizo contra todo lo extranjero.

Simplificación arraigada que necesita algunas aclaraciones. Es por de pronto insuficiente explicar la influencia francesa por un hecho puramente político como el cambio de dinastía. Los contactos con el mundo francés se inician antes de 1700, aún en pleno Siglo de Oro, y además esa influencia fue universal. Francia, como antes Italia y luego España, llegaba al momento de su hegemonía cultural. Todo el mundo sintió su huella y el que los Borbones ocupasen el trono de España no hizo sino acentuarla.

Más importante es señalar el hecho de que la influencia francesa no fue la única y, en algunos aspectos esenciales, ni siquiera la preponderante. Lo característico, el hecho nuevo, es la comunicación de España con "el espíritu europeo," el esfuerzo por salir del aislamiento que Felipe II había impuesto. La intermediaria es con frecuencia Francia y entre las fuentes inmediatas predominan sin duda las francesas. Pero en la génesis de algunas de las corrientes renovadoras más profundas, junto a lo francés, aparecen lo inglés o lo italiano.

Feijoo se documenta para sus ensayos en las *Mémoires de Trévoux* o en el *Journal des Savants,* mas el impulso ideológico lo recibe de Francis Bacon, a quien siempre alude como a su maestro. Jovellanos debe, tanto o más que a los enciclopedistas franceses, a pensadores ingleses como Locke y Adam Smith. Y en la poesía de Meléndez y sus contemporáneos, Pope y Young influyen a la par con Saint-Lambert.

No menos importantes son los contactos con Italia. Las teorías literarias de Luzán, punto de arranque del neoclasicismo, proceden de los preceptistas italianos, Muratori en primer lugar, tanto como de los franceses. Metastasio, Goldoni y, a fines del siglo, Alfieri gozan de extraordinario prestigio. Su influjo directo es quizá mayor que el de ningún otro escritor extranjero. La corte de Felipe V, después de su segundo matrimonio con Isabel de Farnesio, está dominada por italianos como el ministro Alberoni y el cantante Farinelli. La música se italianiza y músicos como Boccherini y Domenico Scarlatti pasaron una gran parte de su vida en la corte española. Carlos III va desde el trono de Nápoles al de Madrid. Y los jesuitas expulsados de España en 1767 y refugiados en Italia, entre los cuales se encuentran algunos nombres ilustres, escriben muchas de sus obras en italiano y absorben la cultura de Italia mientras polemizan allí en defensa de las letras españolas con críticos como Tiraboschi y Bettinelli.

Pero la influencia extranjera no fue todo y acaso no fue lo más importante, aunque actuase de elemento catalizador. Paralelos al interés por incorporarse a las corrientes de la cultura europea, se desarrollan los esfuerzos por revitalizar las raíces del espíritu nacional, reanudando el hilo perdido. Una crítica hostil casi siempre al siglo XVII investiga los orígenes de la grandeza española en la Edad Media y sobre todo en el siglo XVI. Se inician las polémicas críticas en torno a la decadencia. Historiadores o eruditos como Masdeu, el padre Flórez, el padre Sarmiento, Mayáns, o críticos del tipo de Jovellanos, Cadalso y Forner revalorizan las figuras de los Reyes Católicos, de Cisneros, de Cortés, de Vives y Cervantes. Los poetas de la escuela de Salamanca quieren desenterrar la lira de fray Luis y los de Sevilla la inspiración de Herrera. En la época de Carlos III España presenta un grupo preclaro de escritores reformadores, críticos y eruditos. Se estudia todo y se echan cimientos para una reconstrucción de la cultura española, de una solidez mucho mayor de lo que los denigradores sistemáticos de esta época han reconocido.

Se delinean con una conciencia profunda, que no volverá a encontrarse hasta el comienzo de nuestro siglo con la llamada generación del 98, los dos remedios necesarios para que la cultura española salga del marasmo en que se encontraba a fines del siglo XVII: europeización y españolización. Abrirse a todos los aires del espíritu del tiempo y enterrar lo muerto del pasado. En el fondo se trata de buscar, como Unamuno hizo a fines del siglo XIX, la tradición eterna, si bien los términos del problema se plantean en forma distinta.

Los pensadores más avisados se dieron cuenta de que la doble tarea no era fácil. Perciben la incompatibilidad que había entre el espíritu nacional español, tal y como se define después de la Contrarreforma, y las nuevas ideas. Incompatibilidad que era necesario resolver porque España no podía vivir aislada espiritualmente del resto de Europa prolongando formas de vida y de cultura ya caducadas, estériles, ni podía quedar reducida al papel de país meramente imitador, renunciando a su gran pasado.

El conflicto se dio en todos los países. Es el conflicto entre la tradición y la crítica, que da fisonomía histórica a la era de la Enciclopedia y de la Ilustración, o la "querella entre los antiguos y los modernos." En Inglaterra el conflicto fue mínimo porque su genio nacional se había formado en la tradición protestante, fuente real de todas las nuevas ideas. En Alemania la vida espiritual, la explosión de su genio filosófico, científico y musical se desarrollaba a espaldas de la vida histórica en una nación sin unificar, dando origen a una dualidad no resuelta todavía, causa de la permanente perturbación que esta doble faz de la cultura alemana ha significado para Europa desde la época de Federico II de Prusia. En Italia, país católico y contrarreformista, existen ciertas similitudes con lo ocurrido en España. Actuaban, sin embargo, fuerzas muy distintas: la tradición secular del pensamiento renancentista, en el que las ideas de la Ilustración tenían su raíz; la falta de unidad nacional; y el anhelo de realizarla que bajo el influjo de la Ilustración moviliza a las mejores mentes del país, precursoras del Risorgimento. En Francia, la revolución política cortó violentamente el nudo de todas las contradicciones.

En España, donde la tradición católica estaba hondamente enraizada en el carácter mismo del país y de todas sus instituciones, el conflicto no pudo solucionarse en el siglo XVIII, reapareció en el XIX y sigue aún en pie. En una forma u otra determina toda la evolución literaria posterior. Reaparece en el romanticismo, en la novela del siglo XIX, en la poesía y el ensayo contemporáneos. A veces malogra —como en gran medida ocurrió en el siglo XVIII, salvo en la pintura de Goya— el libre desarrollo de la creación artística. En otros momentos, como veremos en la novela de Galdós y en casi toda la literatura del siglo XX, ha dado al arte español un fondo de inquietud de valor extraordinario.

En el terreno puramente creativo, el siglo XVIII es casi nulo. No se produce, con contadísimas excepciones —Meléndez Valdés, Ramón de la Cruz, alguna página del padre Isla—, ni poesía ni teatro ni novela de valor duradero. La lengua misma —salvo las mismas excepciones, la prosa crítica de Feijoo, Jovellanos o Forner— se empobrece visiblemente. Hay poca originalidad en las ideas y menos en el arte. Y, sin embargo, el desdén con que se suele tratar este período, crítico en un doble sentido, es injustificado. Porque como compensación a la falta de cualidades creativas, presenta, en cambio, un saber sólido, una seriedad ejemplar en el propósito de encontrar nuevos caminos, una inquietud honda por salir de la encrucijada en que se hallaba el espíritu patrio, y, en suma, un anhelo renovador tan sincero y, en lo fundamental, tan inteligentemente dirigido que hizo posible la continuidad de la cultura española que parecía ya enteramente acabada a fines del siglo XVII. Preparó además el despertar artístico que se inicia con el romanticismo y sigue en línea ascendente hasta llegar a los comienzos de la época contemporánea.

Hoy empezamos a entender mejor esos valores, y es visible una corriente reivindicatoria de la cultura setecentista, gracias al interés creciente de críticos e investigadores más objetivos, como puede verse consultando las obras recientes que mencionamos en la bibliografía.

**El espíritu del siglo en la cultura europea.** — Dos postulados deben tenerse en cuenta para la comprensión y estudio de la literatura española del siglo XVIII: 1. que en sus líneas fundamentales será eco o reflejo de lo que en plano más vasto ocurre en Europa; 2. que el concepto mismo de literatura se amplía considerablemente en este tiempo, hasta incluir, con carácter enciclopédico, casi todas las ramas del saber humano, como puede verse, por ejemplo, en la obra *Origen, progreso y estado actual de toda la literatura* del padre Juan Andrés.

Tan pronto se formulan ambos postulados, advertimos que coinciden con dos hechos totalmente opuestos, muestra de la complejidad y de las contradicciones de toda época de crisis profunda. En efecto, al mismo tiempo que con el internacionalismo despierta la conciencia de la unidad europea y hasta se llega a pensar en una comunidad de naciones, aparece el concepto de nación con su secuela de nacionalismo en el sentido más estricto y se intensifica la centralización estatal.

En el momento de la máxima ampliación del término "literatura," rebasando todos los límites de lo que por tal debe entenderse y olvidando la tripartita división de la poética aristotélica —lírica, épica, dramática—, la escuela neoclásica proclamará la sujeción más rigurosa a las reglas de esa misma poética.

Dilucidar tales oposiciones nos llevaría muy lejos. Baste dejar asentada la necesidad de tener alguna noción, por sumaria que sea, del movimiento general del espíritu europeo para entender el carácter del siglo XVIII en España. Por otro lado no deberemos extrañarnos de que las obras más representativas no nos hablen de la belleza ni del sentimiento ni de la experiencia humana, sino de cuestiones históricas, políticas o económicas. Cuando casi toda la poesía y la mayor parte del teatro dieciochescos han sido irremediable y justamente olvidados, nos encontramos con que las obras de valor *literario* duradero pueden ser unos ensayos de Feijoo sobre medicina, física y supersticiones o el *Informe sobre la ley agraria* de Jovellanos.

Vengamos, pues, a delinear las direcciones fundamentales de un siglo, al que es común aplicar las siguientes designaciones: la Edad de la Razón (*The Age of Reason*); el siglo de las luces; la Ilustración o Iluminación (*Illustration, Enlightenment, Aufklärung*). La dirección básica, origen de todas las demás, tiene como propósito la secularización de la cultura, iniciada ya en el Renacimiento, pero interrumpida por la Contrarreforma y el barroco. Se rechaza la idea de un mundo preordenado de acuerdo con los designios divinos. Se pone en duda la autoridad de la revelación, la tradición, la teología y la escolástica como fuentes de conocimiento. Y se proclama, en cambio, como medios de alcanzar la verdad a la razón y los sentidos (base de la filosofía), a la experiencia (base de la ciencia) y a la acumulación de noticias (base del saber enciclopédico). Se indagan los orígenes de todo (orígenes de la sociedad, orígenes del mundo). Los ataques más fuertes van contra las creencias y, por consiguiente, contra la institución que las mantiene, es decir, contra la Iglesia católica con sus baluartes más poderosos: Roma, los jesuitas, la educación de tipo religioso y escolástico, su riqueza.

La fe y el sentimiento religioso quedan reducidos a un vago deísmo, precursor de una filosofía sin Dios, del ateísmo al que, en rigor, llegan pocos de los grandes pensadores del siglo. Frente a una cultura de fines trascendentes —como es la cristiana— para la cual la felicidad es inalcanzable en este mundo y consiste en la salvación eterna, se afirma una cultura de medios, basada en la idea del progreso indefinido que mediante las luces —inteligencia, ciencia, educación, buen orden económico y social— garantiza la felicidad del hombre en la tierra. Sólo es necesario para ello remover los obstáculos y falsas nociones (la superstición) que a ella se oponen.

Se trata ante todo de la conquista de la naturaleza, perfectamente posible para el hombre, que debe empezar por obedecer sus leyes inmutables, ya que según otro de los principios del pensamiento ilustrado, no es criatura divina, sino criatura natural.

Frente a una organización social basada en un concepto jerárquico —de clase— y en los deberes del hombre para con Dios, para con la sociedad, para consigo mismo, se declara la igualdad de todos los hombres y los derechos naturales inherentes a la persona humana.

Es un pensamiento no enteramente original. Aparte de sus antecedentes remotos en la filosofía griega y de otros más próximos en el humanismo renacentista, tiene sus precursores inmediatos en el siglo XVII: racionalismo de Spinoza y Descartes, experimentalismo de Bacon, sensualismo y empirismo de John Locke, física de Newton con su idea de la armonía natural, escepticismo y afán enciclopédico de Pierre Bayle, y el optimismo y la armonía preestablecida de Leibniz.

Son las corrientes que se unifican en el gran movimiento de los enciclopedistas franceses, e irradian, a través de ellos, a toda la Europa culta.

Paul Hazard, en el libro *La crisis de la conciencia europea* (1680-1715), hace una exposición brillante de la génesis del nuevo espíritu, empezando por los grandes cambios psicológicos que resume así: De la estabilidad al movimiento; de lo antiguo a lo moderno; del Mediodía al Norte (es decir, desplazamiento del eje de la cultura desde los países católicos a los protestantes, sobre todo a Inglaterra, donde se formulan muchas de las nuevas ideas, que luego adoptará y divulgará Francia); heterodoxia.

El camino hacia la revolución y, finalmente, hacia la utopía progresista es largo. La primera etapa, y la que da fisonomía al siglo más que ninguna otra, es la estrictamente crítica. Para construir el mundo perfecto es necesario destruir las creencias y prejuicios existentes. La segunda, paradójicamente, en vista de la meta liberal que se persigue, es el absolutismo con el refuerzo de la autoridad laica y secular en pugna con la eclesiástica. El Estado asume todos los poderes: centralismo administrativo, regalismo eclesiástico, y regulación de todo —educación, costumbres, economía, utilidad pública, arte, teatro y diversiones. Es la esencia del despotismo ilustrado. La manifestación del afán regulador en el terreno artístico y literario, el que nos interesa, será el academicismo neoclásico. El *Arte poética* de Boileau —o sus varios derivados como *La poética* de Luzán en España— se convierte en norma, casi en código. El principio del arte y de la literatura no es ya crear, sino imitar de acuerdo con reglas fijas. Sus fines, la verdad y la utilidad. Como dice Hazard, el siglo XVIII será una época sin poesía, en cuanto poesía significa creación libre de la imaginación y el sentimiento.

Hay, sin embargo, otro aspecto del siglo XVIII del cual arranca la sensibilidad moderna: "el hombre sensible" en contraste con el hombre racional. Es el arte todo elegancia y refinamiento, delicadeza de detalles, fiestas galantes, gusto por la naturaleza recortada en jardines versallescos, idilios y ademanes sentimentales que se expresan, primero, en el estilo rococó y engendran, más tarde, toda la sensibilidad prerromántica nacida en el seno mismo del mundo neoclásico. En cuanto a nuestro estudio se refiere, tal conjunción la veremos con claridad en dos figuras representativas: Jovellanos y Meléndez Valdés.

**España y el espíritu del siglo.** — Los grandes cambios que hemos delineado llegan a España con retraso y como ondas que, al pasar el Pirineo, han perdido su violencia, su fuerza de arrastre. Van a encontrar allí resistencias poderosas: arraigo de las creencias católicas y contrarreformistas; la inercia misma de un país cansado y decadente, cuya hora en la historia había pasado.

En el libro citado de Hazard se explica bien la situación de España en el panorama europeo, mejor que en numerosas obras de historia, donde el tópico de la decadencia se ha vaciado de sentido:

> Únicamente España había cesado de resplandecer. No es que no proyectara sobre Europa algunas de sus luces eternas; pero es una dura tarea para una nación el mantenerse en primera fila; es menester que no se canse, que no se agote, que sin cesar renueve y exporte

su gloria. Pero España no vivía ya en el presente; los últimos treinta años del siglo XVII, como, por otra parte, los treinta primeros del XVIII, están casi vacíos; en su historia intelectual, nunca, como en aquel tiempo, ha dicho Ortega y Gasset, su corazón ha latido lentamente. Se replegaba sobre sí misma, permanecía apática y soberbia.

En otros dos lugares del mismo libro advierte el propio Hazard —con penetrante visión de cómo los valores y las culturas operan en la historia— que España había propuesto sus modelos ideales al mundo europeo y que éste los había rechazado. Uno de esos modelos era el Caballero del Verde Gabán en quien Cervantes cifra el arquetipo del hombre razonable, contento, como buen estoico, con lo que tiene, atento a valores y virtudes, a sus deberes familiares, sociales y religiosos. De él dice Sancho, con su aguda simplicidad, que es "el primer santo a la jineta que he visto en todos los días de mi vida." Y comenta Hazard:

> Don Diego de Miranda, el hombre del verde gabán, no es un santo; está destinado sólo a prefigurar, en 1615, el ideal de la sabiduría clásica. No desprecia al caballero andante, e incluso conserva en su alma un cierto gusto por lo heroico; pero se guarda bien de seguirlo por los caminos. Sabe que la existencia no puede dar nada más dichoso que una armonía del espíritu, de los sentidos y del corazón; y puesto que ha encontrado el secreto de bien vivir, lo aplicará hasta el último día.

> Pero todo pasa; su secreto no valdrá ya para los que lo sigan; y cuando sus nietos lleguen a la edad viril, encontrarán muy anticuado al hidalgo del verde gabán. Desdeñarán ese modo de contentarse que tenía.

Y es interesante notar que este recuerdo del personaje cervantino ocurre justamente en la primera página del libro, es decir antes de entrar en la disección de la nueva época. Ningún ejemplo mejor para entender el papel central de España en el siglo XVII. Europa en el umbral de su gran crisis, origen de toda la cultura posterior, rechaza el espíritu estoico-cristiano que España había encarnado.

Todavía, antes de su ocaso, el Siglo de Oro español propone otro modelo, el del hombre superior de Gracián, cuya imagen va creando el jesuita español en *El héroe, El discreto, El oráculo manual*:

> El hombre ideal ... no es el que se contenta con una mezcla armoniosa de cualidades medias: virtudes mediocres, aunque sean numerosas, no conducen nunca más que a la mediocridad. Una ambi-

ción más elevada lo exalta pues quiere descollar en lo grande. Provisto de una inteligencia eminente, de un juicio sólido y seguro; ... práctico y ávido de belleza ideal; exaltado, imperioso, devoto, amante de la dificultad por lo que contiene de áspero y duro; admirable, brillante, contradictorio ... El *Honnête* hecho para encuadrar en los paisajes de la Isla de Francia, discretos, suaves y grises, parece borrado en comparación; el Héroe pide el mismo sol que, en los caminos de Castilla, quemaba a Don Quijote y hacía relucir ante él la justicia, la bondad, el amor.

Según recuerda Hazard, Gracián y su héroe tuvieron un éxito enorme a fines del XVII. Pudo Europa adoptar estos ideales. Pero no fue así.

> Gustó a Europa; pero por un momento. Podía considerar a Gracián con curiosidad, con simpatía; leer sus libros, encontrar en ellos instrucción y placer; pero no podía tomarlo como guía. Era demasiado tarde; su decisión estaba tomada, no volvería atrás. Si ya no le bastaba el *Honnête homme* ¿cómo hubiera seguido las huellas de un Héroe mucho menos laicizado que él?

El fracaso de España no era, pues, sólo de tipo político, económico y militar. El mundo occidental iba por otros caminos. Con sus ejércitos fracasan también, o al menos quedan al margen de las corrientes centrales de la historia, los grandes ideales que había propuesto al mundo en el culminar de su religiosidad y del estoicismo barroco. Se entraba en una cultura totalmente laica incompatible con la moralidad barroca. Apuntemos de pasada, por ser altamente significativo, la añoranza de sus mejores hombres en el siglo XVIII —Jovellanos es el ejemplo más claro— por estos modelos ideales: paz, sosiego, tranquilidad de conciencia. Y así los poetas de Salamanca, algunos de ellos enciclopedistas convencidos, aspiran a revivir la inspiración del fray Luis de la vida retirada.

Decadencia, cansancio, sentirse al margen de la historia y querer reincorporarse a ella, percibir la incompatibilidad de unas creencias hondamente arraigadas con el laicismo que preside a toda la cultura nueva. Sólo si se entiende esta dualidad se pueden comprender el siglo XVIII español y lo que tiene de aspiración frustrada y aun cabe ampliar el problema a casi toda la España posterior. No son otras las raíces del sentimiento trágico de Unamuno o del dolorido sentir azorinesco.

Algunos estudios recientes han tendido a mostrar que el cambio, por lo que a España respecta, no fue tan brusco como se creía y que ya en el criticismo del siglo XVII se adelantan algunas ideas y actitudes que anuncian el pensamiento reformador. En efecto, la erudición de Feijoo cuenta con algunos precedentes y en escritores como Isla o Torres Villarroel la mentalidad setecentista se superpone a un estilo y un fondo todavía barrocos. Campomanes, por su parte, invoca en sus *Discursos* numerosos antecesores entre los economistas y tratadistas políticos de la centuria anterior. Pero nada de ello afecta a lo cardinal del nuevo espíritu, al pensamiento básico. Se limita a zonas no ideológicas: economía, erudición, análisis de la decadencia.

**El ambiente social y literario: tendencias y corrientes dominantes.** — De lo dicho se desprende que en la literatura, como en la cultura toda, del siglo XVIII va a predominar lo político y lo social. La literatura de los dos siglos anteriores, a pesar de su densidad, puede estudiarse en la obra de las grandes figuras. En el siglo XVIII es importante en cambio la acción del grupo, la aparición de ciertos movimientos o corrientes de opinión, de las que el escritor con frecuencia es simple expositor, vocero o intérprete. La literatura se socializa, por decirlo así; va movida por la aspiración al bien común. Cobran también gran importancia las instituciones, ya sean de carácter público —Academias, Sociedades Económicas, Institutos de Enseñanza, como el que crea Jovellanos en Gijón— ya de carácter particular —tertulias o escuelas.

La acción del escritor obedece a inspiraciones estatales. En general, y en forma mucho más específica que bajo la monarquía católica de los Austrias, se entroniza el Absolutismo Real y el Estado interviene en todo. A veces, como ocurre en la época del Despotismo ilustrado bajo Carlos III, son los reformadores los que utilizan al Estado para poner en práctica sus doctrinas, pero es difícil trazar la línea donde empieza y donde termina la iniciativa individual.

La consigna dominante es la centralización que empieza, ya en la época de Felipe V, por liquidar, con el llamado Decreto de Nueva Planta, las libertades provinciales o los privilegios de que aún gozaban algunas regiones, especialmente Cataluña. Luego va a ir invadiendo todas las esferas.

En las relaciones con la Iglesia, tomará la forma de regalismo o afirmación y defensa de los privilegios de la Corona en materia eclesiástica. Con la idea de supeditar la Iglesia al poder real se reforman las Universidades y Colegios, limitando la educación predominantemente religiosa; se ataca la posesión de bienes en las llamadas *manos muertas* —acumulación de propiedades en las órdenes religiosas— y se plantea el problema de la desamortización; se expulsa a los jesuitas en 1767 y se quita poder a la Inquisición. Esto no significa que cundiera en España el pensamiento antirreligioso en materias dogmáticas. La mayoría de los enciclopedistas y ministros ilustrados españoles siguieron fieles en materias de fe a las enseñanzas de la Iglesia. Al. mismo tiempo, un sector del clero apoyó la política reformista y un fraile benedictino, el padre Feijoo, fue el introductor de la mayoría de las ideas modernas.

En materias de cultura, el Estado impulsa la educación, crea nuevos institutos y escuelas, protege el desarrollo de las ciencias y por primera vez, en más de dos siglos, España cuenta con algunos científicos valiosos, sobre todo en el campo de la botánica y otras ciencias naturales.

Se regula y fomenta la economía —agricultura, industria y comercio— y se inicia, como en las Colonias de Sierra Morena, bajo la dirección de Pablo de Olavide, una política de colonización interior.

Como consecuencia de ello la sociedad empieza a transformarse. La mayoría de las nuevas medidas van encaminadas a reducir el poder de los nobles ociosos, pero hay un sector de la aristocracia que participa del nuevo espíritu y colabora en la reforma, promovida principalmente por gentes de la baja nobleza o pertenecientes a una burguesía en formación que, en España, tardará mucho tiempo todavía en adquirir verdadero poder.

Más que en la ciencia propiamente, el afán de saber va a traducirse, sobre todo, en un movimiento erudito considerable y en el interés por conocer el propio país por parte de algunos viajeros, entre los que sobresale Antonio Ponz.

El Estado estimula también, por primera vez, la comunicación cultural con el extranjero, fomentando viajes de estudio, bien directamente o bien mediante la ayuda de institutos o sociedades particulares y organizando expediciones científicas al Nuevo Mundo.

Otro órgano importante de difusión de la cultura será la prensa: periódicos y revistas de carácter muy vario.

Éste es el medio en el que se van a mover o del que serán propulsores los escritores que vamos a estudiar.

Mas sería engañoso dejar la impresión de que el siglo XVIII presenta un perfil uniforme. En rigor, la uniformidad no se da en ninguna época de la historia. Todo movimiento engendra su contrario. Y en el setecientos español, por lo mismo que se trata de una época de crisis renovadora, abundan las paradojas y contradicciones. Ya hemos aludido a algunas comunes al espíritu del siglo en todas partes. En España la contradicción será, si cabe, más patente. Señalemos dos o tres ejemplos, unos de sentido positivo; otros, negativo.

La centralización burocrática coincide con el despertar de la vida provincial. Ya no es Madrid el único centro de actividad cultural y literaria como lo fue en gran medida en el siglo XVII. Muchas de las iniciativas más importantes parten de las regiones. Feijoo realiza toda su obra en Galicia y en Oviedo; Jovellanos produce lo mejor de ella o en Sevilla, donde recibe estímulos en la tertulia de Olavide, o en su Gijón natal; el grupo de reformadores aragoneses, con Aranda a la cabeza, tiene una enorme influencia; la poesía mejor se escribe o en Salamanca o en Sevilla. Y en Galicia, Cataluña y Valencia se inicia el resurgimiento de las lenguas y literaturas regionales.

Al internacionalismo cultural responde, por contraste, el culto a un nacionalismo pintoresco y opuesto a todo lo extraño. En el siglo XVIII nace el sentimiento de lo castizo. Y paralelamente al refinamiento aristocrático —no siempre encarnado en la nobleza de sangre— se extiende el influjo de un plebeyismo popular —majos y majas, tonadillas, tauromaquia— que invade a una parte de la aristocracia, cuyo señoritismo y gustos plebeyos describe Cadalso en una de sus mejores *Cartas marruecas,* denuncia Jovellanos en su *Sátira contra la mala educación de la nobleza,* y llevan Ramón de la Cruz a sus sainetes y Goya a sus tapices y retratos.

Por último, la exaltación del hombre virtuoso, en el sentido laico y ciudadano que le da el siglo, o de los valores morales, está en contraste con la vida licenciosa y la busca del placer de las que no faltan ejemplos, empezando por la Corte de Carlos IV. Aun cuando el hedonismo no revista en España, país austero y clerical al fin y al cabo, la característica que tendrá en la vida francesa o de otros países.

Si nos fijamos en la literatura, los contrastes no son menores. El imperio del preceptismo formalista neoclásico se traduce en un empobrecimiento sin paralelo de los valores formales. Se debilitan los rasgos diferenciadores de los varios géneros. La poesía tiende a la expresión llana, sencilla, anticultista. La novela casi no existe. El teatro carece de valores propiamente literarios, salvo la comedia de Moratín y, en menor medida, los sainetes de Ramón de la Cruz. Se desconfía de la imaginación creadora. Se afirma, en cambio, el valor de la razón y del sentimiento, cuya alianza produce el sentimentalismo humanitarista que, con frecuencia, tiene carácter puramente convencional. Y el lenguaje se empobrece. Pasa por una crisis, de la que el galicismo, tan combatido, es sólo un síntoma. Como elemento positivo aparece una tendencia al orden racional, a la claridad y la llaneza.

Es, pues, el siglo XVIII, un siglo de encrucijada entre lo nuevo y lo viejo, lo extranjero y lo nacional, lo aristocrático y lo popular, lo eclesiástico y lo laico, la filosofía utilitaria y reformadora y la artificialidad del academicismo artístico. Sólo un español, Goya, con su gracia y su sentido crítico, su academicismo y poder creativo, su perfil de hombre ilustrado y su tremendismo, su luminosidad y su tenebrismo, logró superar las contradicciones en productos de arte duradero.

Las tendencias centrales se mantienen durante todo el siglo, hasta 1808, pero pasan por diferentes momentos, a través de varias generaciones. En una obra reciente se propone la siguiente periodificación que nos parece acertada: la generación crítica del P. Feijoo; la generación erudita del P. Flórez; la generación del despotismo ilustrado de Campomanes, Aranda y Floridablanca y la generación neoclásica de Jovellanos y Goya. [2]

En términos generales tal periodificación es acertada y debe tenerse en cuenta. Nosotros, más atentos a las corriente literarias, preferimos, sin embargo, ordenar la materia en tres momentos:

1. El de iniciación del nuevo espíritu en un ambiente dominado todavía por la prolongada decadencia del Siglo de Oro y la influencia de Góngora, Quevedo y Calderón. Tránsito del barroco al neoclasicismo. Culmina en el reinado de Fernando VI.

2. El de apogeo del neoclasicismo y del espíritu de reforma. Época de Carlos III.

3. El de transición al siglo XIX. Prerromanticismo.


# II. La época de Feijoo y Luzán. Iniciación de un nuevo espíritu: crítica, erudición y nuevas teorías literarias

El carácter del siglo no empieza a definirse hasta su tercera década. Concretamente podría elegirse el año de 1726, cuando el padre Feijoo pu-

---

[2] Véase Juan Reglá y Santiago Alcolea, *El siglo XVIII*, pág. 55.

blica el primer tomo del *Teatro crítico,* como la fecha que marca la aparición de una nueva mentalidad.

**Últimas formas del arte del Siglo de Oro.** — Hasta ese momento la escasa literatura que se produce es una mera prolongación de la del siglo XVII en su extrema decadencia. Antonio de Zamora (muerto en 1728) y José de Cañizares (muerto en 1750) continúan con exagerado artificio el estilo dramático de la escuela calderoniana, ya en nuevas adaptaciones de temas legendarios como en *No hay plazo que no se cumpla y convidado de piedra,* de Zamora, inspirada en el tema de Don Juan; ya, y es lo más frecuente, siguiendo las líneas del teatro cómico de Moreto y Rojas en las comedias de figurón, como *El dómine Lucas* de Cañizares.

Ambos, igual que otros coetáneos, son también libretistas de zarzuelas —de tema por lo común mitológico— género muy en boga, y Cañizares, inaugurando la influencia de Metastasio, escribe, en 1722, probablemente el primer libreto a imitación de la ópera italiana: *Angélica y Medoro.*

La poesía prolonga igualmente los ecos de la decadencia barroca: gongorismo o lírica burlesca de Quevedo. Dos poetas mediocres representan este período: Gabriel Álvarez de Toledo (1662-1714) y Eugenio Gerardo Lobo (1679-1750). Otros dos deben su renombre a producciones de tipo distinto: José Gerardo de Hervás, a la sátira que mencionamos más adelante, y Torres Villarroel a su obra de prosista y a su personalidad pintoresca. Todavía se escriben y publican imitaciones de las *Soledades* como la *Soledad tercera* de León y Mansilla, de 1718. En la generación siguiente, ya a comienzos del neoclasicismo, sus dos poetas más notables cultivan la fábula mitológica culta a ejemplo de los poetas del XVII: Alfonso Verdugo y Castilla, conde de Torrepalma (1706-1767), autor de el *Deucalión,* y el canónigo José Antonio Porcel (1720-?), autor de el *Adonis* y en otra vena, la burlesca, del *Juicio Lunático* leído en la Academia del Buen Gusto.

**Comienzos de la influencia extranjera.** — Entre tanto, las corrientes renovadoras vienen de arriba, de la corte de Felipe V. Un aire de mundanidad irradia de palacio y las costumbres francesas prenden en la aristocracia, aunque susciten ahora, como en el resto del siglo, escaso entusiasmo en el pueblo. Se representan en la corte obras de Corneille y Racine. Felipe V trae ya en los primeros años de su reinado una compañía de ópera italiana al Buen Retiro. La influencia italiana en la corte aumenta al casarse el rey, en segundas nupcias, con Isabel Farnesio y entregar las riendas del gobierno a Alberoni. Los primeros ministros franceses, Orry especialmente, emprenden las reformas económicas y administrativas que continúan otros ministros españoles como Patiño y Campillo. Poco después, también en la época de Felipe V, se despierta el interés por la ciencia de que fueron resultados importantes las expediciones de estudio a América. En 1735, por ejemplo, se organizó el viaje de La Condamine al Ecuador, acompañado de los españoles Jorge Juan y Antonio de Ulloa, primera de una serie de exploraciones científicas en el Nuevo Mundo.

Más relacionada directamente con el desarrollo de la literatura está la fundación de instituciones como la Biblioteca Nacional (1712) y la Academia de la Lengua (1714) a la que seguirán la de la Historia (1738) y otras varias que entronizan el espíritu académico en la literatura española.

**El espíritu científico y crítico del padre Feijoo.** — Mientras se renueva así lentamente el ambiente español, un monje benedictino, fray Benito Jerónimo Feijoo (1676-1764), se consagra al estudio en una celda de su monasterio de San Vicente de Oviedo. Los frutos de este estudio y, sobre todo, el propósito que le guía —la busca de la verdad— iban a producir en España una profundísima remoción de las ideas aceptadas y a abrir un nuevo capítulo en la historia de la cultura española.

Es el de Feijoo un caso ejemplar de vocación por la vida de estudio y meditación. De ella hizo el mejor elogio en su ensayo "Desagravio de la profesión literaria", donde se lee:

> Ramazzini, con otros médicos, dice que el estudio hace a los hombres melancólicos, tétricos, desabridos. Nada de esto he experimentado ni en mí ni en otros que estudian más que yo; antes bien, cuanto más sabios, los he observado más apacibles. Y en los escritos de los hombres más eminentes se nota un género de dulzura superior a lo común de la condición humana.

Nació Feijoo en una aldea de la provincia de Orense, donde estaba el solar de su familia, perteneciente a la nobleza gallega. Por seguir su vocación, renunció al mayorazgo que le correspondía y entró a los catorce años, en 1690, en el Monasterio de Samos de la Orden de San Benito. Estudió en Salamanca. En 1709 fue a Oviedo, en cuya universidad desempeñó varias cátedras de Teología y Escritura. En Oviedo, salvo alguna ausencia ocasional, pasó el resto de su vida, renunciando a varias prebendas y honores por no sacrificar su tranquilidad.

Hasta cerca de los cincuenta años no publicó nada de importancia. Las circunstancias en que aparece su primer escrito son altamente significativas del carácter que su obra va a tener y del modo cómo se plantea la lucha intelectual en el siglo XVIII. En 1725 el médico Martín Martínez da a la imprenta el libro *Medicina escéptica y cirugía moderna con un tratado de operaciones quirúrgicas*. Era uno de los primeros ataques abiertos al falso método escolástico de enseñar las ciencias que aún imperaba en las universidades españolas, causa primordial del divorcio científico entre España y otros países europeos. Inmediatamente, la mentalidad tradicional vió el peligro que, como síntoma de una actitud renovadora, significaba la tesis de Martín Martínez, y otro médico, Bernardo López de Araujo, escribió una impugnación, cuyo título define el propósito que le inspira: *Centinela médico-aristotélica contra escépticos, en la cual se declara ser más segura y firme la doctrina que se enseña en las universidades españolas y los grandes inconvenientes que se siguen de la secta escéptica pirrónica*.

La impugnación de Araujo consistía en acusar de herético a Martín Martínez por haber atacado indirectamente a Santo Tomás, el padre de la escolástica. Entonces fue cuando el monje benedictino de Oviedo sale por primera vez a la palestra a defender a Martín Martínez para lo cual publica su *Aprobación apologética del escepticismo médico*. Demuestra la mala fe de Araujo y asienta dos premisas básicas para su orientación crítica: que combatir a Aristóteles y la escolástica no era herejía contra la Iglesia; y que la escolástica en la forma degenerada en que se practicaba en las universidades era un medio inútil y contraproducente para descubrir la verdad.

Iniciada así su campaña en favor de la cultura, empieza Feijoo la publicación de su gran obra *El teatro crítico universal o discursos varios en todo género de materias para desengaño de errores comunes* (1727-39), a la que siguieron las *Cartas eruditas y curiosas en que por la mayor parte se continúa el designio del teatro crítico universal, impugnando o reduciendo a dudosas varias opiniones comunes* (1742-60). Constan ambas obras en total de trece volúmenes y doscientas ochenta y una disertaciones sobre toda clase de temas: supersticiones; milagros; mitos; prejuicios; y falsas creencias religiosas, físicas, históricas, literarias, éticas, filosóficas, estéticas, geográficas, etc. En esta masa de información y crítica se pueden separar como más importantes tres grupos: los ensayos encaminados a combatir supersticiones, el más numeroso y típico; los que tratan de materias científicas, cuyo valor fundamental consiste en divulgar los nuevos conocimientos astronómicos, físicos, matemáticos, de ciencias naturales y los que tratan de temas filosóficos o doctrinales.

Lo transcendente en sí no era la información, que aunque extraordinaria, era casi siempre de segunda mano, sino el criterio, el propósito firme de perseguir la verdad.

Para ello admite Feíjoo dos. medios: la razón y la experiencia. Insistentemente repite el principio que formula en el ensayo "La regla matemática de la fe humana": "sin la experiencia ni es posible estudiar la naturaleza ni tener de ella conocimiento exacto. Ella, y sólo ella, debe regular los fallos del juez, los juicios del historiador, las conclusiones del filósofo." Dice en otros lugares: "La demostración ha de buscarse en la naturaleza" o "La investigación de los principios es inaccesible al ingenio humano."

Su capacidad de lectura debió de ser enorme. Sus principales fuentes de información fueron, como ya indicamos, las *Mémoires de Trévoux* y el *Journal des Savants* junto con diccionarios y obras misceláneas de curiosidades (palabra muy del tiempo) y noticias como los de Moreri (*Diccionario histórico*) y Cornelio (*Diccionario geográfico*). Fue también lector de *The Spectator* y, desde luego, de Pierre Bayle. Con él coincide en la oposición a las opiniones vulgares, anunciada ya como programa en el primer discurso o ensayo del *Teatro crítico,* "Voz del pueblo", el cual hace pensar en el Bayle que escribe lo siguiente hablando de los cometas:

> ¿Queréis que os diga, en calidad de antiguo amigo, por qué caéis en una opinión común sin consultar al oráculo de la razón? Porque creéis que hay algo divino en todo esto...; porque imagináis que el consentimiento general de tantas naciones a lo largo de todos los siglos sólo puede venir de una especie de inspiración, *vox populi, vox dei...*

En el desdén por el dictamen del vulgo, tal y como lo expone Feijoo, se oye el eco de Bayle confundido con el de la voz de Gracián. La cantidad de autores que cita abruma a un lector actual. A bastantes debió de conocerlos directamente aunque no se sepa hasta qué punto. Leyó, sin duda, a Malebranche, Dom Calmet, Mabillon, Gassendi, probablemente a Descartes, y sobre todo a Bacon, a quien, juntamente con Juan Luis Vives, podemos considerar como su guía intelectual. "Mérito y fortuna de Aristóteles" hace partir de Bacon toda la renovación de los conocimientos modernos:

Vino despúes el grande y sublime genio de Francisco Bacon...
quien con sutiles reflexiones advirtió los defectos de la filosofía aristotélica... y advirtió que era menester empezar de nuevo esta gran
fábrica de la Filosofía, echando por el suelo como inútil todo lo
edificado hasta ahora.

A los enciclopedistas franceses los conoció tarde y casi seguro por
resúmenes de las memorias y periódicos que consultaba (Recuérdese que
la *Enciclopedia* empezó a publicarse en 1751, cuando Feijoo tenía setenta y cinco años). Atacó a Voltaire y a Rousseau. Es interesante a
este respecto la carta que escribió contra el *Discurso sobre las artes y
las ciencias* con el que el ginebrino se dio a conocer y del que Feijoo
tuvo noticia por un extracto de las *Mémoires de Trévoux.* Se titula así la
diatriba del monje gallego: "Impúgnase un temerario, que a la cuestión
propuesta por la Academia de Dijon, con premio al que la resolviese
con más acierto, *si la ciencia conduce o se opone a la práctica de la
virtud*; en una disertación pretendió ser más favorable a la virtud la
ignorancia que la ciencia" (*Cartas,* núm. XVIII, t. IV).

Con el bagaje de lecturas, gran dosis de sentido común y absoluta
independencia de criterio, trajo Feijoo a casi todos los campos del saber
un punto de vista, nuevo para su tiempo, y una mente limpia de prejuicios. En el de las ciencias biológicas, y más concretamente de la medicina, el doctor Gregorio Marañón mostró la originalidad de Feijoo y
lo preciso de sus ideas. En el de la estética proclamó en *Razón del
gusto,* en *El no sé qué* o en *La elocuencia es naturaleza y no arte,* que
el arte verdadero es creación y no imitación o sujeción a reglas. En el
de la lengua se manifestó partidario de la introducción de voces nuevas,
frente al purismo excesivo y atrofiador. En el de la política combatió las
doctrinas de Maquiavelo y denunció la ambición de poder. Condena el
falso patriotismo, defiende la educación de la mujer, alaba la profesión
literaria. Hasta en el terreno moral, en tanto que censura el lujo, la vagan-
cia, la pedantería y el señoritismo de los petimetres, se muestra respetuo-
so con los instintos y le parece mala la moral que vaya contra la naturaleza.

Por el saber, por la libertad inquisitiva de su mente, Feijoo es el primero y el más importante de los espíritus que en España reflejan el movimiento de las "luces", caracterizado por la actitud crítica frente a la
tradición y por la revisión racional de valores. Sólo hay una línea que
Feijoo no traspasa ni podía traspasar en la España de su tiempo y dada
su condición monástica: la línea de la religión en el terreno de la fe.

En otros aspectos —milagros, peregrinaciones, prácticas rituales, excesivo culto a imágenes y santos locales— mantuvo con gran decisión sus ideas frente a las autoridades eclesiásticas. En materias dogmáticas y de fe su mente inquisitiva se detiene. Para él la ciencia y la experiencia descubren la verdad sensible. El conocimiento supra-sensible no es objeto de la ciencia. Pero él no ve incompatibilidad ninguna entre la ciencia, la filosofía y la razón de un lado, y la fe religiosa por otro: "Estoy y siempre he estado —afirma— en que la mejor filosofía es la que está más claramente de acuerdo con la religión."

Detrás del inmenso repertorio de temas y de una curiosidad que abarca desde las cuestiones filosóficas y científicas hasta la música de los templos, el tabaco y el chocolate o la existencia de vampiros y brucolacos, se percibe una preocupación capital, la de España misma. Es, en rigor, el primer preocupado por la problemática española con un sentido moderno y, como tal, el precursor de todos los preocupados que le seguirán hasta el día de hoy. Los hombres del XVII, incluso los más angustiados, como Quevedo, hablan otra lengua y obedecen a otros valores. Combatió todos los errores y falsos patriotismos, pero afirmó y defendió lo que España había significado para la civilización. Véanse por ejemplo los ensayos "Glorias de España," "Antipatía de franceses y españoles," "Mapa intelectual y cotejo de naciones." Con sentido práctico se ocupó del atraso económico y educativo y sugirió muchos de los remedios que los gobernantes ilustrados intentaron poner en práctica. Fue el primero y uno de los más conscientes propulsores de la reforma. Y uno de los primeros también en interesarse y entender con amplitud la relación entre España y el mundo americano, elogiando la gran empresa colonizadora y denunciando sus abusos. "El oro de las Indias nos tiene pobres... Por haber maltratado a los indios, somos ahora los españoles indios de los demás europeos," dice en "Fábula de las Batuecas." Algo parecido había dicho Quevedo en *La hora de todos.*

A veces asoma lo que luego se llamará el dolor de España: el de Jovellanos, Larra o el 98. Esto puede ocurrir en los lugares más inesperados, como en el párrafo que copiamos a continuación. Procede de una carta (núm. 28, t. III) sobre el "Descubrimiento de la circulación de la sangre." Después de recordar el nombre de Servet y otros nombres españoles, hace notar que esos nombres son más conocidos en el extranjero que en España misma y da el ejemplo de Huarte de San Juan, nombre para él desconocido hasta que leyó su elogio en el *Spectator.* Y comenta:

De este y otros ejemplos que pudiera alegar se colige cuán injusta es aquella queja, que a cada paso se oye de la vulgaridad española, de que los extranjeros, envidiosos de la gloria de nuestra nación, procuran deprimirla y oscurecerla cuanto pueden. No hay acusación más ajena de verdad. Protesto que no tengo noticia de algún español ilustre, o por las armas o por las letras, que no se haya visto más elogiado por los autores extranjeros que por nuestros nacionales. Los que procuran deprimir la gloria de los españoles ilustres son los mismos españoles... Pero, padre reverendísimo, dejo un asunto tan odioso, porque si en él se calentase demasiado la pluma, podría derramar alguna sangre en vez de tinta, y concluyo rogando a vuestra reverendísima, que si puede agenciarme el libro del doctor Huarte, en cualquiera de las tres lenguas en que esté traducido, latina, italiana o francesa, me lo procure cuanto antes, pues supongo que en el idioma español y en España será difícil hallarle; y en caso que se pueda conseguir, sólo quien, como vuestra reverendísima, reside en el centro de España, podrá hacer diligencias eficaces para este hallazgo.

A pesar de lo mesurado de las doctrinas, su ortodoxia indudable y su patriotismo sin tacha, la obra de Feijoo suscitó oposiciones tremendas, culminantes en el *Antiteatro crítico* de Mañer, aunque tenía buenos defensores. Ciento quince escritos en pro y en contra del *Teatro crítico* y las *Cartas eruditas* se publicaron entre 1728 y 1788. Esto dará idea de la remoción que significó. Su fama fue inmensa y él mismo dice en el tomo V del *Teatro* que ve "volar glorioso su nombre, no sólo por toda España, sino por casi todas las naciones de Europa." Cuando la Inquisición le abrió proceso, el rey Fernando VI hizo constar en una orden que "cuando el padre Maestro Feijoo ha merecido de su Majestad tan noble declaración de lo que le agradan sus escritos, no debe haber quien se atreva a impugnarlos, y mucho menos que por su consejo se prohiba imprimirlos."

En cuanto a su influencia pueden dar idea unos cuantos hechos: ya en 1752, cuando aún estaban publicándose las *Cartas eruditas,* aparece en Lisboa un *Índice general alfabético de las cosas más notables de todo el Teatro crítico* compuesto por don Diego de Faro y Vasconcelos, al que siguieron en el transcurso del siglo otro *Índice* de José Santos y el *Diccionario Feyjoniano* (1802) de Marqués y Espejo. Campomanes, uno de los propulsores del despotismo ilustrado en tiempos de Carlos III, escribe su biografía en 1765. Y en el Plan de Estudios que el Consejo de Castilla presenta para la reforma de la universidad de Salamanca en

1771 se recomienda que se preparen los textos en conformidad con las máximas del siempre estimable Padre Feijoo. No se ha emprendido todavía, que sepamos, la tarea de estudiar sistemáticamente la influencia de Feijoo en la ilustración hispanoamericana. Cuando se lleve a cabo se verá que fue por lo menos tan importante como la de la mayoría de los autores franceses que se citan, sin conocimiento específico, comúnmente. No es de extrañar, por lo tanto, que el Cabildo de Buenos Aires al pensar en la reforma de la enseñanza, en vísperas de la Independencia, recomendase al Virrey Vertiz: "que las inútiles especulaciones sean reemplazadas por el estudio de la naturaleza... para que seamos guiados por la sabia y prudente mano del ilustre Feijoo."

Es, según juicio de Juan Marichal —estudioso del ensayismo español— el "primer ensayista hispánico *contemporáneo*," aplicado este término al período en que nacen las corrientes operantes en los dos últimos siglos. Tiene Feijoo de ensayista el libre discurrir sobre los más diversos campos y el tono personal de su prosa. Tono —es cierto— aún enterrado por una caudalosa y pesada erudición. Cuando consigue librarse de esa carga, su lengua es precisa, ágil y clara. En conjunto un tanto gris, pero iluminada a ratos por chispas de ironía e ingenio o por la eficacia de la frase justa.

**Luzán: la nueva preceptiva. Comienzo del neoclasicismo.** — Influjo no menor que el de la obra de Feijoo, si bien de consecuencias mucho menos hondas, iba a tener la publicación, en 1737, de la *Poética o reglas de la poesía en general y de sus principales especies,* de don Ignacio de Luzán (1702-1754).

Pero sólo por la influencia en la formación de nuevos criterios literarios cabe emparejar el nombre de Luzán con el del benedictino gallego. Este, Feijoo, queda como figura importante en el curso de la cultura española. La obra de Luzán es simplemente el punto de arranque de unas disciplinas representativas de su tiempo, pero de muy escaso alcance: retórica, preceptiva y crítica. Feijoo abrió caminos en un terreno, el de las ideas modernas, casi baldío en España durante algún tiempo. Luzán se enfrentó, en cambio, con una tradición artística, la del barroco, en la que España había dado sus valores más altos. Es cierto que estaba casi agotada, pero al atacarla y negarla, los neoclásicos se encontraron en el aire, sin raíces. Por eso, en el terreno de la pura creación poética, sólo produjeron, con alguna excepción, imitaciones desmayadas. Lo que de interés y valor conserva el neoclasicismo, lo que tuvo de eficaz como reacción frente a la decadencia artística, pertenece al campo ex-traliterario y se relaciona con el movimiento general de reforma.

En la personalidad de Luzán hallamos aspectos representativos del internacionalismo setecentista. Nació en Zaragoza; salió a los trece años de España y pasó en Italia —Milán, Palermo, Nápoles— toda su juventud, hasta 1733. Allí se educó e inició en la vida literaria. Al parecer estuvo en relación en Nápoles con Juan Batista Vico, de quien pudo recoger alguna enseñanza. Volvió a España, donde permaneció varios años. Vivió luego dos en París como secretario de la Embajada.

Fue jurisconsulto, filósofo y poeta. Escribió en latín un compendio de las opiniones de Descartes y en castellano un extracto de la lógica de Port-Royal. Tradujo a Milton y a varios autores antiguos. Conocía bien las literaturas italiana, francesa, inglesa y alemana.

La *Poética* estaba basada parcialmente en el tratado *Della perfetta poesia* de Ludovico Muratori y recogía influencias varias de los comentarios italianos de Aristóteles y de algunos franceses como Lamy, Rapin y Boileau, a quienes con otros muchos cita. Estudia en sus cuatro libros el origen, progreso y esencia de la poesía; su fin; utilidad y deleite; la poesía dramática (tragedia y comedia); la poesía heroica y la lírica. Las doctrinas estéticas de Luzán son compendio de una vieja tradición como se declara en las palabras "Al lector":

> Y, primeramente, te advierto que no desestimes como novedades las reglas y opiniones que en este tratado propongo; ...pues ha dos mil años que estas mismas reglas... ya estaban escritas por Aristóteles, y luego, sucesivamente epilogadas por Horacio, comentadas por muchos sabios y eruditos varones, divulgadas entre todas las naciones cultas y, generalmente, aprobadas y seguidas.

En el mismo lugar, con mentalidad muy dieciochesca, alude "a lo que el vulgo comúnmente ha juzgado y practicado hasta ahora" y a cómo las reglas que propone se fundan "en la razón."

No interesa detenerse en el contenido de la *Poética*.[3] En cuanto a su valor, baste decir que no es inferior al de las mejores Poéticas de los siglos XVI y XVII y que dentro de una materia tan conocida y las múltiples influencias, refleja, a veces, independencia de criterio. Supedita el arte a la moral y la utilidad. Mas al definir conceptos como los de la

---

[3] Se puede encontrar un buen resumen, entre los que se han ocupado de la obra más recientemente, en la edición y estudio de Luigi de Filippo y en el libro de John A. Cook que citamos en la bibliografía.

imitación, el deleite, el buen gusto, la belleza y la verosimilitud —que tanto agitaron las plumas de los preceptistas neoclásicos— da Luzán pruebas de un pensamiento personal. Pone a veces el deleite por encima de la verdad como fin del arte, y en cuanto a la verosimilitud afirma que "es preciso que el poeta se aparte muchas veces de las verdades científicas por seguir las opiniones vulgares."

Con todo, no fueron sus doctrinas generales, sino a lo sumo en forma muy vaga, las que dieron transcendencia a su obra. Ésta se debió a los ataques que en la parte crítica y preceptiva, no en la teórica, dirigió contra la literatura española del siglo XVII: del gongorismo por un lado y del teatro por otro. Censuró, sobre todo, el drama, poniendo a salvo algunas de sus bellezas, por haberse apartado de las reglas clásicas (olvido de las unidades), por la falta de sentido moral y por la superficialidad de sus caracteres. Propugnaba al mismo tiempo una literatura que corrigiera esos vicios mediante la observación de las normas establecidas por los antiguos.

La crítica más específica se encuentra en el libro tercero (*De la tragedia y comedia y otras poesías dramáticas*), pero desde el comienzo —Capítulo Primero— se ve clara su orientación. Dos citas bastarán:

> Es cierto que si un Lope de Vega, un Don Pedro Calderón, un Solís y otros semejantes, hubieran a sus naturales elevados talentos unido el estudio y el arte, tendríamos ꝫn España tan bien escritas comedias que serían la envidia y admiración de las demás naciones, cuando, ahora, son, por lo regular, el objeto de sus críticas y sus risas.

Luzán, como casi todos sus contemporáneos, escribe a la defensiva, bajo el acicate del desprestigio de España, entre los hombres del neoclasicismo francés y la Enciclopedia. Continúa en el párrafo siguiente:

> Supuesto, pues, que en España no faltan ni han faltado ingenios capaces de la mayor perfección, ni aquel furor y numen poético, al cual se debe lo más feliz y sublime de la poesía, sin duda alguna, lo que ha malogrado las esperanzas, justamente concebidas, de tan grandes ingenios, ha sido el descuido del estudio de las buenas letras y de las reglas de la poesía, y de la verdadera elocuencia, la cual, al principio del siglo pasado, se empezó a transformar en otra falsa, pueril y declamatoria.

Apunta aquí y se desarrolla luego otro de los principios del neoclasicismo: reivindicación del siglo XVI y del renacimiento frente al XVII y al barroco; de Garcilaso y fray Luis frente a Góngora; del teatro anterior a Lope.

Era la llamada a un nuevo camino. En rigor, van a pasar algunos años antes de que se pueda hablar de una literatura neoclásica en España, hasta que aparezca una nueva generación, cuyo triunfo coincide con la segunda edición ampliada y corregida, de la *Poética* en 1789. El efecto inmediato de la obra de Luzán fue principalmente la crítica adversa al teatro español de Blas Nasarre, Agustín Montiano, José Luis Velázquez, escritores de importancia histórica en su tiempo, pero de ningún interés para el lector corriente en cuanto a valor literario. Constituyen la primera generación neoclásica. Su centro fue la Academia del Buen Gusto, tertulia o "salón" imitado de los franceses, en casa de la condesa de Lemos. Coincidieron allí con poetas aún fieles a la inspiración del siglo XVII como Porcel y el conde de Torrepalma.

Tanto los principios teóricos de Luzán como los ataques más violentos de sus discípulos contra el drama español del Siglo de Oro suscitaron inmediatamente numerosas polémicas.

La primera crítica razonada de la *Poética* apareció en 1738, un año después de su publicación, en la revista el *Diario de los literatos de España en que se reducen a compendio los escritos de los autores españoles y se hace juicio de sus obras.* Fue escrita por uno de los redactores, Juan Martínez de Salafranca, a quien se sumó, en una segunda parte, un escritor de gran prestigio, don Juan de Iriarte, humanista, poeta y bibliotecario. Iriarte defendía los valores de la poesía de Góngora y, más particularmente, los del teatro de Lope cuyo espíritu nacional y democrático justificaba al mismo tiempo que señalaba la importancia de haber creado una forma dramática nueva: la tragicomedia. Son los argumentos que repetirán luego innumerables escritores hasta el romanticismo, cuando se cierra definitivamente esta larga polémica con la reivindicación completa del drama del Siglo de Oro. De las numerosas defensas que el teatro español suscita en esta primera época, la más interesante por las ideas, sino por la prosa pedestre y torpe, es el *Discurso crítico sobre el origen, calidad y estado presente de las comedias de España contra el dictamen que las supone corrompidas y en favor de sus más famosos escritores el Doctor Fray Lope de Vega y Carpio y Don Pedro Calderón de la Barca. Escrito por un ingenio de esta corte* (1750) de Tomás Erauso y Zabaleta.

**Los comienzos de la erudición y la crítica histórico-filológica: Sarmiento y Mayáns.**— De mayor trascendencia renovadora que las discusiones teóricas fue el desarrollo de la erudición histórico-crítica. En el balance general del siglo XVIII es muy probable que sea este aspecto el que hoy podemos considerar más fructífero. No es exageración decir que en los varios campos de la historia se echan entonces las bases sólidas para las construcciones posteriores y que el esfuerzo de recolección de materiales en obras como las de Ponz o Tomás Antonio Sánchez, entre otros muchos, apenas si será igualado. Estos dos autores pertenecen al período siguiente. En la primera mitad del siglo XVIII los principios de la erudición están representados por un fraile benedictino, amigo y colaborador de Feijoo, el padre Martín Sarmiento (1695-1771), por Gregorio Mayáns y Siscar (1699-1781), y por el padre Enrique Flórez (1702-1773).

Ya en la segunda mitad del siglo XVII se había iniciado la corriente erudita de recopilación de datos para la historia de la cultura española por hombres como el marqués de Mondéjar y Nicolás Antonio, el primer bibliógrafo español con sus obras *Bibliotheca Hispana Vetus* y *Bibliotheca Hispana Nova*.

Sarmiento, Mayáns y Flórez continúan esta tendencia, reforzada por la curiosidad y el sentido crítico del siglo.

Sarmiento, que en el siglo se llamó Pedro José García Balboa, fue un hombre bastante raro, poseído de una notable furia de saber. Las noticias que de él tenemos concuerdan con la imagen popular del sabio extravagante. Todo le interesaba y sabía algo de todo. Véase como buena estampa de la curiosidad científica, un poco caótica, de la época, la descripción que de su celda hace el padre Pérez de Urbel en *Semblanzas benedictinas*:

> Era una habitación amplia y modesta. De las paredes colgaban un Crucifijo, dos cuadros del buen monje Ricci, uno del Españoleto, otros cuadros más pequeños, una cítara y una vihuela. Colocados en el suelo, con bastante desorden, los baúles y estantes de los libros, cuatro mesas, tres papeleras, doce sillas viejas, un gran número de cacharros con plantas para sus experiencias de botánica y toda una colección de objetos curiosos; un peso para oro, una balanza, un astrolabio de bronce, un reloj de luz, un telescopio inglés de reflexión, un microscopio de ocho lentes, un cáliz de madera de albue, un cuerno de rinoceronte, cuarenta y dos frasquitos de cristal... En las mesas, muchas monedas antiguas, bien clasificadas, un brevia-

rio viejo, dos escritorios y varios objetos de oro, como pluma, reloj y anteojos, regalo de sus amigos.

Sarmiento proporcionó datos a otros muchos eruditos, por ejemplo, al padre Flórez para su *España sagrada,* y fue colaborador permanente de Feijoo. Dejó inéditos veinte tomos de manuscritos. Lo único que publicó en vida fue la *Demostración crítico-apologética del teatro crítico universal* (1732) en contestación a los ataques de Mañer.

Defendiéndose de quienes le tachaban de rareza escribió un curioso ensayo "El porque sí y porque no del padre Sarmiento:"

> Yo —dice— soy en boca de todos, con distribución acomodada, un hombre ridículo, duro, adusto, hipocondríaco, insociable, seco, serio, desabrido, incomunicable, melancólico, intratable, indómito, terco, tenaz, testarudo, huraño, incivil, inurbano, descortés, grosero... y en fin... que soy otro Timón Ateniense, nuevo misántropo de Madrid.

Y en una carta dice que le repugna "ser director de monjas, confesor de beatas y asentistas, consultor de señoras y ricos, y entrar en cofradías literarias." Campechanía y desenfado, de tono muy español, que caracterizan el estilo de muchos de los "sabios" del siglo XVIII.

Sarmiento, como su amigo Feijoo, se ocupó de todo y suelen destacarse su interés por las ciencias naturales y sus ideas pedagógicas. La mayor importancia de su obra reside, a nuestro juicio, en tres campos: en el de la historia literaria por las *Memorias para la historia de la poesía y los poetas españoles*; en el de la lingüística por sus teorías generales sobre la etimología y sus estudios del dialecto gallego; y en la historia de su Galicia natal.

Las *Memorias,* publicadas en 1804, es obra notable para su tiempo. Recoge gran cantidad de noticias sobre la poesía medieval castellana y gallega con tino bastante seguro en sus juicios. Sólo la gran *Antología* de Tomás Antonio Sánchez la superará como base para la reconstrucción de la literatura de la Edad Media. Apunta, por ejemplo, el origen árabe de la lírica, apoyando la opinión del erudito francés M. Massieu y dice "que las rimas las recibieron los franceses de los españoles, habiéndolas recibido éstos de los árabes."

En filología echa los cimientos de la dialectología española y adivina métodos que sólo mucho más tarde, casi en nuestro tiempo, se desarrollan científicamente. Cree que debe hacerse el estudio de la palabra junto con la historia de las cosas y de sus propiedades y al referirse a sus estudios del gallego, dice pintorescamente: "anduve mucho tiempo por aquel reino, pero siempre con la pluma en la mano para apuntar todos los lugares y todas las voces y frases gallegas, como las iba oyendo, y aun muchas voces antiguas, ҫomo las iba leyendo y, sobre todo muchos nombres gallegos de los mixtos de Historia Natural y en especial de los vegetales, pescados, conchas, etc., como los iba cogiendo y comiendo."

Hizo también versos y por los que escribió en gallego es precursor del renacimiento literario de esta lengua en el siglo XIX.

La obra de Mayáns está más sólidamente fundada y se inspira en un sentido de continuidad de la cultura española, ausente en la busca desordenada de Sarmiento. Mayáns, humanista, bibliotecario y profesor de derecho en la Universidad de Valencia, es el verdadero creador de los estudios sobre el siglo XVI en la literatura española. Enlaza directamente con la labor de los eruditos de la época anterior, Nicolás Antonio y Mondéjar, algunas de cuyas obras editó. Dio a conocer, entre sus contemporáneos, la obra de Vives, Antonio Agustín, el Brocense y otros humanistas del Renacimiento. Escribió la primera biografía de Cervantes para una edición del *Quijote* publicada en Londres en 1737, arranque del cervantismo en el siglo XVIII; y otra de fray Luis de León. En su *Oración en alabanza de las obras de don Diego Saavedra Fajardo* (1725), de quien editó también la *República literaria,* contribuyó a ensalzar otro de los buenos prosistas clásicos.

En la *Retórica* (1757), acompañada de una extensa antología de la literatura castellana, y en la *Oración sobre la elocuencia española* estableció criterios de gusto literario en una época cuya mayor limitación era carecer de ellos.

En la correspondencia y en otros aspectos de su obra mostró la amplitud de su sabiduría.

Entre tareas tan varias sobresale Mayáns por sus *Orígenes de la lengua* (1737), sistematización de todos los conocimientos lingüísticos de entonces sobre el castellano, obra en la que además publicó el *Diálogo de la lengua* de Juan de Valdés y otros textos importantes del marqués de Villena, Alderete, Hidalgo, etc.

Como Sarmiento en el gallego, se interesó Mayáns por el dialecto de su región y dejó sin publicar un *Diccionario castellano-valenciano.*

A esta época pertenecen varias obras de investigación histórica de importancia considerable en cuanto a recolección de fuentes: la *Sinop-*

*sis histórico cronológica de España* (1700-1718), de Juan Ferreras; las *Antigüedades de España* (1717) de Francisco de Berganza; numerosos trabajos del padre Andrés Burriel y la *España Sagrada* del agustino Enrique Flórez (1702-1773), obra monumental para la historia de la Iglesia, en 51 volúmenes, de los que durante la vida de Flórez se publicaron veintinueve. Fue continuada por el padre Risco y otros eruditos de la misma Orden. De la *España Sagrada* dice Sánchez Albornoz:

> Extraordinaria por la riqueza y rigor de sus conclusiones, no lo es menos por el caudal de fuentes narrativas y diplomáticas en que las fundamenta. Se anticipa en el cientificismo de sus ediciones a las que realizaron muchos decenios después allende el Pirineo la *Societas aperiendi fontibus rerum germanicarum Medii Aevi,* de Alemania y la "École des Chartes" francesa.

Añadamos que en esta época inicia la Academia Española la publicación de obras sobre el lenguaje con una muy importante, el *Diccionario de Autoridades* (1726-1739).

**El periodismo y la sátira literaria.** — Estos dos aspectos, muy característicos de la orientación criticista del siglo, se desarrollan también en la tercera década. Ya hemos citado, con motivo de la crítica de la *Poética* de Luzán, la primera de las revistas literarias españolas: el *Diario de los literatos,* publicado por un grupo de escritores entre 1737 y 1742 a imitación del *Journal des savants.* En el *Diario,* con el doble sentido crítico e informativo que preside el nuevo afán de cultura, se hacían extractos de obras literarias, científicas y filosóficas. Portavoces del espíritu liberal, sus redactores seguían a Feijoo y admiraban a Pierre Bayle, el autor francés del *Dictionnaire Historique,* maestro de Voltaire, fundador del escepticismo moderno y padre de la Enciclopedia. En materia literaria el gusto del *Diario* era ecléctico. No veían sus redactores con buenos ojos la imitación de modelos franceses o italianos que Luzán y luego sus discípulos propugnaban; defendieron, en cambio, los valores de la literatura del Siglo de Oro. Pero no por eso dejaban de darse cuenta de la degeneración patente en las imitaciones que de ella se hacían entonces. En el *Diario* justamente se publicó en 1742 la *Sátira contra los malos escritores de este siglo* de Jorge Pitillas, pseudónimo de José Gerardo de Hervás, que en nombre del buen gusto e inspirado en las doctrinas del francés Boileau condenaba los excesos y el vulgarismo en que había caído la poesía, al mismo tiempo que el abuso del galicismo en la lengua.

Tanto la sátira literaria como el periodismo continuaron durante todo el siglo. Entre las revistas importantes de la segunda mitad estarán *El Pensador Matritense* de José Clavijo y Fajardo (1762, 1763 y 1767), *El censor* (1781-86) y el *Memorial literario instructivo y curioso de la corte de Madrid* (1784-1808).

**La novela: Torres Villarroel y el Padre Isla.** — La novela es el único género creativo en el que aún se producen durante la primera mitad del siglo XVIII obras de alguna calidad literaria gracias a la prosa satírico-narrativa de Diego de Torres Villarroel (1693-1770) y del jesuita José Francisco de Isla (1703-1781). En la obra de ambos se advierte una confluencia interesante del humorismo realista de la picaresca y el barroco, con la mentalidad crítico-reformadora de la nueva centuria.

Ni la *Vida* de Torres ni el *Fray Gerundio* de Isla son, en sentido estricto, novelas, sino productos híbridos de una tradición ya agotada. Y el hecho extraño, al menos a primera vista, es el del total hundimiento de la novela en España durante el siglo XVIII. La literatura que se había adelantado a las otras en dar forma definida —con Cervantes y la picaresca— a la narración moderna, se queda sin novelistas cuando el género empieza a adquirir un desarrollo nuevo en las literaturas inglesa y francesa. Es el fenómeno con el que se vio forzado a enfrentarse José F. Montesinos al intentar estudiar metódicamente la novela del siglo XIX. [4]

Torres Villarroel es escritor y caso humano de perfil originalísimo, ilustrativo del choque de dos trayectorias históricas distintas y aun opuestas. Todo en él refleja desorientación de espíritu y desbarajuste. Fue discípulo de Quevedo, a quien imita en casi todos los aspectos de su obra —poesía, prosa narrativa y fantasías satíricas. Mas los contrastes de la personalidad quevedesca se reproducen en Torres sin la grandeza del maestro.

Lo que en Quevedo es amargura desgarrada se queda en Villarroel —escritor de indudable talento, en gran parte frustrado por las circunstancias— en burla desenfadada o, a lo más, en aspaviento grotesco.

El autor de la *Vida, ascendencia, nacimiento, crianza y aventuras del doctor don Diego de Torres Villarroel* (1743-1758) aparece, en el libro, como un pícaro auténtico. Lo que en el siglo XVII era artificio literario,

---

[4] Véase su libro *Introducción a una historia de la novela en España, en el siglo XIX.*

punto de enfoque para dar una determinada visión del mundo, se convierte en verdadera biografía novelada, en memorias. El picarismo literario termina por encarnar en la personalidad real de un escritor. Torres, ser inadaptado y estrafalario, cuenta con desnudez los episodios poco edificantes de una existencia andariega e inquieta. Pasa por aventuras muy parecidas a las de todos sus congéneres o modelos literarios. Empieza dando cuenta de sus antepasados, nacimiento en Salamanca, y educación en la misma ciudad. Se hace pícaro y emprende un viaje a Portugal. Se encuentra con un ermitaño, sirve a varias personas, es bordador, profesor de baile, soldado, compañero de ladrones, toreros y contrabandistas, protegido y contertulio de aristócratas madrileños; interviene en episodios grotescos como el de la casa de duendes en Madrid, practica la medicina, la alquimia y la astrología; todo ello, alternando con momentos de anacoretismo y con una piadosa peregrinación a Santiago.

Entre las páginas más interesantes están las dedicadas a su entrada como catedrático en la Universidad y, en general, a la vida universitaria. Torres se ordenó de sacerdote en 1745. En el reverso de la personalidad apicarada de Torres aparece el espíritu reformador y científico. Su afición al estudio se manifiesta desde niño y, ya hombre, como catedrático de matemáticas de la Universidad de Salamanca, da una de las primeras batallas en favor de la ciencia moderna, combate la ignorancia general y ridiculiza, con un sentido análogo al de Feijoo, las falsas prácticas de los médicos y otras profesiones.

Torres, sin embargo, está muy lejos de poseer la conciencia y la amplitud de conocimiento del autor del *Teatro crítico*. En lo fundamental es un rezagado de los tiempos barrocos, un satírico anacrónico. Basta leer unos párrafos de la Introducción a la vida para ver —fuera de las evidentes resonancias quevedescas— hacia donde gravita su pensamiento: "A mí sólo me toca morirme a oscuras; ...No aspiro a más memorias que a los piadosísimos sufragios que hace la Iglesia, mi madre." Gusanos, muerte, calaveras, hediondeces, etc. Pero su gusto por la vida y su temperamento rebelde se imponen en contraste con un pesimismo más literario que personal. Algo se le pegó además del aire del siglo. Como hombre de talento, se dio cuenta de las deficiencias de la cultura española en su momento. Y, aparte de la sátira social o de la pintura franca de esas deficiencias en algunas páginas de su obra, se enfrentó con contrincantes poderosos, como el padre trinitario Manuel Bernardo Ribera, en las largas disputas del claustro universitario sobre las reformas de los estudios.

El profesor Russell P. Sebold, en un excelente estudio "Torres de Villarroel y las vanidades del mundo," ha visto muy bien cuánto hay en Torres del español tradicional y tradicionalista. Y concluye acertadamente que es el suyo un ejemplo (entre bastantes otros, añadiríamos) "del entrecruzamiento de épocas ideológicas."

Acaso la mejor prueba de su personalidad escindida esté en su actitud ante la obra de Feijoo. Se burla de él en más de una ocasión:

> Sí —dice—; está trabucado todo el mundo; el monje quiere ser guardadamas; las señoras, bachilleras; el médico se mete a soldado; el astrólogo a danzarín y el predicador a comediante; pero este padre reverendísimo, por no errarla, se mete a todo.

Y en otro escrito, *Entierro del juicio final y vivificación de la Astrología* le llama "religioso desocupado que, reñido con las estrecheces del silencio, tiene en gritos al orbe literario."

Mayor censura, no obstante, le merece la ignorancia de quienes atacaban al docto benedictino, a juzgar por lo que dice en *El diálogo entre el Ermitaño y Torres*:

> Aquí tengo muchos de los escritos que se publicaron contra el *Teatro crítico universal* y es cierto que habiéndolos pasado con reflexión, en muy pocos encontré... que sus autores se manifestasen a lo menos instruidos en las reglas de la gramática castellana: dejo aparte los reparos injustos y debilísimos argumentos con que intentaron desacreditar la crítica del Monje, impugnando sus sentencias y paradojas... El Monje respondió con la carcajada y fue bastante.

Es la *Vida* de Torres uno de los libros mejores del siglo XVIII; de los pocos de esta centuria que realmente se leen con gusto y sin esfuerzo. Es además el último eco de la picaresca de positivo mérito, documento psicológico revelador y buen testimonio de un tiempo en el que España parece haber perdido el rumbo e intenta encontrar otro nuevo. Su prosa es rica, pintoresca, llena de sabor a ratos —un poco pesada en otros— en la que los recuerdos del estilo quevedesco, menos marcados que en otros escritos de Torres, están compensados por un popularismo de cuño nuevo y notas de estilo personal.

Torres fue escritor prolífico. Las obras publicadas ya en 1752 constan de catorce volúmenes. Escribió numerosísimos prólogos, más de ochenta, de tono la mayoría autobiográfico y personal, como el de la

*Vida.* Cobró fama de adivino y astrólogo por sus almanaques, pronósticos y avisos que publicaba con el nombre del gran Piscator de Salamanca. Es el único poeta de chispa en su generación, sobre todo en la vena popular y jocosa. En algunas de sus composiciones aparece un estilo distinto del burlesco del siglo XVII que inicia el popularismo vulgar y prosaico de parte de la poesía en los años siguientes: jácaras, tonadillas, etc. Algo parecido puede decirse de su teatro: bailes y sainetes.

En producción tan variada y sin orden, los *Sueños Morales* y entre ellos las *Visiones y visitas de Torres con don Francisco de Quevedo por Madrid* merecen puesto destacado y no son inferiores, como creación literaria, a la *Vida.* Son la imitación más directa de Quevedo, que aparece como guía e interlocutor, y muchas páginas no desmerecen del modelo. Aquí es donde el estilo de Torres llega al máximo retorcimiento, extremando lo caricaturesco, el desgarro de la frase, la fantasmagoría grotesca: visión descoyuntada; sátira de tipos, profesiones y caracteres; sueño y locura; deformación hiperbólica, monstruosa, y hechicería. Prolongación de la sátira barroca —Quevedo, el *Diablo cojuelo*— en la que se infiltra, como en la *Vida,* una preocupación social que ya no es íntegramente la del siglo XVII.

Torres Villarroel nos da la imagen, en vida y obra, del español raro y esperpéntico, al par que —salvando distancias de ambiente, situación y mérito— nos hace pensar en otros escritores y personajes dieciochescos de vena fantástica. Satíricos como Swift, aventureros como Cagliostro.

Si descontamos por su peculiar mezcla de lo biográfico y lo novelesco la *Vida* de Torres Villarroel, la única novela digna de recordarse en este período es la *Historia del famoso Fray Gerundio de Campazas alias Zotes* (1758) del padre Isla, sátira contra la ignorancia y la pedantería de los predicadores de su tiempo, en cuya ampulosa elocuencia se habían agudizado los vicios del culteranismo. [5] Isla imita a Cervantes en el tono satírico, en la parodia, y a la novela picaresca en la narración de la infancia, estudios y vida de su rústico y grotesco héroe. La novela carece de trama. De acuerdo con lo que ocurre en el arte narrativo a fines del siglo XVII, está compuesta por una serie de situaciones y epi-

---

[5] Tuvo el *Fray Gerundio* una historia bibliográfica complicadísima, debida a la reacción violenta que suscitó la publicación del primer volumen y a la casi inmediata intervención de los inquisidores. Hubo numerosas ediciones incompletas y furtivas, además de varias traducciones. Véase para detalles la Introducción de Sebold a la edición citada en la bibliografía o la obra bibliográfica de Reginald F. Brown *La novela española: 1700-1850,* especialmente el Apéndice A: "Notas sobre las primeras ediciones de *Fray Gerundio.*"

sodios con escasa cohesión. No hay desarrollo de carácter, y la vida, substancia de toda novela verdadera, aparece sólo como una serie de cuadros de la realidad —costumbres rústicas, eclesiásticas o algunos tipos bien observados— cuya descripción detallada, incisiva, constituye el valor de la obra. La distancia entre la novela del Siglo de Oro y la del padre Isla se advierte sobre todo si comparamos los dos elementos fundamentales de cuya combinación resulta la estructura novelística. En la picaresca —si tomamos como modelo el *Guzmán*— al lado de las aventuras del pícaro, el autor hace largas digresiones morales que nacen de una concepción de la vida íntimamente relacionada con la base estética del picarismo y no desvirtúan, por lo tanto, el espíritu de la novela. En cambio, la parte digresiva de *Fray Gerundio* está constituida por disertaciones gramaticales, etimológicas, filosóficas, literarias, etc., en las que se cae, con bastante frecuencia, en la pesadez pedantesca que se trata de ridiculizar.

No hay duda de que Isla logra su propósito de satirizar con acierto los vicios mentales, literarios y lingüísticos o las malas prácticas educativas y eclesiásticas de la época. Su novela, además de una eficaz parodia de predicadores extravagantes o zafios, es una buena sátira y posee páginas de divertidas descripciones, de chispeante ingenio y de excelente prosa castiza. Pero no es una gran creación.

Tomó lo externo de una tradición literaria y le infundió el espíritu didáctico de su tiempo, con una buena dosis de sentido cómico y de arte para ridiculizar lo que de absurdo veía en el ambiente eclesiástico y de incultura general. Hoy causa asombro —aun descontando la ironía— que pudiera escribir a su cuñado en una carta: "Si es verdad lo que hasta ahora me han escrito todos, la obra logrará el alto fin que únicamente se pretendió con ella, y se disputará si deja o no deja atrás al famoso *Don Quijote*." Las distancias con el modelo cervantino son insalvables. Ello no obsta para reconocer que Isla tenía dotes de novelista que en otro tiempo y ambiente hubieran podido fructificar. Adelanta, sobre todo al principio, algunos procedimientos novelísticos —recreación de un medio social, retratos o descripción de personajes— que se desarrollarán en el realismo del siglo XIX. Russell P. Sebold, en el mejor estudio que hasta ahora se ha hecho de la novela, cree percibir una intuición del determinismo naturalista. De todos modos, lo digresivo y la insistencia en los mismos temas y procedimiento pesa demasiado. Hombre de la ilustración y espíritu afín al de Feijoo en algunas actitudes, es el padre Isla un ejemplo más de las contradicciones españolas de su tiempo. Si en gran medida sus ataques se dirigen contra la tradición

—mal gusto, ignorancia, patriotería, rusticidad cazurra— censura por igual las novedades superficiales de que hacían gala libertinos y afrancesados. En cuanto a las ideas, no acepta ni podía aceptar las premisas fundamentales del pensamiento nuevo, como puede verse en las largas discusiones sobre filósofos antiguos y modernos de los capítulos VI y VII del libro segundo.

El *Fray Gerundio* se divulgó rápidamente y suscitó una airada reacción por parte de los sectores eclesiásticos que se sentían aludidos y ridiculizados. Fue lectura favorita de aristócratas ilustrados y, al parecer, del propio monarca. Edith Helman ha mostrado cómo pudo servir de inspiración a algunos Caprichos de Goya. Mucho más popular que la *Vida* de Torres Villarroel y más estimado por la crítica posterior, un lector actual es posible que encuentre más interés en la gracia desgarrada a ratos y en el elemento de experiencia humana en la autobiografía del extravagante matemático salmantino, que en las ironías un poco forzadas de Isla.

Las inclinaciones burlescas del docto jesuita le inspiraron otros escritos satíricos muy leídos en su tiempo. Fue traductor de varias obras, entre ellas del *Año cristiano* del padre Croiset, biografías del santo del día, que aún se lee cuotidianamente en muchos hogares españoles. Ninguna traducción le dio más fama que la del *Gil Blas,* publicada en 1783, después de su muerte. Rezaba así la portada: *Aventuras de Gil Blas de Santillana robadas a España y adoptadas en Francia por Monsieur Le Sage, restituidas a su patria y a su lengua nativa por un español zeloso que no sufre se burlen de su nación.* Tesis la del origen español del libro que se desarrolla entre burlas y veras en una "conversación-preliminar, que comúnmente llaman prólogo," firmada por "D. Joaquín Federico Issalps," quien, tras sus varios argumentos y afirmar que lo que le "parece del texido de esta relación es *che se non sia vero, é bene trovato,*" termina recomendando al lector que "puede creer lo que mejor le pareciere." Lo cual no obstó para que la discusión siguiera. Acertaba Isla en mantener que la materia novelesca en que se inspiró Lesage era en lo fundamental de origen español, si bien el picarismo de *Gil Blas* está muy alejado de lo que constituye la esencia de la picaresca barroca. La versión del *Gil Blas* sobrevivió a la boga del *Fray Gerundio* y hasta quedó incorporada a la tradición de la picaresca española como su último fruto y el único, en rigor, que el lector no letrado conocía hasta no hace muchos años.

Aunque su obra, como la mayoría de la literatura del siglo XVIII, esté en gran parte olvidada, Isla, predicador de gran fama, profesor de teología y hombre culto y de buen sentido, es una de las figuras ilustres en la cultura del siglo XVIII. De su variada sabiduría y de su espíritu ingenioso, abierto y tolerante queda otro testimonio interesante en la colección de sus *Cartas familiares*.

## III. La época de Carlos III: neoclasicismo, reforma, ilustración, prerromanticismo

Al mediar el siglo fructifican o culminan todas las corrientes innovadoras. El neoclasicismo triunfante da tono oficial a la literatura. El espíritu de reforma, despertado por la crítica de Feijoo, se intensifica, fortalecido por el influjo creciente de movimientos ideológicos como la Enciclopedia, las teorías estatales de Montesquieu y Rousseau, el jansenismo, el sensualismo de Locke y Condillac, el regalismo, el liberalismo económico de Adam Smith y los fisiócratas franceses, las ideas jurídicas de Beccaria, las pedagógicas de Pestalozzi, etc., etc. Las polémicas en torno a la cultura española se ahondan; ya no se limitan a lo literario. Se plantean en torno a lo histórico, a lo ideológico, a los valores generales.

El reinado de Carlos III (1759-1788) es un período de bastante intensidad intelectual. El ímpetu renovador en la reforma política, económica, educativa, etc., se confunde con las nuevas maneras literarias. Las dos esferas, la ideológica y la literaria, son difíciles de separar porque la economía, la política o la religión, de un lado, y la tragedia neoclásica, la fábula o el idilio sentimental, de otro, tienen en el siglo XVIII una base común. Es el período del despotismo ilustrado, análogo al que rige en casi todas las cortes europeas. En las décadas precedentes el político y el intelectual se mueven, por lo común, en esferas distintas. Ahora encarnan en un nuevo tipo de hombre —Campomanes, Olavide, Jovellanos— que trata de llevar las ideas al terreno de las realizaciones prácticas.

La ideología doctrinaria o práctica, la sensibilidad rococó extremada en un gran artificio artístico y el exaltado sentimentalismo humanitario y prerromántico son caras distintas de una misma figura. No es fácil entender el lazo que las une, como tampoco es fácil darse cuenta de que entre madrigales, minués y escenas de jardín versallesco se está gestando una de las grandes revoluciones de la historia y de que, bajo las empolvadas pelucas de estos hombres tan finos del setecientos, laten las ideas científicas, filosóficas, políticas y literarias llamadas a transformar completamente la vida y la sociedad europeas.

El siglo XVIII español no es ni el de Francia ni el de Alemania ni el de Inglaterra, focos de irradiación del espíritu iluminista; pero siente con mayor o menor fuerza los efectos de las ondas que esos focos irradian.

En general lo más valioso de este momento lo producen los escritores que con un cierto eclecticismo saben combinar lo español y lo extranjero, las ideas modernas con el espíritu de la tradición. Los que han sido llamados "modernistas tradicionales" o "cristianos ilustrados" opuestos por igual a los "conservadores a ultranza" y a los "revolucionarios extranjerizantes."

Ni las imitaciones serviles de corrientes extranjeras ni el puro casticismo rancio valen nada. Siempre el neoclásico, si tiene algún valor, conserva algo de la tradición española y el tradicionalista no es enteramente inmune al aire internacional del tiempo.

La mentalidad neoclásica toma varias direcciones estrechamente relacionadas: la académica, la teórica, la crítica, la polémica y la creativa. Y como accesorias o derivadas pueden señalarse otras manifestaciones de la cultura setecentista: erudición e historiografía, libros de viajes e inventarios de la cultura nacional que abarcan desde el legado artístico y documental hasta un interés naciente por la vida popular, lo que luego se llamará el folklore.

Sube, en conjunto, el nivel histórico. Renacen las artes plásticas, especialmente la arquitectura, bajo el impulso de la Academia de San Fernando y de arquitectos como Ventura Rodríguez y Juan de Villanueva a quienes debe Madrid sus mejores monumentos, su aire de corte que en lo urbano no tenía en tiempo de los Austrias y de su gran poderío. En el siglo XVIII se construyen, entre otros edificios, el Museo del Prado, el Palacio Real y las residencias reales de La Granja y Aranjuez o los palacetes adjuntos al Escorial. El neoclasicismo deja también su huella en otras ciudades. La pintura no produce grandes figuras, pero sí hay interés por fomentarla. La corte invita a pintores extranjeros, como Tiépolo y Mengs. Cuando aparece la poderosa personalidad de Goya, no surge en el vacío. Se estimula también la música, sobre todo la ópera, para la que se construye un teatro, el de los Caños del Peral.

No hay en el balance del neoclasicismo —tomado en el sentido más amplio y en sus relaciones inseparables con la ilustración— obras maestras ni creadores literarios. Produce, en cambio, normas y criterios que hacen posible la continuidad de la cultura española y abren nuevas posibilidades, e incluso una reacción que tiende a revivificar lo mejor de la tradición. Escritores como Cadalso, Jovellanos, Meléndez Valdés, Moratín o los de tendencia nacionalista como Forner o Ramón de la Cruz, representan una considerable ascensión sobre el nivel literario de los primeros cincuenta años del siglo. Ascensión interrumpida, como veremos, por una nueva crisis a fines del siglo. La causa fundamental serán los temores que la revolución francesa desata, que vendrán, por un lado, a templar el entusiasmo por las nuevas ideas en sus propulsores más calificados y, por otro, a hacer que reaccionen con mayor violencia los enemigos de toda innovación.

**La escuela neoclásica: Moratín, padre.** — En todo movimiento artístico y literario conviene distinguir dos niveles. Lo que tiene de estilo de época —transformación de valores, de ideas directrices, de visión del mundo— y lo que tiene de escuela o grupo, de fenómeno estrictamente literario, sujeto a unas reglas y propósitos más o menos operantes, que los verdaderos creadores —poetas, dramaturgos, novelistas— pronto sobrepasan. El hecho se repite y es buen ejemplo de ello el Renacimiento, como lo serán después el romanticismo y el modernismo. Cuando ahora nos referimos a la escuela neoclásica, pensamos en el grupo de escritores que adoptan la doctrina expuesta por Luzán o la de sus inspiradores franceses e italianos, e imitan los modelos del neoclasicismo francés. En España la escuela como tal no produjo creaciones literarias duraderas. Se manifestó sobre todo en las polémicas teatrales iniciadas por los discípulos inmediatos de Luzán que trataron de revalorizar la tradición dramática anterior a Lope: Nasarre, en la *Disertación sobre las comedias de España* (1749) y su edición del teatro de Cervantes; Montiano, en los *Discursos sobre las tragedias españolas* (1750-53) y José Luis Velázquez en los *Orígenes de la poesía castellana* (1754). Montiano unió la práctica a la teoría y compuso las tragedias neoclásicas *Virginia* y *Ataulfo,* imitación directa de las francesas. Paralelamente, el partido neoclásico, dominante en las Academias y con la protección oficial, se propuso, sin gran éxito, una serie de reformas en los espectáculos teatrales con objeto de influir en el gusto del público e impulsó la traducción y adaptación de teatro extranjero, principalmente el francés de los grandes clásicos —Corneille, Racine, Molière o de escritores contemporáneos— y, más adelante, la refundición de obras clásicas españolas. En la poesía y otras manifestaciones literarias el perfil del neoclasicismo es menos neto, porque la obra de sus figuras más representativas —Cadalso, Jovellanos, Meléndez Valdés— rebasa los límites de la doctrina que defendían. No sería errado decir, por tanto, que el neoclasicismo, en el sentido estricto, fue simplemente una actitud literaria difundida en ciertos círculos oficiales y aristocráticos —academias, salones o tertulias— con tres centros geográficos: Madrid, Salamanca y Sevilla. Hay que diferenciar además dos generaciones y acaso tres si consideramos las supervivencias del movimiento en el primer tercio del siglo XIX y es sabido que los valores y actitudes de cada generación son muy distintos y hasta opuestos, aun dentro de unas líneas generales comunes.

La primera generación neoclásica tuvo su centro en Madrid, en la Fonda de San Sebastián, bajo la inspiración de Nicolás Fernández de Moratín (1737-1780). Con el comienzo del neoclasicismo se asocia también, según dijimos, la Academia del Buen Gusto que se reunía en casa de la Condesa de Lemos, pero las figuras dominantes allí, Porcel o Torrepalma, siguen fieles en lo fundamental de su obra a la tradición poética del barroco decadente y representan más bien la transición hacia la nueva poesía. En la Fonda de San Sebastián, en cambio, se concentró la plana mayor del neoclasicismo. Junto a Moratín y otros escritores sin interés ya para un lector actual, estaban allí Cadalso y Tomás Iriarte, un poco más jóvenes, y dos italianos muy influyentes en la vida literaria del siglo, Pedro Napoli Signorelli y Juan Bautista Conti.

Es de notarse que en la Fonda de San Sebastián dominaba un interés exclusivamente literario, fiel al temperamento del viejo Moratín, una de las pocas figuras de la época de quien se puede decir que era un literato puro. Su hijo Leandro recordará a este respecto, en la biografía del padre, que las reuniones de la Fonda tenían por único estatuto el que sólo se permitiera hablar "de teatro, de toros, de amores o versos." Y también recuerda las obras de autores extranjeros o de contertulios que allí se leyeron, entre ellas las *Cartas marruecas* de Cadalso.

Moratín padre fue miembro de la Academia de los Arcades de Roma con el nombre de *Flumisbo Thermodonciaco* y explicó Poética en el Colegio de San Isidro, substituyendo a su contertulio Ignacio López de Ayala, que le había vencido como aspirante a la cátedra y que al enfermar le cedió el puesto. Fue autor de las mejores tragedias neoclásicas —*Lucrecia, Hormesinda* y *Guzmán el Bueno*— y de la comedia *La petimetra* en cuyo prólogo, así como en el de *Lucrecia* y en los opúsculos *Desengaños del teatro español,* hizo juntamente con la defensa de la preceptiva neoclásica una crítica negativa del teatro español del Siglo de Oro. A ella y a una campaña de Clavijo y Fajardo en *El Pensador* fue debida en gran parte, la prohibición gubernamental en 1765 de representar los Autos Sacramentales, hecho que marca probablemente el momento álgido de influencia del partido neoclásico en la vida literaria.

Poeta bastante fecundo y mejor poeta que dramaturgo, puede tomarse su obra poética como ejemplo de neoclasicismo en la expresión y en las formas. Anacreónticas, odas, sonetos, silvas, un largo poema didáctico como *Las naves de Cortés destruidas,* presentado a un concurso de la Real Academia en 1775, en el que se llevó el premio José María Vaca de Guzmán. Notemos, de pasada, que tal concurso es una muestra más de la corriente reivindicatoria de Cortés, de su glorificación en la literatura del siglo XVIII.

Se ve en toda la poesía neoclásica de Moratín, como podría verse en la de la mayoría de los poetas, el influjo de los modelos franceses junto a reminiscencias de españoles, como Villegas, el más imitado en la poesía anacreóntica. Mas lo verdaderamente significativo en el caso de Moratín padre es que su nombre se recuerde entre los de los buenos escritores de su tiempo no por su teatro ni por sus ideas críticas ni por sus poemas didácticos, sino por algunos epigramas y por sus poesías de tema e inspiración españolísimos, la oda *A Pedro Romero, torero insigne* y las airosas quintillas *Fiesta de toros en Madrid,* imitación, en parte, del *Isidro* de Lope. Dentro de la vena tradicional están asimismo algunos romances moriscos, dignos de tenerse en cuenta en la evolución del romancismo que a primera vista parece haberse olvidado por entero en el setecientos.

Escribió en prosa una carta histórica sobre los toros. Resulta que el Moratín afrancesado y neoclásico fue a la vez uno de los primeros madrileñistas castizos lo mismo que el castizo madrileñista Ramón de la Cruz empezó siendo fervoroso afrancesado, traductor de Racine, Molière y Beaumarchais. Por dondequiera que calemos en el siglo XVIII encontramos la dualidad, que a veces fue conflicto, a veces avenencia y, en los mejores, síntesis.

**Los reformadores.** — Como ya hemos apuntado, la Ilustración española cuaja y llega a sazón durante el reinado de Carlos III, en un grupo de juristas, ideólogos y economistas que llevan al gobierno el espíritu de reforma. Son los hombres del despotismo ilustrado, a cuya obra puede aplicarse casi todo lo que dijimos en la Introducción al caracterizar las corrientes centrales de la época. El estudio de dicha obra en detalle corresponde a la historia de la cultura o a la historia política. Es necesario, no obstante, recordar en líneas generales la acción del grupo por varias razones: por la estrecha relación que en esta época existe entre ideología y literatura; porque a él están vinculados algunos de los escritores más importantes, escritores como Cadalso o Jovellanos; y, en fin, porque es principio fundamental de la mentalidad neoclásica la utilidad y valor didáctico de la literatura, puesta al servicio de la sociedad, del bien público y, en términos más amplios, de la felicidad humana.

Recoge el grupo de reformadores la lección del criticismo de Feijoo y las teorías de los neoclásicos. Refleja, a su vez, las ideas de la Enciclopedia y algunos de los que de él formaban parte tuvieron relación personal con Voltaire o Rousseau. Impulsa una reorganización económica, renueva la enseñanza universitaria y crea centros educativos, de los que pueden ser modelo el Seminario de Vergara o el Instituto Asturiano de Gijón, creado por Jovellanos. Sus hombres actúan en las Academias, fomentan la creación de organismos del tipo de las Sociedades Económicas de Amigos del País, encaminadas a estimular la agricultura, el comercio, la industria; propagan el estudio de las ciencias y, al mismo tiempo, el conocimiento de la historia de España en todas sus fases, e influyen en los más varios aspectos de la cultura.

Sin traspasar, con muy contadas excepciones, las fronteras de la ortodoxia, son los adelantados de la campaña por limitar la influencia excesiva de la Iglesia en la vida nacional. Así, en el terreno político defienden las regalías de la corona; en el económico, las leyes de desamortización de bienes eclesiásticos; en el moral, una vida austera inspirada en el jansenismo; en el de la educación, la enseñanza laica. Combaten la intromisión de la Iglesia en asuntos temporales y dan las primeras batallas eficaces contra la Inquisición.

Casi todos estos reformadores ocuparon cargos oficiales de importancia. Constituyeron un grupo numeroso y actuaron en muchos lugares y en varios frentes. Aquí, sólo podemos citar las primeras figuras. Algunos, como el conde de Aranda o Floridablanca, fueron fundamentalmente figuras políticas. Otros —el peruano Olavide y el francés españolizado Cabarrús— son escritores de tipo doctrinal e ideología enciclopedista. Véase como la mejor muestra de este doctrinarismo la obra de Cabarrús *Cartas sobre los obstáculos que la naturaleza, la opinión y las leyes ponen a la felicidad pública* (1792).

Hay un tercer grupo, el de mayor significación, de hombres eruditos y humanistas que combinan el patriotismo con el sentido práctico y una sólida sabiduría, especialmente histórica. Éste es el caso de don Pedro Rodríguez de Campomanes (1723-1803) —fue quizá el máximo propulsor intelectual del reformismo, inspirador de las Sociedades Económicas, prosista y autor de varias obras importantes de historia y teoría económico-política— o, en la generación siguiente, de Francisco Martínez Marina

(1753-1833), uno de los fundadores de los estudios de historia política medieval en obras como la *Teoría de las Cortes* y el *Ensayo histórico-crítico sobre la antigua legislación de los reinos de León y Castilla.*

Actividades son las de estos hombres que quedan en los aledaños de la literatura pero en las que podemos entender mejor los motivos fundamentales del siglo XVIII que sólo en forma débil y borrosa percibimos en las obras de imaginación. El contacto entre estas formas de la mentalidad setecentista y la sensibilidad del poeta, del crítico o del artista, lo veremos al fijarnos ahora en algunas de las figuras literarias sobresalientes.

**Cadalso.** — Escritor muy representativo de los varios aspectos que venimos señalando es el coronel José Cadalso (1741-1782). Nació en Cádiz e inició sus estudios con los jesuitas de aquella ciudad, continuándolos en el Seminario de Nobles de Madrid. Viajó por varios países de Europa y aprendió varias lenguas, aunque nadie haya precisado hasta qué punto. A los 21 años inició su carrera militar. Hombre fino y culto, en él las contradicciones del siglo se dan con mayor nitidez que en ningún otro escritor y se resuelven sin estridencias, armonizadas por un temperamento irónico y mesurado. Si, a juzgar por algunos de sus versos y por las *Noches lúgubres,* fue dado a la melancolía y aun al pesimismo, en conjunto vida y obra dejan la impresión de templanza, comprensión y buen sentido. Por los viajes de su juventud y su aire mundano se le considera como encarnación del cosmopolitismo dieciochesco; fue, sin embargo, españolísimo en todo y pocos contemporáneos suyos tuvieron un sentimiento nacional más consciente. Militar valiente y heroico, como atestigua su muerte en las líneas avanzadas durante el sitio de Gibraltar, detestaba el militarismo. Caballero de Santiago, se burló con mordacidad de las ínfulas de nobleza. Dice el cochero de Gazel en las *Cartas marruecas*: "aunque soy cochero, soy noble" (Carta XII), y en la siguiente se define la nobleza hereditaria en estos términos: "es la vanidad que yo fundo en que ochocientos años antes de mi nacimiento muriese uno que se llamó como yo me llamo, y fue hombre de provecho, aunque yo sea inútil para todo."

Fue contertulio de la Fonda de San Sebastián, centro del neoclasicismo, íntimo amigo de Moratín, padre, poeta anacreóntico y fiel seguidor de la escuela en casi toda su poesía, pero, en parte de ella y en el exacerbado y funerario sentimentalismo de las *Noches lúgubres,* no sólo fue prerromántico típico, sino que se adelantó en medio siglo al romanticismo más desmesurado.

Estas paradojas unidas al atractivo de su obra y resueltas en un estilo que Juan Marichal ha definido como el estilo de un "hombre de bien" —en el sentido que tal denominación tenía entonces— hacen de Cadalso la figura más adecuada para entender las contradicciones de la época. Paradojas semejantes se dan por ejemplo en Jovellanos, pero en forma más solemne y en obra de mucho mayor amplitud. Y se volverán a presentar —en una situación histórica, personal y literaria, ya diferente— en Moratín, hijo. El mismo Marichal ha hablado de las dos máscaras de Cadalso: el "prerromanticismo" de las *Noches,* estudiado por Edith Helman, y el "quevedismo estoico," señalado por Montesinos. El Cadalso que realmente importa, el de las *Cartas,* supo encontrar el equilibrio, muy dieciochesco —razón y sensibilidad— entre ambos extremos.

Interesa también destacar en el estudio de Cadalso su influencia en escritores que acaso le superaron. Debió de poseer dotes excepcionales de captación, ya que varón tan centrado en sí mismo como Jovellanos le acató como maestro en su iniciación literaria, a pesar de una diferencia de edad de sólo tres años. Y a la estancia de Cadalso en Salamanca, durante dos destierros, se debe la formación de la escuela poética de aquella ciudad, a la que pertenecieron los mejores poetas del tiempo y entre ellos Meléndez Valdés.

La poesía de Cadalso, recogida y publicada con el título de *Ocios de mi juventud* (1773), tiene interés por la variedad de tonos, desde el puro neoclásico y el anacreóntico al idilio prerromántico, pero no es equiparable a su prosa. Menos interés aún tiene su tragedia a la francesa, aunque con tema español, según fue usual entre los neoclásicos, *Sancho García,* escrita para su amada, la actriz María Ignacia Ibáñez, cuya muerte originó el truculento episodio de las *Noches.*

Como prosista, inició con *Los eruditos a la violeta* (1772) —graciosa burla de la falsa pedantería— un tipo de sátira literaria y social que cultivaron, entre otros, Iriarte, Forner y Moratín hijo. Aunque tuvo gran éxito en su tiempo, ni por *Los eruditos* ni por otras obras satíricas de tipo análogo hubiera pasado Cadalso a la posteridad. Su puesto como innovador y precursor de una actitud crítica, que a través de Larra llega hasta la generación del 98, se debe únicamente a las *Cartas marruecas,* primera manifestación en la literatura española del ensayo breve, irónico, de contenido ideológico y estilo personal. En este sentido se diferencia de las varias formas de ensayismo (epístolas, tratados, discursos) que desde Guevara, en el siglo XVI, a Gracián, en el XVII, podrían considerarse como antecedentes.

Participan del carácter del ensayismo inglés del siglo XVIII, al que algo deben, y de la influencia de las *Lettres persanes* de Montesquieu al menos en el título y el propósito de observar las costumbres y describir el carácter nacional, valiéndose de un supuesto viajero marroquí.

Se publicaron en 1789, ya muerto Cadalso, en el *Correo de Madrid* y como libro en 1793. El título explica su carácter: *Cartas escritas por un moro llamado Gazel Ben-Aly, a Ben-Beley, amigo suyo, sobre los usos y costumbres de los españoles antiguos y modernos con algunas respuestas de Ben-Beley...* Un tercer personaje, Nuño, mentor de Gazel en su viaje por España, suele ser el portavoz de la crítica más acerada. Con el supuesto candor del extranjero que sólo entiende a medias, Gazel discurre sobre la realidad histórica de España, su decadencia (España es una casa grande que se va destruyendo), el falso tradicionalismo y el falso esnobismo extranjerizante; la desviación de los ideales nacionales al asumir el trono los Austrias. Se burla de los prejuicios de la sociedad española no en graves y redundantes tratados, sino en rápidos cuadros. En esto consiste la diferencia esencial con Feijoo u otros contemporáneos, que da a la obra de Cadalso su aire de modernidad, su valor como antecedente del costumbrismo crítico. Ironía, estilo llano, visión cuajada en esbozos, imágenes, tipos, sin la pesadez didáctica que tanto aleja de nuestra sensibilidad a casi toda la literatura del dieciocho. Se denuncia así eficazmente la pedantería, la ignorancia, etc.

Lo distintivo de Cadalso es que su crítica no es abstracta y general, sino que se basa en la observación directa de las costumbres y del carácter. Puede así darnos una impresión viva de la decadencia del país cuando hace, por ejemplo, una incisiva pintura del señoritismo andaluz, o diagnostica el donjuanismo de los españoles, o contrasta la vulgar familiaridad en las relaciones sociales de su tiempo con la antigua austeridad castellana, o describe la degeneración de la nobleza, o ridiculiza a los afrancesados. Junto a la crítica, y dándole mayor sentido, hay en las *Cartas marruecas* una comprensión exacta de la antigua grandeza española. La España que Cadalso admira es la del siglo XVI: la de los Reyes Católicos, Cisneros, Cortés y la conquista de América, de la que hace una equilibrada reivindicación en las cartas cinco y nueve. En suma, Cadalso va guiado por un patriotismo inteligente. No es un detractor sistemático de España en nombre de las "luces," ni cierra tampoco los ojos a su evidente decadencia.

Asoma en las *Cartas* una nota nueva. El "personalismo literario" de que habló Azorín al referirse a Larra como precursor del 98. En Cadalso toma ya la forma de humor pesimista, mucho más auténtico y extremado en Larra, unido a netas resonancias estoicas de la mejor tradición. En la Carta 69 traza un admirable retrato del hombre ideal, indudablemente inspirado en el "Caballero del Verde Gabán" cervantino; en la 53 se lee: "pero el hombre es mísero desde la cuna a la sepultura," recuerdo de Quevedo; y en la 79: "tomar el medio justo y burlarse de ambos extremos," sentencia gracianesca.

La otra obra famosa de Cadalso son las *Noches lúgubres,* cuya confusa historia bibliográfica desde su publicación en el *Correo de Madrid (o de los ciegos),* en 1790, aclaró Edith Helman. Se basa en un hecho autobiográfico, el intento de desenterrar los restos de su amada, María Ignacia Ibáñez, y pretende imitar los *Night Thoughts* de Young, obra con la que, en rigor, tiene muy remota semejanza. Consta de tres diálogos —correspondientes a tres noches— de Tediato, el protagonista (para algunos el propio Cadalso) con un *Sepulturero, la Justicia* y *un Carcelero.* En el segundo aparece también un niño, hijo del Sepulturero, cuyo abuelo ha muerto por la mañana y cuya madre (con siete hijos) acaba de morir de parto. Este pequeño detalle, el carácter de los interlocutores, el ambiente nocturno, fúnebre y carcelario, el proyecto de desenterrar a la amada y otros factores de igual tenor dan el tono de la obra. Hoy es una pura curiosidad literaria, interesante históricamente como exagerado anticipo romántico o como un ejemplo más de la relación entre literatura y vida, estudiada por Montesinos.

Sea por su anacronismo o por el contraste entre el Cadalso amable, irónico, "hombre de bien" y el exacerbado sentimentalismo de que aquí da muestras, es obra totalmente frustrada, que no logra encontrar un estilo adecuado. De ahí el contraste entre el intento artístico y su realización o la "oquedad emotiva" que en ella advertía Montesinos. No obstante, debe tenerse en cuenta este aspecto del siglo XVIII, choque y dualidad entre "lo racional" y "lo sensible" que en España no llega a fundirse. Igual oquedad y la misma prosa sin nervio tiene el humanitarismo sentimental de *El delincuente honrado* de Jovellanos, quien en cambio —más poeta que Cadalso— encuentra un tono auténtico para la expresión de la melancolía nocturna en el verso de la *Epístola del Paular.* Podría añadirse que, excepcional en todo, hay que llegar a la "pintura negra" de Goya para encontrar la única y profunda realización artística del tenebrismo macabro, alucinado y monstruoso, reverso de la mesura racionalista.

El enfermizo episodio de las *Noches* y la muerte heroica del propio Cadalso, poeta y soldado, justifican el que se le considere como arquetipo de la sensibilidad prerromántica, que entre artificios pastoriles y fe en las "luces" se está indudablemente perfilando en el panorama literario del siglo XVIII. Ahora bien, si por su carácter personal la idea del prerromanticismo de Cadalso es admisible, literariamente, en cambio, y salvo la excepción de las *Noches,* el sentimentalismo está en él mucho menos acusado que en la poesía de Meléndez Valdés, Cienfuegos o el mismo Jovellanos.

**Los fabulistas: Iriarte y Samaniego.** — La confluencia entre las ideas y la literatura, el didactismo y la crítica, el neoclasicismo y el espíritu de la Enciclopedia se percibe bien en un género secundario, intranscendente en apariencia y muy característico de la época. Nos referimos a la "fábula," entre cuyos cultivadores sobresalen el riojano Félix Samaniego (1745-1801) y Tomás Iriarte (1750-1791), natural de Canarias, aunque vivió casi toda su vida en Madrid.

Samaniego, siguiendo a los maestros universales del género, Fedro, Esopo, La Fontaine, ridiculiza los defectos humanos —ambición, vanidad, hipocresía, etc.— en las *Fábulas morales,* escritas para los alumnos del Seminario de Vergara, uno de los centros educativos del iluminismo dieciochesco. Iriarte —más original en sus propósitos— se propone exponer en las *Fábulas literarias* las doctrinas de la preceptiva neoclásica y burlarse de los escritores que se apartaban de ellas.

Cada una de las fábulas ilustra una regla, censura un defecto o da consejos sobre composición, estilo o propósitos del arte; juntas constituyen una especie de "poética." Ambos fabulistas coinciden en el estilo prosaico, ambos participaron del espíritu innovador. Las "fábulas," que entroncaban con la tradición literaria más antigua, la del apólogo, inauguraron un género que cultivaron muchos otros escritores hasta muy avanzado el siglo XIX. Por resabio neoclásico y pedagógico fueron enseñanza favorita en las escuelas y, por lo general, la primera poesía que aprendía el niño español incluso en el siglo XX. Y no deja de ser fenómeno curioso el que donde más persistieron fuese en los colegios religiosos, a pesar del volterianismo de sus autores, especialmente Samaniego, que por sus ideas, sus ataques a la Iglesia y también por cultivar la literatura licenciosa tuvo conflictos con la Inquisición.

Como poeta fue Samaniego superior en el ingenio y en la versificación, dentro del prosaísmo que el género exigía. Debió de ser hombre de humor incisivo y estuvo asociado al grupo de la Sociedad Económica Vascongada —la de ideario más avanzado— que inspiraba su tío el conde de Peñaflorida. Se enemistó con Iriarte y contra él escribió unas *Observaciones sobre las fábulas literarias.*

Iriarte, por otro lado, tuvo mayor prestigio y fue figura importante de la vida literaria, escritor influyente y una de las columnas del movimiento neoclásico, al punto de que en el libro *Iriarte y su época* Cotarelo pudo reconstruir todo el ambiente literario de su tiempo en torno a la personalidad y obra del fabulista. Autor fecundo —sus obras ocupan ocho volúmenes, a pesar de haber muerto joven— tradujo la *Eneida* de Virgilio, el *Arte poética* de Horacio, tragedias y comedias de varios autores, entre ellos Voltaire, Molière, Goldoni y Metastasio. Fue también compositor y además de escribir un largo poema didáctico titulado *La música* con noticias acerca de este arte —estilo, reglas de composición, historia, juicios sobre los músicos españoles y extranjeros— introdujo en España, con la obra *Guzmán el Bueno,* el "melologo", o monólogo con acompañamiento de orquesta, que el *Pygmalion* de Rousseau había puesto de moda. En la historia del teatro neoclásico ocupa un puesto de significación histórica por sus comedias, especialmente *El señorito mimado* y *La señorita mal criada,* de valor relativo, como todo el teatro dieciochesco, mas no sin interés ni mérito. Son antecedente del teatro de costumbres que perfeccionó Moratín hijo.

**Jovellanos: síntesis de la época.** — En Gaspar Melchor de Jovellanos (1744-1811) se nos ofrecen reunidas las múltiples facetas de la literatura del siglo XVIII. Empezó su carrera pública y su obra literaria, hermanadas luego a lo largo de su vida, en Sevilla donde residió de 1768 a 1778. Desempeñó allí el cargo de juez y fue asiduo asistente a la tertulia de Olavide, en la que se leyeron sus versos juveniles y su comedia sentimental *El delincuente honrado* (1773), escrita bajo el influjo del humanitarismo. Se trasladó a Madrid en el período culminante de la ilustración, intervino en todas las actividades reformadoras y fue miembro de varias academias para las que escribió informes, discursos y papeles sobre toda clase de temas. Por encargo de la Sociedad Económica de Amigos del País redactó el *Informe sobre la ley agraria,* terminado en 1794, y por encargo de la Academia de la Historia, la *Memoria para el arreglo de la policía de los espectáculos y diversiones públicas y sobre su origen en España.* Al morir Carlos III (1788) la Sociedad Económica le encargó, también, "El Elogio" del monarca. Es uno de los mejores discursos de Jovellanos y modelo de oratoria académica a la manera de la que en Francia había hecho famosa Fontenelle. Pieza histórica importante, por su enjuiciamiento de la decadencia y como resumen de las ideas, preocupaciones y acción eficaz de los reformadores que con la anuencia del rey habían intentado dar nuevo rumbo a la sociedad española. Lo que no sospechaba Jovellanos es que poco después tal rumbo iba a quedar interrumpido por la debilidad del nuevo monarca, Carlos IV, y que los impulsores de la reforma iban a caer en desgracia.

El propio Jovellanos, por diferencias con el gobierno, salió de Madrid en 1790 desterrado a Gijón, su ciudad natal, donde pasó diez años. Fundó entonces el Instituto Asturiano, ejemplo en su época de centro de enseñanza secundaria, y consagró el tiempo que el Instituto le dejaba libre a terminar obras empezadas, al estudio de la historia y los problemas locales, a fomentar reformas de toda índole como la construcción de carreteras o la explotación de las minas de carbón, y a viajar por el norte de España tomando notas sobre el paisaje, las costumbres, el arte, la historia y la vida económica. En un pasajero renacer del espíritu reformista lo sacó del destierro Carlos IV —o mejor dicho, su valido, Godoy— que lo nombró ministro por un breve período, tras del cual y un nuevo destierro en Gijón, fue elegido por el elemento reaccionario —imperante ahora en la corte— como figura visible del movimiento renovador y sufrió una severa prisión de ocho años en Palma de Mallorca. El pretexto de su castigo fue que había ayudado a difundir una versión castellana del *Contrato social* de Rousseau, aunque las causas verdaderas fueran complejas y revelen el cambio de atmósfera: políticas, ideológicas, religiosas (sus simpatías por el grupo jansenista), personales y morales (sus censuras de la licencia cortesana, personificada en la reina María Luisa y Godoy). Salió de la prisión en 1808 y fue el alma de la Junta Central, organizada para dirigir la resistencia contra Napoleón. Murió en 1811.

En cuanto a la calidad de su obra múltiple, Jovellanos es el primer economista de su tiempo en numerosos informes breves y especialmente en el *Informe sobre la ley agraria,* obra clásica por su estilo; el primer escritor político como teórico del constitucionalismo en muchos pasajes y apéndices de su *Memoria en defensa de la Junta Central*; el primer crítico de arte, en *El elogio de las Bellas Artes* y otros escritos; el primer tratadista de cuestiones pedagógicas en el *Tratado teórico-práctico de Enseñanza* o la *Noticia sobre el Instituto Asturiano*. Ningún contemporáneo suyo le superó en la elocuencia de sus discursos y elogios. De interés son también sus estudios sobre el dialecto de Asturias.

No es posible abarcar la vastedad de la obra del escritor gijonense. Casi tan cuantiosa como la de Feijoo, tiene mayor variedad en temas, estilo y formas; mayor modernidad en el enfoque de los problemas; mayor precisión en los propósitos.

Interesan aquí especialmente los aspectos literarios: el poeta, el teórico y crítico de la literatura, el dramaturgo, el adelantado de una nueva sensibilidad y, ante todo, el mejor prosista del siglo XVIII.

Fiel representante de la ideología y el estilo de la época, fue, al mismo tiempo, un innovador. Así el poeta y el dramaturgo tienen para la historia quizá mayor importancia por su influencia en sugerir o ensayar caminos abiertos hacia el futuro, que por el valor intrínseco de las obras mismas. Empezó escribiendo poesía amorosa de tipo neoclásico, anacreónticas, idilios, odas sáficas, versos a los que llamó "entrenimientos juveniles" y de los que dijo que eran ocupación "poco digna de un hombre serio." Lo de hombre serio se refería a su profesión de magistrado que le indujo a cultivar lo que se ha llamado "poesía togada" inspirada en graves temas morales, sociales, filosóficos, humanitarios. La transición del poeta juvenil y del tema amoroso a la poesía grave —sátiras y epístolas— de tema moral, social, filosófico o sentimental está definida en tres poemas "A Mireo, Historia de Jovino" (su nombre arcádico) y las epístolas "A sus amigos de Sevilla" y "A sus amigos de Salamanca." En esta última recomienda el abandono de los juegos amorosos y que se dedique la poesía "a más nobles objetos": la moral, la filosofía, los grandes hechos heroicos, las virtudes patrias, las costumbres domésticas, el llanto del huérfano y de la viuda, etc. La orientación viene de la poesía francesa y más adelante de la inglesa, Pope especialmente, cuya lectura recomendaba a fray Diego González y a Meléndez Valdés. Entronca, a su vez, con la poesía clásica del siglo XVI español, y [en Jovellanos] con la influencia de fray Luis y los Argensola. En cuanto a las composiciones mismas ocupan lugar sobresaliente las dos sátiras "A Arnesto"; "contra la mala educación de la Nobleza"; dos epístolas de elevado sentimiento estoico-moral: "A Bermudo" y "A Posidonio"; y una de las más notables muestras del sentimentalismo prerromántico, la "Epístola de Fabio a Anfriso," escrita en la Cartuja del Paular. En ella el viejo elogio horaciano de la soledad se funde con temas de un espíritu completamente nuevo: tono evocador, sensibilidad quejumbrosa, personalismo, reflexiones melancólicas sobre las ruinas, el claustro, el pasado, y visiones de terror nocturno. Asoman también en la misma epístola el sentimiento de la naturaleza y el medievalismo literario que luego expresa en prosa con ardor poético en las bellísimas descripciones del Castillo de Bellver y de la campiña mallorquina.

Otras composiciones son interesantes para el estudioso de la poesía, sea por el tema y las ideas, sea por novedades de expresión poética. Es, pues, la obra poética de Jovellanos más valiosa de lo que suele creerse. Quizás sea exagerado afirmar, como hizo Azorín, que fue ante todo poeta, pero lo fue sin duda en varias ocasiones y más en prosa que en verso. Ejerció además innegable influencia en los rumbos de la poesía de su siglo y, aunque no enteramente logradas, hay en su obra actitudes y atrevimientos de estilo que anunciaban muchas de las más fecundas innovaciones de la revolución romántica. En este terreno, como en otros, nadie mejor que él representa el paso del *hombre racional* al *hombre sensible,* según observó Díaz-Plaja. Coincide en esto con Cadalso, a quien admiró y de quien le separan, en cambio, diferencias redicales de temperamento y de concepción de la literatura.

Algo análogo de lo dicho sobre el poeta podría decirse del dramaturgo, si bien en este aspecto, el haber jovellanista es bien escaso. La tragedia neoclásica, *Pelayo,* carece de interés, fuera de expresar un cierto entusiasmo por el tema —asturiano y de liberación de la patria— y la tendencia, común, por otro lado, a casi todos los neoclásicos, a tratar asuntos nacionales: "¿Para qué buscamos argumentos en la historia de otras naciones —pregunta en el prólogo— si la nuestra ofrece tantos, tan oportunos y tan sublimes?"

En cambio, *El delincuente honrado,* obra que a un lector moderno le deja la impresión de frialdad académica, sin vuelo ni nervio poético o dramático, constituye un ensayo estimable para aclimatar en España lo que el mismo Jovellanos llamó "comedia tierna o drama sentimental," fundiendo influjos procedentes de Destouches, La Chaussée y Diderot. Si algo faltaba en el equilibrado y armónico temperamento de Jovellanos era la fibra dramática. De ahí que esta comedia, supuestamente patética, escrita para combatir una pragmática de Carlos III que condenaba a muerte al duelista, y con el objeto de "inspirar aquel dulce horror con que responden las almas sensibles al que defiende los derechos de la humanidad," resulte declamatoria y amañada, artificial. Es obra de su juventud, compuesta para un concurso organizado en la tertulia de Olavide en Sevilla. Jovellanos debió de darse cuenta de su falta de dotes dramáticas y abandonó por completo el teatro. Queda, sin embargo, *El delincuente* como testimonio de un espíritu innovador que iba a dejar huella en la evolución de la comedia moderna; como exposición de las ideas de Jovellanos sobre la justicia, el honor, y otros temas o sentimientos; y como muestra de la fusión del propósito instructivo que el neoclásico tiene del arte y de una prerromántica emotividad sentimental.

En la *Memoria sobre los espectáculos,* una de sus obras más notables, expuso sus ideas sobre el teatro y, en general, sobre el papel de las diversiones en la sociedad, tema muy del XVIII.

Los grandes valores literarios de Jovellanos, y al mismo tiempo lo más revelador de su espíritu y de sus ideas, hay que buscarlos y estudiarlos primero en sus descripciones de Bellver y de la campiña mallorquina; segundo, en lo que podemos llamar literatura privada: los *Diarios* y su enorme epistolario en el que, aparte de muchas cartas privadas, sobresalen las interesantísimas y a veces bellas que escribe a Ponz, recogiendo impresiones y noticias destinadas al *Viaje por España*.

Los *Diarios,* obra durante mucho tiempo desconocida salvo de los jovellanistas e inédita hasta 1915, empiezan a conocerse en todo su gran valor. Son testimonio, a la vez, de la intimidad de Jovellanos, de las múltiples facetas de la vida de su tiempo, del interés universal por toda clase de objetos y de los hondos conflictos que en gran parte malograron el éxito de los reformadores. Noticias sobre arte, geografía, economía, vida social y vida popular; bellas impresiones de paisaje; juicios sobre hechos y personas, sobre política y literatura; comentarios y reflexiones sobre los libros que lee. Todo ello en un lenguaje justo, preciso, exento de retórica.

De la prosa de Jovellanos dice Menéndez Pidal que reúne "con feliz tino los elementos de la lengua clásica con los elementos nuevos que era necesario acoger para reflejar el pensamiento moderno." Esa mezcla de lo antiguo y lo nuevo se ve en todos los aspectos de su personalidad. Por eso dijo de él el conde de Toreno que "poseía las virtudes del siglo XVI unidas al pensar moderno del nuestro."

Brilló Jovellanos por encima de casi todos sus contemporáneos en cada una de las ramas de la literatura que cultivó y es desde luego superior a todos en la amplitud con que abarca las más diversas actividades intelectuales. Nadie le iguala ni en cultura, ni en nobleza de ánimo, ni en la devoción con que sirvió a sus ideales, ni en el heroísmo con que soportó las persecuciones que esos ideales le acarrearon. Es, en suma, Jovellanos el escritor más representativo del enciclopedismo español, bastante menos revolucionario que el francés. Precisamente lo que distingue a Jovellanos, junto con el afán insaciable de saber, es la templanza de su espíritu conciliador que, de haber encontrado eco entre sus compatriotas, tal vez hubiera evitado dos siglos de contiendas sangrientas. No es un escritor genial —el ambiente de su época no era propicio al genio— ni una personalidad arrebatadora, como lo fue por ejemplo Goya, el único español verdaderamente grande de su siglo; pero Menéndez Pelayo no iba desencaminado al decir que era la suya "el alma más hermosa de la España moderna." Y añadía: "Apenas hubo región del arte que se librase de la escudriñadora mirada de Jovellanos y en cuya historia no derramase algún rastro de luz."

**La poesía: Meléndez Valdés.** — Entre las paradojas del siglo XVIII no es la menor el hecho de que su poesía —por lo común fría, académica e intrascendente o, en otro sentido, pseudofilosófica y pseudosentimental— se produjera en un ambiente dominado por lo "poético" en varios de sus aspectos más salientes: culto a la mujer, al placer y al amor en el seno de una naturaleza amable; fiestas galantes y pastoriles; refinamiento, sensibilidad, gusto de la belleza formal, a lo que vendrán a sumarse la exaltación del sentimiento personal y otros varios atributos de índole semejante. Las otras artes participan de esa tonalidad poética. La música recalca lo melódico y lo lírico, desde la menor de Rameau, Couperin o Boccherini a la gran música germánica, Bach o Mozart. Y algo análogo podría decirse de la pintura que va de Watteau al Goya de la primera época. Hasta la economía y la filosofía social parecen infiltradas por el sentimiento y el mito. Nace así como un vago recuerdo de la Edad de Oro, la idea de una sociedad perfecta y utópica en el seno de una naturaleza amable, arcádica y pastoral.

Hasta a España —tan enraizada en el barroco y en su propio ambiente periférico— llega el nuevo ideal y se ha hecho notar cómo Olavide va inspirado, en la creación de las nuevas colonias de Sierra Morena, por la visión del idilio filantrópico y pastoral, el sueño de una nueva sociedad agraria. Jovellanos escribe, en el *Informe sobre la ley agraria*, que, removiendo los obstáculos, el rey "podrá conducir los pueblos confiados a vuestra alteza al último punto de felicidad... para que gocen aquella venturosa plenitud de bienes y consuelos a que parecen destinados por una visible providencia." Un economista puro como Cabarrús escribe al Príncipe de la Paz: "¡Qué armonía, qué perfección debe existir en aquellas primeras sociedades!" Y todos sus proyectos de reforma están inspirados en el deseo de volver a aquella armonía y perfección. Y textos parecidos se encuentran en Sempere Guarinos y otros economistas o sociólogos.

Debe hacerse notar también la cuantía de la producción poética recogida por el marqués de Valmar en tres volúmenes de la Biblioteca de Autores Españoles; y, en cuanto al gusto por la poesía, que a esta época pertenecen las más extensas y, en conjunto, las mejores Antologías, empezando por el *Parnaso Español* de Sedano.

Frente a estos hechos —que no está de más recordar como advertencia contra simplificaciones excesivas— es evidente que la poesía del siglo XVIII no logra conmovernos y ocupa un lugar secundario en la historia de la lírica española. Constituye, a lo sumo, un paréntesis interesante entre la gran lírica del barroco y el renacer de la honda sensibilidad poética en Bécquer y Rosalía Castro.

El fracaso poético del siglo XVIII podría explicarse por el influjo de algunos factores negativos enraizados en la complejidad de sus tendencias contradictorias: prosaísmo, didactismo, sujeción a los preceptos neoclásicos de la imitación, la verosimilitud y la utilidad.

Por otro lado, la tensión entre lo decadente y lo nuevo, lo aristocrático y lo burgués, el sentimiento y la razón, vino a resolverse en una poesía artificial, abstracta, imitativa y discursiva, en la que no faltan, sin embargo, semillas, intentos y anuncios.

Díaz-Plaja percibió bien el fenómeno —al que nadie ha dedicado la atención debida— cuando al final de la introducción al período neoclásico en su *Historia de la poesía lírica española* dice:

> Ninguna época, pues, a pesar de su frialdad aparente, presenta una gama ideológica tan compleja. Tan profunda es su trascendencia que el mero hecho poético queda relegado a un segundo término por estos espíritus sutiles y preocupados. El siglo XVIII no es un siglo poético, según se repite por ahí; pero es acaso la época en la que a través del artista puede vislumbrarse la tempestad más formidable que han provocado las más nobles preocupaciones que a lo largo de la Historia ha tenido la humanidad.

Esbozado el problema general de la poesía en la segunda mitad del siglo —transición del neoclasicismo al romanticismo— pasamos a dar noticia sumaria del ambiente en que surge el único poeta de alguna consecuencia: Juan Meléndez Valdés (1754-1817).

Tras el triunfo del neoclasicismo con los poetas madrileños de la Fonda de San Sebastián, presididos por Moratín padre, el centro de la poesía pasa a Salamanca, donde aparece entre 1770 y 1780 un grupo al que suele designarse con la denominación de "escuela salmantina del siglo XVIII" para distinguirla de la que en el siglo XVI se forma en torno a fray Luis de León. En su génesis confluyen la afición poética y la comunidad de inspiración de tres frailes agustinos —es decir de la orden de fray Luis— y de tres jóvenes estudiantes dedicados a la poesía. Los religiosos eran fray Diego Tadeo González (*Delio*), fray Juan Fernández de Rojas (*Liseno*) y fray Andrés del Corral (*Andrenio*). Los estudiantes eran el salmantino José Iglesias de la Casa (*Arcadio*) y los extremeños Pablo Forner (*Aminta*) y Meléndez Valdés (*Batilo*). Habían recibido estos jóvenes el estímulo inicial de Cadalso (*Dalmiro*), que en 1771 llegó desterrado a la ciudad del Tormes y que sirvió de aglutinante y corifeo de la escuela. A la de Cadalso vino a sumarse después la influencia de Jovellanos, primero a través de comunicación epistolar y luego durante breves estancias como visitador de la Universidad con vista a la reforma de algunos Colegios. Constituida la escuela con lazos más o menos estrechos, cada poeta se expresará de acuerdo con su formación, edad y temperamento. Coinciden, sin embargo, en el comienzo en la tendencia neoclásica y, sobre todo, en el retorno a los buenos modelos de la poesía del XVI, Garcilaso y Luis de León, con predominio de un concepto horaciano de la poesía. Superaban así, de un lado, la imitación del gongorismo y quevedismo decadente tan influyente en la primera mitad del siglo; de otro, la servidumbre a los modelos franceses. No rechazaban los principios neoclásicos, pero fueron dándoles nuevo contenido ya de tipo tradicional neo-renacentista, ya acogiendo, bajo la dirección de Jovellanos, las corrientes de la poesía sentimental filosófica y humanitaria que el escritor asturiano propugnaba inspirándose, sea en Rousseau y en los poetas rousseaunianos, sea en los ingleses, Pope, Young, Thomson. En el grupo se destacaron con valor propio fray Diego González e Iglesias de la Casa, pero no consideramos necesario detenernos en su obra, ya que lo que tienen de más significativo y nuevo se encuentra más logrado en Meléndez. Es su voz la única realmente auténtica en la poesía del XVIII, la única que se expresa con algún vuelo lírico, aparte de presentar una gran variedad de motivos.

Gran lector, profesor de la Universidad, magistrado y hombre de temperamento sensual y tierno ("dulcísimo Batilo" le llama Jovellanos), inclinado al placer del campo, a la melancolía, y, a ratos, a la meditación filosófica, sintetiza en su poesía todas las tendencias del siglo.

Escribe primero, bajo la influencia de fray Diego González y de Cadalso, poesía anacreóntica, bucólica; luego, incitado por su mentor Jovellanos, poesía filosófica y social; más tarde, poesía elegíaca, sentimental y melancólica. Si bien estos diversos estilos corresponden a etapas sucesivas, según el gusto dominante en cada momento, muchas veces se funden y combinan, sin que sea posible separarlos.

Una clasificación de las formas que Meléndez cultiva y un resumen de las influencias perceptibles en su poesía darán mejor que nada idea de su contenido y tono:

En cuanto a las formas escribe anacreónticas, letrillas, romances, sonetos, silvas, idilios, églogas, elegías, odas, discursos y epístolas.

Las influencias están bien mezcladas: Anacreonte, Ovidio, Virgilio, Horacio, Catulo, Tíbulo y Propercio, entre los clásicos; fray Luis de León, Garcilaso, Villegas, Francisco de la Torre, Lope y Góngora, entre los españoles del Siglo de Oro; los poetas descriptivos franceses: Saint-Lambert, Delille; Thomson, Young y Pope entre los ingleses; los idilios del suizo Gessner; en la ideología, Locke y Rousseau, principalmente, y Jovellanos, guía constante de Meléndez.

Al valor representativo que, como se ve por el resumen de formas e influencias, tiene la poesía del vate salmantino hay que añadir el propio. Meléndez posee la dulzura de expresión, la musicalidad y el matiz personal en lengua, imagen y sentimiento, distintivos de un lírico menor auténtico. Descuella en el ardor erótico de algunas anacreónticas, "De los labios de Dorila," "La paloma de Filis," o del romance "Rosana en los fuegos"; en la serenidad horaciana de las odas filosóficas, "La presencia de Dios," "De la verdadera paz"; en la melancolía de "La noche y la soledad," o de las elegías, "De las miserias humanas," "Mis combates."

En la variada temática de Meléndez hay un sentimiento permanente: el de la naturaleza. Presente ya cuando canta al amor y al placer en sus anacreónticas juveniles —abundantes en fuentecillas, avecillas, mariposas, céfiros, flores, zagalas y zagalejos—, va a ir evolucionando al compás de nuevos influjos y cambios de tono e inspiración. Rara vez es completamente original y podría resumirse en los tres aspectos más característicos de la sensibilidad dieciochesca: la pastoral artificiosa y rococó, poesía de jardín; la descriptiva de los placeres del campo, que es la más típica de Meléndez; y la subjetiva, prerromántica y sentimental.

En los motivos recorre una amplia gama, recogiendo estímulos de muy diversas procedencias. Van Tieghem en su libro sobre el sentimiento de la naturaleza en la poesía prerromántica europea —el estudio más completo del tema— lo enumera en la lista de los escritores representativos. Canta Meléndez a las estaciones —primavera, estío, otoño, invierno—; a las horas del día —aurora, mañana, atardecer—; a la luz, al ruido de las fuentes y del viento, a los árboles y las hojas caídas. Y pasa de la naturaleza abstracta y ornamental a la descriptiva del paisaje, a la impresión del momento; de la exaltación de los goces o la tranquilidad del campo, a lo melancólico, la soledad y aun lo sombrío; de la contemplación del cielo y de la tierra, al sentimiento romántico de opresión y desesperanza; del entusiasmo por una naturaleza próvida vista en las faenas agrícolas —siega, vendimia— a una poesía de tintes sociales, humanitarista y filantrópica. Poesía, pues, la de Meléndez digna, con todas sus limitaciones, de tenerse en cuenta en la evolución de la lírica española.

Otro aspecto de significación histórica en su poesía es el que se refiere a su carácter de innovador en la evolución del romance. Pedro Salinas —autor probablemente de la mejor introducción a la poesía del salmantino— en otro estudio suyo, "El romancismo y el siglo XX," afirma: "...pocos poetas más importantes en esta faena de aviar el romance hacia el lirismo que Meléndez Valdés" y da allí varias pruebas. Y no sólo a la evolución del romance lírico, sino también a la restauración del narrativo e histórico que había iniciado Moratín, aportó Meléndez un antecedente valioso de la renovación romántica con los dos romances de "Doña Elvira." Citemos, por último, que junto con Iglesias de la Casa, contribuye Meléndez a la persistencia de otra corriente de poesía tradicional: la recreación del cantar en las "letrillas."

Digamos, resumiendo, que en la historia de la lírica española Meléndez representa ante todo el lazo de unión entre la poesía del Siglo de Oro y la de los románticos. Llena así el vacío de más de un siglo, que sin él no podrían llenar los numerosos versificadores del momento.

No hay por qué ocuparse de la obra no poética, perdida en parte, aunque sus *Discursos forenses* sean buen testimonio de la ideología de un magistrado de la Ilustración.

Meléndez, al escindirse España con la invasión napoleónica, se hizo afrancesado y murió en el destierro. Triste destino, compartido por otros coetáneos, que marca la primera división honda y perturbadora en la evolución normal de la cultura española al entrar en el siglo XIX.

# IV. Neoclasicismo y nacionalismo: la reacción en favor de la literatura nacional y de la cultura española

El sentido de continuidad de la propia cultura, como base de toda renovación verdadera, visible aun en neoclásicos tan caracterizados como Cadalso, Jovellanos y los poetas de la escuela de Salamanca, se manifiesta en otros escritores de su generación con un carácter nacionalista que toma tres formas:

a)   El intento, especialmente en el teatro, de escribir obras inspiradas en temas y sentimientos españoles;

b)   Las defensas de la cultura española suscitadas por los ataques de que es víctima en el extranjero;

c)   El desarrollo del movimiento de erudición y crítica, comenzado ya en el período anterior, con el fin expreso de llegar a un conocimiento mejor de esa misma cultura.

Suelen presentarse erróneamente estas manifestaciones como oposición al neoclasicismo. Neoclásicas fueron sus figuras más representativas; Forner, adscrito al parnaso salmantino; la mayoría de los eruditos y teóricos; el castizo Ramón de la Cruz, traductor de Metastasio, de Racine, de Molière, de Beaumarchais y muy influido por la literatura francesa en gran parte de su obra. Por otro lado, nadie denunció el afrancesamiento excesivo o la pedantería como algunos de los jefes de la supuesta escuela neoclásica, Cadalso, por ejemplo, o, más tarde, Moratín hijo.

En toda generación hay puntos de coincidencia y puntos de divergencia. En este caso las divergencias eran de inclinaciones, de gusto y, en el fondo, políticas: reacción conservadora y tradicionalista frente al enciclopedismo.

**El problema del teatro.** — La reacción contra lo que el neoclasicismo tenía de extranjerizante y de hostilidad a la tradición literaria española —la "comedia" del Siglo de Oro— se produjo sobre todo, en cuanto a literatura se refiere, en el teatro y está representada por dos escritores: García de la Huerta y Ramón de la Cruz. Mas, dadas las simplificaciones con que se ha estudiado el siglo XVIII, explicándolo todo con el comodín de la decadencia, conviene señalar un hecho paradójico análogo al que veíamos en la poesía, aunque se plantee en términos algo distintos.

La cosecha de la literatura dramática es en realidad bien parva. Huerta es dramaturgo de valor muy relativo y, de pertenecer a otra época, apenas figuraría en la historia. Ramón de la Cruz, más valioso, cultiva un género menor. Sólo en las comedias de Moratín hijo, en el filo ya del siglo siguiente, adquiere el teatro cierto rango literario. Balance, ciertamente de una época de decadencia, entre el gran arte dramático del Siglo de Oro y el renacer, pasajero, del teatro romántico.

En contraste con esto la historia literaria debe recoger algunos hechos que atañen a la literatura como fenómeno social y caracterización de una época, tanto más cuanto nos hallamos en los comienzos de un cambio radical, el de la *socialización del arte y de la literatura*:

1. Las numerosas polémicas en torno al teatro que han estudiado, entre otros, Menéndez Pelayo, Cotarelo e Ida McClelland;

2. La preocupación por la mejora del gusto teatral, a que obedece la intervención de una censura gubernativa, e infinitos informes y escritos, del que puede servir de ejemplo la *Memoria* de Jovellanos;

3. La gran boga de la afición teatral, al menos en Madrid, que se manifiesta, a su vez, en otros hechos:

a) Multiplicación de los teatros, desde los de los Reales Sitios y los tres "coliseos" principales, La Cruz, El Príncipe, Los Caños del Peral, hasta los numerosos pequeños teatros con espectáculos de índole variada que estudió Ada Coe en el libro *Entertainments in the Little Theatres of Madrid, 1759-1819.*

b) La cantidad de traducciones, a las que vienen a sumarse luego, cuando se ve la inutilidad de convertir al público al gusto neoclásico, las adaptaciones de comedias españolas del XVII. De la boga de algunos escritores extranjeros, puede juzgarse, por ejemplo, viendo el *Catálogo bibliográfico* de Miss Coe o un estudio monográfico como el de *Goldoni in Spain,* de Rogers.

c) El éxito de un autor mercenario y, casi siempre disparatado, como Luciano Comella, prototipo de otros varios que extreman hasta el desatino la libertad y las situaciones de la antigua "comedia." Contra él dirigió sus dardos Moratín en *La comedia nueva.*

d) La inmensa popularidad de los actores y actrices. Pocos han suscitado mayor admiración o más violentos ataques que actores como Mariano Alcázar, María Ladvenant, María del Rosario Fernández, *La Tirana,* Isidoro Máiquez, o tonadilleras como La Malibrán, famosa luego como su padre Manuel García en los teatros de ópera de varios países. Se discute de teatro en la Fonda de San Sebastián y en los salones literarios; los periódicos prestan al teatro atención especial y los antiguos "mosqueteros" de los corrales del siglo XVII se convierten en "apasionados" de una u otra actriz, de uno u otro teatro formando bandos a veces agresivos como los "polacos" y los "chorizos."

Esta afición al teatro, no muy distinta de la de los toros, es rasgo "de la mala educación de la nobleza" contra la que arremete Jovellanos en sus sátiras "A Arnesto." Los nobles que no saben nada de las glorias pasadas conocen, en cambio:

De Cándido y Marchante la progenie;
Quién de Romero o Costillares saca
La muleta mejor, y quién más limpio
Hiere en la cruz al bruto jarameño.
Haráte de Guerrero y la Catuja
Larga memoria, y de la malograda,
De la divina Ladvenant...
...y te dirá qué año
Qué ingenio, qué ocasión dio a los chorizos
Eterno nombre y cuántas cuchilladas...
Sobre el triste polaco los mantienen.

Moratín, en la obra citada, pinta bien los efectos de la afición y Ramón de la Cruz tomó el teatro mismo y sus efectos en el público y en las costumbres como tema de varios sainetes.

Estos fenómenos no pasaron inadvertidos a la sagacidad de Ortega y Gasset, que en los "Papeles sobre Goya," al hablar del "plebeyismo" como característica del siglo en España y de la afición a los toros, escribe:

> No menos entusiasmo que los toros provocó en estos tiempos el teatro. ¿Por qué no consta que el tiempo de 1760 a 1800 ha sido la época en que los españoles han gozado más del teatro?

Lo cual explicaría, a su vez, el hecho de que el siglo XVIII presente, en contraste con su pobreza de obras de calidad, un inmenso repertorio de producciones y formas teatrales: traducciones y adaptaciones; supervivencias de la "comedia" barroca; tragedia neoclásica; el drama burgués social y la comedia "larmoyante" o sentimental, de que son tipo *El delincuente* de Jovellanos o *Los menestrales* de Trigueros; la zarzuela y otras representaciones de carácter musical; la comedia moderna, a la que dará forma definitiva Moratín hijo; y el sainete.

Aspectos son los esbozados en este esquema dignos de atención al tratar del teatro del XVIII, aunque algunos hayan sido ya bastante estudiados por Cotarelo, Subirá, en lo que se refiere a la escena musical, y recientemente por Cook.

**El teatro de Huerta y don Ramón de la Cruz.** — A la cabeza de los defensores del teatro nacional en la segunda mitad del siglo se sitúa Vicente García de la Huerta (1734-1787) que en *Raquel* (1778) logra españolizar la tragedia neoclásica al fundir su estilo y espíritu con el de la comedia heroica del Siglo de Oro. La obra de Huerta, basada en sentimientos como honor, justicia, la relación del rey con sus vasallos, con fulgores de pasión y versificada con brío, se inspiraba en un tema de la tradición nacional —los amores de Alfonso VIII con la judía Raquel— dramatizado ya por Lope y por Diamante. Tuvo éxito y, aunque la crítica arremetió con ferocidad contra su autor, no logró destruir el hecho paradójico de que sea esta tragedia, y no otras más fieles a las normas del neoclasicismo, la única que sobrevive entre las infinitas que se escribieron en este tiempo.

Publicó además Huerta varios años después una colección de diez y siete volúmenes de comedias españolas titulada *Theatro Hespañol* (1785-86), a la que precedió su ensayo *La escena española defendida*, ataque violento contra todos los detractores del drama nacional.

La selección, de acuerdo con el gusto de la época y típica de lo poco que había sobrevivido de la antigua comedia, era poco afortunada: incluía a Calderón y a los calderonianos tardíos y decadentes. La violencia del prólogo recrudeció las sátiras en contra de Huerta y suscitó una polémica de tono descomedido entre Huerta, Samaniego y Forner, el más terrible de los polemistas.

De un españolismo más eficaz que el de Huerta fue la obra de su coetáneo don Ramón de la Cruz (1731-1794), restaurador del teatro cómico. Lo que la musa heroica del autor de *Raquel* consiguió sólo a medias lo realizó plenamente la musa popular madrileña del autor de *Las castañeras picadas, El fandango de candil, La pradera de San Isidro, La Petra y la Juana* más conocido con el título de *La casa de Tócame Roque, La Plaza Mayor, La comedia de Maravillas* y otros numerosos sainetes, hasta unos cuatrocientos setenta, según cálculos de Cotarelo y Hamilton.

Siguió don Ramón de la Cruz la tradición del teatro breve de Lope de Rueda, Cervantes y Quiñones de Benavente, pero el valor de sus sainetes no se debe tanto a haber resucitado un género como al acierto en llevar a las tablas una galería de tipos que representan con verdad las costumbres y el carácter de la sociedad madrileña de la época: abates, cortejos, petimetres, majos, majas, manolas, madamas, gentes de la clase media, de la aristocracia, de todos los oficios y capas sociales hablan, se contonean, mueven y gesticulan con pintoresca animación.

Los cuadros cómicos de don Ramón de la Cruz tienen el colorido alegre y la gracia entre desgarrada y elegante de algunos tapices de Goya, artista, desde luego, mucho más intenso y de incomparable calidad. Hoy este teatro interesa sobre todo como documento de época y como ejemplo de un lenguaje popular urbano que aún conserva parte de su expresividad.

Lenguaje pintoresco con sus chistes, exageraciones caricaturescas, metáforas y vulgarismos a medio camino entre la jerga rufianesca de los siglos XVI y XVII y el madrileñismo achulapado de López Silva y Arniches.

En el aspecto crítico, moralizador, del que no podía escaparse un hombre del siglo XVIII, satiriza la insulsez de la clase media o el afrancesamiento, como en *El hospital de la moda,* o muestra la licencia de costumbres en mujeres desenvueltas y maridos consentidores, o parodia con humor en *El Manolo* el pomposo estilo de la tragedia. Un acierto mayor de don Ramón de la Cruz, antecesor de los mejores autores del género chico, es haber tenido la intuición de que el pueblo conservaba vivos a su manera muchos de los rasgos del carácter español que estaban siendo abandonados por las clases altas.

Predominan entre los sainetes los de ambiente madrileño, pero hay bastantes de ambiente rústico, cuyo personaje central es el payo, género que cultivó también con gracia Juan Ignacio González del Castillo en sus sainetes de ambiente andaluz. Entre otros cultivadores del sainete, puede recordarse al ya citado Comella.

Fue Ramón de la Cruz también restaurador de la zarzuela, a la que, apartándose de su carácter mitológico, dio el sesgo costumbrista y popular con que ha llegado a nuestros tiempos. Colaboró con él un músico de talento Antonio Rodríguez de Hita. Obras típicas del nuevo rumbo son *Las segadoras de Vallecas* y *Los labradores de Murcia.* En éste como en otros aspectos —uso del lenguaje hablado, tipos, cuadros y situaciones— el teatro de don Ramón se adelanta a muchos de los rasgos del costumbrismo del siglo XIX.

**Forner y las polémicas en torno a la cultura española.** — La reacción nacionalista frente al excesivo afrancesamiento y al extranjerismo literario se acrecienta en las últimas décadas del siglo a causa de los repetidos ataques de que es objeto la cultura española por parte de los enciclopedistas. El resultado fue que se despertase en formas diversas el deseo de revalorizar el pasado literario de España: en unos casos con un sentido crítico imparcial; en otros, con carácter polémico y tradicionalista. Contribuyó no poco a ello la alarma extendida por toda Europa al ver traducirse al terreno de la acción el ideario enciclopedista, con grave peligro de la

Iglesia y de las instituciones. Surgió entonces en España una agresiva literatura apologética encaminada, por un lado, a la defensa del catolicismo, y por otro, a atacar a todo el pensamiento —deísta, racionalista y materialista— de la ilustración. De ella sería el mejor ejemplo la obra del padre Fernando Ceballos, *La falsa filosofía, crimen de Estado* (1775), anuncio de una actitud intransigente, agudizada años más tarde por los efectos de la revolución francesa. Recobró fuerza la autoridad de la Inquisición, y comenzaron las persecuciones de hombres como Cabarrús y Jovellanos.

En el plano literario sería representativa la curiosa figura de Francisco Mariano Nifo, periodista y divulgador, a quien sus contemporáneos no tomaron muy en serio. Muy superior, en todos los sentidos, fue Juan Pablo Forner (1756-1797), el mejor representante del tradicionalismo, uno de los pocos buenos prosistas del siglo, satírico y polemista temible, escritor de pluma acerada, hombre de temperamento áspero, buen conocedor de las letras españolas y casticista denodado.

Uno de los ataques más injustos contra España fue el de Masson de Morvillers en *L'Encyclopédie Méthodique* (1782). Eco de la leyenda negra, en todo su auge en el extranjero durante esta época, negaba que España hubiese contribuido en nada al desarrollo de la civilización europea. El botánico español Antonio José Cavanilles y el abate italiano Carlos Denina, entre otros, salieron en defensa de la cultura española y el ministro Floridablanca encargó en 1786 a Forner que tradujese y comentase el Discurso de Denina ante la Academia de Berlín. Forner escribió la *Oración apologética por la España y su mérito literario* (1786), obra pesada y monótona, pero esencial como inventario de las aportaciones españolas a las letras, la historia, la filosofía y la ciencia, según la estimativa de los hombres del siglo XVIII. Es interesante, por coincidir con el juicio de otros contemporáneos liberales, la reivindicación que hace Forner de figuras del siglo XVI, como Vives, Vitoria y Suárez. Atacaba a toda la filosofía de la Enciclopedia que él consideraba superficial y perniciosa, tesis que luego desarrolla en los *Discursos filosóficos sobre el hombre,* inspirados vagamente en Pope, de verso y prosa indigestos. Forner es, por estas obras y alguna otra, uno de los precursores del tradicionalismo católico del siglo XIX. Pero su fama como prosista la debe a las *Exequias de la lengua castellana,* la mejor de todas las sátiras literarias de su tiempo. Tanto por la visión total que da de las letras españolas como por los juicios casi siempre exactos acerca de los autores clásicos es quizá la obra sobresaliente en la crítica del siglo XVIII.

Otros muchos aspectos de su producción —su poesía, algunas comedias filosóficas, las incisivas polémicas que con varios pseudónimos sostuvo contra muchos de sus colegas— hacen de Forner una figura singularmente viva y característica de las luchas literarias de la época.

Lugar importante también en las polémicas sobre la cultura española ocupa un grupo de jesuitas que en Italia, donde se refugiaron después de ser expulsados de España en 1767, escribieron muchas obras notables en defensa del arte, la literatura y la historia de su patria, en contestación también a los ataques de escritores como Bettinelli y Tiraboschi. Aquí tenemos que limitarnos a citar algunos de los nombres principales: Juan Francisco Masdeu, en la historia; Juan Andrés, Javier Lampillas y Pedro Estala en la literatura; Antonio Eximeno y Esteban Arteaga en las artes, especialmente la música, nombres todos ellos de algún relieve en la cultura española. El referirnos a sus obras, de carácter marginal a nuestros propósitos, alargaría demasiado este capítulo. Paradójicamente los jesuitas encontraron un protector en el embajador de España en Roma, José Nicolás de Azara, uno de los más caracterizados hombres de la Ilustración y, como tal, enemigo de la Orden. Azara, viajero, diplomático, editor de Garcilaso, Horacio y Virgilio, comentador de las doctrinas estéticas de Mengs, es una de tantas personalidades importantes en la cultura del siglo XVIII merecedoras de atención. Sus *Memorias* son uno de los mejores testimonios de la época.

**Erudición y crítica.** — Independiente del propósito polémico, pero ligado en el fondo al deseo de conocer la cultura española o la cultura general, se desarrolla enormemente durante la segunda mitad del siglo el movimiento crítico erudito iniciado por hombres como Feijoo, Mayáns y Sarmiento.

El inventario de libros importantes que en campos muy distintos del saber deja esta época sería muy largo. Pocos momentos ha habido de un esfuerzo tan persistente, bien dirigido y fructífero en el terreno del conocimiento del pasado español. Sin la labor de pala de estos precursores no hubiera sido posible el florecimiento que la historia literaria o artística alcanza en el siglo siguiente.

Recordemos sólo los nombres más ilustres y algunos libros capitales. El *Catálogo de las lenguas de las naciones conocidas* del padre Hervás; los veinte tomos de *El viaje de España* de Antonio Ponz, libro del que dice Menéndez Pelayo que "más que un libro es una fecha en nuestra cultura." Y en el terreno literario, estudios críticos como el *Análisis del Quijote* de Vicente de los Ríos, obras de teoría literaria como la *Filosofía de la Elocuencia* de Antonio Capmany o las grandes antologías del mismo Capmany, López Sedano y especialmente Tomás Antonio Sánchez, cuya colección, *Poesías anteriores al siglo XV*, es, en opinión de Saintsbury en su *Historia de la crítica*, una de las aportaciones mayores en toda Europa al movimiento de recolección y reproducción de textos.

La labor de aportación de fuentes y ediciones de libros antiguos, estimulada por impresores como Antonio Sancha y el desarrollo del comercio de libros, fue realmente extraordinaria. Y aparte de los citados, sin ánimo de precisar, acuden a la memoria muchos nombres, de cuya significación y obra, debería por lo menos tener alguna noticia todo el que se inicie en la investigación hispánica: Floranes, Llaguno y Amirola, Pérez Bayer, Cerdá y Rico, Sempere Guarinos; los anotadores de Cervantes, Juan Antonio Pellicer y Diego Clemencín, etc., o en disciplinas tangentes a la literatura, Martínez Marina o el historiador de las artes, Ceán Bermúdez. Y la lista se alargaría considerablemente de intentar ser precisos o de ampliarla a pensadores como Andrés Piquer o científicos como los naturalistas Mutis o Félix de Azara, hermano de José Nicolás, y bastantes otros.

En el balance del siglo XVIII este movimiento erudito y científico resalta como uno de sus valores menos discutibles. Llena un período en la historia de la cultura nacional, período no demasiado fértil en el terreno de la literatura de imaginación.

# V. Fin y crisis del siglo. La tercera generación neoclásica

Al acercarse el fin del siglo, España empieza a sentir de manera creciente la resaca de las grandes agitaciones que turban a Europa. La revolución francesa ha triunfado y, como toda gran revolución, desata fuerzas de acción y reacción imprevistas. Los campos se deslindan y se cierra el período más o menos armónico de la reforma: racionalista, enciclopedista y crítico. Godoy, ministro de Carlos IV, en quien se personifica el poder, vacila entre la política ilustrada y el influjo de las fuerzas reaccionarias. Las vacilaciones se agravan por el bajo tono moral de la Corte. Las grandes figuras del período anterior, ya en su madurez cercana a la ancianidad —Campomanes, Floridablanca, Jovellanos— se inhiben o evolucionan hacia posiciones más conservadoras o son víctimas de persecuciones, en tanto que sus discípulos, la generación más joven, se orientan hacia un radicalismo revolucionario con tintes jacobinos. Es el preludio de las sangrientas luchas del siglo XIX, de una ruptura a fondo de la unidad ideológica del país, que en la época de Carlos III había iniciado vías de conciliación entre lo nuevo y lo viejo, la revolución y la tradición. Ya hace muchos años, en 1921, concluía Américo Castro una conferencia sobre el siglo XVIII con estas palabras:

> Lo terrible históricamente es que tan altas empresas [las de los reformadores] quedaran truncadas... Todo el movimiento dieciochista no era en el fondo sino una preparación para reconstruir el país; si el movimiento que culmina en la corte de Carlos III hubiese tenido orgánica continuación, sobre el fondo de cultura internacional podría haber surgido poderosa la modalidad española, y hasta habríamos llegado a olvidar, perdonándolas, la sosera de las tres unidades. Pero sobre la España de Carlos III vino la de Carlos IV...

Análoga conclusión queda sugerida en el libro de Sarrailh, quien, sin embargo, pone de relieve la importancia de las semillas de "convivencia" que dejó "la España ilustrada"; y se formula más específicamente en el de Richard Herr: cuando el ideal del despotismo ilustrado se deshizo y frustró en el reinado de Carlos IV, las tensiones de la sociedad española predominaron sobre las cohesivas y empieza así el drama de "las dos Españas."

España hacia 1790 entra en una nueva etapa confusa de crisis. La gestación es lenta, hasta estallar, en 1808, con los motines populares que ocasionan la caída de Godoy y la invasión napoleónica.

Tales hechos no son indiferentes a la vida literaria en una época caracterizada precisamente por la vinculación de lo literario a lo ideológico y a lo político. Los oradores de las Cortes de Cádiz hablarán con trenos poéticos y la poesía en Cienfuegos o en Quintana y otros muchos se hará verbo de la independencia o de la revolución.

La historia de la crisis y la obra de los escritores que la viven o la reflejan pertenece en gran parte al siglo XIX. Pero su génesis inmediata puede rastrearse en lo que podría llamarse "la tercera generación neoclásica" —aunque en muchos escritores se acusen algunos rasgos prerrománticos— que cronológicamente estaría formada por escritores nacidos alrededor del 1760 y que en alguna manera está vinculada a la crisis de fin de siglo. En ella podrían incluirse Leandro Fernández de Moratín (1760-1828), Nicasio Álvarez Cienfuegos (1764-1809), José Vargas Ponce (1762-1821), un escritor tan independiente como José Mor de Fuentes (1762-1848); los sevillanos José Marchena (1768-1821), Manuel María de Arjona (1771-

1820), Félix José Reinoso (1772-1841). Generación que entronca con la de los escritores, más jóvenes, ya insertos en el ciclo histórico de la Guerra de la Independencia y las primeras luchas liberales —Quintana, por ejemplo, o entre los sevillanos, Mármol y Blanco White.

Son figuras de escasa cohesión entre sí y sólo por la coincidencia cronológica puede hablarse de generación.

Hemos señalado cómo en el orden de las ideas caracteriza a este momento la polarización hacia los extremos: conservadurismo y liberalismo, que se enfrentarán en la Junta Central, las Cortes de Cádiz y, después, durante todo el siglo XIX. Algo parecido ocurre en el orden literario. Por un lado se afirma el neoclasicismo; por otro, se intensifican y definen con mayor claridad las corrientes prerrománticas.

El destino de esta generación quedó truncado. La mayoría de sus componentes o se hicieron afrancesados, partidarios de Napoleón, o pertenecieron al grupo liberal en la Guerra de la Independencia. Casi todos terminaron en el destierro, si no habían emigrado ya antes. Los más jóvenes pasaron así a formar lo que podría llamarse "una generación perdida," lo cual, al romperse la evolución normal de las nuevas tendencias literarias, retrasó en cerca de treinta años el triunfo del movimiento romántico, dando fisonomía especial al romanticismo español.

Estos años de fin de siglo y comienzos del XIX tienen mayor interés por los fenómenos que hemos tratado de definir que por el valor —muy limitado, en verdad— de las obras que se producen. Sólo Moratín hijo es figura de relieve. Los demás o representan posibilidades no realizadas o simplemente acusan algún rasgo curioso o significativo para el estudio de la época.

**El teatro, la obra y la personalidad de Moratín hijo.** — Leandro Fernández de Moratín es la personalidad sobresaliente de su generación y el autor de las únicas obras de algún valor en el movimiento neoclásico. En la historia del teatro español él solo ocupa un puesto merecedor de atención en el gran vacío del siglo XVIII, entre la época de Calderón y el drama romántico.

Es, por otra parte, escritor de dotes considerables, en varios campos y géneros. Y hace un par de años, al cumplirse su centenario, han sido revalorizados aspectos de su obra, olvidados en las nebulosas generalizaciones sobre el neoclasicismo.

Se educó y creció en el ambiente literario presidido por su padre. Escritor precoz, obtuvo a los dieciocho años un premio de la Real Academia por el poema "La toma de Granada por los Reyes Católicos..." y se ganó pronto la amistad de escritores mayores que él como Forner y Jovellanos. Tanto por estas relaciones como por el sentido total de su obra, en la que el neoclasicismo culmina, está, realmente, Moratín en la linde de dos generaciones.

A diferencia de la mayoría de los escritores de la Ilustración —magistrados, economistas, políticos— fue Moratín antes que nada hombre de letras, poco combativo. Tuvo, no obstante, ideas avanzadas que en sus últimos años de exilio se convirtieron en un escepticismo amargo, amargura templada por la moderación de su temperamento. Por recomendación de Jovellanos fue secretario, en París, de Cabarrús, el más radical de los reformadores y luego, protegido de Godoy y, en la época de José I, bibliotecario del Rey.

Rasgo o coincidencia de muchos hombres de esta generación fue el internacionalismo, en el sentido de haber pasado parte de su vida en el extranjero. Moratín, años después de su primera estancia en París con Cabarrús, salió de nuevo, viajó por Inglaterra e Italia y en los años del terror fernandino que siguieron a la Guerra de la Independencia se desterró dos veces. Residió en Francia, principalmente en Burdeos, donde se encontró con su viejo amigo Goya, desterrado voluntario también. Por fin se trasladó a París, donde murió.

El talento literario de Moratín, fino y mesurado, se manifestó de muchas maneras. Es uno de los buenos poetas del neoclasicismo conocido en el Parnaso con el nombre arcádico de Inarco Celenio. Siempre correcto, acaso le falta brío e inspiración, cualidades raras en su tiempo. Lo mejor de su obra poética son algunos sonetos, varias sátiras y *La elegía a las Musas,* escrita en el exilio, uno de los pocos poemas en el que en tema y sentimiento pueden advertirse, dentro del tono siempre neoclásico, asomos de la sensibilidad prerromántica.

El prosista fue, sin duda, superior al poeta y pocos escritores del XVIII le aventajan en este aspecto y no sólo por el diálogo, siempre preciso y eficaz de sus comedias. Llena de viveza y, en muchos pasajes, de humor, es la prosa de *La derrota de los pedantes* probablemente la sátira literaria del XVIII que un lector actual lee con mayor gusto, sin excluir las de Cadalso o Forner. Y es admirable sobre todo Moratín en sus cartas y *Diarios.* Sus impresiones de Londres sólo pueden compararse con las de Ponz. Las de Italia son agudísimas. Otras páginas, más personales, reflejan ocasionalmente al hombre que con su retraimiento y moderación caló hondo en el drama de la España extraviada de las primeras décadas del siglo XIX. Julián Marías, que ha dedicado cinco artículos entusiastas a los *Diarios* de Moratín en la revista *Ínsula,* no vacila en decir: "Los que sólo conocen de Moratín su teatro y sus poesías, no tienen la menor idea de quién fue; son sus cartas y diarios los que dan su medida."

Recordaremos, por último, antes de tratar de su obra dramática, los eruditos *Orígenes del teatro español,* crítica y edición de autores anteriores a Lope, muy superior en juicio y métodos a las obras de los primeros neoclásicos como Nasarre.

La personalidad literaria de Moratín hijo no se limita pues al lugar que generalmente se le asigna como iniciador de la comedia moderna en la literatura española, aunque éste sea su mayor título. Su concepto de la comedia, expuesto en el prólogo a sus obras, con la claridad en él habitual, es estrictamente neoclásico:

> Imitación en diálogo de un suceso ocurrido en un lugar y en pocas horas entre personas particulares por medio del cual, y de la oportuna expresión de afectos y caracteres, resultan puestos en ridículo los vicios y errores comunes de la sociedad y recomendadas, por consiguiente, la verdad y la virtud.

Es decir, fin moralizador e imitación de la realidad. Unidades teatrales clásicas y pintura de carácter.

Es la concepción fielmente seguida en sus cinco comedias originales: *El viejo y la niña, El barón* y *La mojigata,* en verso, *La comedia nueva o el Café* y *El sí de las niñas,* en prosa. Esta última es comúnmente tenida por su creación más perfecta. Se estrenó con éxito en 1806. En el prólogo que al imprimirse compuso Moratín, hace constar: "y si puede dudarse cuál sea entre las comedias del autor la más estimable, no cabe duda en que ésta ha sido la que el público español recibió con mayores aplausos." Plantea y resuelve con claridad y buen gusto el doble tema de la educación de la mujer y su libertad para elegir marido. Y como temas secundarios presenta los de la autoridad y egoísmo de la madre, las ilusiones del viejo y la felicidad matrimonial con el sentido de moral social, propio de las ideas ilustradas; defiende el derecho natural de las jóvenes que la madre doña Irene, con su codicia, y el viejo don Diego, ofuscado momentáneamente por la ilusión, querían conculcar. La técnica teatral es irreprochable; utilización experta del tiempo y el espacio escénicos; diálogo perfectamente adecuado a los personajes y al carácter; discreto manejo del equívoco, sin las complicaciones, trucos y enredos de la comedia barroca; desenlace lógico y feliz; delineación sostenida del carácter o personaje, sobre todo, en doña Irene y, en plano menor, en el de los criados.

*La comedia nueva o el Café* refleja la aguda vena satírica de Moratín y sus ideas sobre el teatro, al ridiculizar las exageraciones melodramáticas de su tiempo, personificadas en Comella, de quien parece ser trasunto el desdichado don Eleuterio, autor ·de la comedia *El gran cerco de Viena,* cuyo estreno y los incidentes y comentarios a que da lugar forman la trama. Moratín se sirve de un asunto tan poco dramático en apariencia para presentar media docena de personajes en quienes sabe combinar hábilmente lo que tienen de tipos de época y de rasgos humanos.

Más alejadas del gusto moderno están las comedias en verso; son, sin embargo, expresión valiosa del arte moratiniano y tienen mucho de común con sus dos obras más conocidas: preocupación por el matrimonio y las relaciones familiares, relaciones entre viejos y jóvenes, hipocresía, etc.

Como dijimos, existe una tendencia a revalorizar el teatro de Moratín. Casalduero dedicó no hace mucho un estudio a *El sí de las niñas,* donde pone de manifiesto sus valores. Y Gerald Brenan no vacila en afirmar que fue "el mejor (*the greatest*) dramaturgo europeo de su tiempo."

A nuestro juicio le falta verdadera hondura o audacia en el manejo de los recursos ya dramáticos ya cómicos. Moderado en todo, no tiene ni la penetración psicológica ni la mordaz ironía de Molière, su maestro y modelo, varias de cuyas comedias adaptó al castellano. Sus cualidades sobresalientes son la finura, la claridad en la construcción, un diálogo correcto, sobrio y natural, la nobleza de sentimiento, y cierta destreza para llevar a la escena situaciones de la vida social corriente. En otro momento estas cualidades no hubieran dado a ningún autor el rango que le dieron a Moratín. Pero en la España de fines del siglo XVIII, cuando el teatro estaba dominado por las opacas imitaciones académicas de la tragedia francesa o por los engendros melodramáticos en que había caído el antiguo estilo español —los que él ridiculiza en *La comedia nueva*— la comedia moratiniana traía una lección de mesura, dignidad artística y buen gusto de valor inestimable.

Con la lección de Molière, recogió notas, sugerencias, procedimientos, maneras de lo mejor que el teatro del XVIII ofrecía. Y mantuvo lo que había de adaptable al gusto moderno en la comedia moral y de costumbres del teatro clásico español. Enlaza así su teatro, bien directamente, bien a través de Molière, con el de Ruiz de Alarcón, abriendo, al mismo tiempo, nuevas vías que desembocan en la comedia de Benavente.

Ejemplo de las ideas de Moratín sobre el teatro son las objeciones que hace al de Shakespeare en la "Advertencia" a la traducción de *Hamlet,* la única en español hecha del original inglés entre las varias del siglo XVIII.

**La poesía: Cienfuegos. La Escuela de Sevilla.** — El lírico más interesante y valioso de este momento es Nicasio Álvarez de Cienfuegos, en quien se prolonga la escuela de Salamanca. Poeta de temperamento impetuoso y ya claramente prerromántico, fue discípulo y continuador de Meléndez Valdés. Inferior al maestro en la poesía anacreóntica pastoril, va más lejos que él en la nota revolucionaria de poesía social y humanitarismo a lo Rousseau en composiciones como "En alabanza de un carpintero llamado Alfonso" o "Mi paseo solitario en primavera." Otras, como "Escuela del sepulcro," tratan con un sentimiento de melancolía los temas conjuntos de la noche y la muerte característicos del prerromanticismo. Representa, pues, Cienfuegos, en mayor medida que Meléndez, el paso de la égloga a la elegía, de la sensualidad al sentimiento.

También típicamente sentimental es "La rosa del desierto." Las innovaciones de léxico y metáfora, el ritmo poético más dinámico que el de Meléndez y el acento de su inspiración le señalan como un precursor de la poesía del siglo siguiente.

Fiel a sus ideas liberales y a un exaltado patriotismo, al estallar la Guerra de la Independencia, no vaciló como Meléndez y Moratín, hombres de menos temple que se hicieron afrancesados. Cienfuegos fue de los primeros en enfrentarse con los franceses y de las primeras víctimas. Fue llevado a Francia en 1808 y allí murió al año siguiente. Sirve de lazo Cienfuegos entre los poetas típicamente dieciochescos y el grupo de poetas patrióticos de la Guerra de la Independencia: Quintana, que se consideró discípulo suyo y le rindió un emocionado homenaje, al dedicarle sus *Poesías*; Arriaza, Gallego. A la misma generación pertenecen poetas de menor cuantía, pero famosos en su tiempo: José Vargas Ponce; el Conde de Noroña (Gaspar María de Nava) interesante por el orientalismo de sus *Poesías asiáticas*; y Francisco Sánchez Barbero, salmantino de mayor mérito como preceptista por sus *Principios de Retórica y Poética* que como poeta.

Hemos visto que una de las corrientes del neoclasicismo fue el deseo de retorno a la poesía del siglo XVI en los poetas de la escuela de Salamanca. Fenómeno idéntico, pero más tardío, se dio en el otro centro de gran poesía clásica, en Sevilla. También allí un grupo de poetas y eruditos quisieron enlazar su inspiración con la de sus antepasados. Nació así la llamada escuela sevillana, cuyo centro fue la Academia Particular de Letras Humanas fundada en 1793. Parece que en su formación tuvo alguna influencia Forner, cuyo nombre va ligado a tantos aspectos de la vida literaria de su tiempo. Era a la sazón Fiscal de la Audiencia y debió de representar en la ciudad del Betis un estímulo análogo al que en la década del 70 desempeñaron Olavide y Jovellanos. Si los poetas de Salamanca volvieron los ojos a fray Luis, los de Sevilla se inspiraban en el clasicismo más formal de Herrera y Rioja. Las personalidades más destacadas del grupo fueron Manuel María de Arjona (1771-1820), Félix José Reinoso (1792-1841), José María Blanco y Crespo (1775-1841) y Alberto Lista (1775-1848). Ninguno dejó poesía de gran vuelo. Los valores que pueda conservar la poesía de un Arjona o un Lista son más bien valores de época. El grupo como tal y varios de sus componentes individualmente presentan rasgos curiosos y de interés en el panorama histórico. No es el menor el de que siendo casi todos ellos sacerdotes de un neoclasicismo riguroso en materias literarias y habiendo estado vinculados a un hombre como Forner, la nota dominante en ellos fuera su liberalismo y dos por lo menos pasasen a la franca heterodoxia, Blanco Crespo, más conocido por el nombre que adoptó en la emigración Blanco White, que se hizo protestante, y el furibundo heterodoxo y revolucionario José Marchena (1768-1821), que siempre se relaciona con sus compatriotas sevillanos, aunque pasó su juventud en Salamanca y casi todo el resto de su vida en Francia, donde tomó parte activa en muchos episodios revolucionarios. Fue Marchena personalidad extraordinaria, poeta, filósofo, volteriano, traductor de Molière, de Rousseau y de Macpherson, autor de *Polixena,* tragedia de valores muy superiores a lo que fue común en este tipo en la España del XVIII. Es de esos escritores de talento que por una serie de causas, en las que no podemos entrar aquí, ha quedado siempre como figura marginal. Algo parecido ocurre con Blanco White, de quien tendremos que ocuparnos al estudiar "la generación perdida" de los emigrados. En cuanto a Lista, su influjo y lo más importante de su obra pertenecen también a la época de la génesis del romanticismo.

**Novela y prosa varia.** — En ningún género fue más radical la decadencia literaria del siglo XVIII que en el de la prosa novelesca; hecho sorprendente en el país de la picaresca y de Cervantes, cuya influencia es visible en los novelistas que en Inglaterra y Francia empiezan a dar forma nueva al género. Por eso dice Montesinos al comienzo de su libro *Introducción a una historia de la novela en el siglo XIX* que "el nombre de España no cuenta para nada en la historia de la novela durante el siglo XVIII, aunque lo mejor que la novela produce entonces es español de origen."

Si se exceptúa el *Fray Gerundio,* nada más ajeno al arte de la novela y al del propio Cervantes que las varias parodias que con propósitos didácticos se escriben a imitación del *Quijote.* Podría tomarse como ejemplo *Don Lazarillo Vizcardi,* en la que el jesuita Antonio Eximeno pretende ridiculizar —como hizo Isla con los predicadores— a los que combatieron sus doctrinas musicales. Lo mismo puede decirse de imitaciones de la picaresca como las *Aventuras de Juan Luis* de Diego Rejón de Silva.

Sólo a fines de siglo —es decir en el momento que ahora estudiamos— se manifiesta un interés creciente por la novela, resultado, probablemente de la confluencia de dos hechos: una comunicación más activa con el extranjero y la formación de un público de lectores al ir creándose una clase burguesa. A satisfacer la demanda acuden los editores y empiezan a publicarse gran cantidad de traducciones, cuya bibliografía, juntamente con el estudio de su influjo, puede verse en el libro de Montesinos.

También R. F. Brown en su obra *La novela española: 1700-1850* registra el hecho:

> Durante unos veinte años, de 1785 a 1805, pareció posible que se rompieran estas trabas tradicionales que dificultaban todo desarrollo de la novela en España entre los años 1700 hasta 1826-27. De repente se conocen en España muchas de las novelas europeas más célebres y emocionantes; se traducen varias de Richardson, Mrs. Radcliffe, de Ducray, Gessner, Madame Genlis; se conocen *Ossian, Werther, Atala...*

Habría que añadir, por lo menos, entre otros muchos y en atención a su boga, el nombre de Florián y *Pablo y Virginia* de Saint Pierre.

La producción original es en cambio insignificante, pese a los varios nombres y títulos que aparecen en la bibliografía de Brown. Únicamente dos autores merecen mención y no tanto por el mérito de su obra como por ilustrar bien el fenómeno de influencias y corrientes, especialmente la rousseauniana, de que vimos señales en la poesía: el jesuita Pedro Montengón (1745-1824) y José Mor de Fuentes (1762-1848).

Montengón perteneció a una generación anterior, pero su novela de mayor éxito, *Eusebio,* se publica en 1788. Es una narración de tipo filosófico y educativo, inspirada en el *Emilio* de Rousseau; la acción ocurre casi toda entre los cuáqueros de Pennsylvania. Fue Montengón también —nuevo ejemplo de entrecruce de influencias— el introductor de la poesía ossiánica de Macpherson en castellano.

Mor de Fuentes es ya hombre de fin de siglo, claramente prerromántico. De obra y vida muy variadas, podría tomarse como ejemplo de esos escritores "raros," abundantes en períodos de transición, cuya personalidad de precursor no llega a cuajar y sólo ocupan un puesto secundario en la historia. Ingeniero, profesor, patriota activo en la guerra de la Independencia, emigrado y viajero. Escribió de todo, verso, teatro. Pasó de traducir a los clásicos latinos a ser traductor de Gibbon, de Rousseau, y del *Werther* de Goethe. En la historia de la prosa narrativa figura por la *Serafina* (1798), novela epistolar y de tipo sentimental inspirada en *Julia* o la *Nueva Eloísa* que también tradujo. Ya viejo y en pleno romanticismo (1836) publicó un *Bosquejillo de su vida y escritos,* cuyo carácter autobiográfico responde a otra corriente, que también cobra auge a fines del siglo: la literatura de memorias, diarios y recuerdos, otro síntoma del valor que el elemento personal empieza a adquirir en la literatura.

[Selecciones: del Río *Antología* II, págs. 1-116].

# BIBLIOGRAFÍA

I   GENERAL

W. Coxe, *Memoirs of Spain of the House of Bourbon... 1700-1788,* London, 1813, 3 vols. (Trad. española, Madrid, 1936-1937, 4 vols.)

P. Zabala, *España bajo los Borbones,* Barcelona, 1926.

M. Danvila y Collado, *El reinado de Carlos III,* Madrid, 1891-1894.

J. Addison, *Charles the Third of Spain,* Oxford, 1900.

F. Rousseau, *Règne de Charles III d'Espagne,* París, 1907, 2 vols.

J. Gómez de Arteche, *El reinado de Carlos IV,* Madrid, 1890-1892.

G. Desdevises du Dezert, *L'Espagne de l'ancien régime*, 1899-1903, 3 vols. (Publicada con revisiones y adiciones en *Rev. Hispanique*, 1925, 27 y 28, vols. LXIV, LXX, LXVIII.)

A. Castro, "Algunos aspectos del siglo XVIII," en *Lengua, enseñanza y literatura*, Madrid, 1924.

P. Sáinz Rodríguez, *Evolución de las ideas sobre la decadencia española*, Madrid [1924].

M. Fernández Almagro, *Orígenes del régimen constitucional en España*, Barcelona, 1928.

R. Labrouse, *Essai sur la philosophie politique de l'ancienne Espagne; politique de la raison et politique de la foi*, París, 1937.

Ch. E. Kany, *Life and Manners in Madrid, 1750-1800*, Berkeley, 1932.

G. Díaz-Plaja, *La vida española en el siglo XVIII*, Barcelona, 1946.

J. Sempere y Guarinos, *Ensayo de una biblioteca de los mejores escritores del reinado de Carlos III*, Madrid, 1758-1789.

M. Colmeiro, *Biblioteca de los economistas españoles de los siglos XVI, XVII y XVIII*, Madrid, 1880.

L. A. de Cueto, Marqués de Valmar, *Historia crítica de la poesía castellana en el siglo XVIII*, Madrid, 1893, 3 vols.

M. Menéndez y Pelayo. (Véanse *Heterodoxos* e *Ideas estéticas*, en bib. general, ambos muy importantes para este período.)

J. Sarrailh, *L'Espagne éclairée de la seconde moitié du XVIII siècle*, París, 1954.

J. Reglá y Santiago Alcolea, *El siglo XVIII*, Barcelona, 1957.

R. Herr, *The Eighteenth-Century Revolution in Spain*, Princeton, 1958.

A. Gil Novaes, *Las pequeñas atlántidas: Decadencia y regeneración intelectual de España en los siglos XVIII y XIX*, Barcelona, 1959.

*Historia general de las literaturas hispánicas*, Barna, IV.

A. Rubio, *La crítica del galicismo en España*, México, 1937.

F. Lázaro Carreter, *Las ideas lingüísticas en España durante el siglo XVIII*, Madrid, 1949.

*Poetas líricos del siglo XVIII*, BAE, vols. LXI, LXIII y LXVII.

A. Bonilla y San Martín, *Parnaso español de los siglos XVIII y XIX*, Madrid, 1918.

G. Díaz-Plaja, *Antología temática de la literatura española, siglos XVIII y XIX*, Valladolid, 1940.

J. Gaos, *Antología del pensamiento de la lengua española en la edad contemporánea*, México, 1945 (empieza con Feijoo y Cadalso).

## 2   FEIJOO, LUZÁN Y SUS CONTEMPORÁNEOS

Benito Jerónimo Feijoo, *Teatro crítico*, nueva impresión, Madrid, 1773, 8 vols.

————, *Cartas eruditas y curiosas*, nueva impresión, Madrid, 1774, 5 vols.

————, *Obras*, BAE, vol. LVI.

————, *Teatro crítico* (selecciones), ed. Millares, *Clásicos Castellanos*, Madrid, 1923-25, 3 vols.

————, *Cartas eruditas*, ed. Millares, *Clásicos Castellanos*, Madrid, 1928.

————, *Teatro crítico y cartas eruditas*, ed. Sánchez Agesta, Madrid, 1947.

E. Pardo Bazán, *Examen crítico de las obras del P. Feijoo*, Madrid, 1887.

M. Morayta, *El P. Feijoo y sus obras*, Valencia, 1913.

G. Marañón, *Las ideas biológicas del P. Feijoo*, Madrid, 1934.

G. Delpy, *Feijoo et l'esprit européen: essai sur les idées maîtresses dans le Théâtre critique et les Lettres érudites,* París, 1936.

M.ª A. Galino, *Feijoo, Sarmiento y Jovellanos ante la educación moderna,* Madrid, 1953.

J. Marichal, *Feijoo y su papel de desengañador de las Españas, en Voluntad de estilo.*

Ignacio de Luzán, *La Poética,* Madrid, 1937, 2 vols.; Barcelona, 1946, 2 vols. [Con un estudio de Luigi de Filippo.]

J. G. Robertson, "Italian Influence in Spain: Ignacio Luzán," en *Studies in the Genesis of Romantic Theory in the Eighteenth Century,* Cambridge, 1923.

J. Cano, *La Poética de Luzán,* Toronto, 1928.

F. Lázaro, *Ignacio Luzán y el neoclasicismo,* Zaragoza.

Martín Sarmiento, *Memorias para la historia de la poesía y poetas españoles,* Madrid, 1775.

Gregorio Mayáns y Siscar, *Orígenes de la lengua española,* Madrid, 1873.

A. López Peláez, *Los escritos de Sarmiento y el siglo de Feijoo,* La Coruña, 1902.

A. Morel-Fatio, "Un érudit espagnol au XVIIIe siècle" (sobre Mayáns), en *Bull. Hispanique,* XVII (1915), 157-226.

A. González Palencia, *Eruditos y libreros del siglo XVIII,* Madrid, 1948.

Diego de Torres Villarroel, *Vida,* ed. Onís, *Clásicos Castellanos,* Madrid, 1912.

A. García Boiza, *Don Diego de Torres Villarroel,* Salamanca, 1911.

E. Carilla, "Un quevedista español: Torres Villarroel," en *Estudios de literatura española.*

P. Sebold, "Torres Villarroel y las vanidades del mundo," en *Archivum,* VII (1958), 115-146.

M. C. Peñuelas, "La 'vida' de Torres Villarroel." Acotaciones al margen, en *Cuadernos Americanos,* XX (1961), núm. 3, 165-176.

José Francisco de Isla. *Obras escogidas,* BAE, vol. XV.

———, *Fray Gerundio,* ed. Lindforts, Leipzig, 1885, 2 vols.; ed. R. P. Sebold, *Clásicos Castellanos,* vol. 1, Madrid, 1960.

J. I. de Salas, *Compendio histórico de la vida, carácter moral y literario del P. Isla,* Madrid, 1803.

P. Bernard Gaudeau, *Les prêcheurs burlesques en Espagne au XVIIIe siècle,* París, 1891.

E. F. Helman, "Padre Isla and Goya," en *Hispania,* XXXVIII (1955), 150-158.

Véase especialmente la Introducción de Sebold, en su reciente edición de Fray Gerundio, C. C. Es el único estudio con un criterio moderno de la obra de Isla.

## 3   NEOCLASICISMO E ILUSTRACIÓN

### a)   General

Además de las obras citadas en la primera sección, véanse con referencia especial a este período la obra de Sarrailh y las siguientes:

E. Cotarelo, *Iriarte y su época,* Madrid, 1897.

R. E. Pellissier, *The Neo-Classic Movement in Spain during the Eighteenth Century,* Stanford, 1918.

J. G. Robertson, *Studies in the Genesis of Romantic Theory in the Eighteenth Century,* Cambridge, 1923.

I. L. McClelland, *The Origins of the Romantic Movement in Spain*, Liverpool, 1937.

P. Van Tieghem, *Le Préromantisme*: *études d'histoire littéraire européenne*, París, 1924-1930, 2 vols.

V. Cían, *Italia e Spagna nel secolo XVIII*, Torino, 1896.

L. Sorrento, *Francia e Spagna nel settecento*: *battaglie e sorgenti di idee*, Milano, 1928.

P. Mérimée, *L'influence française en Espagne au XVIIIᵉ siècle*, París, 1936.

J. R. Spell, *Rousseau in the Spanish world before 1833*: *A Study in Franco-Spanish Literary Relations*, Austin, 1938.

John A. Cook, *Neo-Classic Drama in Spain. Theory and Practice*, Dallas, 1959.

L. Sánchez Agesta, *El pensamiento político del despotismo ilustrado*, Madrid, 1953.

b) Autores

M. Defourneaux, *Pablo de Olavide ou l'afrancesado*, París, 1959.

Nicolás Fernández de Moratín, *Poesías y comedias*, BAE, vol. II.

José Cadalso, *Obras*, Madrid, 1821, 3 vols.

————, *Cartas marruecas*, ed. Tamayo, *Clásicos Castellanos*, Madrid, 1935.

————, *Noches lúgubres*, ed. de E. F. Helman, Santander, 1951.

J. Tamayo, *Cartas marruecas del coronel don Joseph Cadahalso*, Granada, 1927.

E. Cotton, "Cadalso and his Foreign Sources," en *Liverpool Studies in Spanish Literature*, Liverpool, 1940.

J. Marichal, "Cadalso: el estilo de un hombre de bien," en *Voluntad de estilo*.

J. B. Hughes, "Dimensiones estéticas de las *Cartas Marruecas*," en *NRFH*, X (1956), 194-202.

J. F. Montesinos, "Cadalso o la noche cerrada," en *Ensayos y estudios*.

E. F. Helman, "*Caprichos* and *Monstruos* of Cadalso and Goya," en *Hisp. Rev.*, XXVI (1958), 200-222.

Conde de Campomanes, *Discurso sobre el fomento de la industria popular*, Madrid, 1774.

————, *Discurso sobre la educación popular de los artesanos y su fomento*, Madrid, 1775.

————, *Apéndice a la educación popular*, Madrid, 1775-1777, 4 vols.

Conde de Cabarrús, *Cartas sobre los obstáculos que la naturaleza, la opinión y las leyes oponen a la felicidad pública*, Madrid, 1933.

Félix María Samaniego, en BAE, vol. LXIII ya citado.

Tomás de Iriarte, *Obras en prosa y verso*, Madrid, 1805, 8 vols.

————, *Fábulas literarias*, ed. Fitzmaurice-Kelly, Oxford, 1917.

————, *Poesías*, ed. Navarro González, *Clásicos Castellanos*, Madrid, 1953.

Gaspar Melchor de Jovellanos, *Obras publicadas e inéditas*, BAE, vols. XLVI, L, LXXV, LXXXVI, LXXXVII.

————, *Diarios (Memorias íntimas) 1790-1801*, Madrid, 1915; Oviedo, 1952.

————, *Obras escogidas*, ed. del Río, *Clásicos Castellanos*, Madrid, 1935-1946, 3 vols.

————, *Antología*, ed. Santullano, Aguilar, s. a.; ed. Fernández Almagro, Barcelona, 1940.

J. Somoza de Montsoriu, *Las amarguras de Jovellanos*, Gijón, 1889.

G. de Artíñano y Galdácano, *Jovellanos y su España*, Madrid, 1913.

J. Juderías, *Don Gaspar Melchor de Jovellanos*: *su vida, su tiempo, sus obras, su influencia social*, Madrid, 1913.

A. del Río, *Estudio preliminar a los "Diarios" de Jovellanos*, Oviedo, 1952; Jovellanos, en *Historia general de las literaturas hispánicas*, Barna, vol. IV.

J. Sarrailh, "A propos du 'Delincuente honrado' de Jovellanos", en *Mélanges d'études portugaises offerts à M. Georges de Gentil*, Chartres, 1949, 337-351.

J. H. R. Polt, "Jovellanos 'El delincuente honrado'," en *The Romanic Review*, L (1959), 170-190.

R. Ricart, "De Campomanes a Jovellanos. Les courants d'idées dans l'Espagne du XVIII$^e$ siècle...," en *Les Lettres Romanes*, XI (1957), 31-52.

Juan Meléndez Valdés, *Poesías*, ed. Salinas, *Clásicos Castellanos*, Madrid, 1925.

A. García Boiza, *De la vida literaria salmantina en el siglo XVIII*, Salamanca, 1916.

W. Atkinson, "Luis de León in Eighteenth Century Poetry," en *Rev. Hispanique*, LXXXI (1931), 363-376.

W. E. Colford, *Juan Meléndez Valdés: A Study in the Transition from Neo-Classicism to Romanticism in Spanish Poetry*, New York, 1942.

C. Real de la Riva, "La escuela poética salmantina del siglo XVIII," en *Bol. de la Bib. Menéndez y Pelayo*, XXIV (1948), 321-364.

L. Monguió, "Fray Diego Tadeo González and Spanish Taste in Poetry in the Eighteenth Century", en *The Romanic Review*, LII (1961), 241-260.

P. Van Tieghem, *Le sentiment de la Nature dans le Préromantisme Européen*, París, 1960 (numerosas referencias a Meléndez).

## 4    NEOCLASICISMO Y NACIONALISMO

Vicente García de la Huerta, *Raquel*, Buenos Aires, 1930; Ebro.

Ramón de la Cruz, *Sainetes*, ed. Cotarelo, NBAE, vols. XXIII y XXVI, Ebro.

E. Cotarelo, *Estudios sobre la historia del arte escénico en España*, 1896-1902, 3 vols.

———, *Don Ramón de la Cruz y sus obras*: *ensayo biográfico y bibliográfico*, Madrid, 1899.

A. Hamilton, *A Study of Spanish Manners, 1750-1800, from the Plays of Ramón de la Cruz*, Urbana, Univ. of Illinois, 1926.

F. Palau Casamitjana, *Ramón de la Cruz und der französische Kultureinfluss im Spanien des XVIII jahrhunderts*, Bonn, 1935.

Juan Pablo Forner, *Oración apologética por la España y su mérito literario*, Madrid, 1786.

———, *Exequias de la lengua castellana*, ed. Sáinz Rodríguez, *Clásicos Castellanos*, Madrid, 1925.

Sister M. F. Laughrin, *Juan Pablo Forner as a Critic*, Washington, 1943.

M. Jiménez de Salas, *Vida y obras de D. Juan Pablo Forner*, Madrid, 1945.

Antonio Ponz, *Viaje de España*, Madrid, Aguilar, 1947.

P. Sáinz Rodríguez, *Las polémicas sobre la cultura española*, Madrid, 1950.

## 5    FIN DEL SIGLO

Leandro Fernández de Moratín, *Obras*, BAE, vol. II.

———, *Obras póstumas*, Madrid, 1867-68, 3 vols.

———, *Teatro*, ed. Ruiz Morcuende, *Clásicos Castellanos*, Madrid, 1924.

J. Ortega y Rubio, "Don Leandro Fernández de Moratín," en *Rev. Contemporánea,* CXXIX (1904), 129 y ss., 279 y ss., 385 y ss.

A. Papell, *Moratín y su época,* Palma de Mallorca, 1958.

"Moratín y la sociedad española de su tiempo," Núm. especial de la *Rev. de la Univ. de Madrid,* IX (1960), 567-808 con colaboración de varios autores (Sánchez Agesta, E. F. Helman, et al.).

[Para las poesías de Cienfuegos y otros poetas, véase tomos citados de BAE.]

E. Alarcos, "Cienfuegos en Salamanca," en *Bol. de la R. Academia Esp.,* XVIII (1931), 712-730.

J. L. Cano, "Cienfuegos, poeta social," en *Papeles de Son Armadans,* XVIII (1957), 248-268.

A. Lasso de la Vega, *Historia y juicio crítico de la escuela poética sevillana en los siglos XVIII y XIX,* Madrid, 1876.

M. Menéndez Pelayo, "El abate Marchena," en *Estudios y discursos.*

# 2 EL ROMANTICISMO (1808-1850)

## I. Algunas consideraciones previas

La literatura del siglo XIX se centra en dos movimientos bien definidos: el romanticismo, en la primera mitad, y el realismo, en la segunda.

Generalmente el comienzo del romanticismo en España se ha venido fechando entre 1830 y 1834 y aún con mayor precisión en el año siguiente, 1835, fecha del estreno de *Don Álvaro,* el drama del duque de Rivas. Esto es cierto si nos referimos a la escuela o movimiento literario de ese nombre. Si por el contrario pensamos que el romanticismo fue una transformación en todos los órdenes de la vida —sociedad, ideas, estética, sensibilidad, actitudes vitales—, un estilo de época, podemos elegir el año 1808 como el comienzo de una larga etapa de transformación social, sentimental, ideológica y literaria.

Sin entrar en el complicado problema de los antecedentes de la filosofía y la sensibilidad románticas —algunos de cuyos síntomas vimos aparecer— es evidente que, cuando en la tercera década del siglo se escriben las primeras obras del romanticismo oficial, el proceso de creación de una nueva sociedad va ya muy avanzado. Ese proceso, aparte, repetimos, de los antecedentes, empieza a definirse el año de la invasión napoleónica. Al estallar en 1808 la Guerra de la Independencia, se cierra el paréntesis de inhibición nacional del siglo XVIII. Hay, sin duda, durante ese siglo, algunos españoles en vela —los escritores y ministros ilustrados, los reformadores— pero el país en su totalidad permanece indiferente, al margen. El despotismo ilustrado gobierna "para el pueblo, pero sin el pueblo." Ni los principios racionalistas y laicos de la filosofía setecentista ni los ideales académicos del neoclasicismo conmovieron el sentimiento popular, como le habían conmovido el fervor religioso y los motivos dramáticos —aventura, honor, justicia, monarquía— de la literatura barroca. Agitaciones populares como el motín de Esquilache, la taurofilia y el majismo que la tonadilla, el teatro de Ramón de la Cruz o el arte de Goya reflejan son, sin duda, anuncios de la irrupción de lo popular, de carácter secundario en el espíritu total de la época.

Al empezar el siglo XIX, la mengua del ímpetu reformador, la corrupción de la Corte, el temor a la revolución que Napoleón quiere difundir por toda Europa, paralizan la voluntad de las clases dirigentes y España da la sensación de haber caído en un nuevo letargo. El caudillo francés se va a apropiar del trono español como de un feudo abandonado. Fallan en ese momento todos los resortes oficiales, todas las fuerzas directivas. La familia real, con Carlos IV y su hijo Fernando a la cabeza, se entrega al invasor; gran parte de las clases elevadas huyen a Francia o se ocultan; muchos de los intelectuales y escritores neoclásicos se hacen "afrancesados." Deja de funcionar el gobierno. Fracasan las instituciones establecidas por el centralismo borbónico poco arraigadas aún en el país.

Entonces se opera un fenómeno inesperado, típicamente español: el despertar un poco anárquico del pueblo. Un alcalde rural, el de Móstoles, declara la guerra al emperador de los franceses. Renace el espíritu local y se organizan juntas en todas las provincias. Algunas, igual que en la Edad Media mandaban sus regidores a tratar con los reyes, envían ahora embajadas a Londres para discutir, de poder a poder, un tratado de alianza con Inglaterra. En Madrid una banda de chisperos, majos, majas y artesanos —el populacho— ayudados por unos cuantos militares resiste, el dos de mayo, con increíble heroísmo, a las tropas de Murat, y en los campos andaluces de Bailén se improvisa un ejército que vence en batalla abierta por primera vez a los soldados de Napoleón. Poco después, en Castrillo de Duero, pueblo de la provincia de Valladolid, un humilde español, indignado porque un sargento francés ha faltado al respeto a su novia, toma las armas y jura por Dios y la Santísima Virgen defender la religión y las costumbres de sus mayores sin abandonar la lucha hasta que España quede libre de extranjeros. Es Juan Martín, el Empecinado, el más glorioso de los guerrilleros españoles, modelo de otros muchos, símbolo del carácter popular de la guerra.

Así comienza la larga, inquieta —romántica— historia del siglo XIX español, siglo dinámico, de apasionada violencia. No hay duda de que en estos años, continuados por los agitados y tenebrosos del reinado de Fernando VII, se está incubando un nuevo estilo de vida.

Por lo pronto destaquemos que dos impulsos, igualmente fuertes, mantienen vivo el esfuerzo de los españoles en la Guerra de la Independencia: el tradicionalismo del espíritu popular, mucho más profundo que el de los teóricos defensores de Calderón en el siglo XVIII, y el liberalismo de los oradores de la Junta Central y las Cortes de Cádiz, mucho más agresivo y radical que el de los ministros del despotismo ilustrado de Carlos III.

El tradicionalismo ya no es puramente literario; es de costumbres, carácter y sentimiento; invoca el espíritu de la Reconquista. El liberalismo quiere transformar el país, vota la Constitución de 1812. Ahora, durante la guerra, tradicionalismo y liberalismo aparecen transitoriamente unidos por el fervor patriótico. Tradición, libertad y patriotismo se aúnan en la poesía declamatoria de Quintana. El joven Ángel de Saavedra, luego duque de Rivas, lucha en Bailén. Martínez de la Rosa, que será el primer romántico, es diputado a las Cortes de Cádiz y escribe el "Canto a la defensa de Zaragoza." Terminada la contienda y liberada la península, sobreviene la escisión violenta. El tradicionalismo da alientos y desata las fuerzas más reaccionarias con el rey Fernando a la cabeza; el liberalismo intenta continuar el proceso revolucionario y transformar el país, intento siempre frustrado. Durante la reacción inmediata, la fernandina, Quintana, Martínez de la Rosa, el duque de Rivas, sufren prisión y persecuciones varias; los dos últimos forman parte de la emigración de 1823, de cuyo papel en la evolución literaria tendremos que ocuparnos.

Apuntamos estos hechos, entresacados de otros muchos de idéntica significación, para mostrar el estrecho vínculo que hay entre lo histórico, lo político y lo literario en la gestación del movimiento romántico, cuyos pilares en el sentido literario más estricto serán el tradicionalismo nacionalista —fuente de los temas legendarios— y el liberalismo, que Victor Hugo, en Francia, y Espronceda, en España, identificarán con la nueva escuela al mismo tiempo que se tornan hacia el pasado en busca de sus temas poéticos.

Ejemplo de hasta qué punto tradicionalismo y liberalismo —términos en sí contradictorios— van fundidos en la vida como lo irán en la literatura, es el destino del Empecinado, el popular guerrillero, que de joven toma las armas en defensa de la religión de sus mayores, llega a ser general del ejército y, años más tarde, es una de las víctimas del despotismo. Muere, héroe de la libertad, ahorcado por mandato de Fernando VII.

La Guerra de la Independencia influye también decisivamente en el cambio de actitud de la sensibilidad europea hacia España. En el siglo XVIII domina lo que se ha llamado la leyenda negra. España es para los hombres de la Enciclopedia el país de la reacción católica, enemigo de las luces y, en literatura, la gran corruptora del gusto con su teatro anticlásico y sus exageraciones culteranas. Ahora, la predilección por el espíritu heroico popular y fantástico en la literatura —el neomedievalismo— suscita, especialmente en Alemania, un interés enorme por el drama de Calderón y el país del *Romancero*. Pero nos engañaríamos si no viésemos la influencia que el levantamiento del pueblo español contra Napoleón tuvo en forjar la imagen de la "España romántica."

Byron en el canto primero del *Childe Harold* rememora las gestas de la guerra —Albuera, Zaragoza, Cádiz— e invoca al mismo tiempo a la bella España, tierra famosa y romántica, tierra de la caballería, cuyo destino es caro a todo pecho libre y cuyas hijas, de ardiente mirada negra, nacidas para todas las artes brujas del amor, tienen la tierna fiereza de la paloma. [1] Mito de la España oriental, caballeresca y ardiente en sus pasiones que irá degenerando desde una concepción positiva en los teóricos alemanes y en algunos poetas ingleses a la caricatura de los últimos románticos franceses. De lo heroico, al españolismo de rompe y rasga, pasando por lo pintoresco.

En la literatura es la crítica alemana —Herder, Federico y Guillermo Schlegel, Grimm, etc.— la que inicia la revaloración del teatro e investiga los orígenes del *Romancero*; en tanto que poetas ingleses como Landor, Southey, Walter Scott, o alemanes como el mismo Herder, y más tarde franceses como Victor Hugo utilizan temas legendarios españoles con una visión que es la que heredan y se apropian los poetas españoles de 1835 en adelante. Es altamente significativo que fuese un antiguo embajador inglés en España, John Hookham Frere, quien incitó a Ángel de Saavedra durante el destierro de éste en Malta a leer las gestas medievales, hecho del que resultó *El moro expósito* (1834), el primer poema narrativo del romanticismo español.

Es importante insistir en la conexión entre lo europeo y lo español tradicional en los orígenes del movimiento romántico. Es además esa combinación la clave para entender no sólo el romanticismo sino toda

---

[1] "Oh, lovely Spain! renown'd, romantic land... Lo, Chivalry, your ancient goddess cries... Her fate, to every freeborn bosom dear... With Spain's dark-glancing daughters... form'd for all the witching arts of love... 'Tis but the tender fierceness of the dove."

la historia de España a partir de 1700. La influencia europea es siempre el reactivo que determina en los españoles de cada generación la necesidad espiritual de volver los ojos hacia el propio pasado. Ya lo hemos visto en el siglo XVIII. Se repite en el romanticismo. Los novelistas del realismo empiezan imitando modelos franceses pero terminan dando a su lengua y a su espíritu un marcado sello castizo y popular. En cada nueva etapa los términos de esta constante dualidad se intensifican. Así, al empezar la literatura contemporánea, dos escritores de cultura eminentemente europea, Ganivet y Unamuno, se convierten en los profetas del alma española. Y hasta la poesía de García Lorca y Alberti que procede de las estéticas europeas derivadas del simbolismo alcanzará uno de sus grandes valores artísticos en la recreación de la poesía popular tradicional.

Hemos intentado en las consideraciones precedentes caracterizar, en líneas generales, ciertos fenómenos de la cultura española pertinentes a los orígenes bastante confusos de la época romántica. Veamos ahora cómo se producen los hechos más significativos dentro de este marco general.

## II. La transición al nuevo siglo

Los primeros treinta años de la nueva centuria son de constantes perturbaciones políticas. A la Guerra de la Independencia (1808-1814) siguen el despotismo de Fernando VII hasta 1820, una revolución liberal que dura tres años y un nuevo régimen de terror de 1823 a 1833, la "ominosa década," que termina con la muerte del rey.

Son tiempos de actividad febril y desordenada, poco propicios para creaciones duraderas en ningún orden. En el de las letras son casi totalmente baldíos. Queda interrumpido el proceso renovador iniciado en la segunda mitad del siglo XVIII y se malogran las primicias prometedoras de casi toda una generación.

Recordemos el fenómeno que, por razones ya explicadas, se produce en los hombres de fines del siglo XVIII. Resurgimiento de la estética neoclásica, que en el arte dramático de Moratín hijo y las doctrinas de varios preceptistas —de quienes podía ser ejemplo José M. Gómez Hermosilla— se afirma y define en forma mucho más precisa. Paralelamente, intensificación de actitudes y temas prerrománticos en la poesía de Meléndez y Cienfuegos y en las influencias extranjeras. Polarización parecida ocurre en el campo de las ideas, de consecuencias por supuesto más graves, porque afectan a la vida misma del país. En tanto que Godoy, vacilante, trata de continuar, sin entusiasmo, la política reformadora, va ganando fuerza la reacción, que podría personificarse en la figura del ministro Caballero. Podrían tomarse como hechos reveladores del cambio, el recrudecimiento de los procesos inquisitoriales y la larga prisión de Jovellanos en Mallorca de 1801 a 1808. Por el lado opuesto los jóvenes, educados en las ideas de la Ilustración, adoptan posiciones mucho más radicales, con las que nace el liberalismo español revolucionario. De estos jóvenes, sus discípulos —entre los que figuran Quintana, Argüelles, Toreno— dirá el propio Jovellanos, años más tarde, a su amigo Lord Holland que "están imbuidos de las ideas de Juan Jacobo, de Mably, de Locke y otros teoréticos que no han hecho más que delirar en política." Se están delineando los bandos que provocarán las guerras civiles, totalmente inseparables, si se quieren entender las cosas, del romanticismo. No es coincidencia el que los años de apogeo romántico coincidan exactamente con los de la primera guerra carlista (1833-1839), ni que en el momento de que ahora tratamos algunas de las personalidades literarias —de Jovellanos, ya en el ocaso, y Quintana, en el cenit, a Alcalá Galiano o Martínez de la Rosa— sean al mismo tiempo personalidades políticas importantes.

En marzo de 1808, vísperas ya de la invasión napoleónica, una conspiración palaciega, en el Escorial, y un motín popular, en Aranjuez, terminan con el reinado de Carlos IV y el poder de Godoy. Se cierra definitivamente el siglo XVIII y sólo veinte o treinta años más tarde empezará a consolidarse, si bien en forma precaria, la nueva época romántica y liberal. Los conspiradores del Escorial —movidos por el canónigo Juan Escóiquiz, traductor de Young— y el populacho que asaltó en Aranjuez la residencia de Godoy abrían la época turbulenta de las luchas por la libertad. Querían sin duda salir del letargo en que había caído la Corte. Pero era ya tarde. Las tropas de Murat iban a ocupar pronto Madrid y la guerra iba a comenzar con la gesta popular del 2 de mayo, cantada por todos los poetas.

**De la guerra a la reacción de 1823.** — La guerra deslinda actitudes. No tenemos por qué entrar en sus incidencias. Bastará elegir hechos o datos que afectan a la vida literaria y al proceso de la cultura española. Al ocupar el trono José I, hermano de Napoleón, España, casi totalmente invadida, se divide. Veamos la actitud de los escritores y hombres representativos. Los ilustrados y neoclásicos —con algunas excepciones notables entre los más viejos, como Floridablanca y Jovellanos— se hacen afrancesados, es decir, se ponen al servicio de José I; algunos, como Cabarrús y las figuras importantes de la política y el ejército, en forma activa; los literatos, de manera pasiva. Entre ellos los dos más valiosos son Meléndez y Moratín. Los jóvenes, casi sin excepción, abrazan la causa popular. La primera víctima, como hemos visto, es Cienfuegos. Mas la España nacional y patriótica refugiada en Sevilla y Cádiz está muy lejos de la unidad ideológica. Unidos frente al invasor, no lo estaban en cuanto a la manera de dirigir la guerra o en las ideas sobre la reorganización del Estado español.

La crisis ponía a los hombres de la España reformadora ante un doloroso dilema. El fervor patriótico mal entendido cuando se convierte en criterio histórico ha condenado sin distingos "a los afrancesados." Pero la decisión no era fácil. La monarquía borbónica había caído en la abyección y el estallido popular con toda su anarquía, aunque admirable y heroico, no debía de presentar grandes promesas a los ojos de quienes todo lo esperaban de la razón, las reglas y la pedagogía. Napoleón invocaba la libertad y el futuro, pero empezaba por conculcar esa misma libertad, apoyándose exclusivamente en el poder militar.

Dos figuras egregias —las más altas del siglo XVIII— pueden servirnos de ejemplo: Jovellanos y Goya.

Jovellanos, preso en Mallorca, era en los días turbulentos que preceden a la guerra, símbolo de la posible regeneración. Southey, hablando de la rebelión contra el favorito de Carlos IV, dice en su *Historia de la guerra peninsular*: "Llegó la hora del castigo de Godoy, después de lo cual lo que los españoles deseaban con más ansia era la libertad de Jovellanos." Ya en pleno levantamiento, es decir, comenzada la guerra, llega Jovellanos a la península. Debe leerse su *Diario de vuelta del destierro*. Se le aclama como a un héroe en todas partes. Consternado escribe el día 1 de junio: "Dichoso el que en tal crisis puede vivir en la obscuridad." El dilema adquiere carácter trágico cuando se encuentra con que José I —el usurpador con pretensiones de liberador— le ofrece un ministerio en su gobierno, al mismo tiempo que recibe cartas de sus amigos más queridos— Meléndez, Moratín, Llorente, Cabarrús— incitándole a que abandone escrúpulos y abrace la causa napoleónica, única, según ellos, que promete salvación para la patria. Jovellanos no vacila; vence en él, por encima de sus aspiraciones reformadoras, el sentimiento profundo de la independencia y la convicción de que es mala la libertad que un poder extranjero trata de imponer por la fuerza de las armas. Se entrega, pues, viejo y cansado, a la causa popular y tratará de moderar con su autoridad, desde la Junta Central, la demagogia patriótica y revolucionaria. Escribe entonces dos cartas conmovedoras —una al general Sebastiani, y otra a su amigo Cabarrús— y uno de los grandes ensayos políticos de la literatura española: la *Memoria en que se rebaten las calumnias divulgadas contra los individuos de la Junta Central, y se da razón de la conducta y opiniones del autor desde que recobró su libertad.*

¿Y Goya? El gran artista se sitúa por encima de la lucha, acepta a José I como luego aceptará, indiferente, la reacción de Fernando VII. Conducta acaso reprobable a la luz de ciertos principios y sentimientos. Pero en cambio deja en cuadros como "Los fusilamientos del 3 de mayo" y en los grabados "Los desastres de la guerra," el testimonio más doloroso de la tragedia por que pasaba su país, y la condenación más enérgica del espíritu marcial con todos sus horrores.

En la España no invadida se organiza primero, como órgano de gobierno, una Junta Central con delegaciones de todas las provinciales y en 1810 se convocan en Cádiz las primeras Cortes modernas para votar la primera Constitución española del año 12. Esto quiere decir que en la Guerra de la Independencia coinciden una lucha por la liberación del país que invoca en gran medida el pasado y un ensayo de revolución que piensa en el futuro. Aleación romántica: pasado-futuro; nacionalismo-libertad. Tampoco nos detendremos en incidencias que pertenecen al dominio de la historia política o social. Baste decir que tanto en la Junta como en las Cortes hay tres partidos o bandos. Extremo conservadurismo; extremo liberalismo o ideas revolucionarias; y el partido moderador, que Jovellanos representa hasta su muerte, frente al viejo Floridablanca, superviviente de otros tiempos.

La distancia entre las posiciones extremas se hace patente, sobre todo, en las Cortes reunidas el 24 de septiembre de 1810. La fracción liberal propugna la soberanía nacional y división de poderes, la libertad de imprenta, abolición de señoríos y del Santo Oficio, reorganización administrativa. Se ataca al viejo régimen en todos los frentes.

En el bando liberal militan las personalidades literarias más destacadas del momento: Quintana, Juan Nicasio Gallego, el Conde de Toreno, autor de *La historia del levantamiento, guerra y revolución de España* (publicada en 1835), que es la relación más importante de todo este turbulento período y, según Menéndez Pidal "un admirable ensayo de restauración de la forma histórica clásica." Y junto a ellos, los adalides de la primera generación romántica, jóvenes como Martínez de la Rosa, Alcalá Galiano y el futuro duque de Rivas.

En las Cortes figuran o influyen en ellas hombres ilustres en la historia de la cultura y de las ideas políticas, continuadores de la Ilustración: Diego Muñoz Torrero, Agustín Argüelles, Joaquín Lorenzo Villanueva, Francisco Martínez Marina, el geógrafo Isidoro Antillón y el gran economista Álvaro Flórez Estrada.

Al recordar cosas sabidas, pero con frecuencia olvidadas por los historiadores de la literatura, interesa, sobre todo, situar en su ambiente la larga y agitada génesis del romanticismo. Es mucho más complicada de lo que la insistencia en las intranscendentes discusiones sobre el teatro de Calderón y las tres unidades puede dar a entender. Aspecto es éste que no debe olvidarse ciertamente, pero, a nuestro juicio, de significación secundaria en la profunda y a la larga frustrada transformación que prometía el romanticismo.

En ninguna época puede disociarse el hecho literario del hecho histórico y social. En ésta menos que en ninguna otra, puesto que la vinculación de la creación personal a la historia y a la sociedad es justamente uno de los principios del credo romántico. Apuntemos aún tres o cuatro hechos:

a) La profesión eclesiástica de muchos de los legisladores de Cádiz (noventa y siete para ser exactos y, entre ellos, algunos como Muñoz Torrero, Villanueva, Martínez Marina o Gallego que se distinguieron por su liberalismo), prueba de la honda transformación que, al menos en un sector de la Iglesia, se estaba operando, por influjo de las ideas setecentistas.

b) La presencia de representantes de las provincias americanas, ya en plena rebelión, y entre ellos algunos de los más elocuentes como José Mejía. Capítulo importante el de las relaciones entre españoles e hispanoamericanos desde la Ilustración al romanticismo, pasando por la ideología de la Independencia, los emigrados de Londres y las influencias de escritores como Mora y Velarde, que está todavía por hacer. Que sólo se hará cuando se superen prejuicios y simplificaciones.

c) La influencia de dos tertulias gaditanas: la de los *liberales* y todavía *neoclásicos* en casa de doña Margarita Martínez de Morla, admiradora de Madame Staël, y la de doña Francisca (Frasquita) de Larrea, mujer de Böhl de Faber —que para entonces ya defendía las ideas de los Schlegel— y madre de la futura Fernán Caballero. A la primera acudían Quintana, Gallego, Arriaza, Gallardo, Martínez de la Rosa, el joven Ángel de Saavedra, con figuras políticas como Argüelles y Toreno. La segunda era frecuentada, al parecer, por los *serviles,* es decir, por los conservadores tradicionalistas, opuestos al liberalismo.

d) Las relaciones con los ingleses, con Wellington y gentes de su séquito, algunos de ellos escritores. Podrían personificarse en el simpático matrimonio de Lord y Lady Holland, amigos de Jovellanos y de Quintana. Con ambos sostuvo el joven aristócrata larga correspondencia de excepcional interés, lo mismo que el *Diario* de Lady Holland. Pertenecía Holland a una de las familias inglesas más ilustres y fue uno de los iniciadores del hispanismo inglés. Tradujo varias comedias del Siglo de Oro y escribió *Life of Lope de Vega* (1806) y *Some Account of the Life and Writings of Lope de Vega Carpio and Guillén de Castro* (1817).

Así se entrelazan los hilos de vida, historia y literatura. El vástago de una de las más ilustres casas de la aristocracia inglesa, alentando a sus amigos españoles por las vías de la libertad —no sin protestas de Jovellanos— y estudiando a Lope y la comedia española cuando todavía eran tabú para algunos neoclásicos rezagados.

En este ambiente de turbulencia, seguido por una larga etapa absolutista, la producción propiamente literaria es de interés muy secundario. La tonalidad política da carácter a la poesía e influye en el desarrollo de un periodismo y una oratoria de combate, fenómenos cuyo influjo en toda la literatura del siglo XIX merecen atención.

El teatro y la novela continúan durante dos o tres décadas sin grandes cambios. La comedia moratiniana sigue gozando de alguna boga y es imitada por algunos dramaturgos noveles —Gorostiza, Gil y Zárate, Martínez de la Rosa— más conocidos luego como autores románticos. Se traduce e imita, al mismo tiempo, el teatro sentimental del alemán Kotzebue o del francés Casimir Delavigne. Se estrenan en 1804 las tragedias neoclásicas de Cienfuegos como *La condesa de Castilla,* y en 1805, *El Duque de Viseo* y *El Pelayo* de Quintana. En la década siguiente Martínez de la Rosa compone, bajo la influencia del italiano Alfieri, *La viuda de Padilla,* tragedia también de corte neoclásico, pero con un nuevo brío heroico y espíritu liberal. El público parece preferir las adaptaciones del teatro español antiguo —Lope, Tirso, Calderón, Rojas— preparando el camino para su reivindicación total durante el romanticismo.

Continúa la esterilidad casi total en el campo de la novela. Y aquí también el público parece adelantarse en el gusto a los escritores. Pese a la crisis y la desorientación, crece la apetencia por lo novelesco y, con ella, la actividad de traductores y editores. El éxito de Chateaubriand, a partir de la traducción de *Atala* en 1801, es considerable. Y con Chateaubriand comparten la boga en estos primeros veinte años del siglo Byron ("cuyo nombre extrañará encontrar en este libro" dice Montesinos, pero "Francia nos lo envió convertido en novelista"), Madame Cottin, Ducray-Duminil, Madame Genlis, Goethe, Marmontel, Rousseau, Saint Pierre y Madame de Staël. De 1816 data la "Colección de Novelas" del librero valenciano Mariano de Cabrerizo, el más importante de los divulgadores de la novela extranjera. Las traducciones aumentan visiblemente después de la emigración de 1823 y a los nombres citados se irán añadiendo, entre los más populares, los de D'Arlincourt, Walter Scott y James Fenimore Cooper.

**El periodismo y la oratoria política.** — Al tratar aquí de estos dos aspectos, en cierto modo separados de la creación literaria, interesa señalar su influjo en las formas de expresión.

El periodismo, predominantemente crítico y erudito en la época neoclásica, toma en los años de la guerra y en los siguientes carácter combativo y patriótico. Es considerable el número de periódicos, revistas y diarios que se publican, unos de vida pasajera, otros más duraderos. Su influencia es inmensa no sólo en el campo político. A partir de este momento, apenas habrá escritor de importancia que no viva, al menos en parte, del periodismo. Con él está directamente relacionado el nacimiento del costumbrismo; la batalla romántica se da en las revistas, tanto de la emigración como de las publicadas en España, antes de darse en los escenarios o en el libro.

La huella de la oratoria de los tribunos de Cádiz es menos aparente pero no menos efectiva. La elocuencia fue siempre, desde los tiempos de fray Luis de Granada, tendencia arraigada en la prosa española. El siglo xviii libra la batalla contra sus excesos: Feijoo, al ocuparse de la elocuencia en el púlpito; Isla, en el *Fray Gerundio*. Otros escritores, Jovellanos o Capmany, siguen admirando la gran elocuencia clásica y en el xviii se publica, por primera vez en castellano, la *Retórica eclesiástica* de fray Luis de Granada. Impera, no obstante, el tipo de oratoria académica, la imitación de la oratoria académica francesa. De 1808 a 1813, al resurgir, en una amalgama extraña de lo viejo y lo nuevo, tantas cosas antiguas, el fervor patriótico y liberal de combatientes y legisladores encuentra expresión en el verbo encendido de la retórica ciceroniana. Desde entonces se opera un fenómeno que, si no exclusivo de las letras hispánicas, tiene en ellas indudable resonancia. Nace el escritor tribuno del pueblo o de la reacción, poco importa. El máximo prestigio en las sociedades hispánicas irá adscrito al orador desde los hombres de Cádiz —Argüelles y Muñoz Torrero— a Emilio Castelar, el escritor de su tiempo más conocido universalmente, pasando por Donoso Cortés. Producto, que no debe olvidarse, de este fenómeno será que toda la literatura del XIX español —y aun podría decirse de parte del XX— se tiñe de tono declamatorio. Lo son en gran medida la poesía de Núñez de Arce o el teatro de Echegaray; lo es una gran parte de la novela, sin excluir páginas de Galdós; lo es la prosa de Menéndez Pelayo o de Costa. Uno de los propósitos de "la generación del 98" será, justamente, el romper esta tradición. Lo cual no le impide a Azorín —quizás el escritor del 98, que con su estilo cortado, fragmentario, contribuya más a ese deseo de "desarticular el idioma"— escribir después el libro "*De Granada a Castelar*", en el que estudia precisamente como una de las corrientes fundamentales de la lengua española esa tradición de la elocuencia, que los oradores de Cádiz reanudan sobre moldes que no son ya, por supuesto, idénticos a los del Siglo de Oro. Hechos son estos pertinentes a la historia de las letras que no siempre se tienen en cuenta. El resurgir de la oratoria unido a la conciencia civil del poeta es otro de los muchos caminos hacia el romanticismo.

**La poesía de Quintana y su generación.** — La poesía es el único género en estos años agitados que da muestras de vitalidad creadora. Su valor es muy relativo, pero resalta, sin embargo, en medio de la esterilidad casi total del teatro y la novela. El impulso renovador de los líricos de Salamanca y de un poeta como Meléndez explica, en parte, la continuidad de la inspiración poética. A ello contribuye, por otro lado, un fenómeno de época. La poesía en el tránsito del neoclasicismo al romanticismo se pone en casi todas las literaturas europeas al servicio de sentimientos patrióticos, nacionales o revolucionarios. Pueden aducirse, como ilustrativos del fenómeno, el nombre de Hugo Fóscolo, hacia la vertiente neoclásica, en Italia, o el de Byron, ya plenamente romántico, en la poesía inglesa.

El deslinde en época tan confusa y falta de personalidades de primer rango no es fácil. Mas la coyuntura nacional —guerra, fervor político— será propicia a que en torno a los acontecimientos se vitalice, si bien pasajeramente, la poesía. Se ha dicho además, no sin razón, que el impulso renovador de los ilustrados iba a ser recogido, a fines de siglo, por los poetas. Se pasa así de los informes sobre la economía y el filosofismo político o pedagógico a las odas al progreso de Quintana. La invasión napoleónica dio así nueva vida al estro poético, dominado aún por el neoclasicismo rezagado. El molde —verso y una gran parte de los temas— seguirá, en efecto, siendo neoclásico. La voz y el espíritu lo son menos, sin ser enteramente nuevos. Ha pasado el momento del bucolismo anacreóntico; se acentúan en cambio los sentimientos prerrománticos —melancolía, humanitarismo— que ahora van a fundirse con el fervor patriótico y liberal suscitado por la guerra. Las canciones y odas "Al dos de mayo" y a otras gestas marciales dan el nuevo tono. La dicción, el verso, la expresión neoclásica adquieren sonoridad declamatoria y un ritmo más dinámico. Por el lado satírico y popular debe recordarse la abundancia de poesía burlesca, populachera, contra los franceses y el rey José —Pepe Botellas— y luego contra los políticos del lado opuesto.

Son bastantes los poetas de algún mérito que representan este momento de transición: Juan Bautista Arriaza, Juan Nicasio Gallego, José Somoza, Juan María Maury, Manuel Bartolomé Gallardo —o los poetas sevillanos Reinoso, Arjona, Blanco, Lista. Nombres muy heterogéneos, personalidades muy distintas. No todos fueron patriotas y algunos permanecieron al margen de la contienda. Maury, por ejemplo, fue afrancesado, bando al que también se inclinaron los sevillanos. Blanco sale de España en 1810 y va a desempeñar un papel importante en la emigración. Los otros comparten algunos sentimientos y confluyen en la nota política o patriótica; representan, no obstante, temperamentos y tendencias diversas. Cada uno da su nota propia. De Arriaza, por ejemplo, se recuerda, más que su poesía patriótica, el largo poema "Terpsícore o las gracias del baile"; de Gallego, junto a sus odas "A la defensa de Buenos Aires" o "Al dos de mayo," su "Elegía a la Duquesa de Frías" —típica de un neoclasicismo prerromántico: mitología y poesía lúgubre— o dos arreglos de poemas ossiánicos. Gallardo no queda en la historia como poeta, sino como gran bibliógrafo; Somoza, como poeta y prosista menor pero de calidad muy auténtica; Maury, por sus traducciones al francés bajo el título de *L'Espagne poétique* (1826-1827).

En términos generacionales, casi todos nacen entre 1770 y 1780 y se forman en el ambiente de lo que llamamos la tercera generación neoclásica. Si se les separa de ella es porque no definen su personalidad hasta el momento que estamos estudiando para el que tomamos como fecha clave el año 1808. Casi todos también enlazan con la generación romántica y alguno, como Lista, será maestro y crítico muy respetado por ella. Quizás al frente de esta generación debía figurar el nombre de Cienfuegos pero su muerte al año siguiente de empezar la contienda lo excluye de ella. Por eso su obra, tan prometedora, queda inscrita en el período

anterior. Al morir Cienfuegos, la personalidad descollante de este período y la voz poética más potente fue su amigo y compañero Manuel José
Quintana (1772-1857), discípulo como él de Meléndez Valdés en Salamanca, verbo lírico del espíritu liberal y de la poesía declamatoria. El
gusto retórico de parte de la crítica ochocentista puso su nombre por
encima de casi todos los poetas castellanos; el gusto de nuestro siglo
ha rebajado un poco el valor de Quintana y no ve en muchas de sus
poesías más que una especie de arengas políticas en verso. A pesar de
ello nadie puede disputarle ni el que fuera la primera figura literaria de
su tiempo ni el influjo que ejerció sobre sus contemporáneos y los románticos. Mucha de la poesía liberal de éstos se inspira en el magisterio de
Quintana.

Su estilo poético representa la transición del neoclasicismo sentimental y elegíaco de fines del siglo XVIII al neoclasicismo revolucionario y
patriótico, del humanitarismo a la arenga combativa. La poesía de Quintana es todavía clásica en la forma, en el lenguaje, pero es ya romántica
en la pasión con que utiliza el verso como instrumento de incitación contra la tiranía o en defensa de la libertad y el progreso. Es un "poeta
civil." Canta a la ciencia como fuente de liberación del hombre y de la
fraternidad entre los pueblos: "A la invención de la Imprenta," "A la
expedición española para propagar la vacuna en América." Apostrofa a
sus compatriotas para que expulsen al invasor o combatan la tiranía:
"Al armamento de las provincias españolas," "A España después de la
revolución de mayo." Invoca la gloria de las antiguas libertades castellanas en la oda "A Juan de Padilla," o maldice el despotismo de Felipe II en "El panteón del Escorial," su poema más interesante como
muestra del estilo prerromántico. Evoca en él la imagen de los reyes de
la Casa de Austria con una escenografía nocturna, funeraria y de "sierras
nevadas y fragosas."

En otras cuerdas, de carácter y tema neoclásicos con toques prerrománticos, sobresalen "A la hermosura," "La Danza," "A Luisa Todi"
y el curioso monólogo, o escena para cantarse, "Ariadna." Y debe recordarse, como antecedente de la leyenda romántica, el romance "La fuente
de la mora encantada."

La figura de Quintana fue importante en otros muchos aspectos. Influyó en las deliberaciones de la Junta Central y de las Cortes de Cádiz;
sostuvo varias polémicas de resonancia en la época con personalidades
como Blanco White y Capmany. Fue redactor del *Semanario Patriótico*;
fundador de la revista *Variedades de ciencia, literatura y arte*; y autor
de la excelente antología *Poesías selectas castellanas,* las tragedias *El*

*duque de Viseo* y *Pelayo,* las vidas de Meléndez Valdés y Cervantes, y la colección de biografías históricas *Vidas de españoles célebres* (El Cid, Guzmán el Bueno, don Álvaro de Luna, Pizarro, el padre las Casas, etc.).

Algunas de estas obras son posteriores a 1813, fecha en la que puede decirse que se apaga el fuego de su inspiración y enmudece la lira del "Tirteo español," título apropiado que le dieron sus contemporáneos. Sufrió a partir de ese momento varias persecuciones de la tiranía fernandina. Aunque luego recibió muchos honores, se le hizo preceptor de la reina Isabel II (1840-1843) y se le coronó como poeta nacional (1855), es el suyo un caso claro de escritor que sobrevive a su gloria. Vivió hasta los ochenta años como un anciano venerable pero un poco pasado de moda.

## III. Preparación, comienzo y caracteres del movimiento romántico

**Dos momentos: las polémicas de Böhl de Faber y "El Europeo".** — Hoy son pocos los historiadores que dan importancia decisiva a los debates sobre las tres unidades y las reglas en la génesis del movimiento romántico. En un sentido estricto de estética dramática la tuvo, sin duda, y es el punto central de los supuestos manifiestos románticos: en los países latinos: *El Prefacio a Cromwell* (1827) de Victor Hugo, en Francia, y las *Cartas sobre las unidades de tiempo y lugar* de Manzoni, en Italia. Mas el romanticismo como renovación total de la sensibilidad y del estilo rebasa con mucho la cuestión y llegó por muy diversos caminos.

En España, como hemos visto, esa renovación venía preparándose y sólo el estancamiento y esterilidad de la vida literaria a partir de 1812 explica el que el debate suscitado por Böhl de Faber haya ocupado preferentemente la atención en los estudios sobre la génesis del romanticismo. La polémica acerca del valor del antiguo teatro español tenía, como sabemos, una larga historia. Se plantea ya en el siglo XVII, en torno al *Arte nuevo* de Lope. Durante el XVIII, los ataques de Luzán y sus secuaces dan origen a numerosas defensas frente a la adopción universal del neoclasicismo. Al llegar el XIX, los términos de la cuestión han cambiado. La nueva estética alemana —fuente primaria del romanticismo europeo— acepta los principios que habían inspirado a la antigua comedia española y aclama el genio dramático de Calderón. Los definidores más influyentes de las nuevas teorías son los hermanos Augusto Guillermo y Federico Schlegel. De sus varias obras las de interés especial a nuestro objeto son las conferencias de Viena en 1808 de Guillermo "sobre el arte y la literatura dramática." En ellas se basa Böhl de Faber, cónsul alemán en Cádiz, cuando en 1814 publica en el *Mercurio Gaditano* las *Reflexiones de Schlegel sobre el teatro,* punto de partida de la llamada "querella calderoniana." Contestaron a Böhl, entre otros, José Joaquín de Mora y Antonio Alcalá Galiano. Lo paradójico de la polémica fue que un extranjero tradicionalista se hiciera portavoz de las nuevas ideas y defendiese el teatro español, en tanto que dos jóvenes liberales españoles —y uno de ellos, Alcalá Galiano, casi veinte años más tarde autor del manifiesto romántico más importante— se mostrasen hostiles a la reivindicación calderoniana en nombre todavía de los principios neoclásicos. [2]

Böhl de Faber continuó defendiendo sus ideas y contribuyó a la difusión del nuevo gusto con la publicación de una antología muy valiosa, *Floresta de rimas castellanas* (1821-1825), y del *Teatro español anterior a Lope de Vega* (1832).

Orientación más amplia en sus temas y en la expresión del nuevo espíritu tuvo una revista publicada en Barcelona por un grupo de jóvenes, entre 1823 y 1824, con el título revelador de *El Europeo.* Representaba un contacto más directo con el romanticismo ya triunfante en otros países. La redactaban Buenaventura Carlos Aribau, Ramón López Soler, los italianos Luigi Monteggia y Fiorenzo Galli y el inglés Charles Ernest Cook. Difundía las ideas de los románticos alemanes y los nombres de Byron, Schiller y Walter Scott. En artículos y poesías originales se ensayaban nuevos temas y nuevas formas.

A semejanza de lo ocurrido con las campañas de Böhl, tampoco la revista del grupo barcelonés produjo efectos inmediatos. El ambiente estaba dominado por otras preocupaciones. A partir del año 23 la transformación de la literatura se iba a operar, sobre todo, fuera de España, entre los emigrados.

**Una generación perdida.** — Aunque se ha repetido mucho la idea de que el triunfo del romanticismo fue resultado de la vuelta de los emigrados y algunas de sus actividades habían sido parcialmente investi-

---

[2] Los detalles de la polémica y sus ramificaciones pueden verse en la obra de Pitollet y en la *Historia* de Peers citadas en la bibliografía.

gadas, es lo cierto que sólo de manera imprecisa conocíamos este aspecto de la literatura española romántica, capital para su recta comprensión. Hoy el problema está en gran parte resuelto, gracias a la obra *Liberales y románticos* del profesor Vicente Lloréns. Desde el principio sitúa Lloréns los hechos en una amplia perspectiva histórica:

> Un singular destino parece dirigir la historia española a contratiempo de la europea. Tolerante en la Edad Media, cuando el fanatismo domina en otras partes; intolerante en la Moderna, cuando surge en Europa el libre examen; oscurantista, cuando los demás ilustrados. En el siglo XIX España dio en ser liberal cuando la reacción absolutista trataba de sofocar en el continente el menor brote revolucionario. La España constitucional de 1820, cuya trayectoria tiene no pocas semejanzas con la España republicana de 1931, inició su existencia del modo más pacífico para acabar en una guerra civil y ser víctima de la intervención extranjera.

Se refiere Lloréns a la etapa liberal que comienza con el alzamiento del general Riego en 1820 y termina en 1823 con la invasión de un ejército francés, enviado por la Santa Alianza, al mando del duque de Angulema, la invasión, llamada de los "Cien mil hijos de San Luis." De haberse consolidado el régimen constitucional, la renovación literaria hubiera podido desarrollarse por carriles normales. Contra el liberalismo y toda novedad vinieron a sumarse tres factores: la resistencia del rey, absolutista y reaccionario por naturaleza; la política de la Santa Alianza; y la demagogia misma de los liberales, que no supieron organizar un régimen estable. La reacción de la llamada "década ominosa," personificada en el ministro Calomarde, fue más extremada, si cabe, que la del año 1814. Salieron de España varios miles de españoles, algunos fueron a América y ayudaron en las últimas jornadas de la Independencia; pocos, a Francia, donde imperaba un régimen antiliberal, del que era figura saliente —paradojas de la historia— el romántico Chateaubriand. Los más hallaron refugio en Inglaterra, donde se reunieron con otros emigrados de la década anterior, entre los que sobresalía la figura de Blanco White.

España perdía a su clase dirigente y durante diez años quedó interrumpida, casi por completo, la vida intelectual del país. Lloréns calcula en unas mil familias el número de españoles en Londres. La exposición que hace de sus actividades es apasionante y su conocimiento necesario para entender la historia de la cultura española en el siglo XIX. No fue la emigración un simple paréntesis. Los españoles adquirieron en ella nuevos hábitos e ideas y a su vuelta intentaron —con éxito variable— transformar la sociedad española. Citaremos sólo dos casos: el del financiero Juan Álvarez Mendizábal, que como ministro del gabinete liberal del conde de Toreno llevó a cabo una reforma económica y decretó la ley de desamortización eclesiástica (1837), base de la formación de una nueva clase media española, y el del pedagogo Pablo Montesino, "en cuyo espíritu y obra se revela —dice Lloréns— un claro precursor de Giner de los Ríos. A Montesino se deben... las primeras escuelas de párvulos y la nueva organización de la enseñanza elemental a partir de 1835, fruto en gran parte de sus observaciones y estudios en Inglaterra durante la emigración."

En tanto resuelven su vida como pueden —en forma, a veces, novelesca— los emigrados de Londres, en colaboración con los de París y el sur de Francia, preparan las expediciones de Mina, Torrijos o Joaquín de Pablo. A ellas se unieron escritores como el joven Espronceda, quien además encontró, al cantar a estos héroes de la libertad, los mejores acentos de su musa patriótica: "A la muerte de Torrijos y sus compañeros"; "A la muerte de D. Joaquín de Pablo" (*Chapalangarra*).

Es forzoso reducir a esquema muy sumario las consecuencias de la labor de los emigrados para la historia literaria del romanticismo:

1.º   Fueron numerosos e importantes los periódicos y revistas, entre ellos, *El Español Constitucional, Ocios de Españoles Emigrados*; los dos dirigidos por José Joaquín de Mora, el *Museo Universal de Ciencias y Artes* y el *Correo Literario y Político de Londres*; y las *Variedades*. También colaboraron en el *Repertorio Americano*, fundado por don Andrés Bello. De importancia especial fueron los almanaques literarios, entre los que destaca *No me olvides,* obra también de Mora, y sobre el que anota Lloréns que merece "ocupar un puesto nada desdeñable en los orígenes del romanticismo español, cuyo primer núcleo se encuentra entre los emigrados de Londres."

2.º   La labor de los traductores —reflejada sólo en parte en las revistas— y la actividad editorial a cuya cabeza deben figurar Vicente Salvá y el alemán Rudolph Ackermann "cuyo plan de publicaciones para Hispanoamérica cobró inesperado desarrollo con la llegada a Londres de los emigrados españoles."

3.º   Las relaciones, también deficientemente estudiadas entre hispanoamericanos y españoles. Blanco fomenta casi desde su llegada a Londres (1810) la rebelión americana desde las columnas de *El Español.* Mora salió en 1826 para la Argentina y pasó en América muchos años con influencia en varios países y diversas actividades literarias, pedagógicas, políticas. Son dos casos representativos.

4.º Las relaciones con los ingleses que por razones políticas, literarias o humanitarias se interesaron por los emigrados y dieron impulso al hispanismo naciente.

Aparte de Blanco White, que se incorporó a la literatura inglesa, otros escribieron en la lengua del país y colaboraron en las más prestigiosas revistas británicas. En algunas de esas colaboraciones —ensayos críticos, páginas literarias— está registrado el cambio de sensibilidad y va espigando Lloréns las primeras semillas del romanticismo español.

Blanco, Alcalá Galiano, Mora son las figuras claves y en estos años de emigración produjeron quizá lo mejor de su obra. Cuando Alcalá Galiano volvió a España para dedicarse principalmente a la política activa, el viejo neoclásico, contrincante de Böhl de Faber, inauguraba oficialmente, por decirlo así, la etapa romántica con su prólogo a *El moro expósito* del duque de Rivas. Su evolución fue típica de la de otros muchos. Y sus libros autobiográficos *Recuerdos de un anciano* y *Memorias* (publicados ya después de su muerte), como las *Letters from Spain* de 1822 de Blanco, quedan como testimonios importantísimos de este período, en el que la que pudo haber sido la primera generación romántica quedó, en parte, perdida para las letras españolas. A ella pertenecieron Martínez de la Rosa y el duque de Rivas, los únicos que lograron realizar la evolución total hacia la nueva escuela.

En cuanto a los géneros literarios, en periódicos publicados en Londres, y a veces en inglés, se encuentran textos importantes para la historia del costumbrismo. Y como es sabido, en inglés se escribieron las primeras novelas históricas del romanticismo español, las de Trueba y Cossío, *Gómez Arias* (1828) y *The Castilian* or *The Black Prince* (1829).

En vista de estos hechos, que en ningún caso pueden dar idea del amplio y detallado panorama de la emigración, trazado por Lloréns, no parece exagerada su conclusión de que "las circunstancias históricas convirtieron a Londres, entre 1824 y 1828, en centro intelectual de España y aun de Hispanoamérica."

No conocemos con el mismo detalle lo referente a la emigración francesa. Hay, desde luego, numerosos estudios parciales, pero los resultados de las investigaciones llevadas a cabo por Núñez de Arenas durante muchos años han quedado en gran parte inéditos. Fue en conjunto más numerosa y en el sur se organizaron la mayoría de las expediciones contra el régimen español, pero, con pocas excepciones, fueron raras las personalidades literarias de importancia análoga a las que se reunieron en Londres. En París fijaron su residencia Toreno y Martínez de la Rosa, y en el sur pasó la última etapa del destierro el duque de Rivas, después de haber estado en Londres y durante cinco años en Malta. Debe recordarse que si las primeras novelas históricas de un autor español aparecen en inglés, los primeros dramas, *Aben Humeya* y *La conjuración de Venecia* de Martínez de la Rosa y *Don Álvaro* de Rivas, se escriben en Francia.

En lo que sí parece que la influencia de Francia fue muy considerable es en el incremento de traducciones novelescas, hecho perfectamente documentado en el libro de Montesinos, quien, desde su campo, llega a conclusiones idénticas a las de Lloréns.

Suele olvidarse cuando se estudia el romanticismo español el papel decisivo de la emigración. Se reconoce vagamente, sin examinar sus consecuencias. Para nosotros explica muchos de sus caracteres y sobre todo el que la sensibilidad romántica en sus dimensiones más profundas no llegase a arraigar. No sabemos cómo hubiera sido el romanticismo si los gérmenes prerrománticos en la obra de Cadalso, de Jovellanos, de Meléndez o Cienfuegos hubieran podido desarrollarse en una evolución normal. Acaso la tensión entre neoclásicos rezagados y románticos o entre éstos y los realistas que caracterizaron a la literatura española entre 1830 y 1850 se hubiera resuelto de otra manera. Lo cierto es que el romanticismo llegó a España de afuera, aunque gran parte de la crítica, desde Menéndez Pelayo a Peers, haya insistido en considerarlo como un retorno al pasado, a la tradición española, un *revival* (según la caracterización de Peers). Más cerca de la verdad nos parece el siguiente juicio de Sarrailh, el crítico que antes de Lloréns había estudiado mejor el problema de los proscriptos. Dice en su estudio *L'Emigration et le romantisme espagnol*:

> Al país que los alemanes, ingleses y franceses proclamaban esencialmente romántico, el romanticismo vino de fuera... España... poseía formas románticas... pero no conocía el espíritu de la nueva escuela... Hacían falta "prospectors". Fueron los emigrados.

Distinción esencial entre forma y espíritu que, como veremos, afecta hondamente al carácter del romanticismo español.

**Preparación del movimiento en España.** — Comparado con los hechos que acabamos de resumir, poco se produce en España misma que avance la causa de la nueva escuela. Cuando los emigrados salen de la penín-

sula, la futura generación romántica —la de los que se quedan— está
compuesta por jóvenes de unos catorce o quince años que se educan,
bajo el magisterio de don Alberto Lista, en el llamado Colegio de San
Mateo o Casa de Educación, dirigida por el presbítero Juan Manuel Calleja. Fue cerrada por el gobierno absolutista en 1823. Poco después Lista
continúa su enseñanza en la calle de Valverde, donde enseña también el
preceptista neoclásico por excelencia, José Gómez Hermosilla. Lista organiza al mismo tiempo, entre 1823 y 1826, la Academia del Mirto, sociedad literaria. Son estas instituciones, en las que aún se rinde culto a
los principios neoclásicos, semillero de romanticismo. Los buenos maestros sacan discípulos que piensan de manera diferente. El discípulo más
brillante es Espronceda y entre sus compañeros están Ventura de la
Vega, Patricio de la Escosura, Eugenio de Ochoa, Roca de Togores
(futuro marqués de Molins), Pezuela (futuro conde de Cheste).

En cuanto a crítica o teoría nada hay entre la publicación de *El Europeo* y 1828. De este año es el *Discurso sobre el influjo que ha tenido la
crítica moderna en la decadencia del teatro antiguo español* de don Agustín Durán, que suele considerarse como "manifiesto" de la escuela romántica, aunque en rigor no lo es ni había aún tal escuela. Era una
exposición de principios de crítica dramática inspirada en ideas ya aceptadas en otros países. Basándose en ellas y reanudando la defensa que
del antiguo teatro había hecho Böhl de Faber, Durán liquidaba definitivamente las viejas polémicas suscitadas por los neoclásicos. Proclamaba
el valor indiscutible del teatro español y, al hablar de su raíz nacional
y cristiana, establecía la relación de sus bases estéticas con las doctrinas
de los románticos, adjetivo que aplicaba ya al arte de Lope y Calderón.
Es decir, que el romanticismo se aceptaba en la crítica varios años antes
que aparecieran obras creativas en él inspiradas. En otro sentido contribuyó Durán al triunfo del romanticismo histórico y tradicional. Entre
1821 y 1832 publicó varias *Colecciones de romances antiguos*. Seguía el
ejemplo de eruditos alemanes como Grimm y Depping. Ya al fin de su
labor, en 1832, sugiere en un ensayo la idea de que podía considerarse
a Lope y a Góngora como fundadores del verdadero romanticismo español. En 1829, Donoso Cortés —por entonces liberal, luego tradicionalista— pronuncia en el Colegio de Humanidades de Cáceres un discurso
donde afirma los valores románticos: Byron, Schiller, Mme. de Staël.
La transformación se va realizando todavía en forma casi pasiva. Hacia
1830 hay, sin embargo, señales de la existencia de una nueva generación
que sólo espera el momento propicio. En ese año se publica la primera
novela histórica escrita en España bajo la influencia de Walter Scott:

*Los bandos de Castilla* de Ramón López Soler, antiguo redactor de *El Europeo,* con un prólogo al que sí puede asignársele el carácter de manifiesto. Y en este mismo año se funda el Parnasillo, tertulia en la que realmente se reúnen, presididos por algunos viejos, todos los jóvenes no salidos de España, que formarán la falange romántica. Y en 1831 aparece una revista importante, *Cartas Españolas,* dirigida por José María Carnerero, en la que colaboran Larra, Mesonero Romanos y Estébanez Calderón. Si, independientemente de doctrinas y discusiones, aceptamos la idea de que el costumbrismo del siglo XIX es históricamente considerado un género "romántico," sería el primero en dar frutos precisos en la literatura española.

1834 es el año decisivo. Vuelta de los emigrados. Estrenos de *La conjuración de Venecia* y el *Macías* de Larra. Publicación de *El moro expósito* del duque de Rivas, con el prólogo de Alcalá Galiano. Aparece la revista *El siglo* con un prospecto, que Jorge Campos y Casalduero atribuyen a Espronceda, en el que se declara abiertamente la oposición a las "heladas doctrinas del siglo XVIII" que reducen el hombre moral a una máquina y se afirma que "los sentimientos del hombre son superiores a sus intereses, sus deseos a sus necesidades, su imaginación a la realidad." Trilogía romántica: sentimientos, deseos, imaginación.

Con el estreno de *Don Álvaro,* 1835, queda consagrada oficialmente la nueva escuela; se fundan dos centros literarios: El Ateneo (1835) y El Liceo (1837), formado principalmente por los contertulios del Parnasillo al que sirve de continuación; los periódicos dan acogida en sus páginas a los nuevos escritores, y cobra auge el costumbrismo. Se sucede la aparición de revistas como *El Artista, El Alba, La Abeja* y otros varios órganos propagadores del nuevo estilo. El movimiento romántico va a dominar en la literatura española durante poco más de una década.

**Algunos caracteres del Romanticismo español.** — Coincide la literatura romántica española en la mayoría de sus tendencias distintivas con las del movimiento general en otros países.

En lo espiritual: subjetivismo, pesimismo, duda, rebelión del individuo; supremacía de la pasión, el sentimiento, el instinto y la fantasía sobre la razón; satanismo, titanismo.

En la forma: reacción contra el neoclasicismo, sus reglas y temas, por ejemplo, los mitológicos y la falsa Arcadia pastoril; libertad artística, destierro de las tres unidades en el drama; mezcla de prosa y verso; uso de diferentes metros y estrofas en la misma composición; combinación de lo feo y lo bello y combinación de lo trágico y lo cómico formando la categoría artística de lo grotesco, propia de la nueva escuela, definida por Victor Hugo en el prefacio a *Cromwell*. Renovación del lenguaje que se hace más rico en metáforas, en elementos imaginativos y emocionales, más musical y colorista.

En los temas: retorno a la Edad Media, a la naturaleza, a la inspiración religiosa; predominio de temas legendarios, históricos, caballerescos, junto a otros que son transformación de lo neoclásico como la libertad y el patriotismo; temas exóticos, especialmente orientales; pintoresquismo.

Y más allá de cuantos estos *ismos* y temas tienen de *literatura,* en sus niveles más profundos y auténticos el romanticismo entraña la busca de una realidad vital, humana y social, en oposición a los conceptos abstractos, aplicables por igual al hombre y a la sociedad, del neoclasicismo racionalista.

De casi todo ello hay manifestaciones más o menos auténticas en el romanticismo español que es aparentemente una variedad del europeo. En el fondo es bastante diferente porque en España el verdadero espíritu romántico en lo que tenía de más revolucionario —la nueva concepción naturalista y panteísta de la vida, el lirismo sentimental profundo y la rebeldía del individuo frente a toda realidad externa; la subjetividad de raíces metafísicas con el imperio lírico del "yo" y el entronizamiento de la sensación como materia de arte— aparece sólo como un eco débil. Algunos románticos españoles, Espronceda principalmente, recogen estos motivos pero no logran transformarlos en poesía convincente. No sobresale el romanticismo español ni en el sentimiento de la naturaleza ni en la poesía de implicaciones filosóficas. No hay novela psicológica del tipo de la de Sénancour, Benjamin Constant o Stendhal en Francia.

El sentimiento de la naturaleza podría servir de piedra de toque. Se advierte con fuerza y carácter prerromántico en Jovellanos —algunas descripciones, la "Epístola del Paular," notas de los *Diarios.* Falta casi por completo entre los románticos, salvo en algunos menores como Gil y Carrasco y Pastor Díaz. La verdadera sensibilidad para el paisaje, incipiente pero real y genuina en Jovellanos, no reaparecerá hasta Bécquer.

Lo dominante en el romanticismo español es, en el estilo, el desarrollo de elementos artísticos narrativos, descriptivos, plásticos, dramáticos; y en el espíritu, el entronque con la tradición nacional del Siglo de Oro, la de Lope y el *Romancero.* Es un romanticismo de tipo estético o, dicho con más precisión, de tipo histórico-legendario y épico-dramático. De ahí que sus formas características sean el teatro poético y la leyenda. Es además un movimiento tardío. Su momento de auge llega cuando ya el romanticismo en Alemania, Inglaterra y hasta en Francia empieza a derivar hacia otras tendencias.

Es, pues, el romanticismo tal y como se produjo en España bastante complejo y confuso, lleno en el fondo de contradicciones entre lo que la nueva escuela tenía de revolucionario, de rebelión contra la razón, el método y la autoridad en todas sus formas y lo que tenía de retorno al pasado, que en el caso de España no podía ser otro que el de su tradición católica, monárquica, o, en su manifestación literaria, la tradición épicodramática. Ningún escritor español logró armonizar estas contradicciones. Menéndez Pelayo resume la dualidad diciendo: que la escuela se dividió "en dos bandos completamente distintos: el *romanticismo histórico nacional* del que fue cabeza el duque de Rivas, y el *romanticismo subjetivo o byroniano,* que muchos llaman filosófico, cuyo corifeo fue Espronceda." [3] Sin embargo, la división no es tan clara. En *El moro expósito* y el *Don Álvaro* de Rivas 'y aun en algunas poesías juveniles de Zorrilla hay mucho de subjetivo y byroniano, aunque ello sea superficial y retórico; en *El estudiante de Salamanca* de Espronceda el tema y el ambiente son nacionales, legendarios, aunque la substancia sea subjetiva y byroniana.

La mayoría de los escritores románticos españoles, sin poder solucionar la incompatibilidad que entre ambas corrientes existía, se refugiaron en lo que los críticos han llamado eclecticismo y *justo medio.* El romanticismo que en los primeros dramas —*Don Álvaro* o *El Trovador*— empieza bajo el signo de la "revuelta," o afirmación de la individualidad, con el fin trágico de los protagonistas, se nacionaliza y deriva hacia temas predominantemente históricos. El espíritu de libertad artística se concentra en las innovaciones de forma —métrica, vocabulario, etc.— campo en el que los románticos españoles van tan lejos como los de cualquier otro país.

Sólo en dos de los escritores importantes, Larra y Espronceda, la dualidad subsiste sin resolverse. Ambos sienten la angustia de la vida sin finalidad. En Larra se traduce en el tono dramático, irónico, amargo y a veces desesperado de su crítica de la sociedad española, en "desasosiego mortal"; en Espronceda, en el grito rebelde o el sesgo escéptico, nunca por entero convincente, de alguno de sus poemas.

Expuesto así el problema, todavía deben hacerse algunas aclaraciones. Está muy arraigada la idea de que el romanticismo español fue ante todo un renacimiento de la antigua literatura española. Implícita en

---

[3] *Horacio en España,* 1885, vol. II, p. 202.

este juicio va otra idea, sólo en parte verdadera: la del carácter romántico permanente de esa literatura o el signo romántico del alma española. De acuerdo con este criterio, el siglo XVIII sería simplemente un paréntesis y una desviación. Es innegable la tradicionalidad y fuerza de un elemento nacional y épico-dramático, la riqueza de sentimiento popular (el *Volkgeist*) a través de las letras castellanas. Pero el romanticismo trajo a España, como a toda Europa, un espíritu innovador, que si bien no cuajó por entero, según acabamos de decir, matizó y, en la mayoría de los casos, desvirtuó la visión del pasado legendario. Casi todos los críticos han visto el problema y han reaccionado contra la simplificación que supone la idea del retorno. Uno de los primeros disidentes fue Américo Castro en su libro *Les grands romantiques espagnols*. Según él, el hecho de encontrar en el teatro español y en el *Romancero* una cierta forma de ver la vida, generalizada luego en 1830, no debe inducirnos a pensar "que aquel teatro y el *Romancero* fueran esencialmente románticos." Si el romanticismo significa una metafísica sentimental y una concepción panteísta del mundo, Calderón —el supuesto romántico tan admirado por los verdaderos románticos— se halla precisamente —concluye Castro— "en completa oposición a la concepción romántica del universo." Vimos lo que pensaba Sarrailh al estudiar el influjo de la emigración ("España no era romántica en el sentido histórico de la palabra"). Por caminos diversos llegan a conclusiones parecidas dos críticos norteamericanos, N. B. Adams y F. C. Tarr. Este útimo en un interesante artículo, cuyo título mismo plantea la disyuntiva, *Romanticism in Spain and Spanish Romanticism*. Y más recientemente Montesinos y Lloréns. Montesinos se pregunta, tras de estudiar la avalancha de traducciones extranjeras, "¿Y los clásicos españoles?" Poco o casi nada se editaron y leyeron en los cincuenta años de invasión novelesca francesa o inglesa.

El balance —dice— es tan desconsolador que estos románticos que presumen de continuar la historia de España se nos aparecen más bien como la interrupción de la corriente tradicional.

Lloréns, por su parte, plantea la cuestión a fondo en términos más amplios al fin de su exhaustiva investigación y habla de "el desengaño romántico-liberal." Invoca el testimonio de Alcalá Galiano —el bautista en cierto modo del movimiento— que ya en 1838 escribe:

En España teníamos la comedia antigua; pero los dramas de nuestros días sólo se parecen a ésta en que remedan su estilo, y no cabe espontaneidad en el remedo. Son, pues, los dramas actuales españoles franceses en la figura, hablando castellano antiguo muy salpicado de galicismos.

Y a la luz de este y otros testimonios Lloréns concluye, ya por su cuenta: "La desilusión romántica era tan inevitable como el desengaño liberal que la acompaña."

Montesinos y Lloréns vienen así a confirmar, mediante una documentación completa y cuidadosa, hechos antes señalados por otros críticos en forma más general y entre ellos por Díaz Plaja al estudiar lo que él llamó temas de "ida y vuelta," es decir, la influencia de lo español en el romanticismo europeo, que éste devolvió a la península transformado. Paradoja que le lleva a la siguiente reflexión:

> Pero nuestra literatura romántica, en éste como en los demás aspectos que estamos comentando, no cala hasta lo hondo de nuestra tradición y aprovecha únicamente aquello que le llega de fuera con el primer vientecillo renovador.

Hemos insistido en esto porque la visión y enjuiciamiento del romanticismo español estarán desenfocados en tanto no se aclare la idea de la continuidad y persistencia del espíritu y las formas tradicionales, la idea de que se trata de un simple "retorno." Idea que ha sido reforzada en los últimos treinta años por la crítica de Peers, el más diligente investigador de la literatura de este período. Hubo, desde luego, un renacimiento de temas antiguos, impuesto en gran medida desde el extranjero, pero Rivas y Zorrilla —los representantes máximos del romanticismo nacional y legendario— están muy lejos de sentir el mundo y la poesía como el antiguo *Romancero* o como Lope y Calderón. De ahí que sus valores, indudables, sean casi exclusivamente formales y retóricos.

El medievalismo arqueológico tuvo mayor arraigo en Cataluña como el sentimentalismo lírico —la nota melancólica— lo tuvo en algún poeta de Galicia, regiones ambas en las que el tradicionalismo se veía reforzado por el despertar de la lengua y el espíritu regionales. En Castilla, aunque el romance y el drama histórico-legendario renovaron algunos viejos temas, pareció que iba a prender el romanticismo escéptico y angustiado, del cual podrían ser ejemplos: la fatalidad ante la que el individuo, víctima de la pasión, se encuentra inerme y lleva a don Álvaro o a Manrique, el Trovador, a su trágico fin; la desolación de un mundo sin fe y sin sentido que agita a Espronceda, o el amargo desconsuelo de Larra que al hacer la crítica de *Anthony* escribe: "La vida es un viaje...

¿sabes lo que hay al fin? Nada." Las resistencias, sin embargo, eran muy fuertes y tales ideas era difícil que arraigasen en un país aún dominado por la fe y la filosofía católicas, un país de burguesía débil y en el que la Ilustración sólo afectó superficialmente a aspectos externos y sociales, no a las creencias. D. L. Shaw, en un artículo reciente —*Il concetto di finalitá nella letteratura spagnola dell'Ottocento* [4]— afirma que "la manifestación de homenaje a la tumba de Larra en 1837 alarmó a todo el mundo intelectual español." El suicidio del autor de *Macías* debió de ser, en efecto, el primer toque de alarma. Los neoclásicos rezagados reanudaron la batalla, proponiendo el eclecticismo literario. Mesonero, temperamento poco dado a las emociones ni a la filosofía, pone en solfa los desvaríos literarios y amorosos de los románticos. Por debajo de todo ello se liquidaba algo más importante. Jaime Balmes escribe en 1841 —como Shaw recuerda— las *Cartas a un escéptico en materia de religión* donde denuncia "ese vacío del alma que la desasosiega y atormenta, esa ausencia espantosa... de toda esperanza, incertidumbre sobre el origen y destino del hombre."

Ante esto Rivas o García Gutiérrez renuncian a las audacias de sus primeros dramas y adoptan la fórmula del drama histórico, o la comedia calderoniana de intriga o de magia. Zorrilla, el más joven, todavía crea en *Don Juan Tenorio* (1844) un héroe romántico, que al fin se arrepiente, y luego se dedica también a la leyenda y el drama histórico. Larra no tiene continuadores. Espronceda, el romántico más auténtico, intenta, y a veces logra, una poesía inspirada en una vaga filosofía del yo, del mundo, de la pasión amorosa y de la muerte. No todo es falso en ella y, a veces, nos conmueve con sus aciertos poéticos, pero acaso su voz menos reprimida por inhibiciones de tipo filosófico, emocional o religioso, esté en sus cantos a la libertad, con acentos que recuerdan a Quintana, en sus denuestos contra la tiranía, o cuando idealiza ya a los rebeldes —el pirata y el revolucionario— ya a las víctimas de la sociedad o a los que viven al margen de ella— el reo de muerte, Jarifa, Salada.

La revolución romántica —cuyos primeros ecos distintivos son las lamentaciones de Macías o los soliloquios melancólicos o desesperados de don Álvaro entre 1834 y 1835— ha pasado hacia 1845. Sus representantes más genuinos —curiosa coincidencia— han muerto o mueren jóvenes alrededor de esa fecha: Larra, el 37; Espronceda, el 42; Enrique Gil, el 46; Arolas, el 49. Los supervivientes, entre ellos bastantes escri-

---

[4] En *Convivium*, XXVIII (1960), 553-561.

tores procedentes del neoclasicismo, evolucionan hacia el realismo o se quedan en el historicismo literario.

La fisonomía y el interés del romanticismo en la literatura española —aparte de haber producido obras de indudable calidad, aunque ninguna de rango universal— está en su fracaso mismo, en lo que tuvo de conflicto sin solucionar.

Cuando el subjetivismo romántico triunfa plenamente en la obra de un poeta español, en la de Bécquer, es en el puro reino de la fantasía, del sentimiento y de la belleza, desprovisto de implicaciones revolucionarias, filosóficas o políticas. Y en el pensamiento, si se exceptúa el caso especialísimo de Larra, las dos únicas figuras de la época cuyo nombre merece recordarse son los apologistas del catolicismo Balmes y Donoso Cortés.

La renovación profunda, en un sentido liberal y más moderno que afecta a la visión del hombre, del mundo, de la vida, de la historia, de la sociedad y del problema de España, se prepara por entonces con el viaje de Sanz del Río a Alemania, donde bebe en las fuentes mismas de la filosofía romántica, de las que saldrá el Krausismo y el subjetivismo angustiado, lírico y metafísico de los hombres del 98.

# IV. Los primeros románticos: Martínez de la Rosa y el duque de Rivas

**"Aben Humeya" y "La Conjuración de Venecia".** — La gloria en cierto modo circunstancial de haber lanzado la nueva escuela en España corresponde a Francisco Martínez de la Rosa (1787-1862), escritor de perfil borroso, exento de la fantasía y la emoción artística distintivas de todo romántico auténtico: "Nunca le arrastra —dice su biógrafo Sarrailh— la inspiración fogosa, nunca le arrebata una gran pasión."

Había nacido Martínez de la Rosa en 1787. Por la edad podía inscribírsele en la generación de Quintana más que en la de los verdaderos románticos, nacidos todos alrededor de 1808. Literariamente estaba ya formado en otra escuela cuando empieza a soplar fuerte el nuevo viento.

Es la figura típica de transición. Poeta, dramaturgo, historiador, preceptista, abarca casi todas las notas, temas y formas del neoclasicismo en liquidación. Cuando adopta el romanticismo toma de él los elementos externos, formales y retóricos. Le faltan el alma y la filosofía romántica de la vida. Lo mismo le ocurrió en política, desde el fervor liberal de época de Diputado en las Cortes de Cádiz hasta que volvió a España con el prestigio de la emigración a presidir el gobierno liberal e imponer una constitución conservadora, el Estatuto Real. Encarna en literatura como en política "el justo medio." En la personalidad y en la obra de este primer romántico se prefigura el eclecticismo, que al fin se impondrá pasado el entusiasmo innovador de los jóvenes. Sarrailh también acierta a caracterizar su significación histórica al presentarlo como "testigo de las varias corrientes ideológicas y estéticas que agitan a la España de su época." Toda su labor literaria, hasta que, perseguido por liberal, huye de España en 1823, era un producto típico del neoclasicismo: algunas comedias moratinianas, poesías de escasa novedad, mitológicas, anacreónticas, patrióticas, burlescas; la tragedia *La viuda de Padilla,* que es una declamación política sobre el espíritu de libertad de los antiguos comuneros castellanos de la época de Carlos V.

Escrita a imitación de Alfieri, según se declara en la Advertencia, se expresa —siempre con la moderación propia de su autor— el entusiasmo revolucionario reinante en Cádiz, donde se representó el año 1812. Se imprimió dos después, con un *Bosquejo histórico de la guerra de las comunidades,* buena muestra de cómo política, historia y literatura se fundían y confundían en el ánimo de los doceañistas. Expone una tesis favorita de los liberales que veían —erróneamente— la rebeldía de los comuneros como un antecedente del liberalismo moderno.

En Francia publica una *Poética* neoclásica, traduce la de Horacio y compone la tragedia *Edipo,* quizá lo mejor de toda su obra. Poeta sin originalidad ni brío, de los que se dejan influir fácilmente por las modas, se contagia en París del entusiasmo desatado por la joven generación romántica y compone allí dos dramas históricos: *Aben Humeya,* sobre la rebelión de los moriscos en las Alpujarras en tiempos de Felipe II —escrito en francés, como ya hemos dicho, y representado en julio de 1830 en el teatro de la Porte St. Martín— y *La conjuración de Venecia,* inspirada en un episodio de la revuelta historia veneciana en el siglo XIV.

Se caracterizan estos dos dramas por tener todos los componentes románticos y carecer, sin embargo, de espíritu romántico y poético.

Su romanticismo es, sobre todo en *Aben Humeya,* teatral, escenográfico: conjurados árabes reunidos en una cueva oyendo la invocación del alfaquí, cantos de Nochebuena en una iglesia cristiana, incendio de la iglesia por los rebeldes mientras suena el órgano y cae la nieve. Crímenes, traiciones, arengas. Todo ello dialogado en una prosa correcta.

Notemos, de pasada, la atracción de temas moriscos o árabes (no enteramente olvidados entre los neoclásicos) en los comienzos del romanticismo: *Gómez Arias* de Trueba y Cossío, la primera novela; *Aben Humeya,* el primer drama; *El moro expósito,* el primer poema narrativo.

Más lograda y atrevida en sus innovaciones es *La conjuración* —publicada en París, en 1830— aunque predomina en ella lo teatral y melodramático. Revuelta popular en Venecia una noche de carnaval; cita de los amantes Rugiero y Laura en un panteón; un padre que condena a muerte a su hijo en el momento de reconocerle, después de haberle perdido desde niño. Si a esto acompaña un verso musical y brillante y se le logra dar dinamismo dramático, puede llegar a producir una emoción artística. La prosa cuidada, pero sin vuelo y llena de clichés sentimentales, de Martínez de la Rosa no tiene otro atractivo que la novedad para su tiempo y el haber sabido captar en la figura de Rugiero los perfiles del héroe romántico: misterioso, valiente, pesimista, huérfano, enamorado y triste, víctima inocente de su destino trágico. Supo combinar Martínez de la Rosa, con cierta habilidad dramática, materiales procedentes de muy diversas fuentes que han sido estudiadas en detalle por Sarrailh, y *La conjuración* tiene escenas que aún se leen con interés. Representaba, además, un progreso grande sobre el teatro inmediatamente anterior.

Cuando se estrenó la obra en Madrid el año de 1834 tuvo éxito. A ello debió de contribuir no poco el que el autor fuese el Presidente del nuevo gobierno liberal. La revolución romántica entraba, pues, en España dándose la mano con la revolución política. Ambas un poco indefinidas.

Martínez de la Rosa siguió escribiendo sin superar en nada estos primeros esbozos de romanticismo, a los que hay que añadir su novela histórica *Doña Isabel de Solís.* Su papel en la historia fue facilitar con su prestigio personal y político la aceptación de un estilo literario en el que pronto iban a brillar varios poetas de mayor inspiración.

**"El Moro expósito" y "Don Álvaro" del duque de Rivas.** — Ángel de Saavedra (1791-1865), duque de Rivas, pertenece a la misma generación que Martínez de la Rosa, es andaluz como él —de Córdoba, Rivas; granadino el autor de *Aben Humeya*— y sus vidas se desarrollan sobre el mismo fondo histórico. Juventud liberal en política y neoclásica en formación literaria. Años de destierro. Contacto con el romanticismo europeo y adopción subsiguiente de su credo artístico ya en la madurez. Éxito literario, social. Ambos son, después de su vuelta a España, figuras importantes en la política moderada, en la diplomacia y en la vida académica. Cuando surge el grupo de escritores nacidos ya en pleno romanticismo se retiran a gozar de su alta posición y escriben poco.

A diferencia de Martínez de la Rosa, posee el duque de Rivas un genuino temperamento de artista. No llega nunca a identificarse por entero con la sensibilidad romántica, pese a ser el autor de alguna de las obras más típicas de la nueva escuela. Hay un romanticismo del espíritu como, en España, el de Larra o el de Espronceda, y un romanticismo de la forma, como el del duque de Rivas. No es el suyo genio de gran emoción lírica, pero pocos le igualan en su tiempo como poeta descriptivo y dramático.

En la juventud, siguiendo las tendencias neoclásicas, escribe cinco tragedias, varios poemas narrativos y un número considerable de composiciones varias, que publica con el título de *Poesías* en 1814 y 1820. Procura imitar —dice en la Advertencia— "la sencillez en el modo de decir y presentar los pensamientos que ostentan nuestros mejores poetas del siglo XVI." En algunos poemas del exilio, "El desterrado," "El sueño del proscrito," "El faro de Malta," asoman ya los sentimientos románticos en formas todavía clásicas. Su conversión definitiva a la nueva estética se opera bajo el influjo del inglés Mr. Hookham Frere, traductor del *Poema del Cid,* que le induce a leer a los poetas españoles antiguos. De esta lectura resulta *El moro expósito,* poema narrativo en doce cantos, en romance endecasílabo, que recrea, con muchos episodios inventados, la gesta primitiva de los Infantes de Lara. La obra, larga y desigual, tiene todas las limitaciones de la poesía de su momento. El protagonista Mudarra, su amada Kerima y en general todos los personajes deben más al convencionalismo sentimental o a la fantasía novelesca que a la verdad histórica. En cuanto a valores positivos, ofrece animadas pinturas de la vida medieval y bellas descripciones evocadoras de Córdoba, la corte árabe; Burgos, centro de la Castilla cristiana; y Salas, el solar de los Infantes. A pesar de sus defectos, *El moro expósito* trajo un soplo renovador a la poesía del neoclasicismo moribundo, e indicó el camino de retorno hacia la tradición siempre vivificante del *Romancero.*

Un año después —marzo de 1835— subía a la escena *Don Álvaro o la fuerza del sino,* el primer drama español íntegramente romántico y uno de los más típicos.

La acción ocurre en el siglo XVIII. Don Álvaro, el personaje central, es un héroe de estirpe byroniana: gallardo, valiente, generoso, noble, de origen desconocido. En su torno se cierne una leyenda misteriosa. Junto a los atributos románticos percibimos en la figura del protagonista algunas notas del galán de la *comedia* lopesca, combinación muy característica de lo tradicional y lo nuevo. En la primera escena charla un grupo de personajes populares en los alrededores del Puente de Triana, en Sevilla, y nos informan de que "es el mejor torero de España," de que hay quien dice que es pirata y de que está enamorado de Leonor, hija del marqués de Calatrava, el cual se opone a los amores. También nos informa Preciosilla, la gitana, de que a Leonor le espera muy "negra suerte."

Tan pronto se anuncia, con una simple mención, el tema del sino —la "negra suerte"— aparece el héroe. Máximo contraste: de un cuadro popular animado se pasa, de pronto, a la sugestión de lo dramático. La entrada es de un gran efecto teatral y cambia por completo la tonalidad de la escena. Dice así la acotación:

> Empieza a anochecer, y se va obscureciendo el teatro. *Don Álvaro* sale embozado en una capa de seda, con un gran sombrero blanco, botines y espuelas; cruza lentamente la escena mirando con dignidad y melancolía a todos lados, y se va por el puente. Todos le observan en gran silencio.

Va don Álvaro a raptar a Leonor —dulce, pasiva, el "ángel consolador" que es siempre la mujer del romanticismo. Son sorprendidos por el padre. La pistola de don Álvaro se dispara casualmente y "el marqués cae en los brazos de su hija y de los criados, dando un alarido." Así termina la primera jornada. La fatalidad inexorable persigue a don Álvaro que, creyendo también muerta a Leonor, huye. Entre tanto Leonor se retira a una ermita, junto a un monasterio de monjes. En la jornada tercera, aparece don Álvaro de soldado en Italia, buscando en la guerra el olvido y la muerte. Allí le descubre don Carlos, hermano de Leonor. Son inútiles los esfuerzos de don Álvaro para acallar la sed de venganza del nuevo marqués de Calatrava. Se desafían y muere don Carlos. Jornada quinta: don Álvaro es ahora el hermano Rafael en el monasterio cercano a la ermita donde está retirada Leonor, ignorando este hecho, por supuesto. Hasta allí llega también el furor vengativo de los Calatrava. Se presenta don Alfonso, segundo hijo del marqués. Lucha tremenda de conciencia entre la renuncia al mundo y la vieja pasión, que el recién llegado se complace en encender. Esfuerzos de don Álvaro por aplacar la ira de don Alfonso. Éste, al fin, le echa en cara su condición de mestizo. (Don Álvaro era descendiente de los incas.) Ante esta injuria don Álvaro enfurece y mata a su infamador. Suena la campana del monasterio. Sale Leonor de su retiro. El hermano antes de agonizar la apuñala. Se desata una tempestad tremenda. Don Álvaro invoca al infierno y se arroja a un precipicio mientras la comunidad implora misericordia.

La obra, no hay duda, sobre todo el desenlace, peca de un melodramatismo exorbitante de efectismo teatral: riscos enormes, obscuridad y silencio interrumpidos por truenos y relámpagos o por el canto lejano del Miserere "que se acerca lentamente," "sonrisa diabólica" de don Álvaro (modelo poco antes de piedad religiosa), blasfemias antes de precipitarse al abismo y caída del telón con los frailes "aterrados y en actitudes diversas."

Pese a este melodramatismo —o quizá por él— es *Don Álvaro,* tanto en la forma como en el contenido, una de las obras románticas más típicas que cabe concebir. Rara vez se han reunido tal número de elementos formales, de temas, actitudes y recursos dramáticos, representativos del drama romántico. En este sentido ni el *Don Juan Tenorio* de Zorrilla le supera.

En cuanto a elementos formales, muestra en toda su riqueza, o, si se quiere, confusión, la violenta variedad que, en nombre de la libertad artística, el drama romántico utiliza: número inmenso de personajes de todas las clases y tipos —veintiséis, y como comparsa, soldados, arrieros, lugareños, lugareñas, frailes— aunque la acción se centre en la pareja amorosa y las fuerzas que se oponen al logro de su amor; cambio constante de lugar: Sevilla y sus alrededores, las ermitas de Córdoba, y dentro de estas localizaciones, escenas exteriores, interiores, casa, campamento, selva, convento; ambientes diversos: popular, aristocrático, religioso, militar; acción prolongada a través de varios años y circunstancias; mezcla de prosa y verso y éste también variado: romances, redondillas, décimas, silvas, con cambio frecuente de rimas; mezcla, hasta el final (el hermano Melitón) de lo trágico y lo cómico; utilización de toda clase de recursos, plásticos, sonoros, simbólicos.

Algo análogo ocurre con temas, actitudes, concepción del hombre y la mujer románticos: pasiones ardientes —amor, honor, venganza; misterio, soledad desesperada, lucha del hombre y de la mujer consigo mismos, con las convenciones sociales (base de la oposición del marqués a los amores de los amantes) y con la fuerza ciega de la fatalidad, que se opone a la consumación de los deseos humanos y que marca desde el principio el destino, "la negra suerte," de los amantes. Suicidio y rebelión satánica del protagonista contra Dios, el universo y una vida sin sentido.

Rivas crea la fórmula que va a caracterizar al drama romántico y aun a casi todo el romanticismo español: la conjunción de lo tradicional y de esos elementos importados: temas y emocionalismo de la literatura romántica europea —Byron, Víctor Hugo, Dumas, Mérimée— reminiscencias del teatro del Siglo de Oro, especialmente calderonianas, y comienzo de un realismo costumbrista de buena cepa clásica también, que se traduce en otra categoría distinta del arte romántico, la de lo pintoresco y el color local. Precisamente es este último aspecto —visible en *Don Álvaro* en las escenas de ambiente popular en el primer acto y en la venta de Hornachuelos, clara resonancia de la prosa cervantina— el que ha solido poner de relieve la crítica casticista.

Pudiera decirse que es *Don Álvaro* obra maestra en su género y hasta que tiene cierta grandeza trágica además de fantasía, colorido, dinamismo, brío, bellos versos y escenas bien conseguidas. Si pensamos en un arte para el que la sensación, el ímpetu emocional y la ilusión de lo extraordinario eran esenciales, teatro espectacular y operático (recuérdese que Verdi lo utilizó en *La forza del destino*), el drama de Rivas conserva un valor indiscutible de época.

Y sin embargo no es *Don Álvaro* obra de rango universal. Hay algo en ella poco convincente, falto de autenticidad. Puede ocurrir que nuestra sensibilidad esté definitivamente distanciada del romanticismo y que no veamos en él más que lo desorbitado y teatral, sus excesos. Lo mismo nos pasa con casi todo el teatro romántico, el de Victor Hugo por ejemplo.

Mas creemos que en el caso de *Don Álvaro* intervienen factores que es conveniente explicar. Rivas era hombre formado en el neoclasicismo y por lo que sabemos de su personalidad, como por el resto de su obra, de carácter aristocrático y conservador. Como artista predominan en él, según ya hemos dicho, las cualidades plásticas y el arte dramático de componer escenas más que la emoción, el sentimiento lírico o la meditación. Cuando acepta el nuevo credo romático se lanza con entusiasmo de neófito a ponerlo en práctica. De ahí la acumulación excesiva de efectos y fórmulas. El que lograse mantener con unidad el tono, el dinamismo, la suspensión es prueba de su talento artístico más que de la profundidad de una concepción dramática.

De ello se resiente aún más el contenido interno. El conflicto básico, el del destino trágico e inapelable del ser humano, no respondía a convicciones que pudieran arraigar en el pensamiento de un aristócrata emigrado y buen católico. Lleva al teatro una fórmula y la tragedia no responde a ninguna motivación clara, filosófica o psicológica. Se ha señalado repetidamente que el drama depende de un par de casualidades, como el disparo de la pistola o el que don Álvaro vaya a refugiarse en el convento en que está Leonor, reparo, en rigor, de valor relativo, porque·la casualidad opera también en otras muchas tragedias. Mas aparte de ello es evidente por el resto de la obra de Rivas que no podía aceptar la condenación irremediable de su héroe a sufrir el infierno en esta vida y, hay que suponer, dada la furia con que muere, en la eterna. Se ha tratado de explicar el sentido del drama como ejemplo de moralidad ejemplar y demostración de la justicia divina, expiación de la culpa. Dudamos de que Rivas pensase seriamente en las implicaciones religiosas o antirreligiosas del sino que persigue a su héroe y del suicidio. El mismo crítico que adelanta la tesis de la moralidad del drama —Václav Černý en el estudio *Quelques remarques sur les sentiments religieux chez Rivas et Espronceda*— reconoce que el castigo del infortunado héroe tiene un "aire poco cristiano."

Zorrilla, años más tarde, sabrá encontrar la fórmula para conciliar romanticismo y cristianismo cuando salva a don Juan, ya a las puertas del infierno, mediante su arrepentimiento y la intervención de la angelical doña Inés.

Igual falta de fundamento se advierte en los momentos de reflexión lírica del protagonista sobre su destino: los monólogos de las Jornadas III y IV. El primero de ellos, "Qué carga tan insufrible," se ha comparado con frecuencia al monólogo de Segismundo, "Apurar, cielos, pretendo." Rivas imita a Calderón, pero las diferencias son insalvables. La reflexión de Segismundo, como el personaje mismo, está cimentada en una visión filosófico-dramática total y armónica, la de Calderón. Toda *La vida es sueño* está concebida para dar contestación a las graves preguntas de Segismundo. El monólogo de don Álvaro, bello y de gran efecto, es un desahogo lírico, el aria del tenor.

Interesa plantear estas cuestiones porque atañen a la esencia de casi todo el romanticismo español, del que Rivas es iniciador y figura representativa.

**Los "Romances históricos".** — De mayor sobriedad artística es la colección de *Romances históricos,* dada a la estampa por el duque de Rivas en 1841, precedida de un erudito prólogo sobre el arte épico popular del Romancero.

El espíritu del duque de Rivas, pasadas las exageraciones de *Don Álvaro* —producto de un entusiasmo primerizo por asimilarse el tono emocional del romanticismo europeo— ha encontrado aquí su centro, que es el de la evocación histórica. Marca también el verdadero camino de la literatura romántica española, la cual alcanza su plenitud en la recreación de una serie de leyendas, personajes y sentimientos nacionales.

Los *Romances* del duque de Rivas son bellas estampas del pasado inspiradas en figuras o hechos históricos o algunos temas legendarios españoles. Nobles caballeros— como el conde de Benavente, en "Un castellano leal"; o el marqués de Lombay, luego San Francisco de Borja, en "El solemne desengaño"; personajes cortesanos y galantes como el conde de Villamediana; la épica figura del rey Pedro I, en "Una antigualla de Sevilla," o la dramática de Felipe II en "Una noche de Madrid"— forman una galería de bellos retratos, encuadrados sobre grandes fondos de época. El duque de Rivas crea en ellos sugestivas evocaciones de la España del siglo XIV, del Renacimiento, del Madrid filipesco. Otros romances, como "La vuelta deseada" o "El sombrero," tienen estilo más novelesco y lírico; adelantan el arte de la leyenda a lo Zorrilla.

El lenguaje es en ellos sobrio, seguro, castizo. El sentimiento individual de la poesía romántica se percibe claro, pero sometido a límites. Rivas, que por temperamento era un clásico, cuya poesía es ante todo pictórica y descriptiva, crea en los romances un arte que tiene color, vida, aire. Nos hace ver las cosas, los trajes, los adornos, la arquitectura, las calles envueltas en sombra, el mar, el cielo, las ciudades —Sevilla, Madrid, Toledo— con pinceladas exactas.

El resto de la obra de Rivas continúa la evolución hacia una poesía sobria y tradicional en la que cada vez se ve más acentuada la vuelta a la inspiración del Siglo de Oro. Su drama *El desengaño de un sueño* combina el tema de *La tempestad* de Shakespeare y *La vida es sueño*. Escribió también algunas comedias imitando las de capa y espada del teatro clásico, poesías varias y alguna obra en prosa.

## V. La personalidad contradictoria de Larra

En los comienzos del romanticismo español, junto a la figura de Rivas, debe situarse la de Mariano José de Larra (1809-1837), aunque no quepa concebir dos personalidades más opuestas y pertenezcan a generaciones distintas: Rivas, a la de transición; Larra, a la propiamente romántica. Podría decirse que Rivas es romántico en la forma y clásico en el espíritu; Larra, clásico en la forma y en las ideas y romántico en el espíritu. Rivas en las ideas es conservador, tradicionalista, pese a la aparente significación antirreligiosa de la aparente filosofía de *Don Álvaro*. Larra es un liberal, un racionalista. Precisamente en el contraste entre su inteligencia crítica, entre su formación ideológica, basada en las ideas enciclopedistas del siglo XVIII, y la inquietud sombría, pesimista, vital de su espíritu, de su carácter de hijo del siglo, se encuentra la clave del drama de su vida. Amargura de un joven de veinte años que escribe páginas de incisiva ironía y que a los veintiocho se suicida no se sabe bien si por los desdenes de una mujer, Dolores Armijo, o porque no puede ya soportar ni el drama íntimo ni el drama de su patria que él mejor que nadie entiende en su época. Él fue quien escribió, poco antes de suicidarse, en el artículo "Día de difuntos de 1836: Fígaro en el cementerio": "Aquí yace media España: murió de la otra media," y al final del mismo artículo:

> Quise refugiarme en mi propio corazón, lleno no ha mucho de vida, de ilusiones, de deseos. ¡Santo cielo! También otro cementerio. Mi corazón no es más que otro sepulcro. ¿Qué dice? Leamos. ¿Quién ha muerto en él? ¡Espantoso letrero! *"Aquí yace la esperanza."*

Es común que en los casilleros convencionales de la crítica se haya intentado relegar a Larra a una posición secundaria en cuanto al romanticismo se refiere. Se le encasilla entonces en el costumbrismo y la sátira, géneros que se asocian a los orígenes del realismo. La razón para ello —carácter crítico y satírico de su prosa— es evidente. No lo es menos que, si dejamos de un lado la cuestión de género, pronto veremos que su fantasía humorística, su concepto pesimista del mundo, su desgarrada visión de la sociedad española nacen del conflicto entre unos ideales de perfección social o moral y la imperfección de la realidad o la fuerza de sus propias pasiones. Larra siente este conflicto con aguda subjetividad. Es acaso el único escritor de su generación que hace de él materia de su obra, iniciando en la literatura española lo que Azorín llamó el "personalismo conmovedor y artístico." En este sentido Larra no sólo es romántico sino que es el único romántico verdadero, de espíritu, que hubo en su tiempo en España. Aun en el mismo Espronceda el gesto predomina sobre la substancia. Larra con sinceridad lacerante confesó toda su desesperación en otro de sus últimos artículos, "La Nochebuena de 1836: yo y mi criado," que, juntamente con el antes citado, es uno de los más reveladores de su intimidad. La voz del criado borracho es la voz de su conciencia. "Tú lees día y noche —le dice— buscando la verdad en los libros... y sufres de no encontrarla ni escrita... Tenme lástima, literato. Yo estoy ebrio de vino...; pero tú lo estás de deseos y de impotencia."

La vida del hombre, que pocos meses después de escribir esto se suicidaba, fue breve, amarga y sin acontecimientos notables. El drama era interior, de temperamento.

Nació en Madrid; a los pocos años tuvo que salir de España hacia Francia a causa del afrancesamiento del padre. Inició su educación en Burdeos y la continuó a la vuelta a España en 1818. Un matrimonio juvenil y desgraciado, del que tuvo tres hijos. En el fracaso matrimonial se inspira su artículo "El casarse pronto y mal." Se dedicó a escribir con éxito financiero y fue diputado a cortes. Pero sus triunfos no parecen haber aliviado en nada su pesimismo. Mesonero lo pinta. entre los contertulios de El Parnasillo, señalado por "su innata mordacidad que tan pocas simpatías le acarreaba."

**La obra literaria: poesía, teatro, novela.** — Larra es un escritor precoz —otro rasgo romántico. Antes de cumplir los veinticinco años era el periodista mejor pagado de España. Es además un literato profesional. Vive de su pluma, escribiendo diariamente, a diferencia de Martínez de la Rosa o Rivas —políticos, diplomáticos, hombres de sociedad— para quienes la literatura pasó, con el tiempo, a ser una actividad más. Parte de la labor de Larra es puramente mercenaria o de circunstancias: algunas poesías de verso torpe y ocho o diez adaptaciones teatrales.

Es uno de los primeros escritores en ensayar las maneras del romanticismo en el drama *Macías* y la novela *El doncel de don Enrique el doliente,* ambas de 1834, anteriores por tanto al estreno de *Don Álvaro.* El drama y la novela tienen el mismo protagonista y cuentan, con alguna variación, la historia trágica del trovador gallego del siglo xv, Macías el enamorado, víctima de su amor imposible por una mujer casada. La prosa del *Doncel* es muy superior al verso del drama; pero las dos obras muestran bien las limitaciones artísticas de Larra, a quien le faltaban para triunfar en los géneros creativos —poesía, novela, teatro— lo que otros contemporáneos poseían con exceso: fantasía, colorido, sentido musical y plástico del verso.

Por eso su drama y su novela interesan más que nada por revelar el fondo psicológico de exaltado sentimiento que había en Larra por debajo de su sarcasmo. En el prólogo a *Macías* desechó todo propósito de hacer obra de escuela y deja ver hasta qué punto estaba identificado con su personaje:

Macías —dice— es un hombre que ama y nada más. Su nombre, su lamentable historia pertenecen al historiador; sus pasiones, al poeta. Pintar a Macías como imaginé que pudo o debió ser, desarrollar los sentimientos que experimentaría en el frenesí de su loca pasión y retratar a un hombre, ése fue el objeto de mi drama. Quien busque en él el sello de una escuela, quien le invente un nombre para clasificarlo, se equivocará...

Tres años más tarde Larra se pegaba un tiro por el fracaso de sus amores con una mujer casada. La novela de su héroe se convirtió en trágica realidad para el autor. Menéndez Pelayo definió la afinidad que les unía: "si se descompone en dos mitades el genio de Larra, Fígaro será la crítica y la sátira, y Macías, la pasión y la locura de amor."

**Larra, crítico, costumbrista, ensayista.** — A los diecinueve años, en 1828, con el pseudónimo de "El duende satírico del día" inicia Larra su obra periodística: una serie de artículos sobre la vida y la sociedad españolas. La continuó después con diferentes nombres: El Pobrecito Hablador, Andrés Niporesas, Ramón Arriala y, finalmente, el de Fígaro, con el que ha pasado a la historia como uno de los grandes satíricos de la literatura española y como el prosista más famoso de la primera mitad del siglo.

La colección de artículos de Larra suma varios centenares y puede clasificarse en tres grandes grupos: artículos de costumbres, político-sociales y de crítica literaria.

Por los del primer grupo —los más importantes y característicos— encabeza Larra con Mesonero Romanos la nómina de los costumbristas. [5] Pero su crítica apunta mucho más lejos que la del autor de las *Escenas matritenses*. No se limita a ridiculizar con sátira afable los hábitos de la burguesía de su tiempo o a retratar con realismo fiel los tipos sociales. Va al fondo mismo de la psicología española, penetra en las causas de la decadencia y traza una visión mordaz, pesimista, del atraso de España. Recoge, personalizándola, la actitud crítica de los reformadores dieciochescos y adelanta la inquietud de los escritores del '98 que intentan descubrir la esencia del problema nacional contrastando la realidad española con una triple escala de valores: los valores de la cultura moderna; los ideales del pasado español, cuya degeneración Larra advierte

---

[5] Para la cuestión de quién inicia el género en España, teniendo en cuenta también al otro colaborador de *Cartas Españolas,* Estébanez Calderón, véase *Costumbrismo y novela,* de Montesinos, donde se hace además una excelente caracterización del arte de cada uno de ellos.

igual que los hombres del '98; y las exigencias de su sensibilidad personal. Larra no cultiva el "cuadro de costumbres" por sí mismo. Los hay magníficos en su obra, pero su crítica tiene casi siempre raíces y propósitos sociales, morales, ideológicos. A Larra le preocupa, con el problema de España y el de la sociedad de su tiempo, el sentido de la vida humana. Es ya por todo esto un verdadero ensayista, un intelectual en la acepción que esta palabra ha cobrado en nuestro tiempo. Confronta los temas de la cultura y de la realidad con su yo, siente el contraste entre vida y espíritu que caracteriza al alma moderna.

En toda su crítica va guiado Larra por un ideario preciso que no sistematiza pero que puede verse compendiado en el artículo "Literatura" y en las "Cuatro palabras del traductor," al frente de su versión de *El dogma de los hombres libres* de Lamennais. Son ambos su profesión de fe. La literatura debe ser ante todo, según él, por encima de fórmulas y escuelas, expresión de la sociedad e instrumento del progreso humano. En cuanto a los principios cardinales de su pensamiento, los resume así: "Religión pura, acompañada de tolerancia y de libertad de conciencia; igualdad ante la ley; justicia y libertad absoluta de pensamiento escrito." Era pues Larra un progresista que creía en la "perfectibilidad del género humano;" un hombre que tenía fe en la revolución que se hace por medio de la palabra, no del sable, y un liberal que creía posible hermanar la libertad con la religión.

Estas ideas en sí no tienen nada de particular. Son las ideas comunes de la época. Pero dada la pobreza ideológica de la España del romanticismo, en la que la retórica, a veces excelente, enturbia la mente de los poetas y se traduce en confusión de ideas, el pensamiento firme de Larra era algo extraordinario.

Por eso busca con ansiedad un público —"¿Quién es el público y dónde se encuentra?"— y se lamenta amargamente de que "escribir en Madrid es llorar." He aquí otra de las decepciones que alimentan su humor sangriento. En sus primeros artículos, los de "El duende satírico," el estilo es festivo, cómico. A medida que avanza en su obra, su pluma se empapa de hiel. No hay costumbre o defecto nacional, oficio o profesión que escape a su ironía. Critica por igual el esnobismo de los afrancesados ("En este país") y la grosería que se disimula con el falso patriotismo castizo ("El castellano viejo"). El español aparece como un ser indolente ("Vuelva usted mañana") o como un descendiente de los antiguos pícaros que acude a toda clase de trampas para vivir sin trabajar ("Empeños y desempeños," "Modos de vivir que no dan para vivir"). Critica a los malos cómicos, la burocracia, el señoritismo, la falta de buenas maneras y la chabacanería; se ocupa de fondas y jardines. España vive en la inocencia paradisíaca de las Batuecas sin sentir los estímulos de la vida moderna: progreso, libertad, ciencia. El panorama político no es en la visión de Larra menos desconsolador que el social y, al aproximarse el comienzo de las guerras civiles, escribe sus artículos más agrios: los dos citados al principio u otros como "Fígaro de vuelta," "Buenas noches," "Nadie pase sin hablar al portero," "La planta nueva o el faccioso." En ellos se pinta con igual fuerza satírica el fracaso de los liberales y la ferocidad de los carlistas. Larra no ve esperanza para la España de su tiempo.

El pesimismo se extiende también a la visión del hombre y de la vida: "El mundo todo es máscaras," según reza el título de uno de sus artículos más conocidos. El costumbrista y el crítico de la política se convierten en un moralista escéptico en quien parece reencarnar el humor sombrío de Quevedo, uno de sus maestros. No todo, sin embargo, es negativo en Larra. Como en Quevedo, como en los reformadores del siglo XVIII, en cuya línea hay que situarle, o como, a fines de siglo, en los escritores del '98, por debajo del pesimismo y la crítica late un sincero patriotismo. Podrían citarse muchos casos en los que Larra defiende los verdaderos valores de la tradición española o en los que su sátira se ejerce contra otros países. En el fondo su pesimismo, como el de todos los satíricos verdaderos, nace del choque entre lo que él veía en la realidad y sus aspiraciones ideales. Entre lo que España era en su tiempo y su alto concepto de lo que había sido y quería que volviese a ser.

Tuvo Larra una cultura extraordinaria para sus pocos años. Su crítica literaria, hecha al día, aunque sea inferior a la social de sus artículos de costumbres, juzga con inteligencia y sentido de los valores gran parte de la producción contemporánea. Constituye, en los pocos años que abarca, un panorama valioso y orientador del paso del neoclasicismo al romanticismo, sin excluir otras tendencias: de Moratín al *Trovador*; del *Pelayo* de Quintana o la comedia de Gorostiza a *Hernani* o el teatro de Dumas. Como ocurre en otros aspectos de su obra, el cuadro de costumbres o el artículo político, Larra no se limita en su crítica literaria ni al juicio apresurado ni al tema concreto. Y a veces nos sorprende con ideas que van a lo esencial sobre las preocupaciones que dan sentido a su obra: estéticas, históricas, sociales. ¿Quién esperaría, por ejemplo, encontrar en el artículo sobre *Anthony* de Dumas una observación sobre la estructura de la sociedad española tan exacta y penetrante como la siguiente?:

Pero mil veces lo hemos dicho: hace mucho tiempo que la España no es una nación compacta, impulsada de un mismo movimiento; hay en ella tres pueblos distintos: 1.º, una multitud indiferente a todo..., porque no teniendo necesidades, carece de estímulos...; 2.º, una clase media que se ilustra lentamente, que empieza a tener necesidades, que desde este momento comienza a conocer que ha estado y que está mal, y que quiere reformas, porque cambiando sólo puede ganar...; 3.º, y una clase, en fin, privilegiada, poco numerosa, criada o deslumbrada en el extranjero, víctima o hija de las emigraciones, que se cree ella sola la España, y que se asombra a cada paso de verse sola cien varas delante de las demás...

Y, del mismo modo, en la crítica literaria entra siempre su angustia personal. Al mismo artículo sobre *Anthony* pertenece la frase que ya hemos citado como expresión de un desolado escepticismo: "La vida es un viaje; el que lo hace no sabe adónde va, pero cree ir a la felicidad... ¿Sabes lo que hay al fin? Nada."

Otro ejemplo sería el artículo sobre *Los amantes de Teruel* —uno de los últimos. Todo el decaimiento sentimental de Fígaro y de su alma romántica se expresa allí con desdeñosa amargura:

...y si oyese decir que el final de su obra es inverosímil, que el amor no mata a nadie, puede responder... que las penas y las pasiones han llenado más cementerios que los médicos y los necios; que el amor mata (aunque no mate a todo el mundo) como matan la ambición y la envidia...; y aun será en nuestro entender mejor que a ese cargo no responda porque el que no lleve en el corazón la respuesta no comprenderá ninguna.

A pesar de este pesimismo y acaso por él (véase su teoría del autor cómico en "De la sátira y de los satíricos") fue Larra un humorista, de lectura a ratos extraordinariamente divertida, y dejó cuadros magníficos de la vida de su tiempo tanto por la gracia y el detalle como por la penetración en los motivos humanos o sociales. Y en su prosa, tras la frialdad de la prosa sin nervio de los escritores del siglo XVIII, parece resucitar la riqueza y el vigor estilístico de Cervantes y los grandes clásicos.

Es Larra en conjunto, a pesar de haber cultivado un género menor —el artículo de costumbres— uno de los valores más altos del romanticismo español. Su obra no tiene el aire anticuado de época de casi todo el resto de la producción romántica. Se conserva viva.

# VI. Espronceda y Zorrilla: los poetas mayores del romanticismo

Tras la adopción de la nueva escuela por el duque de Rivas y la crítica personal e independiente de Larra, la fisonomía poética del movimiento romántico español se define con el lirismo apasionado de José de Espronceda (1808-1842) y la inspiración nacional de un escritor un poco más joven, de José Zorrilla (1817-1893), discípulo, en parte, del autor de *El estudiante de Salamanca,* pero poeta en quien predomina el genio narrativo y dramático.

**La personalidad de Espronceda.** — El cantor de Teresa y el creador de don Félix de Montemar pertenece a la misma generación que Larra —nació unos meses antes— y forma con él la pareja humana que elegiríamos como imagen fiel de la turbulencia pasional que la sensibilidad romántica de 1830 exigía en el artista: nueva conjunción de vida y literatura. La pasión fue más real, a nuestro juicio, en el crítico Larra que en el poeta Espronceda.

En la obra de éste predomina el sentimiento; en la de Larra, la inteligencia. Pero en la vida, en lo personal, los términos más bien se invierten. Larra sucumbe a su pasión amorosa y a su pesimismo sobre las posibilidades de reformar a España. Espronceda olvida a Teresa, sublima su recuerdo en versos hermosos y se dispone a entrar en una vida ordenada —matrimonio, diplomacia, política, estudios económicos— cuando la muerte, prematura, le sorprende. Deja, no obstante, con su magnífico gesto, su poesía ardorosa y su liberalismo y su aura de rebelde byroniano, un perfil arrogante, que en la España ecléctica de mediados de siglo, parece la quintaesencia del más ardoroso romanticismo.

De 1821 a 1825 estudia con don Alberto Lista —su gran maestro— en el Colegio de San Mateo y al cerrarse éste, en el de la calle Valverde. Se cita —nueva aportación a la leyenda— la frase del maestro: "El talento de Espronceda es como una plaza de toros, inmenso pero con mucha canalla dentro." Los estudios son interrumpidos por el primer episodio casi infantil de su vida de rebeldía política. A los quince años, el día que fue ahorcado el general Riego, organiza con sus amigos para vengar su muerte la sociedad patriótica y secreta "Los Numantinos." Fueron los conspiradores condenados a cinco años, que se redujeron a unas semanas en el convento de San Francisco, en Guadalajara. Tan precoz en literatura como en política, compuso allí *Pelayo,* siguiendo, al parecer, un plan trazado por Lista. A los dieciocho años, con el propósito de ver el mundo y huir de persecuciones políticas, embarca para Lisboa y al entrar en la capital portuguesa arroja al Tajo las dos pesetas que constituían todo su peculio, "por no entrar en tan gran ciudad con tan poco dinero." En Lisboa conoce a Teresa Mancha, a quien encontrará luego en Londres, donde comienza la gran aventura amorosa de Espronceda que le inspiró su poema más hermoso. Va luego a Londres, a Bruselas y a París. Lucha en la revolución del año 30. Toma parte en una de las expediciones de los revolucionarios españoles, la dirigida por don Joaquín de Pablo (Chapalangarra), cuya muerte cantó en una inspirada poesía. Rapta a Teresa. Vive, pues, la triple embriaguez romántica del amor, la libertad y la patria. Con la vuelta a España en 1833, sigue tomando parte en algunos pronunciamientos que le acarrean nuevas persecuciones mientras entra en una brillante carrera literaria, diplomática, política.

Funda con otros compañeros el periódico *El Siglo,* da clases de literatura moderna en El Liceo, lee sus versos y colabora en las mejores revistas; y escribe un folleto contra Mendizábal por creer que éste se ha quedado corto en sus reformas. Con un nuevo régimen liberal va de secretario a la legación de La Haya; de regreso a España, es diputado y prepara informes económicos para las Cortes. Es hombre de éxito y el fuego pasional empieza a apagarse. Ya a su paso hacia París en una conversación con su amigo Escosura parece sentir el deseo de una vida tranquila. "...Eres más feliz de lo que presumes —le dice al amigo—: tienes casa, tienes mujer, tienes hijos; estás en las condiciones de todo el mundo... ¡Y yo!..." Piensa en casarse y apunta ya ese destino de convertirse en gran figura en el que terminó la inquietud de casi todos los románticos españoles. Muere, conservando aún la aureola de su juventud apasionada, a los treinta y cuatro años.

Espronceda fue en el fondo un hombre de temperamento sano, no enfermizo ni de drama interior intenso. Estaba hecho para amar la vida. En el romanticismo español no tiene ni la inadaptación radical de Larra, ni el pintoresco juglarismo de Zorrilla, ni la honda melancolía de Bécquer en la generación siguiente. Les superó, en cambio, en otras cualidades.

La crítica del siglo XX ha ido rectificando la leyenda del Espronceda "enfant terrible" superficial y jactancioso. Ya advertía hace años Reyes que a Espronceda había "que ponerle en limpio." Nadie ha realizado mejor ese deseo de Reyes que Joaquín Casalduero en un libro reciente.

En él se hace resaltar precisamente la seriedad en los propósitos del hombre y del poeta, con testimonios de sus contemporáneos, por lo menos tan fidedignos como los que solían citarse: "humanamente generoso y noble, políticamente desinteresado, sincero y valeroso, el primer poeta romántico de España." Fue en efecto un poeta auténtico, fuerte, el que en el romanticismo español estuvo más cerca de un Byron, de un Leopardi, o de expresar la belleza satánica, inquietante, misteriosa del mal y del pecado a la manera de Baudelaire o de los poetas malditos. Tuvo también aspiraciones de poeta filosófico en *El diablo mundo*. Escribe versos hermosos, maneja la lengua de la verdadera poesía con un brío, un color, una sonoridad como no se había vuelto a encontrar en el castellano desde la época de Góngora. Tiene siempre acento, estilo personal. Pero aun en los momentos mejores lo retórico, el énfasis declamatorio le impiden llegar al plano lírico superior en el que la palabra poética se funde con el espíritu.

Lo que probablemente le faltó a Espronceda fueron hondura y reposo, acaso porque ni las circunstancias de España en su tiempo ni el modo como se produjo en ella el movimiento romántico —tarde y casi en el vacío— eran propicios para crear una poesía de tipo universal.

**La obra poética.** — Una parte de la producción literaria de Espronceda —la novela histórica *Sancho Saldaña,* una tragedia, dos comedias y algunos folletos en prosa— aunque de interés en un estudio especial del romanticismo, es de valor secundario. Su gloria se debe casi por completo a la colección de *Poesías líricas,* publicada por sus amigos en 1840, en la que reúne desde los primeros versos juveniles hasta las obras de madurez: las poesías cortas y la leyenda *El estudiante de Salamanca.* *El diablo mundo* se publicó por entregas el mismo año y se completó, al siguiente, en 1841. Desde entonces se han recogido o descubierto algunas otras poesías.

Casalduero señala dos épocas: la de iniciación hasta 1832 y la de madurez romántica, a partir de esa fecha. Entre las dos podría marcarse el período de la emigración en el cual el joven poeta sale de la órbita de Meléndez Valdés, de Quintana y de su maestro Lista y pasa por la influencia de Ossian, Walter Scott, Byron.

Los fragmentos del poema *Pelayo,* su primera obra, y algunas poesías escritas en la adolescencia tienen el interés de mostrar la iniciación de un poeta joven que pugna por crearse un estilo imitando los buenos modelos del neoclasicismo, y a algunos poetas antiguos, Góngora entre ellos. Aquí y allá asoma un romanticismo incipiente en el color de algunas imágenes, en el brío de la frase debido probablemente a revisiones hechas en Londres, según señaló Menéndez Pidal. Hay, por ejemplo, en el *Pelayo,* sensualidad ardiente, oriental, al hablar del placer en la "Descripción del serrallo"; cierta truculencia efectista en la adjetivación del "Cuadro del hambre" —"Pálido y flaco y lánguido con lento / Paso camina el moribundo hispano"; "Los ojos con horror, sin movimiento"; "El lívido semblante"— y algunas octavas de inspiración guerrera que anuncian el vigoroso ritmo bélico de la "Canción del pirata."

Las influencias ya señaladas de su estancia en Londres se reflejan en poesías como la ossiánica "Oscar y Malvina," "El himno al Sol," el "Canto del Cruzado" o la "Despedida del patriota griego," esta última traducida del inglés.

En la emigración se inicia con plenitud la poesía política, inspirada en dos pasiones inseparables —la de la patria y la de la libertad— que juntamente con la amorosa constituyen los motivos descollantes en el mundo poético de Espronceda.

El tema de la libertad toma formas muy varias según se combine con otros temas o sentimientos. En conjunción con el patriótico y la nota civil política aparece en las composiciones "A la patria," "Al dos de mayo" o en cantos a los héroes de las luchas liberales: "A la muerte de Chapalangarra," "A Torrijos." Los recuerdos de la retórica a lo Quintana y otros poetas del dos de mayo van adquiriendo expresión y acento nuevos: dolor, indignación, invectiva, invocaciones al pueblo vengador. Otro grupo está formado por poesías de exaltación bélica en las cuales la guerra se justifica como instrumento de la libertad y rebelión contra la tiranía: "A la degradación de Europa," el "Canto del cosaco."

Muy esproncediana es también la poesía que ensalza la libertad como sentimiento individual, ya glorificando al rebelde que impone su propia ley, "Canción del pirata," una de las composiciones más vigorosas de Espronceda y el manifiesto lírico del romanticismo español, según Casalduero; ya vindicando a los miserables, víctimas de una sociedad injusta, "El verdugo," "El reo de muerte," "El mendigo," o a la mujer caída en el vicio, "A Jarifa en una orgía."

En esta última canción, quizá la más típica de la musa atormentada del romanticismo, el sentimiento de libertad se funde con el otro tema más característico de Espronceda: el del amor fracasado y la felicidad imposible porque el ansia de placer destruye la pureza infantil, los nobles anhelos. El poeta en el delirio de la orgía y la embriaguez duda con sarcasmo de la virtud, de la religión, del arte. El placer, la pena y la amargura son las únicas realidades. Los mismos sentimientos —desilusión, hastío, lamentación del placer perdido, rebelión contra la realidad de la vida— se expresan con un lirismo más contenido, pero no menos pesimista, en "A una estrella," superior quizá en cuanto a calidad poética, y con un acento personal, elegíaco, como un grito de pasión, resuelta a través del recuerdo en una emoción humana en las cuarenta y cuatro octavas reales del *Canto a Teresa,* lo más duradero de toda la poesía del romanticismo español. Todos los estados del alma del poeta, desde la ilusión juvenil por el arte, la vida y el amor hasta la amargura de un desengaño definitivo, están registrados con un tono vibrante en este "desahogo del corazón" que forma la segunda parte de *El diablo mundo,* sin tener relación alguna con el resto de la obra.

Hay en la poesía de Espronceda otros temas menores —la religión, el sentimiento evocador del pasado, la naturaleza— que no presentan el relieve de los que hemos destacado. Habría que recordar aún algún soneto.

Junto a algunos de estos poemas cortos y, sobre todo, el *Canto a Teresa,* lo más valioso de la lírica de Espronceda, quizá su obra maestra, es la leyenda de *El estudiante de Salamanca,* en la cual el lirismo se objetiviza y funde con la poesía narrativa y dramática. Es el único poema legendario novelesco que escribió. En él sintetiza el espíritu tradicional con lo personal de su lirismo, la actitud byroniana y los temas mayores de la angustia romántica. El núcleo del poema se inspira en la leyenda de don Juan y más directamente en dos romances populares de "Lisardo, el estudiante de Córdoba." Se divide en cuatro partes y tiene, entre otros valores, el de fijar la estructura de la leyenda romántica. En cuanto a forma, de aquí proceden las de Zorrilla.

Parte I: ambiente: una calle obscura, a la medianoche, sombras y sonidos, misterio, choque de espadas, un hombre cae muerto en duelo. El matador desaparece; sigue el retrato del protagonista, el estudiante don Félix de Montemar: "Segundo don Juan Tenorio —Alma fiera e insolente". El mejor retrato de un héroe romántico en la poesía castellana, síntesis de la arrogancia españolísima de todos los don Juanes, reforzada por la cínica irreverencia byroniana y por la simpatía que Espronceda siente por su héroe. Retrato de Elvira: pureza, inocencia, tintas suaves, dulces, apagadas, en contraste bien estudiado con el vigoroso del protagonista.

Parte II: bellísimo nocturno en el jardín —noche serena, estrellas, la melancólica luna—, "el más hermoso romance lírico escrito hasta entonces," según Pedro Salinas; historia retrospectiva de la seducción de Elvira y su muerte por amor. Tono lírico, melancolía: "sobre ella un sauce su ramaje inclina, / sombra le presta en lánguido desmayo / y allá en la tarde, cuando el sol declina, / Baña su tumba en paz su último rayo."

Parte III: del estatismo de esta casi inmovilidad lírica pasamos a lo dramático en el rápido cuadro de los jugadores. Llegada del hermano de Elvira. Desafío.

Parte IV: frenética persecución del fantasma de una mujer enlutada, el cadáver de Elvira; don Félix, muerto también sin él saberlo, la sigue impávido en el mundo de ultratumba. Presencia su entierro; se interrumpe la visión macabra de pesadilla para hacer el poeta reflexiones sobre el dolor, el placer, la mentira de la existencia. Luego don Félix, escéptico ("La vida es la vida: cuando ella se acaba / Acaba con ella también el placer" o "Ya me he echado el alma atrás") desafía a la misma muerte. El poema termina con una frenética danza macabra cuyo ritmo acelera la variedad de metros, y con el desposorio de los amantes en la muerte. Al fin volvemos a la escena del principio, iluminada ahora por la luz del amanecer. Huyen las sombras. Queda sólo la voz de la leyenda que dice que aquella noche había venido el diablo a Salamanca a llevarse el alma de Montemar.

Es un poema fogoso, vibrante y, al mismo tiempo, sobrio, directo, sostenido. Contiene todos los temas del mundo lírico de Espronceda —aventura, amor, rebeldía, individualismo, satanismo, muerte— y una variedad de técnica poética que hace de su autor un verdadero virtuoso del verso.

Debe leerse el detenido análisis de Casalduero, para quien el poema representa la trascendentalización del *yo*, la rebeldía contra el orden del universo, la tensión entre vida y muerte.

La obra de mayor aliento y más altas aspiraciones de Espronceda es *El diablo mundo,* poema muy extenso compuesto de una introducción y seis cantos. Lo dejó, al parecer, sin concluir y se conservan dos fragmentos de un supuesto canto séptimo. Desigual y digresivo, obedece sin duda a un plan que va de la visión general y caótica del Universo a la experiencia concreta del hombre —el protagonista Adán— y de la sociedad. La línea de composición se interrumpe y deja la impresión de improvisación caprichosa y fragmentaria, como ocurre en la mayoría de los poemas largos románticos, especialmente en los de Byron que influyeron sin duda en el designio del poeta. En cuanto al tema o anécdota central —el viejo rejuvenecido o el descubrimiento y experiencia del mundo del hombre inocente— se le ha relacionado con el *Fausto* de Goethe, el *Ingenuo* de Voltaire y también con reminiscencias de Calderón y de Gracián. La afinidad que con tales antecedentes pueda tener es sin embargo vaguísima, más bien de sugestión y coincidencia en una preocupación —la del destino del hombre— que en maneras distintas se encontraría en muchos autores de todos los tiempos. En su forma, sus temas mayores y menores, sus aciertos y fallos es un poema típicamente romántico y esproncediano: ilusión del placer y del amor perdido, vida y muerte, individuo y sociedad, rebeldía y fracaso, visión de "la quimera —tras de que va la humanidad entera." En la introducción aparece el poeta en medio del desorden del universo, con coros de demonios y voces cómicas. Luego en la parte narrativa un viejo rejuvenecido, Adán, va descubriendo el mundo, la vida y la sociedad a través de diversas experiencias: cárcel, amor, crimen, dolor, muerte. Antes de que las experiencias de la vida comiencen propiamente, coloca el poeta el *Canto a Teresa*. Según él no tiene relación con el resto de la obra. Casalduero explica bien por qué está allí:

> Aquí nos encontramos estrictamente con la vida de Espronceda... Por eso lo incluye en *El diablo mundo,* por eso el lector puede saltárselo. Desde su vida, no desde la vida que es dolor y tragedia, sino desde el dolor y la tragedia de su vida ha contemplado a la humanidad; el *Canto a Teresa* es la atalaya desde la cual Espronceda ha abarcado la vida. El lector debe apresurarse a sustituir la vida del poeta con la suya. Sólo si hemos sentido la injusticia, sólo si hemos visto desvanecerse nuestros ideales podremos vivir el poema del mundo.

Es, como ya hemos dicho, lo más duradero del romanticismo español, además de un gran poema de amor y de dolor.

Combina *El diablo mundo,* con una riqueza grande de temas y digresiones de todo orden, lo narrativo y novelesco, lo dramático y lo lírico; lo fantástico y el cuadro realista; la meditación poética y la sátira; el exabrupto sarcástico y el grito de dolor. El pensamiento, más o menos auténtico y profundo, el humor y la sensualidad se entrelazan. Todo ello informe, fragmentario, inacabado, pero unido por el lirismo y el sentimiento, que dan tono a la obra. Junto a los mejores pasajes líricos, en los que se expresa la desilusión —más vital y cordial, que racional— del poeta, hay varios cuadros dramáticos bella y vigorosamente trazados; excelentes pasajes satíricos; personajes populares como el tío Lucas y Salada que son perfectas estilizaciones, en la vena de un costumbrismo, poético en este caso, típico de la otra cara romántica, la que mira con ojos nuevos a la realidad; hay un magnífico intermedio de poesía erótica, encuentro de Salada y Adán y luego la entrega, la unión de los amantes en el Canto V.

La crítica del siglo pasado y hasta la de tiempos recientes —como ocurrió con casi toda la obra de Espronceda y su propia personalidad— destacaron lo que había en el poema de intento fallido y aspiración excesiva, de énfasis, retórica y divagación. El siglo XX ha ido viendo cómo aun en medio de sus fallos —inherentes a la estética de su tiempo— se trata de un poema de valor considerable y ha rectificado la tacha de insinceridad que solía hacérsele. Véanse como muestra de esta nueva valoración los estudios de Casalduero y el de García Lorca que citamos en la bibliografía. En el último se señala, además, un tema fundamental, el del paraíso perdido, unido al de culpa y pecado.

Es, en suma, Espronceda el poeta mayor del romanticismo español. Tiene arranque lírico. Supo expresar con brío sentimientos que obedecían al influjo de época y no eran enteramente originales, pero que él hace suyos; que fluyen sinceramente a su verso. Es el poeta que en la literatura española en su momento sintió más la inquietud de los temas universales.

En cuanto a valores técnicos, es maestro en la construcción y en la variedad de metros; creó un vocabulario poético y un estilo que da el tono a una parte de la poesía castellana hasta la aparición de Rubén Darío.

**José Zorrilla: poeta y dramaturgo de la tradición nacional.** — Dos fechas resaltan en la historia anecdótica del romanticismo español: la noche del estreno de *Don Álvaro,* primera manifestación pública, y una tarde triste de febrero, dos años después, 1837, cuando "en silenciosa procesión centenares de jóvenes, con semblante melancólico, con ojos aterrados," seguían por las calles de Madrid el carro fúnebre que conducía el ataúd de Larra. La escena, descrita por Nicomedes Pastor Díaz en el prólogo a las obras de Zorrilla, tiene enorme sabor. Es por sí una estampa perfecta de la sociedad romántica.

Ya ha llegado la procesión al cementerio. Roca de Togores acaba de hacer el elogio del escritor muerto, de referir su borrascosa historia. Es la primera vez que se pronuncian discursos en un entierro. La emoción embarga a sus compañeros. Entonces, como si saliese del sepulcro, aparece un joven, casi un niño, para todos desconocido. Alza su pálido semblante, clava en la tumba y en el cielo una mirada sublime y empieza a leer con cortados y trémulos acentos:

> Ese vago clamor que rasga el viento
> Es la voz funeral de una campana:

Vano remedo del postrer lamento
De un cadáver sombrío y macilento
Que en sucio polvo dormirá mañana.

Siguió leyendo y Roca tuvo que arrancar los versos de su mano porque, desfallecido a fuerza de emoción, el mismo autor no pudo concluirlos. Asombro. Nadie sabe quién es el dichoso mortal "que tan nuevas y celestiales armonías nos había hecho escuchar." Un genio aparecía —así dice Pastor Díaz— sobre la tumba de otro. Y concluye: "los mismos que en fúnebre pompa habíamos conducido al ilustre Larra a la mansión de los muertos salimos de aquel recinto llevando en triunfo a otro poeta al mundo de los vivos y proclamando con entusiasmo el nombre de Zorrilla."

Así hizo su aparición en el mundo literario el poeta que iba a representar, con todas sus cualidades y defectos, lo más específico del movimiento romántico español en lo que tuvo de nacional. Había nacido el año 1817. En Valladolid, su ciudad natal, en Toledo y en otras viejas ciudades castellanas absorbió el ambiente del pasado y el espíritu de la tradición que serán los componentes mayores de sus dramas y leyendas. De niño y de joven dio pasto a su imaginación con la lectura de Walter Scott, Chateaubriand, Dumas, Victor Hugo, Fenimore Cooper, Hoffmann o de los románticos españoles, Rivas y, sobre todo, Espronceda, "oráculo divino" a quien "idolatraba," según dice en su pintoresca autobiografía *Recuerdos del tiempo viejo* (1880-1883). Caso claro, casi fatal, de vocación literaria, un año antes de su dramática aparición ante la tumba de Larra había huido de la casa paterna.

Hay, pues, entre la formación de Zorrilla y la de los otros poetas románticos que le preceden, ciertas diferencias que conviene tener en cuenta para entender la orientación de su obra. Rivas y Espronceda se forman, por una parte, en un ambiente literario todavía dominado por el neoclasicismo; por otra, en el extranjero, en la emigración. Sufren, por tanto, en sus centros principales el influjo directo de la revolución ideológica europea y de la nueva sensibilidad a ella aneja. La formación literaria de Zorrilla es, en cambio, íntegramente romántica y española. Espronceda forma su estilo juvenil imitando a Meléndez Valdés o a Quintana antes de que Byron y otros poetas extranjeros influyan en él. Zorrilla despierta a la poesía leyendo a Espronceda y a Rivas. De Espronceda toma el estilo sonoro, lo que de más externo hay en su lirismo y la rapidez de sus cuadros dramáticos; Rivas le indicará el camino hacia el romanticismo de tipo histórico que es el que al fin predomina en toda su poesía. De los extranjeros, Hugo y Dumas, toma algunos aspectos técnicos y el elemento novelesco dramático de algunas de sus obras, pero no el espíritu ni las ideas. Todo el arte de Zorrilla se resentirá precisamente de pobreza de sentimiento y de ideas. Los problemas espirituales no existen en su mundo poético, como tampoco existe, sino como eco, la intimidad lírica. La religión, uno de sus temas predilectos, es la religión tradicional de la fe popular, sin dudas ni inquietudes, religión del milagro y lo maravilloso. Con Zorrilla se nacionaliza definitivamente el movimiento romántico español. El autor de las leyendas se identifica con el genio nacional y sabe recrear con extraordinaria fantasía el mundo caballeresco del pasado. Es un enamorado de la España heroica, legendaria, medieval, cristiana y árabe, y de la España filipesca —capa y espada— del siglo XVII y logra crear con plasticidad y dramatismo el retrato poético de esa España: galanes donjuanescos, aventureros; figuras históricas como El Cid o el rey don Pedro; jueces severos; capitanes que parten hacia Flandes o hacia Italia en busca del amor y de la guerra; imágenes milagrosas sobre un fondo escenográfico de callejas vetustas, palacios señoriales, encrucijadas, torres y almenas, alcázares y claustros góticos.

El *Romancero,* el teatro del Siglo de Oro, especialmente el de los dramaturgos del ciclo de Calderón, y las leyendas recogidas en libros como la *Historia de España* de Mariana o en recopilaciones histórico-novelescas de otros autores menos conocidos como el doctor Cristóbal Lozano —de quien procede también el *Estudiante* de Espronceda— fueron sus fuentes principales. Posee además la intuición de la lengua que maneja con facilidad asombrosa. Escribe probablemente algunos de los peores versos castellanos, pero, al lado de ellos, miles de versos excelentes por el colorido, la vitalidad, la música, el efecto.

Hizo vida de poeta profesional, pobre y bohemio, dedicado por entero a su obra como un moderno juglar. Él mismo se consideraba un trovador errante llamado a cantar las glorias españolas:

> Mi voz, mi corazón, mi fantasía
> La gloria cantan de la patria mía.

Tras de darse a conocer colabora en revistas como *El Español* y *El Porvenir,* en las que publica numerosos poemas y leyendas. Pronto forman varios volúmenes. A partir de 1839 alterna la poesía con el drama. Estrena seis, antes de 1842. Escribe —si hemos de creerle— *El puñal del godo* en veinticuatro horas. De su triunfo tenemos un precioso documento: el cuadro "Una lectura de Zorrilla en el estudio de Esquivel," donde aparece, en el centro, el poeta aún muy joven, rodeado de la cohorte romántica presidida por las figuras más ilustres de la vieja generación: Martínez de la Rosa, Gallego, Quintana, Bretón, Mesonero. Con el estreno de *Don Juan Tenorio* (1844) y de *Traidor, inconfeso y mártir* (1849) la carrera de Zorrilla llega a la cumbre.

Cuando sale de España y va a Francia (1850), o a Méjico (1855) —donde permanecerá diez años— ha escrito lo mejor de su obra, y el romanticismo está ya en vías de liquidación. En su vejez —murió en 1893— leía sus versos en público. Era en la España de la Restauración un superviviente del fervor romántico de otra edad que recuerda con nostalgia en la ya citada autobiografía.

Zorrilla fue poeta fecundísimo. No tiene el refinado sentido artístico de Lope, con quien a veces se le compara, pero sí su don natural de versificador. Resulta difícil de valorar por la abundancia, la espontaneidad y la técnica poco cuidada; hasta en sus momentos más felices se advierte la falta de selección. Su obra puede clasificarse en tres apartados: poesía lírica, poesía legendaria y poesía dramática o teatro.

La parte lírica está constituida por centenares de poesías cortas en las que encontramos, con mayor variedad que en ninguno de sus contemporáneos, todos los temas, sentimientos y formas del romanticismo: bellas descripciones de la naturaleza: "Al margen de un arroyo," "Crepúsculo de la tarde"; emoción religiosa: "La virgen al pie de la cruz"; poesía filosófica: "Gloria y orgullo"; cuadros de evocación histórica: "A Toledo," "Un recuerdo del Arlanza"; poesías de misterio y muerte: "A una calavera," "Al reloj"; y algunas de tono íntimo: "Un recuerdo y un suspiro," "A Blanca," "Las hojas secas." Habla demasiado de sí mismo, pero el lirismo es casi siempre más retórico que sentido. Lo bueno aquí, como en el resto de su obra, son las descripciones y los efectos a veces sorprendentes del verso, dinámico, musical, lleno de color, de una enorme variedad métrica.

Mención separada, dentro de este aspecto de Zorrilla como poeta lírico, merecen las "Orientales." Aunque imita a Victor Hugo, en varias de ellas consigue dar un sello propio a la recreación de los temas moriscos. Este orientalismo lo desarrolló después ampliamente en una de sus obras de mayor aliento, el poema *Granada* (1852), sobre la conquista de la ciudad por los Reyes Católicos y las luchas civiles que la precedieron. Es la obra mejor del orientalismo romántico en España. Desigual y excesiva, como casi todo lo de Zorrilla, tiene pasajes de extraordinaria poesía narrativa; otros, de un lujo imaginativo deslumbrador por el detalle a cuya percepción contribuyen todos los sentidos, y en el conjunto deja una visión brillante e idealizada del refinado mundo árabe granadino en vísperas de su desaparición.

En lo que Zorrilla no tiene rival en su tiempo es en la poesía legendaria, ya en forma narrativa, ya dramática. En rigor, leyenda y drama tienen asuntos semejantes, el mismo espíritu y hasta una técnica parecida sin más diferencia que las impuestas por el medio que usa. Leyendas como "El capitán Montoya," "A buen juez mejor testigo," "Para verdades el tiempo y para justicia Dios," son pequeños dramas escritos en forma narrativa. Obras teatrales como *Don Juan Tenorio, Traidor, inconfeso y mártir, El puñal del godo* o *El zapatero y el Rey* son como leyendas escenificadas. Pero en unos y otros se da vida al mismo mundo histórico-poético del pasado ; se advierte el mismo tino para recrear los ambientes, la misma penetración en el carácter nacional y el mismo dinamismo teatral.

No es posible detenerse a analizar ninguna de las innumerables leyendas que recogió en varios libros —*Recuerdos y fantasías, Cantos del Trovador, Vigilias del estío*—, publicó sueltas o incluyó en las colecciones de poesía lírica. Entre las más populares, además de las mencionadas, deben citarse "Margarita la tornera," "El escultor y el duque," "Un testigo de bronce," "Justicias del rey don Pedro" o alguna de carácter más lírico y fantástico, a imitación de Hoffman, como "La pasionaria."

Mayor variedad, si cabe, e igual abundancia presenta el teatro. Hay aquí tragedias fantásticas : *Sofronia, La copa de marfil* ; dramas de espectáculo como *El diluvio universal* ; comedias de capa y espada : *Vivir loco y morir más, La mejor razón la espada* ; dramas histórico-legendarios : *Sancho García, El rey loco, El puñal del godo* y *Traidor, inconfeso y mártir,* y las dos comedias de *El zapatero y el Rey.* En estas últimas, consideradas como las obras maestras en su género, al recrear dos temas de las leyendas de Pedro I el Cruel, prueba Zorrilla hasta qué punto estaba penetrado del verdadero sentimiento tradicional que inspiró el teatro del Siglo de Oro. Los antiguos conceptos de la justicia, el honor y la lealtad renacen en estas comedias de Zorrilla mezclados con ciertos convencionalismos románticos, pero fieles en lo esencial al espíritu de la tradición. Estos dramas, igual que sus leyendas, representan la nacionalización definitiva del romanticismo español, que no sigue el camino de exageración sentimental y glorificación del individuo, sino que retorna al espíritu épico-heroico de la antigua comedia y el romancero.

Una obra de Zorrilla sobrevive a todas las demás : el drama *Don Juan Tenorio,* que ha llegado a ser la creación de la literatura castellana más conocida en el mundo de habla española por el público general. Todos los años, el día 1 de noviembre, como si se tratase de un rito, se lleva a la escena en casi todas las ciudades de España. Zorrilla vuelve a dar vida —con la técnica y la sensibilidad románticas— a la figura del "burlador" creada por Tirso. La obra es de un teatralismo consumado, desde la escena primera en la hostería con su fondo misterioso de enmascarados y las jactancias de don Luis y don Juan en la famosa apuesta, hasta que cae el telón mientras el alma de don Juan, salvado por el amor de doña Inés, asciende al cielo en una apoteosis de estatuas sepulcrales, flores, cantos y luz de aurora. Los efectos se suceden sin que el espectador tenga tiempo de reponerse, pero siempre dentro de una acción sostenida con un ritmo dramático justo y eficaz. Los versos sonoros, cargados de vitalidad, que todos los españoles saben de memoria, encuentran siempre eco en el ánimo del oyente. Los desplantes donjuanescos, el chocar de espadas, la violencia en todas sus formas alternan con intermedios cómicos perfectamente dosificados a cargo del gracioso Ciutti y de la dueña o alcahueta Brígida. Y la dramática confrontación del protagonista con don Luis o el Comendador, padre severo y vengativo, se resuelve en apasionado lirismo sentimental cuando don Juan encuentra en el amor candoroso de doña Inés el camino de su purificación a través del arrepentimiento. Aquí es cuando Zorrilla descubre con infalible intuición artística el secreto de la substancia romántica y popular de su drama, dando sentido nuevo a un tema viejo. El salvar a don Juan —la redención por amor— es su gran acierto porque, sin falsear las implicaciones religiosas del tema (don Juan se arrepiente y por tanto puede salvarse dentro de la ortodoxia), combina la justificación por amor, que es uno de los conceptos básicos del espíritu romántico, con la misteriosa simpatía que el valor arrogante del seductor inspira en el pueblo español.

Espronceda, más inmerso en el sentimiento revolucionario del romanticismo, crea en don Félix de Montemar el símbolo de la rebeldía escéptica, satánica, que desafía a la realidad y a la muerte; el sentimiento tradicional y cristiano de Zorrilla crea un don Juan en apariencia tan satánico y tan poseído de poder fascinador como Montemar, pero que sucumbe ante la pureza. Son dos posiciones distintas que señalan las diferencias fundamentales entre los dos poetas. A Espronceda le llegan las inquietudes filosóficas del romanticismo europeo. Zorrilla es íntegramente nacional; su mundo poético está limitado por las ideas firmes que recibe de la tradición.

Hacia 1850 la estrella de Zorrilla e incluso su capacidad creativa empiezan a declinar y termina el movimiento romántico que, como tal, dura en España poco más de diez años. La crítica de la segunda mitad del siglo, la del realismo, fue bastante dura con él. Valera y Revilla, por ejemplo, sólo vieron sus defectos. Al aproximarse la época contemporánea, se le juzga con más simpatía. Clarín lo admira y Navarro Ledesma hace un juicio entusiasta, exagerado, pero no enteramente sin fundamento. Dice:

> Zorrilla, sin la pasión y el arrebato lírico de Espronceda, sin la severa majestad del duque de Rivas, sin el aparato de grandeza conseguido por Quintana, sin la enfermiza ternura de Bécquer, sin el inmenso caudal de ideas poéticas de Campoamor, vale por todos y, en algún respecto, a todos los sobrepuja, lo mismo que Lope excede y aventaja a los demás grandes dramaturgos del Siglo de Oro.

# VII. Otros autores y aspectos del romanticismo

El movimiento romántico representó en España un verdadero renacimiento literario. Junto a los escritores de primera clase estudiados en las páginas anteriores, surgieron otros muchos de bastante mérito. La actividad artística se extendió a todos los campos y arrojó nuevas semillas que fructificaron en las generaciones siguientes. Es una época, en conjunto, no comparable con la gran plenitud de los Siglos de Oro, pero que reanuda en las letras españolas, sobre todo en el drama y la poesía, el hilo interrumpido durante la larga decadencia que sigue a la muerte de Calderón.

Recordaremos en un resumen rápido los nombres de los autores más importantes y las tendencias de mayor significación.

Hay entre los autores, hoy considerados como románticos menores, personalidades de gran relieve en su tiempo. Casi todos pasaron por una época de profesionalismo literario y cultivaron varios géneros, afirmando la autonomía e independencia del artista; tras de lo cual muchos pasaron a ocupar puestos destacados en la política, el ejército, la diplomacia o la alta sociedad, dando una tonalidad brillante a la vida artística y literaria, que pocas veces ha tenido un aura de prestigio e influencia análoga a la de estos años.

**El teatro romántico.** — Entre el estreno de *Don Álvaro* y el de *Don Juan Tenorio* se representan dos dramas que consolidan el triunfo de la nueva escuela y merecen contarse entre las producciones valiosas del romanticismo: *El trovador* de Antonio García Gutiérrez (1812-1884), estrenado con éxito clamoroso en 1836, y *Los amantes de Teruel* (1837) de Juan Eugenio Hartzenbusch (1806-1880).

*El trovador* dramatiza en prosa y verso, como *Don Álvaro,* un tema legendario de la Edad Media aragonesa. Tiene un héroe, Manrique, en el que se acusa aún con mayor carácter sentimental y novelesco que en Don Álvaro la imagen del protagonista romántico, y una historia complicada de amores y odios, conjuraciones y venganzas. Lucha de dos hermanos motivada por rivalidades amorosas y políticas. Una vieja gitana, Azucena, poseída de furor vengativo. El ambiente es caballeresco y exótico; Palacio de la Aljafería, convento, las cuevas de los gitanos alumbradas por las hogueras en la noche, campamento de rebeldes, un calabozo obscuro. Versos de lirismo melancólico. Patetismo, color, musicalidad. Amor y muerte, religión y violencia sobre un fondo a la par histórico y legendario, misterioso. Casi sin ninguna variación pasó a ser con la partitura de Verdi una de las óperas más conocidas y típicas del repertorio romántico.

*Los amantes de Teruel,* basado en una hermosa leyenda utilizada ya por Tirso y Pérez de Montalbán en el teatro clásico, se distingue por un lirismo menos fogoso que el de *El trovador* y la mesura en la sublimación de la fidelidad amorosa. Los amantes —Diego e Isabel— son víctimas de una pasión inevitable. Mueren de dolor porque el deber y la vida los han separado, para unirse en un mundo donde nada los puede separar.

Tanto García Gutiérrez como Hartzenbusch escribieron otros numerosos dramas y la evolución de su teatro ilustra bien el fenómeno que hemos observado ya en Rivas y Zorrilla: la derivación hacia lo histórico, con un cierto contenido liberal, social e ideológico en varios dramas de García Gutiérrez: *Venganza catalana* y *Juan Lorenzo*; de tipo épico-tradicional en Hartzenbusch, como *La jura en Santa Gadea,* que dramatiza una leyenda del Cid.

Entre otros autores de idéntica tendencia pueden citarse Antonio Gil y Zárate, Tomás Rodríguez Rubí y Patricio de la Escosura. Por la fecha corresponde también al período romántico un buen drama, de tipo distinto: *Don Francisco de Quevedo* (1848), cuyo autor Eulogio Florentino Sanz (1822-1881) pertenece ya a la generación post-romántica.

**La comedia neoclásica y de costumbres.** — El éxito del drama propiamente romántico fue breve y, como ya hemos visto, tras los primeros triunfos, evolucionó hacia el teatro de tema histórico y espíritu nacional. Entre tanto la popularidad en los escenarios parece corresponder o bien a obras traducidas o a las imitaciones de la comedia moratiniana que, aun conservando la forma neoclásica, fueron adquiriendo un carácter nuevo, costumbrista. El escritor que mejor representa esta transformación y una de las personalidades más típicas de su tiempo es Manuel Bretón de los Herreros (1796-1873), poeta, periodista, fecundo traductor del teatro francés —Racine, Voltaire, Scribe, Delavigne— refundidor de comedias antiguas españolas y autor de unas cien obras originales, buena prueba de su éxito. No posee su teatro ni la corrección, ni la claridad, ni la finura psicológica del de Moratín, pero le aventaja quizá en naturalidad y vena cómica, cualidades por las que sobresalen sus comedias satíricas como *Marcela o ¿cuál de los tres?, A Madrid me vuelvo, Muérete y verás, El pelo de la dehesa,* etc. Su mayor innovación consiste probablemente en haber incorporado al teatro personajes, tipos, prejuicios y pequeños conflictos de la nueva clase media en un diálogo que reproduce con fidelidad el habla usual de esa clase. Se aleja por igual tanto del lenguaje, siempre correcto y clásico de Moratín, como del popularismo vulgar de don Ramón de la Cruz. Crea, pues, Bretón, el teatro de costumbres burguesas, paralelo de la prosa costumbrista de Mesonero Romanos.

Entre la comedia satírica de Bretón y el drama de pasiones románticas podría situarse la obra dramática de Ventura de la Vega (1807-1865), nacido en Buenos Aires pero incorporado íntegramente a la vida española, amigo y compañero de Espronceda y los escritores de su grupo. Se le considera como creador de "la alta comedia" y exponente de lo que se ha llamado el eclecticismo, es decir, la adaptación del romanticismo a moldes realistas y en tal sentido la evolución hacia el realismo idealista.

Escribió dramas históricos con un sentido más clásico que romántico; algunas tragedias como *La muerte de César*; adaptaciones de comedias francesas, especialmente de Scribe; y comedias originales de carácter intermedio entre las de Moratín y la moderna comedia de crítica social. La mejor es *El hombre de mundo*. Es, finalmente, uno de los iniciadores de la zarzuela moderna. Entre otras muchas sobresale *Jugar con fuego* con música de Barbieri, el primero de los grandes compositores de este género tan popular en el teatro español posterior al romanticismo.

**La poesía.** — Junto a Rivas, Espronceda y Zorrilla, numerosos poetas secundarios, y entre ellos algunos muy estimables, hacen del romanticismo un momento de cierta plenitud poética. En tanto que el drama está hoy casi enteramente olvidado, parte de la poesía romántica de los líricos menores se lee aún con placer; tiene valor permanente. En todos se advierten las huellas de los maestros o las afinidades con el tipo de poesía en el que sobresalen: el estilo plástico y narrativo de Rivas con sus intentos de recreación histórica; la inspiración nacional de la leyenda a lo Zorrilla; los temas y sentimientos líricos de Espronceda o de poetas extranjeros como Hugo, Byron o Lamartine.

Como es de esperar en una época de tono tan definido, presenta la poesía un carácter bastante uniforme en versificación, lenguaje, temas y sensibilidad. Pero dentro de los aspectos comunes se transparenta la voz propia de varios poetas; voz con frecuencia más pura, de mayor autenticidad, que la de los poetas mayores. En éstos —Espronceda y Zorrilla— a veces pesan demasiado la retórica, la pompa, la afectación. Por el contrario, algunos líricos de obra más limitada nos sorprenden por la delicadeza o sinceridad de sus sentimientos y la finura de expresión.

Tal es el caso de Enrique Gil y Carrasco (1815-1848), poeta melancólico de tintas suaves, cantor de la naturaleza en sus aspectos más tenues: "La violeta," "La niebla," "La gota de rocío."

De lirismo enfermizo, sensual y de estilo fácil, lleno de color pero sorprendente por lo intenso de su pasión, es la poesía del eclesiástico valenciano Juan Arolas (1805-1849), cuya imaginación encendida por visiones de un orientalismo voluptuoso le hizo terminar en la locura. Sus poesías más características son "La odalisca," "La canción de Alí," entre las orientales, y "Sé más feliz que yo," entre las puramente líricas.

Nicomedes Pastor Díaz (1811-1866), gallego, representa con Gil y Carrasco la poesía céltica, nórdica, pero en forma mucho más violenta y sombría, pesimista. Es el poeta de lo obscuro. Véase "La mariposa negra," "La sirena negra," "En mi inspiración."

Un sevillano, Gabriel García Tassara (1817-1875), poeta de estro religioso y filosófico, reanuda la tradición grandilocuente de Herrera. Dos poetas catalanes, Manuel de Cabanyes (1808-1833) y Pablo Piferrer (1818-1848) poseen fisonomía propia y valor lírico muy genuino. El primero se destaca en el período de transición. Piferrer sobresale por el carácter evocador prebecqueriano de sus leyendas y el ritmo musical del verso. Merece ser recordado además, con el salmantino Ventura Ruiz Aguilera (1820-1881) —perteneciente éste a la generación siguiente— como iniciador del retorno hacia la lírica de tradición popular. Por último debe mencionarse que, por el nacimiento, es contemporáneo de estos poetas el escritor que va a representar años más tarde el prosaísmo en la poesía, Ramón de Campoamor, nacido en 1817. Podrían citarse otros muchos nombres entre los poetas típicamente románticos, pero nos limitaremos ya a llamar la atención sobre algunas tendencias especiales.

La continuación de una poesía de tradición clásica académica que admite sin embargo elementos de la nueva escuela está representada por Alberto Lista, Ventura de la Vega y Juan González de la Pezuela, Conde de Cheste, traductor de Dante, Camoens, Ariosto y Tasso.

En la poesía femenina brillan Carolina Coronado, temperamento dulce y sensible, y la cubana Gertrudis Gómez de Avellaneda, personalidad muy interesante y bien dotada, que descolló como poetisa de variados sentimientos y de técnica muy rica, y como autora de algunos dramas inspirados. Su personalidad pertenece al romanticismo español por haber vivido largo tiempo en España, muy identificada con el movimiento, pero acusa ya notas que caracterizarán a la poesía femenina hispanoamericana.

Abunda también en esta época la poesía cómico-satírica, representada por Bretón de los Herreros y Juan Martínez Villegas y enderezada casi siempre a la parodia, a burlarse en forma generalmente un poco tosca de las exageraciones románticas.

Y durante el romanticismo se opera un fenómeno importante: el renacimiento de la antigua lírica regional, iniciado en Cataluña por Buenaventura Carlos Aribau y en Galicia por un grupo de poetas entre los que sobresaldrá un poco después Rosalía de Castro, poetisa de extraordinaria sensibilidad y genio lírico.

Para completar el cuadro de la poesía romántica deben añadirse algunas notas marginales:

Se ha señalado el año 1840, al que Peers califica de "Annus mirabilis" o "año maravilloso," como el de culminación poética. Se publican en ese año además de las *Poesías* y los comienzos de *El diablo mundo* de Espronceda, libros de Miguel de los Santos Álvarez, Pastor Díaz, Bermúdez de Castro, García Gutiérrez (*Poesías*), Miguel Agustín Príncipe, Romero Larrañaga, Zorrilla, Arolas y otros. Es el año en que se da a conocer Campoamor, con *Ternezas y Flores*.

Aunque destacados aquí como poetas, casi todos los escritores citados se distinguieron, a veces con ventaja, en otros géneros: teatro, costumbrismo, novela, prosa varia. Gil y Carrasco, por ejemplo, además de ser un crítico singularmente penetrante, escribe la mejor prosa poética del romanticismo español y es el autor de la mejor novela histórica. Y

Pastor Díaz —crítico asimismo y personalidad descollante en la vida pública— es autor de una curiosísima novela *De Villahermosa a la China* —de tipo íntimo y melancólico muy distinto al resto de la prosa narrativa— y de una amplia *Galería de españoles célebres contemporáneos,* importante testimonio crítico de la época.

Es, por último, nota sugestiva la presencia entre los románticos de varios hispanoamericanos, al menos de nacimiento: la Avellaneda, cubana; Ventura de la Vega, argentino; Ros de Olano y Heriberto García de Quevedo, venezolanos; Gorostiza, mejicano; Pezuela, nacido en Lima. Y como complemento, la residencia en América, a veces por largo tiempo y con influencia considerable, de escritores como Mora, Salas y Quiroga, Zorrilla o Fernando Velarde, escritor totalmente olvidado en España, que pasa por ser uno de los iniciadores del romanticismo en el Perú. Otros estuvieron en América, en función militar, política y diplomática. Y dos románticos al menos se vincularon a la vida norteamericana, Carolina Coronado, a través de su matrimonio, y García Tassara, embajador en Washington durante cerca de diez años.

**La prosa: novela, costumbrismo, crítica.** — Existe en el romanticismo español una manifiesta desproporción entre el valor literario de la poesía, sea dramática o lírica, y la prosa. Con la excepción importante de Larra y, con modalidades distintas, otros dos escritores de costumbres, Mesonero Romanos y Estébanez Calderón, no hay prosistas de categoría en toda la época, aunque en la crítica o la literatura de ideas hay alguna personalidad de cierto relieve.

Según vimos, el movimiento se inicia verdaderamente en la prosa con las primeras novelas históricas de Trueba y Cossío y López Soler, a imitación de Walter Scott. Después, este tipo de novela adquiere una boga extraordinaria. Es cultivado por todos los escritores pero, por alguna causa inexplicable en un país que contaba con la tradición novelesca de España, el género no cuaja y es hoy el más definitivamente olvidado de toda la producción romántica. Claro que aun sin ánimo de comparación lo mismo podría decirse, en parte, de las obras de Scott o Hugo. Sólo una novela histórica del romanticismo, *I promessi sposi* de Manzoni, conserva su rango de gran obra literaria. Por lo que respecta al romanticismo español, sólo un par de novelas históricas merecen recordarse: *El doncel* de Larra y *El señor de Bembibre* (1844) de Enrique Gil y Carrasco. Y en cuanto a ésta, la mejor obra de su tipo, su valor, más que al argumento —de carácter parecido al de varios dramas— o a la propiedad de la reconstrucción histórica y la invención novelesca, se debe al tono poético de muchos pasajes en los cuales encontramos las mismas notas de melancolía, intimidad y sentimiento de la naturaleza que hemos señalado en el lirismo de su autor.

El escaso valor que para un lector actual conserva la novela histórica contrasta con su abundancia y popularidad, con el fenómeno literario-sociológico —que es uno de los mayores del romanticismo— de la aparición del lector de novelas. Continuó "el frenesí de las traducciones" de que habla Montesinos, cuya obra es de consulta imprescindible para quien quiera estudiar tal fenómeno. Por lo que respecta a la producción española, bastante cuantiosa, deben consultarse el libro de Zellers sobre la novela histórica, y el de Brown sobre ésta y otros tipos de novela —social, de costumbres y hechos contemporáneos, etc.— de los que nos ocuparemos brevemente al trazar los orígenes de la novela llamada realista.

Mayor trascendencia tuvo el desarrollo de la literatura costumbrista, cuya lectura aún conserva algún interés. Fueron sus maestros, Larra (Fígaro), de quien ya nos hemos ocupado, Ramón de Mesonero Romanos (El Curioso Parlante) (1802-1882) que reunió sus artículos en varios libros de los cuales los que más valen son *Panorama matritense* (1832-1835) y *Escenas matritenses* (1836-1842); y Serafín Estébanez Calderón (El Solitario) (1796-1867), el autor de las *Escenas andaluzas* (1847). En ambos renace en parte el sabor de la prosa castiza, la de los escritores del siglo XVII, y ambos son antecedentes, dignos de tenerse en cuenta, de los novelistas posteriores. En las sagaces cualidades de buen observador, en el liberalismo tolerante, burgués y comprensivo con que Mesonero retrata la vida madrileña en todos sus detalles, tipos y caracteres, aprendió mucho Galdós, según él mismo confesaba. En el costumbrismo regional, en el tradicionalismo y en la pintura castiza de tipos populares de Estébanez se inspiraron Fernán Caballero, Alarcón y Valera, para crear la novela regional andaluza.

Ya en su tiempo debatieron los interesados y después siguió debatiéndose quién fue el iniciador del género. Montesinos en otro libro reciente (*Costumbrismo y novela*) ha expuesto la cuestión en sus verdaderos términos. En rigor la discusión es un tanto baldía, ya que, salvo intentos primerizos como *El Duende satírico* de Larra, los tres comenzaron su colaboración con poca diferencia de tiempo —entre 1831 y 32— en *Cartas Españolas,* donde el cuadro de costumbres recibe su sello distintivo. Por otro lado, sería necesario no olvidar que aquí también, como en la novela y el teatro, se adelantaron los emigrados —Mora, por ejemplo— según puede verse en el libro de Lloréns.

Lo que sí es digno de señalarse es el hecho de que sea el costumbrismo el tipo de literatura del período romántico en el cual se funden y combinan mejor las influencias extranjeras —inglesas, francesas como la de Jouy— con la tradición española de la prosa clásica: el costumbrismo del siglo XVII, que a su vez había influido en otros países. Nuevo fenómeno de "ida y vuelta" tan repetido en el romanticismo.

Mesonero, además de sus cuadros de costumbres, dejó una obra documental del mayor interés para el estudio de la época en las *Memorias de un setentón* (1880), mina que explotó mucho Galdós en sus *Episodios Nacionales* y en varias novelas madrileñas.

El cuadro de costumbres, igual que la novela histórica, fue género cultivado por todos los escritores de la época. De la colaboración de muchos de ellos salió la obra *Los españoles pintados por sí mismos* (1843), culminación —con todos sus derivados— del género, excelentemente estudiado por Margarita Da Cal. Su libro, juntamente con el de Montesinos y una amplia Antología de Correa Calderón, hacen que sea probablemente el costumbrismo la forma literaria del período romántico que hoy podemos conocer con más precisión.

Con el costumbrismo se relacionan dos fenómenos muy característicos de la literatura del siglo: el enorme desarrollo del periodismo y el deseo de conocer el país en el aspecto artístico, histórico, folklórico. De ese deseo nacieron periódicos como el *Semanario Pintoresco Español,* dirigido por el mismo Mesonero, y obras como la colección de *Recuerdos y bellezas de España,* dirigida por Piferrer, Parcerisa y José María Quadrado o numerosas historias locales.

Al espíritu histórico del romanticismo se debe también el gran desarrollo en este período y el posterior de la crítica literaria en formas muy diversas y el comienzo de la erudición crítica e histórica moderna. En la crítica de tipo más general y periodístico habría que recordar a Eugenio de Ochoa y Antonio Ferrer del Río. Entre los eruditos a Agustín Durán, Gayangos, Pedro José Pidal, el marqués de Valmar, A. Fernández Guerra, Amador de los Ríos, Manuel Cañete, y a bibliógrafos como Manuel Bartolomé Gallardo y Cayetano Alberto de la Barrera. Sobre todos se destaca por su sentido más moderno la figura de Manuel Milá y Fontanals, el fundador y maestro del medievalismo español en obras como *De los trovadores en España* (1861) y *De la poesía heroico-popular castellana* (1874). Un romántico tan caracterizado como Buenaventura C. Aribau, antiguo redactor de *El Europeo* y poeta del renacimiento catalán, inicia en colaboración con el editor Manuel Rivadeneyra la publicación de la *Biblioteca de Autores Españoles,* la primera colección importante de textos de la literatura castellana.

En el campo del pensamiento y el ensayo filosófico terminó también por imperar el tradicionalismo: religión y patria. Se han olvidado el ensayo, el periodismo y los grandes discursos parlamentarios de políticos y escritores liberales, con las excepciones de la figura siempre presente de Larra y acaso la de un escritor de obra casi totalmente ajena a la literatura y cuyo ideario procede del siglo XVIII: el economista Álvaro Flórez Estrada. En cambio, se recuerdan y aún se leen dos escritores católicos: Jaime Balmes (1810-48) y Juan Donoso Cortés (1809-1853).

Éste fue orador de altos vuelos y figura brillante en la política y la diplomacia. Lo más importante de su obra es el *Ensayo sobre el catolicismo, el liberalismo y el socialismo considerados en sus principios fundamentales* (1851), libro que, a pesar del extremado carácter combativo y apocalíptico de las ideas, tiene interés tanto por el fuego de la prosa, de gran retórica, como por la absoluta convicción tradicionalista que le inspira y sus atisbos de interpretación histórica.

Balmes es el pensador más importante de su tiempo. Fue sacerdote y como periodista católico de combate intentó en algunas de sus campañas trazar normas conciliadoras para los bandos políticos e ideológicos que dividían a España, pero la parte más característica de su obra pertenece al campo de la filosofía y su estudio corresponde a la historia de las ideas. Sólo las *Cartas a un escéptico en materia de religión* y uno de sus libros principales, *El protestantismo comparado con el catolicismo en sus relaciones con la civilización europea* (1844), pueden en cierto modo entrar en la historia de la literatura. Más que obra filosófica en el sentido técnico, esta confrontación de las dos grandes ramas de la religión cristiana es un extenso ensayo sobre la cultura y la historia occidentales, en el que se propuso refutar la tesis del francés Guizot en *l'Histoire de la civilisation en Europe et en France.*

Entre tanto, en pleno romanticismo se preparaba la iniciación de un poderoso movimiento intelectual de tipo moderno y raíces románticas con el viaje a varias capitales europeas y la estancia en Alemania entre 1843-1844 del fundador del krausismo español, Julián Sanz del Río.

[Selecciones: del Río, *Antología* II, págs. 112-240.]

# BIBLIOGRAFÍA

GENERAL

a. *Historias y estudios.*

M. A. S. Hume, *Modern Spain,* London, 1906.

H. B. Clarke, *Modern Spain,* London, 1906.

F. Pi Margall y F. Pi y Arsuaga, *Historia de España en el siglo XIX,* Barcelona, 1931.

J. Mercader Riva, *El siglo XIX* (*Historia de la cultura española,* Seix Barral), Barcelona, 1957.

Conde de Toreno, *Historia del levantamiento, guerra y revolución de España,* Madrid, 1835-37, 3 vols.

V. Lloréns, *Liberales y románticos. Una emigración española en Inglaterra* (1823-1834), México, 1954.

J. Sarrailh, "L'emigration et le romantisme espagnol," en *Enquêtes romantiques,* París, 1937.

F. Blanco García, *La literatura española en el siglo XIX,* Madrid, 1891-1894, 3 vols.

*Historia General...,* Barna, Barcelona, 1957, vol. IV, segunda parte (Véanse los estudios de J. Campos, E. Correa Calderón y N. Alonso Cortés).

N. Pastor Díaz y F. de Cárdenas, *Galería de españoles célebres contemporáneos,* Madrid, 1841-1846, 9 vols.

D. A. Ferrer del Río, *Galería de la literatura española,* Madrid, 1846.

J. Valera, *La poesía lírica y épica en la España del siglo XIX,* en *Obras completas,* vol. XXXII y XXXIII.

Boris de Tannenberg, *La poésie castillane contemporaine,* Paris, 1889.

E. Piñeyro, *El romanticismo en España,* Paris, 1904 (Trad. inglesa de E. A. Peers, *The Romantics of Spain,* Liverpool, 1934).

A. Castro, *Les grands romantiques espagnols,* Paris, s. a.

A. Farinelli, *Il romanticismo nel mondo latino,* Torino, 1927.

E. Ospina, *El romanticismo: estudio de sus caracteres esenciales en la poesía europea y colombiana,* Madrid, 1927.

F. C. Tarr, *Romanticism in Spain and Spanish Romanticism,* Liverpool, 1939.

E. A. Peers, *A History of the Romantic Movement in Spain,* Cambridge, 1940, 2 vols., trad. española. Madrid, 1954 (Peers es autor además de numerosas monografías sobre el romanticismo español).

G. Díaz-Plaja, *Introducción al estudio del romanticismo español,* 2.ª ed., Madrid, 1942.

A. del Río, "Present Trends in the Conception and Criticism of Spanish Romanticism," en *The Romanic Review,* XXXIX (1948), 229-248.

E. Martinenche, *L'Espagne et le romantisme français,* Paris, 1922.

G. Le Gentil, *Les revues littéraires de l'Espagne pendant la première moitié du XIXᵉ siècle,* Paris, 1909.

V. Cerny, *Essai sur le Titanisme dans la poésie romantique occidentale entre 1815 et 1850,* Prague, 1935.

R. Menéndez Pidal, *Los temas heroicos en la poesía romántica*, en *España y su historia*, II. (Menéndez Pidal ha tratado en otros muchos estudios, la mayoría ya citados, de la transmisión de los temas épicos en diferentes épocas y entre ellas el romanticismo.)

J. Ayuso Rivera, *El concepto de la muerte en la poesía romántica española.*

b. *Antologías.*

J. Valera, *Florilegio de poesías castellanas del siglo XIX*, Madrid, 1901-1904, 5 vols.

*Poesía española. Neoclásicos y románticos*, Sel. y pról. de F. Ros, Madrid, 1940.

*Poesía romántica (Antología)*, sel., estudio y notas de J. M. Blecua, Zaragoza, 1940, 2 vols. (Btca. Clásica Ebro).

*Antología de poetas románticos*, pról. de M. de Montolíu, Barcelona, 1942.

*Autores dramáticos contemporáneos y joyas del teatro español del siglo XIX*, Madrid, 1881-1886, 2 vols.

*Nineteenth Century Spanish Plays*, ed. Brett, New York, 1935.

F. Díaz Plaja, *Antología del romanticismo español*, Madrid, 1959.


2    DE QUINTANA A RIVAS

Manuel José Quintana, *Obras completas*, BAE, vol. XIX.

M. Menéndez y Pelayo, *Don Manuel José Quintana, considerado como poeta lírico*, en *Estudios de crítica literaria*, 5.ª serie.

E. Piñeyro, *Manuel José Quintana, ensayo crítico y biográfico*, París-Madrid, 1892.

Francisco Martínez de la Rosa, *Obras*, Madrid, 1866, 3 vols.

———, *Obras dramáticas*, ed. Sarrailh, *Clásicos Castellanos*, Madrid, 1933.

J. Sarrailh, *Un homme d'état espagnol*: *Martínez de la Rosa*, Bordeaux-Paris, 1930.

L. de Sosa, *Martínez de la Rosa, político y poeta*, Madrid, 1934.

J. F. Shearer, *The Poética and Apéndices of Martínez de la Rosa*: *their genesis, sources and significance for Spanish literary history and criticism*, Princeton, 1941.

Duque de Rivas, *Obras*, Madrid, 1894-1904, 7 vols.

———, *Romances*, ed. Rivas Cherif, *Clásicos Castellanos*, Madrid, 1912, 2 vols.

———, *Don Álvaro*, ed. Rosenberg and Templin, New York, 1928.

Azorín, *Rivas y Larra, razón social del romanticismo*, Madrid, 1916. (Véanse también de Azorín *Lecturas españolas* y *Clásicos y modernos*.)

E. A. Peers, *Rivas and Romanticism in Spain*, Liverpool, 1923.

G. Boussagol, *Ángel de Saavedra, duc de Rivas, sa vie, son œuvre poétique*, Toulouse, 1927.

J. Casalduero, "Don Álvaro o el destino como fuerza," en *La Torre*, VII (enero-marzo 1959), 11-49.


3    LARRA, ESPRONCEDA, ZORRILLA

Mariano José de Larra, *Obras completas*, Barcelona, 1886.

———, *Artículos*, ed. Lomba, *Clásicos Castellanos*, Madrid, 1923-1927, 3 vols.

———, *Artículos completos*, ed. Almagro San Martín, Madrid, Aguilar, 1944.

———, *Selected Essays*, ed. Bourland, New York, 1932.

M. Chaves, *Don Mariano José de Larra, su tiempo, su vida, sus obras*, Sevilla, 1898.

C. de Burgos (Colombine), *Fígaro*, Madrid, 1919.

E. McGuire, *A Study of the Writings of Don Mariano José de Larra, 1809-1837*, Berkeley, 1918.

José de Espronceda, *Obras completas*, BAE, LXXII.

———, *Obras poéticas*, ed. Cascales, Madrid, 1923.

———, *Poesías y El estudiante de Salamanca*, ed. Moreno Villa, *Clásicos Castellanos*, Madrid, 1923.

———, *El diablo mundo*, ed. Moreno Villa, *Clásicos Castellanos*, Madrid, 1923.

———, *Obras poéticas completas*, ed. Domenchina, Madrid, 1945.

J. Valera, *Del romanticismo en España y de Espronceda*, en *Obras completas*, vol. XIX.

A. Bonilla y San Martín, "El pensamiento de Espronceda," en *La España Moderna*, CCXXXIV (1908), 69 y ss.

Ph. H. Churchman, "Byron and Espronceda," en *Rev. Hispanique*, 1909, 5 y ss. (Son importantes otros artículos de Churchman en la misma revista).

J. Cascales Muñoz, *Don José de Espronceda: su época, su vida y sus obras*, Madrid, 1914.

A. Hämel, *Der Humor bei José de Espronceda*, Halle, 1921.

N. Alonso Cortés, *Espronceda*, Valladolid, 1942.

M. García Blanco, *Espronceda o el énfasis*, Madrid, 1943 (Extr. de *Escorial*).

F. García Lorca, "Espronceda y el Paraíso," en *The Romanic Review*, XLII (1952), 198-204.

J. Casalduero, *Espronceda*, Madrid, 1961 (Casalduero publicó previamente un libro sobre *El diablo mundo*).

José Zorrilla, *Obras completas*, ed. Alonso Cortés, Valladolid, 2 vols.

———, *Don Juan Tenorio*, ed. Adams, New York, 1941.

N. A. Cortés, *Zorrilla, su vida y sus obras*, 2.ª ed., Valladolid, 1943.

## 4    DRAMATURGOS Y POETAS MENORES

Antonio García Gutiérrez, *Obras escogidas*, Madrid, 1866.

———, *Teatro*, ed. Lomba, *Clásicos Castellanos*, Madrid, 1925.

N. B. Adams, *The Romantic Dramas of García Gutiérrez*, New York, 1922.

Juan Eugenio Hartzenbusch, *Obras*, Madrid, 1887-1892, 5 vols.

———, *Los amantes de Teruel*, ed. Umphrey, New York, 1920.

A. S. Corbière, *Juan Eugenio Hartzenbusch and the French Theatre*, Philadelphia, 1927.

Manuel Bretón de los Herreros, *Obras*, Madrid, 1883-84, 5 vols.

———, *Teatro*, ed. Alonso Cortés, *Clásicos Castellanos*, Madrid, 1928.

G. Le Gentil, *Le poète Manuel Bretón de los Herreros et la société espagnole de 1830 à 1860*, Paris, 1909.

J. K. Leslie, *Ventura de la Vega and the Spanish Theatre, 1820-1865*, Princeton, 1940.

Juan Arolas, *Poesías*, ed. Lomba, *Clásicos Castellanos*, Madrid, 1929.

J. Lomba y Pedraja, *El padre Arolas, su vida y sus versos*, Madrid, 1898.

Enrique Gil y Carrasco, *Obras completas*, BAE, LXXIV.

———, *Obras en prosa*, Madrid, 1883.

D. J. Samuels, *Enrique Gil y Carrasco: A Study in Spanish Romanticism*, New York, 1939.

R. Gullón, *Cisne sin lago. Vida y obra de Enrique Gil y Carrasco*, Madrid, 1951.

Gertrudis Gómez de Avellaneda, *Obras, La Habana,* 1914-18, 4 vols.

E. Cotarelo, *La Avellaneda y sus obras,* Madrid, 1930.

(En los últimos años han aparecido monografías sobre varios de los románticos, Escosura, García Villalta, Romero Larrañaga, interesantes para el especialista. También la BAE ha venido publicando vols. dedicados a las obras completas de escritores de este período, de los que sólo hemos citado los más importantes.)

## 5.   NOVELA, COSTUMBRISMO, CRÍTICA

*Costumbristas españoles,* ed. Correa Calderón, Madrid, 1948.

Ramón de Mesonero Romanos, *Obras,* Madrid, 1881.

*Selections from Mesonero Romanos,* ed. Northup, New York, 1913.

C. Pitollet, "Mesonero Romanos, costumbrista," en *La España Moderna,* 1903.

E. Cotarelo, "Elogio biográfico de don Ramón de Mesonero Romanos," en *Bol. de la R. Academia Española,* XII (1925), 155 y ss., 309 y ss., 433 y ss.

Serafín Estébanez Calderón, *Obras completas,* BAE, LXXIX.

———, *Escenas andaluzas,* Madrid, 1883.

A. Cánovas del Castillo, *"El Solitario" y su tiempo,* Madrid, 1883, 2 vols.

J. F. Montesinos, *Costumbrismo y novela,* Berkeley, 1960.

Margarita Ucelay Da Cal, *Los españoles pintados por sí mismos (1843-1844). Estudio de un género costumbrista,* México, 1951.

G. Zellers, *La novela histórica en España: 1828-1850,* New York, 1938.

R. F. Brown (ob. citada en capítulo anterior).

J. F. Montesinos (ob. citada en capítulo anterior).

Agustín Durán, *Discurso sobre el influjo de la crítica moderna en la decadencia del antiguo teatro español,* en *Memorias de la R. Academia Española,* vol. I.

Jaime Balmes, *Obras completas,* ed. Casanovas, Barcelona, 1925-1927, 33 vols.

Juan Donoso Cortés, *Obras,* ed. Juretschke, Madrid, 1946, 4 vols.

E. Schramm, *Donoso Cortés, su vida y su pensamiento* (trad. del alemán), Madrid, 1936.

R. Olivar-Bertrand, *Oratoria política y oradores del ochocientos,* Bahía Blanca, 1960.

# 3 POST-ROMANTICISMO Y REALISMO (1850-1898): LA POESÍA Y EL DRAMA

## I. Carácter de la época

Histórica, social y literariamente existe una diferencia muy clara entre las dos mitades del siglo XIX. En toda Europa, a partir de 1848 —año en el que concurren varios hechos revolucionarios— se acelera el proceso de transformación social. En términos simples podemos decir que comienza el período de consolidación de la sociedad burguesa, capitalista, democrática y liberal, coincidente con las primeras tentativas del proletariado, por formarse una conciencia de clase. Frente al liberalismo burgués que va a triunfar en la Inglaterra de la Era Victoriana y en la Tercera República Francesa, se alzan en movimientos políticos definidos —anarquismo y socialismo— nuevas ideologías revolucionarias. En todos los países se refleja el proceso. En Alemania con la unificación del Estado bajo la dirección prusiana de Bismarck. En Italia se termina el poder temporal del Papa y se hace la unidad nacional. En Rusia, incorporada no hacía mucho tiempo a las corrientes de la cultura occidental, se sienten profundas conmociones espirituales de las que nace su gran novela —Turgenef, Dostoyevsky, Tolstoy— y el fermento revolucionario que dura ininterrumpidamente hasta el triunfo del comunismo en 1917. Podrían recordarse hechos que marcan la repercusión de estas intensas transformaciones en América: la guerra civil y el período de reconstrucción en los Estados Unidos, la Reforma de Juárez y el Porfirismo en Méjico, el comienzo de la Argentina moderna con el retorno de los emigrados después de la tiranía de Rosas.

En el pensamiento, en el arte, en la sociedad, termina, o más bien se transforma, el espíritu romántico. Dominan dos escuelas filosóficas opuestas, el idealismo germánico de Hegel y el positivismo. La ciencia impone su prestigio a todas las actividades intelectuales y hasta artísticas. En literatura es la época del realismo y el naturalismo que producen el predominio de la novela sobre los otros géneros. Como reacción idealista y esteticista nacen, poco después, el simbolismo en la poesía y en el teatro. Y en general, un nuevo espiritualismo que fructifica en las tendencias características de fin de siglo con las que entramos ya en la literatura contemporánea.

España recibe los estímulos europeos, en tanto que el peso de su tradición le impone un proceso propio. Es el proceso peculiar —siempre determinado por la pugna entre lo viejo y lo nuevo— que se refleja en toda la novela realista, especialmente en la de Galdós y que, en nuestra época, produce la angustia espiritual de hombres como Unamuno.

Hacia 1850 la sociedad romántica se transforma y empieza a constituirse una sociedad burguesa de escasa vitalidad, porque le falta la base económica del industrialismo. Es una burguesía de burócratas, pequeños comerciantes o financieros enriquecidos por la desamortización de los bienes de la Iglesia, decretada en 1836 por el ministro Mendizábal. De ahí que la revolución española se traduzca, más que en grandes movimientos sociales, en una serie ininterrumpida de pronunciamientos militares, de constantes trastornos políticos que, junto con la guerra civil entre carlistas y liberales, dan un aspecto convulso a la historia de todos estos años, pero no alteran la estructura básica del país. Las fuerzas dominantes son el ejército, la Iglesia y un conglomerado de clases conservadoras de carácter agrario, que forman el partido moderado, en tanto que los elementos renovadores gravitan hacia el progresista o terminan por crear un partido republicano. Durante el reinado de Isabel II (1843-1868) los caudillos militares —Espartero, Narváez, O'Donnell, Serrano y Prim— organizan constantes alzamientos sin otro propósito que el de apoderarse del poder. En 1868, algunos generales, apoyados por un grupo de intelectuales, derrocan la monarquía. Parece que al fin va a nacer una España realmente liberal y moderna. En 1874 otro alzamiento militar acaba con la primera República y comienza el período de la Restauración, durante el cual, después de liquidada la segunda guerra carlista (1872-1876), entra España en unos años de relativa tranquilidad, bajo la inspiración política de Antonio Cánovas del Castillo —durante el reinado de Alfonso XII (1874-1885) y la Regencia de su viuda, María Cristina— hasta que la guerra con Estados Unidos y la pérdida de las últimas colonias (Cuba, Puerto Rico, Filipinas), en 1898, inicia una nueva crisis.

A través del desorden político el país progresa lentamente, progreso que empieza a consolidarse en este período de relativa calma a que acabamos de referirnos. Se van construyendo ferrocarriles y otras vías de comunicación. En el litoral —especialmente Cataluña y las Vascongadas— van surgiendo algunos centros industriales. A consecuencia de ello y complicado con viejas estructuras sociales o con la tensión entre fuerzas renovadoras y tradicionales, se acentúa la oposición entre el campo, agrario y tradicionalista, y la ciudad, liberal y progresista, en términos generales, tema dominante en la llamada novela regional. De otra índole es el regionalismo de Cataluña y Galicia, condados autónomos en la Edad Media, con lengua y literatura propias. Comienza por el resurgimiento literario de las antiguas lenguas inspirado por el romanticismo e irá adquiriendo poco a poco carácter político.

En el terreno de la cultura se desarrolla y ordena la instrucción pública en escuelas primarias y secundarias y la Universidad empieza a adquirir influencia en la vida pública, social y literaria. Especialmente influyente va a ser la de Madrid, establecida en 1836, como retoño de la vieja universidad renacentista de Alcalá. En Madrid profesan muchas de las grandes figuras políticas, literarias e intelectuales de la época, desde el romántico Pastor Díaz, que llegó a ser Rector, hasta Sanz del Río, Menéndez Pelayo o Castelar. La universidad empieza a adquirir tinte político y comparte con el periodismo y el Parlamento la función de inspirar a la opinión pública. En conjunto continúa pues y aun aumenta el lazo de la literatura y la cultura en general, con la inquietud política y social que, en formas distintas, encontramos en el siglo XVIII y en el romanticismo.

La Restauración coincide con un renacimiento literario sobre todo en el campo de la novela, que es la forma artística más importante en la segunda mitad del siglo. En la crítica aparece la poderosa personalidad de Menéndez Pelayo. Una intensa preocupación ideológica y educativa representada principalmente por el krausismo, preparará el movimiento totalmente renovador de "la generación del 98." Frente al krausismo reacciona con fuerza el pensamiento tradicionalista, que sigue las ideas de Donoso Cortés; cuenta con la simpatía, si no la adhesión total, de una figura como Menéndez Pelayo; y propende políticamente hacia el carlismo.

Entre el romanticismo, que parece agotado como movimiento al empezar esta época, y la plenitud del realismo, hay una literatura post-romántica, de transición, más perceptible en la poesía y el drama, los géneros que habían alcanzado mayor desarrollo en los años precedentes. Literatura a la que cuadraría bien en su conjunto el término de realismo idealista, que algunos críticos —Casalduero, por ejemplo— han adoptado para designar esta época.

En las relaciones literarias con otros países Francia sigue preponderando; pero hay que señalar como fenómeno nuevo el comienzo de la influencia de algunas literaturas extranjeras con las que la española no había tenido casi ningún contacto: la alemana, a través de Heine en los poetas y de Krause y Hegel en los pensadores; la del noruego Ibsen en el teatro, y la de la novela rusa en Galdós y otros novelistas.

## II. La poesía del post-romanticismo: Bécquer, Campoamor y Núñez de Arce

**Cuadro general.** — Si prescindimos de algunos románticos rezagados la lírica de este período se caracteriza en su conjunto por ser una reacción contra el romanticismo, que conserva, sin embargo, como toda reacción, muchos elementos de la escuela anterior, y es, de hecho, una prolongación de ella.

Dentro de este carácter común pueden señalarse varias tendencias:

1. Una poesía que se distingue por el sentimentalismo irónico con aspiraciones filosófico-didácticas, tono escéptico que puede llegar al pesimismo, y estilo marcadamente prosaico. Reflejo en parte del positivismo es la representada por Campoamor y Joaquín Bartrina o por poetas satíricos y festivos como Manuel del Palacio y Eusebio Blasco.

2. Poesía enfática, retórica, objetiva, en la que se pueden distinguir dos grupos:

a) Predominio de temas ideológicos: escepticismo, duda, cantos a la ciencia, a la inquietud religiosa y filosófica; poesía política y social, "civil." Su representante máximo es Núñez de Arce.

b) Predominio del color y de lo descriptivo: Antonio Fernández Grilo; y los precursores directos del modernismo colorista: Manuel Reina, Ricardo Gil, Salvador Rueda.

3. Poesía de inspiración popular, cuya forma distintiva es el "cantar:" —Trueba, Ventura Ruiz Aguilera, Augusto Ferrán y Melchor Pa-

lau— relacionada con la labor de recolección folklórica llevada a cabo por Fernán Caballero y Machado Álvarez.

4. Poesía subjetiva, sentimental e idealista, con influencia germánica, sobre todo de Heine. Más que una reacción contra el romanticismo es depuración de sus exageraciones retóricas: Bécquer, Eulogio Florentino Sanz —traductor e imitador de Heine; Teodoro Llorente —traductor de Goethe, Heine y Hugo; Federico Balart y Vicente Wenceslao Querol y, sobre todo, cercana en autenticidad y valor a Bécquer, la poetisa gallega Rosalía Castro.

Debe aclararse que estas diversas corrientes se dan con frecuencia juntas en un mismo poeta y que el encasillar a unos u otros en una tendencia determinada significa únicamente que esa tendencia predomina en su poesía, o que en ella produce lo que hoy consideramos más valioso.

En la forma, advertimos en casi todos los poetas de la época el intento de romper la estructura del largo poema romántico de carácter esencialmente narrativo, que va a tomar en esta época la forma más simple de la "balada." También en el aspecto formal aparecen tendencias opuestas. Frente al tono levantado, declamatorio de Núñez de Arce, las composiciones breves: la "rima" de Bécquer; la "dolora" de Campoamor, o el cantar. A las diferencias de inspiración y forma corresponden otras de lenguaje: altisonante, culto y académico en Núñez de Arce; sencillo, directo, en Bécquer; prosaico en Campoamor.

En términos históricos la poesía de este período representa la transición entre el romanticismo y el modernismo, que en la poesía francesa toma las formas bien diferenciadas de Parnaso y simbolismo. La diferenciación no existe en la española ni son equiparables —salvo las obligadas excepciones de Bécquer y Rosalía— los poetas de uno y otro lado del Pirineo. Hubo entre ellos, no obstante, una relación mayor de la que se ha supuesto, al querer explicar los orígenes del modernismo exclusivamente por la imitación de parnasianos y simbolistas franceses, tras la negación total del valor de la lírica de lengua castellana en este momento. A esa negación se debe, en gran parte, el escaso aprecio que se le ha venido concediendo desde principios de este siglo. En su totalidad será difícil revalorizarla, aunque recientemente lo haya intentado, con todas las necesarias reservas, uno de los mejores conocedores de la poesía española, José María Cossío. Ello no obsta para ver cómo hay en esta poesía post-romántica algunos factores positivos —de actitud y propósito más que de realización y expresión— esenciales para entender la evolución de la sensibilidad poética que culmina treinta o cuarenta años más tarde. El romanticismo español había ido degenerando o hacia una poesía huecamente sonora de falsa rebelión o hacia reconstrucciones igualmente falsas y tópicas de un pasado legendario. Los poetas de la nueva generación traían, escondidos entre las supervivencias románticas, algunos gérmenes nuevos. El más importante era el intento de acercarse a la realidad, que tomó varias formas: sentimiento de lo personal, traducido en algunos casos (Querol, Ruiz Aguilera) en una poesía familiar y doméstica; preocupación por las ideas; retorno a la tradición poética de lo popular; y, finalmente, la sustitución de un lenguaje convencionalmente poético por la lengua hablada y normal, es decir, por la expresión directa y sencilla.

La mayoría de los poetas fracasaron en su intento y cayeron bien en un prosaísmo antipoético (Campoamor), bien en una nueva retórica altisonante y académica (Núñez de Arce). Sólo Bécquer y algunos poetas menores acertaron con el tono justo.

**Bécquer: el lírico y su mundo poético.** — Entre las figuras importantes de la poesía post-romántica debe estudiarse, en primer lugar, la de Gustavo Adolfo Bécquer (1836-1870), a pesar de su proximidad en inspiración, estilo y sentimiento a la poesía del siglo xx y de que, cronológicamente, Campoamor por la fecha de nacimiento (1817) y la de su primer libro (1840) le preceda en casi dos décadas. Es, pues, Campoamor estrictamente contemporáneo de un poeta romántico tan caracterizado como Zorrilla. En cambio, cuando Bécquer empieza a escribir, la escuela romántica es cosa ya del pasado y sin embargo la crítica ha considerado siempre al poeta de las *Rimas* y las *Leyendas* como la culminación del romanticismo español. Hay aquí, sin duda, un cierto equívoco, debido a que bajo la denominación de romanticismo se designan cosas muy diversas, pero en lo fundamental, es cierto que en el mundo poético de Bécquer se manifiesta, acaso por primera vez en España, lo que el espíritu romántico tenía realmente de nuevo, auténtico y creador: la honda vena subjetiva, el deslumbramiento intuitivo ante lo irreal y mágico, la identificación espiritual con un pasado histórico indefinido, el sentir íntimo de la soledad del artista para quien las realidades más hondas son la belleza, el vago encanto de la naturaleza, el amor y la muerte.

Es, a primera vista, paradójico el hecho de que surja el lirismo de Bécquer, tenue, simple, claro, recatado en su mundo interior, cuando los dos poetas representativos de la época, Campoamor y Núñez de Arce, dan un tono esencialmente externo, realista y prosaico al verso español. Expresan lo que de ampuloso y declamatorio tuvieron los años de la

Restauración, cuando ya la voz de Bécquer —muerto prematuramente— se había apagado.

No es cierto, por otro lado, que la poesía de Bécquer se produzca en el vacío. Desde el principio aparece Bécquer vinculado a la influencia de la poesía alemana y especialmente a la de Heine, traducida por Eulogio Florentino Sanz. Y con la poesía alemana tuvieron contacto otros varios escritores, entre ellos el gran amigo de Bécquer, Augusto Ferrán. Se había venido señalando también una vena intimista en poetas románticos como Enrique Gil, Arolas, Pastor Díaz, Carolina Coronado. Todo ello va formando el "ambiente prebecqueriano" a que se refería Dámaso Alonso y que ha estudiado Cossío. Resumen de varias investigaciones y reconstrucción detallada de este ambiente es el capítulo IV del libro de José Pedro Díaz, donde se estudian la infiltración de temas y dicción poética de tipo becqueriano en las revistas de la época, especialmente *La América,* y el proceso de una doble corriente, la germánica y la popular, confluyentes en Bécquer y poetas afines. Son especialmente de interés las noticias que Díaz da, por ejemplo, de algunos poetas, hoy totalmente olvidados como Vicente Sáinz Pardo y José María de Larrea, o de los contactos entre la poesía de Guillermo Blest Gana y la de Bécquer. Y quizás más reveladores que nada son dos artículos de Francisco Giner de los Ríos —"Del género de poesía más propio de nuestro siglo" y "Poesía erudita y poesía vulgar"— de los que destacamos dos o tres notas:

> Ese sentido plástico de la epopeya y el drama objetivo es enteramente extraño a la literatura de nuestros días.

Escribe Giner entre 1862 y 1865 y da ya por pasada la poesía plástica, épica y dramática que llegó a dominar en el movimiento romántico. Frente a ella, afirma Giner, existe otra clase de poesía, en la cual el poeta "se reconcentra en sí mismo:"

> Una secreta voz parece advertirle a cada contrariedad que sufre: "en ti residen la hermosura, la libertad y la vida." ¿A qué, pues, acudir a lo exterior, buscando en vano norte y luz para sus inspiraciones, si él posee un tesoro inagotable de armonías?

Y un poco más adelante:

> Y he aquí cómo, en la lírica, el poeta es a la vez sujeto y objeto de sus creaciones, materia y forma, efecto y causa.

A través del resumen de Díaz, se ve claro el fenómeno histórico. Bécquer, como todos los grandes poetas, da expresión superior a algo que está en la sensibilidad y la conciencia de su época, al menos en los niveles más atentos a los verdaderos valores poéticos. Lo que la historia no explica es el hecho singular que distingue al poeta excepcional y verdadero inmerso en su propio mundo y en su propio estilo.

Clave para entrar en ese mundo puede ser el contraste radical entre la vida y la personalidad de Bécquer y la de los poetas más famosos del siglo xix. Campoamor, Núñez de Arce, o Rivas y Espronceda en la generación anterior, son escritores de éxito, populares, influyentes. Ocupan altas posiciones en las academias, en la política. Son "grandes hombres." Hasta Zorrilla en su pintoresca bohemia de juglar anacrónico goza de la popularidad y de la gloria. Bécquer no conoce más gloria que la admiración de un grupo de amigos devotos: Ferrán, Nombela, Campillo.

Huérfano desde muy niño, de carácter introvertido y soñador, vivió siempre inquieto por preocupaciones económicas y una salud quebrantada. Con excepción de un modesto empleo, que pronto abandonó, su medio principal de subsistencia fue la pluma. Interesado desde la infancia en el arte (fue aprendiz de pintor), concibe muy joven el proyecto de la *Historia de los templos de España,* de la que sólo se publicó el volumen primero en 1857. Escribe luego siete obras teatrales con pseudónimo y en colaboración con otros dos amigos íntimos, García Luna y Rodríguez Correa. Obras que no tenían otro objeto que el de ganar algún dinero y han permanecido prácticamente desconocidas hasta que en 1949 las editó J. A. Tamayo. Su labor más constante es el periodismo y publica las leyendas y las *Cartas* en las mejores revistas; llega a dirigir la *Ilustración de Madrid* y en 1864 su protector González Bravo le nombra censor de novelas, puesto bien remunerado. Se acercaba quizá a conseguir esa gloria, tras cuya busca había ido a Madrid. Pero no llegó a gozar de ella ni del amor —otro de sus grandes anhelos, según el extraordinario testimonio de las *Rimas.* Un libro publicado no hace mucho, el de Heliodoro Carpintero, *Bécquer de par en par,* ha aclarado este aspecto de la vida del poeta, siempre velado por la reticencia de los biógrafos. Carpintero ha reconstruido con detalle la triste, casi trágica, historia de su fracaso matrimonial —infidelidad de su mujer, Casta Esteban, el nacimiento de un tercer hijo, separación. Hechos ocurridos en Noviercas, pueblo de la provincia de Soria, y que Carpintero prueba convincentemente inspiraron algunas de las *Rimas* más amargas, como "Cuando me lo contaron sentí frío"; "Asomaba a sus ojos una lágrima." Adquiere así el drama de amor de las *Rimas* una triste y auténtica realidad, la de la experiencia vivida, trasfigurada luego en substancia poética. Por temperamento, y acaso para aliviar el dolor de su vida, gustó Bécquer de refugiarse en el mundo de la fantasía o en la silenciosa soledad de viejas ciudades —Sevilla, donde había nacido, Toledo, Soria— y en el recogimiento del Monasterio de Veruela. Su más asiduo compañero fue su hermano Valeriano, pintor y alma realmente fraterna, cuya muerte el 23 de septiembre de 1870 precedió en tres meses justos a la del poeta. Dejaba de existir éste a los treinta y cuatro años cuando la fortuna empezaba a serle favorable y su nombre a cotizarse en periódicos y revistas. Murió en la pobreza como había vivido. La mayoría de los críticos de su época, que creían superiores las trivialidades en verso de Campoamor o las disertaciones retóricas de Núñez de Arce, sin negar a Bécquer su valor, hablaron en tono un poco condescendiente de lo que el propio Núñez de Arce calificó "suspirillos germánicos."

Con el modernismo se empieza a reconocer el gran valor de Bécquer y a medida que se acentúa —en poetas como Juan Ramón Jiménez o Antonio Machado— el carácter lírico de la nueva poesía, sube la estimación por él y se advierte su importancia de precursor. La generación de poetas que se da a conocer poco después de 1920 —Guillén, Salinas, Lorca, Alberti— siente por el cantor sevillano de las *Rimas* una admiración creciente. Dámaso Alonso, poeta él mismo y el crítico de mayor autoridad en esta generación de críticos y poetas, dice que Bécquer es el "creador de uno de los mundos poéticos más simples, más hondos, más etéreos, más irreales y extraordinarios de los que la humanidad ha producido."

Ese mundo que con tanto entusiasmo ensalza Dámaso Alonso es el mundo de las *Rimas,* en verso, y el de las *Leyendas,* en prosa.

Originalmente las *Rimas* llegan a nosotros en una colección de setenta y seis poesías recogidas y publicadas por los amigos de Bécquer en 1871, un año después de su muerte. [1] La primera impresión que su lectura produce es la de tratarse de una poesía de suma sencillez, sobre

---

[1] Investigaciones y descubrimientos han aumentado el número hasta 94, en la edición de Monner Sans, la más completa hasta ahora. En el prólogo a esta edición y en el libro de Díaz (capítulo VI) puede verse la historia de los textos de las *Rimas,* desde que Bécquer las reunió en 1868 en *El libro de los gorriones* —inédito y cuyo manuscrito se conserva en la Biblioteca Nacional de Madrid— hasta los descubrimientos posteriores. Es útil también consultar la Cronología de Schneider. Básicamente los textos añadidos —interesantes para un conocimiento mejor de Bécquer— no afectan en nada substancial el contenido de su poesía, tal y como se había conocido desde la primera edición.

todo si recordamos la sonoridad un poco hueca en el estilo de sus predecesores. En la forma son poemas breves en versos asonantes generalmente de seis, siete, ocho y once sílabas. El lenguaje es natural, simple, fluido. No se advierte esfuerzo alguno por rebuscar la palabra y,
sin embargo, con rarísimas excepciones, las *Rimas* poseen una calidad
esencialmente musical. Bécquer, sin proponérselo, por don innato, descubre, casi por el mismo tiempo que Poe y los primeros simbolistas, la
misteriosa relación entre poesía y música. En el prólogo al libro *La soledad,* de Augusto Ferrán, define de manera específica esa relación identificando a la poesía ya con una "melodía que nace, se desarrolla, acaba
y se desvanece," ya "con un acorde que se arranca de un arpa y se quedan las cuerdas vibrando con un zumbido armonioso." La identificación
se repite con insistencia en las *Rimas.* La poesía es "himno gigante y
extraño", "indefinible esencia", "armonioso ritmo" y notas dormidas en
las cuerdas del laúd o del arpa.

La poesía en Bécquer, al par que con la música, se asocia con la
materia de las otras artes: luz, color de la pintura y formas de la arquitectura, y se nos muestra también constantemente identificada con lo
vago, con el sueño. El universo aparece en ella como un inmenso conglomerado de formas invisibles y átomos silenciosos cargados de posibilidades armónicas que se materializan en visión o en sonido cuando el
poeta los despierta con su poder mágico uniendo el mundo de la forma
y el mundo de la idea.

Otro elemento fundamental en la poesía de Bécquer es la emoción
del tiempo vivido: el recuerdo. "Todo el mundo siente; —dice en las
*Cartas literarias a una mujer*— sólo a algunos seres les es dado el guardar como un tesoro la memoria viva de lo que han sentido. Yo creo
que éstos son los poetas. Es más, creo que únicamente por esto lo son."
Es decir, el poeta es el ser capaz de recrear con palabras que se cargan
misteriosamente de significación, como el sonido físico en los acordes
musicales, la experiencia vital hecha ya sentimiento puro en el recuerdo.

Esta concepción de la poesía que hemos resumido es el tema de las
primeras rimas: I. "Yo sé un himno gigante y extraño"; II. "Saeta que
voladora"; III. "Sacudimiento extraño"; IV. "No digáis que agotado
su tesoro"; V. "Espíritu sin nombre." Aparece así como un punto de
arranque de la inspiración del poeta la conciencia de ser instrumento de
una forma especial de creación. Después, las rimas, que a pesar de haber
sido escritas por separado y sin plan, pueden ser consideradas como un

solo poema, [2] recorren una amplia gama sentimental: anhelo, esperanza, alegría, dolor, melancolía, hastío, despecho, deseo de evasión y muerte. Emociones varias atadas por un sentimiento dominante: el amor, que se define como motivo básico de la inspiración becqueriana en la rima X, "Los invisibles átomos del aire," y que encontramos ya en todas las demás. Señalemos algunos hitos significativos: Ilusión ascendente hasta que el amor parece lograrse (rima XVII, "Hoy creo en Dios," y XXI, "Poesía eres tú"); y la descendente desde el doloroso desengaño hasta el anhelo de evasión (LII, "Llevadme con vosotras... Tengo miedo de quedarme con mi dolor a solas"); desesperanza (LIII, "Volverán las oscuras golondrinas"); hastío (LVI, "Hoy como ayer, mañana como hoy"); y últimas rimas, las de la muerte, hasta los dos versos finales, que cierran la trayectoria lírico-vital de Bécquer:

> ¡Oh, qué amor tan callado el de la muerte!
> ¡Qué sueño el del sepulcro tan tranquilo!

Pedro Díaz, coincidiendo con Gerardo Diego, trata de ordenarlas aún con mayor precisión en la forma siguiente: Primera serie, rimas I a XI, tema dominante, la poesía; Segunda serie, XII a XXIX, el amor; Tercera serie, XXX a LI, el desengaño; Cuarta serie, LII a LXXVI, dolor, angustia, soledad.

Se han señalado en las *Rimas* diversos influjos, afinidades y coincidencias: algunos contemporáneos españoles (Sanz, Larrea, Selgas y otros), el chileno Blest Gana; entre los extranjeros, Heine, en primer lugar, Byron, Goethe, Schiller, Musset, Lamartine. Puede verse un "cuadro sinóptico" de contactos en la obra de Pedro Díaz. Sin duda hay resonancias e incluso imitación directa en varios casos.

Pero ochenta años después de escritos estos versos sencillos, nos impresionan sobre todo por el tono de autenticidad que tienen y vemos en Bécquer un caso extraordinario de pureza, de sensibilidad. Su poesía es, en apariencia, humilde, dulce, monótona; poesía de tono menor. Pero de la lírica no suele quedar lo grandioso, sino lo que nace del fondo último del sentimiento real cuando encuentra la palabra adecuada, por humilde que esa palabra nos parezca.

Resumiendo ese aire humilde y al mismo tiempo la espiritualidad con que Bécquer logra expresar sentimientos profundos, que muchos de sus

---

[2] Así las consideraba ya el primer prologuista, Rodríguez Correa, que las comparaba, en este sentido, con el *Intermezzo* de Heine.

contemporáneos positivistas confundieron con el sentimentalismo vulgar, alguien dijo que los versos del poeta sevillano daban la sensación de "un acordeón tocado por un ángel." A lo que comentaba Antonio Machado por boca de Juan de Mairena: "Conforme, el ángel de la verdadera poesía."

Y como en toda verdadera poesía la sencillez es engañosa. Está lograda, con extraordinaria unidad, a fuerza de concentración en un mundo poético hecho de los temas y emociones más profundos y permanentes de la lírica romántica y moderna, o más bien de todos los tiempos: amor, sueño, soledad, preocupación e intuición del hilo que une el espíritu a la materia y el pasado al presente, religión, muerte, sentimiento de lo trascendental.

Tuvo Bécquer plena conciencia de lo que hacía y dejó una estética propia en numerosas páginas en prosa —en especial las *Cartas literarias a una mujer* y el ya citado Prólogo al libro de Ferrán— que explican y amplían las ideas expresadas en las primeras *Rimas*. Jorge Guillén las reunió en su estudio *La Poética de Bécquer*. Y el propio Guillén, en otro estudio reciente, ha acertado a caracterizar lo que constituye la esencia de las *Rimas*: expresión "del lenguaje inefable de los sueños" y "culminación de la poesía del sentimiento y de la fantasía."

La expresión de lo evanescente del espíritu poético —"huésped de la niebla"— adquiere en la poesía de Bécquer una gran exactitud. Como Casalduero observa, Bécquer necesitaba "fraguar la forma para poder expresar lo incorpóreo e intangible." El hecho de que la poesía verdadera es ante todo precisión de lenguaje, se comprueba en el caso particular de Bécquer cuando se la somete a análisis riguroso, como hizo Carlos Bousoño en su estudio sobre "las pluralidades paralelísticas."

Independientemente de su valor, el papel histórico de Bécquer como precursor del lirismo novecentista es ya indiscutible. Luis Cernuda concluye que "desempeña en nuestra poesía moderna un papel equivalente al de Garcilaso en nuestra poesía clásica: el de crear una nueva tradición, que llega a sus descendientes."

Entre los poetas de su tiempo, sólo se le acerca, en éste y otros aspectos, un espíritu afín, el de la poetisa gallega Rosalía Castro, de que nos ocuparemos brevemente en el apéndice dedicado a las literaturas regionales. Lo mejor probablemente del lirismo de Rosalía está escrito en su lengua nativa, pero no debe olvidarse que en la poesía castellana de su libro *En las orillas del Sar* se encuentra una voz distinta de la del poeta sevillano, pero al mismo tiempo hermana en la expresión de un lirismo profundamente individualizado.

De espíritu idéntico al de la poesía y no inferior en calidad artística es la prosa de las *Leyendas:* vaporosa, delicada, rítmica, abundante en descripciones, imágenes y sensaciones; prosa, en una palabra, de poeta y de pintor, según ha probado, tras un análisis riguroso, E. L. King en su interesante libro *Bécquer from Painter to Poet.*

En las leyendas becquerianas se objetiviza el mundo sentimental y lírico de las rimas, dando forma a lo que el mismo Bécquer llamó "hijos de mi fantasía... revueltos en un rincón del cerebro"...; añade que en las noches sin sueño pasan por delante de sus ojos, pidiéndole que los saque a la vida de la realidad. Con mayor evidencia aún que la poesía, revelan las *Leyendas* un aspecto importante del romanticismo literario de Bécquer: su interés artístico y arqueológico, a la vez que poético, por la Edad Media. Casi todas las leyendas tienen un ambiente medieval, de templos y claustros románicos o góticos, monasterios, ruinas, calles en sombra o palacios señoriales, captados con fino sentido artístico.

A primera vista, esto y el carácter caballeresco de los temas pueden inducir a relacionar las leyendas de Bécquer con las de Zorrilla. Son, sin embargo, muy distintas en estilo y espíritu. En las leyendas de Zorrilla, como en casi todo el arte de las tradiciones en verso o prosa que a partir del romanticismo adquiere enorme desarrollo en la literatura de habla castellana, prepondera, junto con el estilo narrativo, el espíritu de aventura, de acción, de enredo; es arte novelesco. En la leyenda de Bécquer, en cambio, impera lo misterioso, lo sobrenatural y mágico; es arte lírico. Zorrilla es poeta de imaginación; Bécquer lo es de fantasía y sentimiento. Siente la poesía de los lugares que le inspiran —casi siempre viejas ciudades medievales o campos sombríos— y, siguiendo unas veces tradiciones populares y otras inventando historias extrañas, va poblando esos lugares de fantasmas, mujeres ideales o caballeros enamorados, como su creador, de lo imposible y etéreo. Precisamente la busca de lo inalcanzable es el tema central de la mayoría de las leyendas. Recuérdense las más típicas: "El rayo de luna", "Los ojos verdes", "La ajorca de oro", "Maese Pérez el organista", "El monte de las ánimas", "El miserere." En todas ellas el protagonista muere o enloquece en la persecución de algo quimérico, irreal. El arte de Bécquer no solamente pretende recrear imaginativamente el pasado, como los escritores del movimiento romántico, sino vivir en el pasado, apresar por medio de la sensación el ambiente del pasado y el alma de las viejas ciudades, de las calles en sombra, de las iglesias silenciosas y frías. En esto es también precursor de los escritores del 98. Por el carácter misterioso y de ensueño que tienen las leyendas, tanto como a los españoles se parece Bécquer a escritores del tipo de Hoffmann.

No menos bellas ni poéticas que las leyendas, aunque de distinto género, son las nueve "Cartas desde mi celda", impresiones varias de paisaje —con un vivo sentimiento de la naturaleza—, artísticas, de costumbres o personales, escritas desde su retiro del Monasterio de Veruela.

**La poesía ideológica de Campoamor y Núñez de Arce.** — En el cuadro general de la poesía de la época y al hablar de Bécquer, apuntamos la significación de Ramón de Campoamor y Gaspar Núñez de Arce como los dos poetas de mayor prestigio en la segunda mitad del siglo XIX. Aunque en ambos haya todavía muchos elementos del romanticismo, en el conjunto de su obra representan más bien la reacción contra aquella escuela por el contenido ideológico de su poesía, reflejo de las nuevas corrientes del pensamiento: el realismo, de tipo personal, en Campoamor y el idealismo en Núñez de Arce. Hacen los dos poesía filosófica o pseudo-filosófica, que la mayor parte de las veces es lógica rimada, con un estilo prosaico y un humor burgués que se burla de todos los ideales, en Campoamor; con una forma sonora, retórica, y un espíritu agitado en apariencia por las inquietudes filosóficas de la duda, en Núñez de Arce. Campoamor definió exactamente en su *Poética* (1883) el principio que a ambos les guía: "en lugar del arte por la emoción y la forma, el arte por la idea."

Los dos vivieron muchos años. Campoamor, asturiano, de 1817 a 1901, y Núñez de Arce, castellano de Valladolid, como Zorrilla, de 1832 a 1903. Se formaron en su juventud, especialmente Campoamor, en el ambiente romántico y, en su obra, pese al pretendido anti-romanticismo, conservan, tanto en la forma como en la inspiración, mucho de la escuela contra la que reaccionaban: Campoamor, el sentimentalismo, a veces la sensiblería, que no logra disimular bajo sus ingeniosas agudezas; Núñez de Arce, el lenguaje altisonante, el fervor patriótico y las aparatosas lamentaciones porque la ciencia viene a destruir su fe en el ideal y la religión. Son los poetas post-románticos típicos en mayor medida que Bécquer, cuya poesía es una superación espiritual del romanticismo con notas de un lirismo más moderno.

Ambos escribieron mucho, como puede verse en la siguiente lista. Campoamor: *Ternezas y flores* (1840), *Ayes del alma y Fábulas* (1842), *Doloras* (1846), *Colón* (1853), *El Drama Universal* (1853), *Pequeños poemas* (1872-4), *Humoradas* (1886-1888), *El Licenciado Torralba* (1886), algunos ensayos teatrales y varias obras filosóficas y políticas en prosa.

Núñez de Arce: *Gritos del combate* (1875), *Última lamentación de Lord Byron* (1879), *La selva oscura* y *El vértigo* (1879), *La visión de fray Martín* (1880), *Hernán el Lobo* (1881), *La pesca* (1884), *Maruja* (1886), *Poemas cortos* (1895) y *Sursum Corda* (1900), además de algunos dramas, entre los que sobresale *El haz de leña* (1872), acerca de la leyenda del príncipe don Carlos, el hijo de Felipe II, que habían tratado, entre otros muchos poetas y dramaturgos, Schiller, Alfieri y Quintana.

Aparte de los rasgos comunes, Campoamor y Núñez de Arce son muy diferentes, casi opuestos, en temperamento y estilo. A Campoamor se le recuerda hoy, no por los poemas largos, continuación de los del romanticismo, sino por el humor, dulzón a veces, pero más frecuentemente picante, cáustico, intencionado, de sus poesías breves —cantares, doloras y humoradas— en las que consiguió crear un estilo original. Entre sus poemas los hay sentimentales como "El tren expreso" o épico-legendarios y simbólicos como "Colón", "El drama universal" y "El licenciado Torralba." Hoy resultan, salvo en algunos pasajes, inferiores a sus modelos, las leyendas de Zorrilla o *El diablo mundo* de Espronceda. Más típico de la musa ingeniosa de Campoamor es el humorismo de las "Doloras" aunque no falte en ellas la nota íntima, el dejo sentimental como en algunas de las más conocidas: "¡Quién supiera escribir!" y "El gaitero de Gijón." Rubén Darío, admirador en su juventud de Campoamor, dijo de ellas que dejaban en los labios la miel y picaban en el corazón. Sólo en algunas de sus breves "humoradas" se libra por entero Campoamor del sentimentalismo. Son reflexiones de moralista, epigramáticas y aparentemente cínicas sobre el amor y otros sentimientos, la vida y la conducta humana que aún provocan nuestra sonrisa. Véanse algunas muestras:

> En guerra y en amor es lo primero
> el dinero, el dinero y el dinero.

> Se van dos a casar de gozo llenos:
> realizan su ideal: ¡un sueño menos!

> ¿Te casaste? Pues bien, ya has conquistado
> frío hogar, mesa muda y lecho helado.

> Oyó la historia de Eva, y la inocente
> entró en ganas de ver una serpiente.

Además de su poesía, escribió Campoamor algunos dramas y varias obras en prosa de carácter filosófico —*El Personalismo, Lo absoluto,*

*La metafísica y la poesía*— debatiendo cuestiones entonces sobre el tapete como el materialismo, el positivismo, el idealismo, el escepticismo, la vida, el arte, la historia, etc., que suscitaron polémicas ruidosas con los krausistas y, por lo que a filosofía y poesía se refiere, con Valera. Tras la reacción del 98 y el modernismo contra sus predecesores, se desvalorizaron por igual la poesía y el pensamiento de Campoamor. Es difícil concebir que su poesía pueda, en conjunto, volver a conquistar la estimación de que gozó en su tiempo y años inmediatos. Es en cambio interesante notar la revalorización de que sus ideas poéticas han sido objeto por parte de Vicente Gaos y Luis Cernuda, ambos poetas y críticos de poesía de gran calidad. El primero dedica un libro entero a *La poética de Campoamor,* en el que proclama, no sin fundamento, el valor de sus ideas, en las que encuentra semejanzas con el concepto de poesía que ha mantenido T. S. Eliot. Cernuda, en un breve ensayo, fija su atención en las diferencias entre las intenciones poéticas de Campoamor y su ejecución. De ambos estudios se desprende, aparte del valor *per se* de sus teorías poéticas, el carácter renovador que tuvieron cuando ya el romanticismo, de un Zorrilla por ejemplo, había caído en fórmulas vacías de todo contenido poético. Campoamor propugnaba un acercamiento a la idea, pero también a la realidad, una realidad de base metafísica por un lado, y por otro, de carácter subjetivo y personal. Personalismo, realidad, idea, que necesitaban, ante todo, un nuevo lenguaje: el directo, simple y personal, que Campoamor logró en sus poesías breves —doloras, humoradas, pequeños poemas— pero que por alguna razón al cuajar en un verso prosaico, salió, en la mayoría de los casos, desprovisto de toda virtud lírica. Apunta Cernuda la cualidad que debe reconocerse a Campoamor de antecesor de Bécquer en una poesía subjetiva basada en el sentimiento. La diferencia entre los dos es que Campoamor, con una mente quizás más clara que la del autor de las *Rimas,* no poseyó en cambio el espíritu del verdadero poeta. Sugiere Cernuda también la semejanza de algunas ideas poéticas de Campoamor con las de poetas y críticos ingleses como Wordsworth, Matthew Arnold, Browning. Y, a manera de sugerencia, es interesante notar el anglicismo de otros escritores asturianos: Jovellanos en el siglo XVIII, posiblemente algunos rasgos de Clarín, en el XIX, y Pérez de Ayala, en el XX.

Más definitivamente alejada de los valores líricos persistentes sigue pareciendo la poesía de Núñez de Arce. Lo más característico de ella, a diferencia de lo que ocurre con la de Campoamor, se encuentra en los poemas largos que son por lo común leyendas versificadas de tipo histórico filosófico. Utiliza en ellas el drama intelectual de algunas figuras del pasado, almas rebeldes o innovadoras —Raimundo Lulio, Dante (*La selva oscura*) —escritor, dicho sea de paso, que gozó de cierta boga en este tiempo— Lutero (*La visión de fray Martín*), Byron (*Última lamentación de Lord Byron*)— para exponer o ilustrar simbólicamente sus ideas sobre los problemas de la vida y del pensamiento: la duda filosófica, los conflictos entre la religión y la ciencia o entre la moral y los instintos vitales, la libertad, etc. Además de poeta filosófico es Núñez de Arce poeta civil y político a lo Quintana o a lo Hugo con tendencia a la declamación, especialmente en las composiciones de *Gritos del combate*. En otros aspectos menores de su obra, poesías como "La pesca," "Maruja," "Tristezas," "Idilio" o "El Miserere," logra a veces expresar en versos musicales y bien construidos el sentimiento de la naturaleza o la angustia de su espíritu. Por la atención que presta a la forma se podría relacionar a Núñez de Arce con algunos parnasianos franceses, aunque por la inspiración y los temas sea muy distinto; por el simbolismo dramático de sus poemas, por la evocación de figuras históricas y por el uso de la poesía como medio de exposición de ideas, podría relacionársele con Robert Browning, aunque las diferencias de estilo y de espíritu entre los dos sean fundamentales: el inglés es mucho más profundo en el pensamiento y más original en la expresión.

Campoamor y Núñez de Arce llenan un momento de la poesía española, el que va de la muerte de Bécquer a la aparición de los discípulos de Rubén Darío; ejercieron gran influencia entre todos sus contemporáneos; y, aunque ahora parezca extraño, muchos modernistas les admiraron e imitaron en su juventud.

**Poesía menor y algunas tendencias renovadoras.** — En el cuadro general mencionamos algunos de los muchos poetas, considerados como menores, adscritos a varias tendencias. Hay en su producción, a veces, como ocurre entre los románticos, notas de poesía valiosa y genuina, especialmente en la cuerda sentimental, intimista o elegíaca. Tal es el caso, por ejemplo, de la obra de Selgas, Ruiz Aguilera o Querol, entre los más conocidos. Otros poetas, los más jóvenes, inician, hacia fin del siglo, sin salir por entero de las corrientes características de la época, la renovación del verso y el lenguaje poético con algunos temas también nuevos: colorismo en Manuel Reina (1856-1905), musicalidad en Ricardo Gil (1855-1908) o imitaciones de poetas franceses como Sully Prudhomme y François Coppée, en Eusebio Blasco (1843-1903), casi únicamente recordado, no como lírico, sino como cuentista y comediógrafo festivo y cómico.

Entre este grupo heterogéneo de poetas que la crítica posterior ha considerado como precursores del modernismo, destaca, por su riqueza formal y sus innovaciones métricas o temáticas, el malagueño Salvador Rueda (1857-1933), lector y corresponsal de los primeros modernistas hispanoamericanos y en especial de Rubén Darío. Fue Rueda poeta natural y fecundo y Rubén lo consagró en' el "Pórtico" escrito en 1892 para su libro *Tropel.*

Había en los anticipos de esta poesía, reflejos vagos del parnasianismo francés y, aunque en menor medida, del simbolismo; reminiscencias tradicionales y románticas; y ensayos de inspiración en temas locales, manifestación poética del regionalismo rural de la que surge la poesía popularista, folklórica y dialectal, que representarán sobre todo el murciano Vicente Medina (1866-1936) y el salmantino-extremeño José María Gabriel y Galán (1870-1905). Poesía enraizada en el realismo-naturalismo, con su equivalencia en la novela y en el teatro de la época, y, por supuesto, en la poesía propiamente regional de gallegos, catalanes y valencianos, como Querol y Llorente. En el entrecruce de corrientes muy varias —prolongación unas del romanticismo, expresión otras de la agitación ideológica y social, y ecos primerizos de corrientes posteriores influidas por la poesía francesa— se va definiendo, junto a formas de carácter más provincial, un andalucismo y un castellanismo literario que tendrá ya en el siglo XX manifestaciones importantes.

Es ésta, como se ve, una época históricamente interesante, incluso en la poesía, que no tuvo, desde luego, la trascendencia de la novela. La poesía del realismo se desvalorizó totalmente a principios del siglo XX y, de ahí, que haya sido muy deficientemente estudiada. Ahora contamos ya con un estudio valioso y detallado para conocerla mejor, libro reciente de José María Cossío, en el que asombra la cantidad de cultivadores del verso —más de mil— que hubo en un tiempo frecuentemente caracterizado por su prosaísmo.

## III. El drama post-romántico y realista: Echegaray y sus contemporáneos

**El anacronismo en el estilo y las ideas del teatro post-romántico.** — Esta época es en el teatro, como en la poesía, época de transición. De ahí, la semejanza y paralelismo en el desarrollo de ambos géneros. El drama empieza como una continuación del romanticismo; reacciona luego contra él y, finalmente, recoge en el teatro de tesis ecos de las filosofías en boga —positivismo e idealismo— y de las nuevas concepciones dramáticas representadas por la comedia social francesa y el teatro ibseniano. Fue de todos los géneros literarios probablemente el que más popularidad alcanzó. Ningún escritor tuvo el prestigio extraordinario de Echegaray, que fue aclamado como un genio y a quien en 1905 se le concedió el Premio Nobel. En la revisión de valores con que se inicia el siglo XX se reaccionó también quizá exageradamente en contra suya y de casi todos los dramaturgos de su tiempo, negándoles todo mérito, y hoy son pocas las obras dramáticas de este período que sobreviven.

Se trata, realmente, de un teatro un poco falso en el cual predominan el melodramatismo efectista en el estilo y la confusión en las ideas. Sus personajes carecen casi siempre de base psicológica; no hay análisis de carácter. Peca, visto con un criterio actual, de un doble anacronismo en la técnica y en las ideas. Después de una primera etapa en la que el tipo de drama preponderante es todavía el drama histórico, los dramaturgos llevan a escena, con un realismo externo, problemas y personajes de la sociedad burguesa pero conservando el violento tono pasional del romanticismo y casi toda su técnica, en el lenguaje y en el verso. Ahora bien, un asunto moderno no casa ni con un lenguaje arcaico ni con la forma poética. Hacer hablar en verso rutilante a don Álvaro o al Manrique del *Trovador* está bien; pero que un financiero que se arruina o un honrado padre burgués, vestidos de levita y chaqueta, razonen en octosílabos va contra la esencia misma de su carácter, de cuya delineación depende el drama. Los personajes obran por motivos, como el del honor, tomados del antiguo teatro español, que contrastan con las ideas liberales expuestas por ellos al hablar de asuntos que no afectan a sus sentimientos. La moral de los personajes de Ibsen, por ejemplo, o de algunos comediógrafos franceses, Sardou o Dumas hijo, nace de ideas modernas; el alcoholismo, la estafa, el engañar a una mujer son actos condenables porque van contra el equilibrio social o contra la integridad del individuo. El drama se sostiene sobre esas bases. En el teatro español de la época que estudiamos esos mismos actos se condenan, unas veces, por motivos religiosos, por ser pecados contra Dios; otras, por motivos sociales o porque la víctima se siente afectada en su honra. El marido burlado o el padre a cuya hija engaña un seductor no acude a las leyes o a la sanción social, o a la conciencia individual; lo común en el teatro de Echegaray o de sus contemporáneos y discípulos es que como un personaje de Calderón se tome la venganza por su mano.

De este anacronismo en las ideas, que es el defecto mayor de todo este teatro, no tienen enteramente la culpa los autores; es, en el fondo, reflejo del anacronismo espiritual en el que se debatía, y aún se debate, la sociedad burguesa española, en la que por debajo de las costumbres y formas de vida moderna persisten arraigadamente los sentimientos y las ideas antiguas. Es, en efecto, común en la sociedad española que el hombre que se cree más liberal y escéptico conserve en su vida privada todos los tabús de la moral católica más estricta, o que el más despreocupado y cínico obre en materias que afectan a su dignidad igual que el protagonista de un drama de Echegaray o de Calderón.

La novela realista, cuyo fin artístico era, como el del teatro, reflejar el ambiente de la época, se salvó de la confusión en que casi siempre cayeron los dramaturgos, refugiándose en el costumbrismo o tomando por tema la vida regional, donde los términos del conflicto se presentaban netos sin las interferencias que la superposición de lo antiguo y lo nuevo produjo en la sociedad urbana, de la que están tomados casi todos los asuntos del teatro. Galdós, el único novelista de la Restauración cuya obra trata casi exclusivamente de la vida de la ciudad, se limita con objetividad absoluta a pintar el conflicto mismo. Comprende el anacronismo y ve precisamente en esa radical inadaptación del español a una moral burguesa la fuerza de su carácter. Por eso, aunque en sus ideas era más moderno que todos los dramaturgos, no predica nunca y refleja la dualidad española artísticamente por medio del humor.

Los dramaturgos, por el contrario, se enfrentaron con los problemas que llevaban al teatro sin unas ideas claras. El planteamiento del conflicto es casi siempre preciso, lo mejor de la obra, pero al resolverlo no pueden oponer nada firme a los prejuicios sociales o individuales que tratan de combatir. Lo común en las obras de tesis, las más características en el drama de este tiempo, es que prediquen una moral prosaica, del sentido común, sin gran base ideológica, como en las comedias de López de Ayala y Tamayo y Baus o que, como en las de Echegaray, acudan a fórmulas de efecto seguro en el público y todo se resuelva con declamaciones pseudo-filosóficas o con un violento arrebato pasional.

En cuanto al estilo, pesaba demasiado en el arte dramático la tradición poética del teatro nacional del Siglo de Oro, reavivada por el romanticismo. No era fácil improvisar el lenguaje necesario para pintar la psicología del personaje moderno. Ésa será la gran aportación de Benavente, el verdadero creador de un teatro contemporáneo en España.

En el momento que ahora estudiamos lo consiguen en parte Galdós, cuando después de treinta años de cultivar la novela empieza a escribir dramas, y Enrique Gaspar, un dramaturgo menor. Los novelistas encontraron, en cambio, en el estilo de la antigua tradición realista de Cervantes y de la picaresca, resucitada en la generación anterior por Larra, Mesonero y otros costumbristas, un instrumento fácil de adaptar a las exigencias del nuevo realismo.

**La evolución del género: sus caracteres y formas dominantes.** — Interpretado así en sus elementos y bases creativas el panorama de la literatura dramática en la segunda mitad del siglo XIX, veamos las formas de conjunto que presenta en su evolución y cuáles son sus autores más importantes.

Un hecho que afecta quizás más al teatro que a ningún otro género literario, sin excluir la novela, es la función social que adquiere la literatura: su democratización, aburguesamiento y comercialización consiguiente. El escritor se ve cada día más impelido por la necesidad de satisfacer al público, sea el lector de novela, sea el espectador de obras teatrales. Y en el teatro el fallo es más inmediato y definitivo. Fenómeno que hoy conocemos bien, pero que se manifiesta ya con toda su fuerza en el período realista. Aclaremos que en éste presenta caracteres muy distintos a los que tuvo en el Siglo de Oro, donde señalábamos algo parecido. La diferencia, entre otras de tipo espiritual y estético, es que entonces era el poeta creador quien daba la norma —pese a la sobada declaración de Lope sobre el vulgo que paga; ahora, siglo XIX, la norma la fijan el público y el empresario, apoyados por el crítico. Se busca con la aclamación popular, el éxito económico y en ambos influye el fallo del crítico periodístico que define y adjudica la gloria literaria. Ello explica varios hechos: la popularidad del autor teatral, popularidad por lo común pasajera y que el juicio posterior, salvo en casos excepcionales, no sanciona (compárese la estimación que hoy nos merecen Bécquer o Galdós con la de Echegaray); la enorme cantidad de la producción teatral y el número de autores dramáticos, famosos entre 1870 y 1900, hoy enteramente olvidados; y, por último, el que todos los escritores, con pocas excepciones, probasen fortuna en el teatro, incluso un poeta tan metido en su mundo de arte y sentimiento como Bécquer, autor, como dijimos, de varias obras teatrales, que nadie ha vuelto a leer.

Por lo que se refiere a las formas y temas, en ningún género es más marcada la evolución del romanticismo, sin solución de continuidad. El cambio es lento, pero continuo, sin innovaciones radicales. Más aún que en la novela, se va pasando del drama histórico, sentimental y fantástico al drama histórico con tema y sentido político y social; y de éste al drama político y social de tema contemporáneo. O de la comedia de costumbres, moralizadora y satírica, de Bretón o la "alta comedia" de Ventura de la Vega, a la comedia de aparente fondo social y psicológico. Lo nuevo parece ser el drama o la comedia como *problema* —problemas sociales, problemas morales, problemas psicológicos— pero todo, al menos en el teatro español, un poco superficial, falso y efectista.

Varios escritores marcan la evolución a que hemos aludido hacia el drama histórico-político o hacia la comedia político-moral, de sociedad, o moral sentimental. Los de mayor éxito en su tiempo serían el romántico Tomás Rodríguez Rubí, especialmente en el drama *La rueda de la fortuna,* en dos partes, estrenadas respectivamente en 1843 y 1845, es decir en pleno romanticismo; y en la comedia de modalidades varias, Narciso Serra, el mejor continuador de Bretón. Recordemos también el drama *Don Francisco de Quevedo* y el hecho de que entre los muchos comediógrafos de esta época tuvo bastante éxito, o al hijo de Larra, Luis Mariano, autor del libreto de una de las zarzuelas más populares *El barberillo de Lavapiés,* con música de Barbieri. Precisamente el desarrollo de la zarzuela y "el género chico" es uno de los fenómenos, también característico, del realismo teatral, del que diremos algo más adelante.

La primera fase, pues, del teatro realista fue enteramente post-romántica y cultivando el drama histórico en verso empezaron su obra los tres dramaturgos mayores de la época: Adelardo López de Ayala (1829-1879), Manuel Tamayo y Baus (1829-1898) y José Echegaray (1832-1916), la figura descollante como ya se ha apuntado.

**López de Ayala y Tamayo y Baus.** — Ayala, político, poeta lírico, orador y periodista, escribió su obra teatral en verso y después de varios dramas históricos, como *Un hombre de Estado* (1851) y *Rioja* (1854), adopta el realismo con el propósito de censurar las costumbres de su tiempo. Se le considera por esto como el creador de lo que se llamó "la alta comedia" o "la comedia dramática," siguiendo el camino abierto por *El hombre de mundo* de Ventura de la Vega. Las obras más características de Ayala son: *El tejado de vidrio,* condenación del libertinaje; *El tanto por ciento,* crítica contra el desmedido afán de lucro que no respeta ni la honra ni el amor; y *Consuelo,* estudio psicológico de una mujer coqueta que lo sacrifica todo al lujo y a satisfacer su egoísmo.

El teatro de Ayala tiene, como se advierte, un marcado carácter moral y alguna vez se le ha relacionado con el clásico de Ruiz de Alarcón. Su versificación es correcta y, en ciertos momentos, inspirada. Su pensamiento carece de vuelo, pero es menos confuso que el de la mayoría de sus contemporáneos y sus personajes, aunque rara vez son profundos, están bien observados e impresionan, en muchos casos, por su verdad.

Tamayo, a diferencia de Ayala, se consagró por entero a su arte y al estudio. Hijo de actores, es principalmente un "hombre de teatro." En su producción —que en total consta de más de cincuenta obras— recorre las dos etapas de la de Ayala: drama histórico: *La Ricahembra, Una aventura de Richelieu, Locura de amor;* y comedia realista, moralizadora y docente, o de tesis: *Lo positivo, Lances de honor, Los hombres de bien* y *La bola de nieve.*

Presenta además otras modalidades que le muestran como artista inquieto en busca de nuevas sendas. Adaptó tragedias modernas de Schiller en *Ángela* y *Juana de Arco,* y probó también a resucitar la tragedia clásica en *Virginia.* Pero donde logra elevarse a un nivel más alto es en el teatro poético, de sentimiento y pasión, sea en la *Locura de amor,* sobre doña Juana la loca, o en su obra maestra, *Un drama nuevo.*

El llevar a la escena en 1867 un asunto original y complicado en su significación artística, como el de *Un drama nuevo,* representaba una audacia y un sentido del teatro muy superior al de la época. Es un estudio de la pasión de un actor que ve convertirse la ficción en realidad al representar un drama de celos. La acción ocurre en tiempo de Shakespeare que es uno de los personajes de la obra. El tema fue probablemente sugerido por la exclamación de Hamlet cuando presencia la sinceridad con que un actor hace su papel: "What would he do—Had he the motive and the cue for passion that I have!" y tiene alguna semejanza con *The Spanish Tragedy* del dramaturgo inglés del siglo XVI, Thomas Kyd. Influyó en el argumento de la conocida ópera *Pagliacci,* de Leoncavallo, y algunos críticos, a nuestro juicio sin gran fundamento, han visto en ella un precedente del drama de Pirandello, *Seis personajes en busca de autor.*

Es curioso que Tamayo logre el máximo efecto poético en dos obras escritas en prosa en contraste con el prosaísmo de casi todas las comedias versificadas por él y por sus contemporáneos.

**El drama de Echegaray.** — Con todos sus defectos —a su obra se aplica en particular la crítica que hacíamos del teatro de la época— José Echegaray es sin duda el escritor dramático de mayor fuerza entre sus contemporáneos. Es además el típico gran hombre de este momento de la Restauración en el que el epíteto "grande" ejercía una misteriosa atracción sobre los espíritus. Todo se concibe entonces en proporciones desmesuradas: el verso de Núñez de Arce, la oratoria de Castelar. En todo se busca el efecto conmovedor. Echegaray es el escritor representativo de esa grandeza ilusoria, caracterizada por Ortega y Gasset como "un panorama de fantasmas." No sólo en su teatro, en todo da impresión Echegaray de ser una figura cumbre. Fue ingeniero, economista, político, Ministro de Hacienda y todos le consideraban en su tiempo como uno de los más sabios matemáticos que había tenido España. El estreno de cada uno de sus dramas era motivo de éxitos clamorosos y la crítica agotó, al juzgarlos, todos los adjetivos. Ya un hombre que reúne en sí facultades tan varias, por mucho que hubiera de exageración en el entusiasmo de sus contemporáneos, da muestra de una personalidad no desdeñable. Nosotros no estamos capacitados para valorar sus méritos como ingeniero o científico, pero en la literatura su teatro está irremisiblemente anticuado aunque no se le puede negar altura de concepción ni dominio de los efectismos y resortes emocionales. Sus dramas presentan la paradoja de aplicar rígida lógica teatral a situaciones cargadas de melodramatismo. En el planteamiento, desarrollo y desenlace tienen una claridad matemática, infalible. Pero en el fondo las situaciones son falsas y los personajes, de una pieza, inflexibles. Él mismo describe en un soneto famoso cómo están creados:

> Escojo una pasión, tomo una idea,
> un problema, un carácter; y lo infundo,
> cual densa dinamita, en lo profundo
> de un personaje que mi mente crea.
> La trama al personaje le rodea
> de unos cuantos muñecos que en el mundo
> o se revuelven en el cieno inmundo
> o se calientan en la luz febea.

Es evidente que en un teatro así, el individuo, el hombre de carne y hueso, sujeto de todo drama perdurable, no interesa. Es un teatro ideológico e idealista que parte de contrastes absolutos, sin matiz, de seres que se revuelcan en el cieno o que son todo pureza ideal.

En las ideas funde igualmente Echegaray lo calderoniano, lo romántico, con unos imperativos de conciencia, inspirados en Ibsen o en un vago idealismo nórdico del que sólo toma lo externo. Sus dramas giran todos en torno a dos pivotes centrales, honor y deber estrictos, y terminan siempre en muerte, en tragedia. En el estilo usa el verso o el verso alternado con la prosa que al fin termina, con indudable acierto, por preferir.

Con estas fórmulas, a pesar de que no empezó a escribir para el teatro hasta 1874, pasados los cuarenta años, compuso más de sesenta comedias y dramas.

A semejanza de los otros dramaturgos de su generación, cultiva Echegaray en sus primeras obras el drama romántico, sea de tipo histórico, *La esposa del vengador*; caballeresco, *En el puño de la espada*; o legendario, *En el seno de la muerte*. Pero lo más característico de su producción teatral es el drama de tesis. A esta categoría pertenecen sus dos obras maestras: *O locura o santidad* (1877) y *El gran galeoto* (1881). La primera, escrita en prosa, es una tragedia basada en los escrúpulos de conciencia del protagonista don Lorenzo de Avendaño, personaje entre quijotesco y calderoniano, que inducido por un concepto exagerado del deber quiere sacrificar la felicidad de sus seres más queridos y termina encerrado en un manicomio por aquéllos a quienes quería sacrificar. *El gran galeoto,* en verso, dramatiza los efectos de la maledicencia y la calumnia en la sociedad moderna a través de una acción en la que los comentarios frívolos de unos cuantos personajes causan la desgracia de un matrimonio. De fondo y tema parecidos a los de *Realidad* de Galdós, lo que en éste es un estudio psicológico de implicaciones sociales, humanas y artísticas es en Echegaray un melodrama lleno de efectismos. Trató Echegaray otros muchos problemas representativos de las preocupaciones o prejuicios sociales de su tiempo, por ejemplo: los efectos del libertinaje que redunda en el dolor de los hijos en *Vida alegre y muerte triste*; los males propios de la sociedad capitalista en *Mancha que limpia y La última noche*; el arribismo que ante nada se detiene, en *A fuerza de arrastrarse*; el problema íntimo de la mujer entre el amor y el honor, en *Mariana,* uno de sus mejores dramas psicológicos. Fue además Echegaray el primer dramaturgo español que imitó directamente a Ibsen en *El loco Dios* y en *El hijo de don Juan,* basada esta última en *Espectros* del dramaturgo noruego.

La producción de Echegaray se extiende por más de cuarenta años, hasta la primera década del siglo xx, en pleno triunfo del teatro benaventiano. En tan largo período recogió muchos estímulos, pero sin conseguir alterar básicamente su fórmula dramática: de Calderón, a quien siempre consideró como maestro; de Ibsen, desde las preocupaciones naturalistas por la herencia, la locura y los personajes anormales, hasta un vago simbolismo poético a lo Maeterlinck.

Contra ninguna de las figuras de la época precedente reaccionaron de manera más violenta y negativa los escritores del 98 y el modernismo, que llegaron a organizar una protesta cuando se le concedió el Premio Nobel en 1905. Últimamente, Valbuena Prat, sin desconocer sus defectos, ha hablado con admiración y entusiasmo de Echegaray y algunas de sus obras aún pueden producir en el espectador interés y hasta emoción. Históricamente es innegable su importancia, como lo es que tuvo condiciones extraordinarias para manejar personajes y conflictos en un plano de puro efectismo dramático. Es difícil, sin embargo, prever el momento de una revalorización total de su obra literaria.

La mayoría de los autores secundarios de este momento siguen las mismas corrientes de Echegaray y pueden ser considerados como discípulos suyos: Eugenio Sellés, autor de *El nudo gordiano,* y Leopoldo Cano, autor de *La opinión pública, La pasionaria,* etc., se diferencian poco del maestro y son muy inferiores a él en el dominio de los efectos teatrales. José Feliú y Codina, autor de *La Dolores,* trató con la técnica y el tono de Echegaray asuntos rurales con ambiente regional. Joaquín Dicenta en obras como *Juan José* aplica a temas proletarios la misma pasión violenta y teatral que Echegaray a los temas de la sociedad aristocrática y burguesa. Sólo un dramaturgo, Enrique Gaspar, que por pertenecer a la carrera consular pasó gran parte de su vida fuera del ambiente español, cultiva en obras como *Las personas decentes* y *Huelga de hijos* un realismo de mayor modernidad en ideas y técnica. Sin llegar nunca a una altura artística sobresaliente, su teatro significa, no obstante, un paso hacia el teatro social de Galdós o el satírico de Benavente, que liquidan en el arte dramático los duraderos efectos del romanticismo.

**El teatro cómico.** — En este tiempo renace con caracteres propios y enorme fecundidad el antiguo teatro cómico y popular en el llamado "género chico" que en el gusto del público ha sobrevivido a los géneros grandes. Teatro híbrido, cuenta entre sus antecedentes las antiguas piezas cómicas —pasos, entremeses y sainetes— y enlaza también con ciertas formas de la época romántica como la comedia satírica de Bretón de los Herreros y la zarzuela, que de "zarzuela grande" y dramática del romanticismo, pálida réplica de la ópera, fue convirtiéndose en "zarzuela menor" y "cómica." El público mostró preferencia por este género musical que llegó a tener en 1856 su templo propio en el Teatro de la Zarzuela de Madrid. Años después, en 1868, se inauguró el Teatro del Recreo que obtuvo un éxito clamoroso en las "funciones por horas."

Allí junto a esos géneros teatrales, de antiguo abolengo, nacieron otros como "la revista lírica," sucesión de cuadros cantables y bailables, o el "juguete cómico." Lo que da unidad a formas tan varias es su carácter satírico, costumbrista y popular. A veces se parodian con gracia escenas, personajes y sentimientos del teatro grande o dramático, pero lo común en el "género chico" es la pintura de tipos y costumbres del pueblo bajo madrileño y menos frecuentemente del de algunas regiones. Desarrollaron sus cultivadores todo un lenguaje nuevo, quintaesencia del habla popular que en algunos autores algo posteriores como José López Silva y su colaborador Carlos Fernández Shaw o en Carlos Arniches llegó a convertirse en una verdadera creación. En la época que ahora estudiamos hubo también saineteros de positivo ingenio: Tomás Luceño, Ricardo de la Vega, Francisco Javier de Burgos, Miguel Ramos Carrión, Vital Aza, etc. No contribuyó poco al éxito de este teatro el que los libretistas de las zarzuelas contasen con la colaboración de algunos músicos extraordinarios dentro de su humilde inspiración popular y hasta populachera como Chueca, Chapí y Tomás Bretón, el autor de la música de *La verbena de la Paloma* (libro de Ricardo de la Vega) que es una de las joyas del género.

[Selecciones: del Río, *Antología,* II, págs. 240-277.]

# BIBLIOGRAFÍA

1  GENERAL

A. F. G. Bell, *Contemporary Spanish Literature,* New York, 1933 (Empieza con Echegaray en el teatro y con Campoamor en la poesía).

H. Petriconi, *Die spanische Literatur der Gegenwart, seit 1870,* Wiesbaden, 1926.

*Columbia Dictionary of Modern European Literature,* ed. Smith, New York, 1947 (Desde la segunda mitad del siglo xix).

Boris de Tannenberg, *L'Espagne littéraire, portraits d'hier et d'aujourd'hui,* Paris, 1903.

L. A. Warren, *Modern Spanish Literature,* London, 1929, 2 vols.

M. de la Revilla, *Obras,* Madrid, 1883.

———, *Críticas,* Burgos, 1884-85, 2 vols.

E. Pardo Bazán, *Retratos y apuntes literarios,* en *Obras completas,* vol. XXXII.

J. L. Pagano, *A través de la España literaria,* Barcelona, s. a.

2   POESÍA

J. F. Montesinos, *Die moderne spanische Dichtung*, Berlín, 1927 (Antología y notas sobre los poetas a partir del post-romanticismo).

N. Alonso Cortés, *Las cien mejores poesías del siglo XIX*, Madrid, 1956.

L. Cernuda, *Estudios sobre poesía española contemporánea*, Madrid, 1957.

J. M. Cossío, *Cincuenta años de poesía española (1850-1900)*, Madrid, 1960, 2 vols.

Gustavo Adolfo Bécquer, *Obras completas*, ed. Correa, 1.ª ed., Madrid, s. a.

———, *Obras completas*, Pról. de Serafín y Joaquín Álvarez Quintero, Madrid, Aguilar, 1942.

———, *Rimas* (Primera versión original), ed. Alberti, Buenos Aires, 1944.

———, *Las "Rimas" y otras páginas*, ed. Monner Sans, Buenos Aires, 1947; 2.ª ed., 1956.

———, *Legends, Tales and Poems*, ed. Olmsted, New York, 1907.

———, *Páginas olvidadas...*, ed. Gamallo Fierros, Madrid, 1948.

———, *Teatro*, ed. J. A. Tamayo, Madrid, 1949.

F. Schneider, *Gustavo Adolfo Bécquer, Leben und Schaffen*, Leipzig, 1914.

D. Alonso, "Originalidad de Bécquer," en *Ensayos sobre poesía española* (pub. antes con el título "Aquella arpa de Bécquer," en *Cruz y Raya*, 1935).

J. Casalduero, "Las 'Rimas' de Bécquer," en *Cruz y Raya*, noviembre, 1935.

L. Cernuda, "Bécquer y el romanticismo español," en *Cruz y Raya*, mayo, 1935.

M. A. Domínguez, *Bécquer y el amor*, Buenos Aires, 1942.

J. Guillén, "La poética de Bécquer," en *Rev. Hispánica Moderna*, VII (1942), 1-42.

J. Pedro Díaz, *G. A. Bécquer: Vida y poesía*, Montevideo, 1953.

E. L. King, *Gustavo Adolfo Bécquer: From Painter to Poet*, México, 1953.

H. Carpintero, *Bécquer de par en par*, Madrid, 1957.

Ramón de Campoamor, *Obras completas*, Madrid, 1901-1903, 8 vols.

———, *Obras poéticas completas*, Madrid, Aguilar, 1942.

———, *Poesías*, ed. Rivas Cherif, *Clásicos Castellanos*, Madrid, 1921.

A. González Blanco, *Campoamor, biografía y estudio crítico*, Madrid, 1911.

R. Hilton, *Campoamor, Spain, and the World*, Toronto, 1940.

V. Gaos, *La poética de Campoamor*, Madrid, 1955.

Gaspar Núñez de Arce, *Obras escogidas*, Barcelona, 1911.

———, *Obras dramáticas*, Madrid, 1879.

———, *El haz de leña*, ed. Schevill, New York, 1903.

M. Menéndez y Pelayo, *Núñez de Arce*, en *Estudios de crítica literaria*, 1.ª serie.

J. Romo, *Vida, poesía y estilo de don Gaspar Núñez de Arce*, Madrid, 1947.

3   TEATRO

J. Ixart, *El arte escénico en España*, Barcelona, 1894-96, 2 vols.

M. Bueno, *Teatro español contemporáneo*, Madrid, 1909.

A. González Blanco, *Los dramaturgos españoles*, 1.ª serie, Valencia, 1917.

M. Zurita, *Historia del género chico*, Madrid, 1920.

J. Deleito y Piñuela, *Origen y apogeo del género chico*, Madrid, 1949.

———, *Páginas olvidadas...*, ed. Gamallo Fierros, Madrid, 1948.

Adelardo López de Ayala, *Obras*, Madrid, 1881-1885, 7 vols.

J. Octavio Picón, *Ayala, estudio biográfico*, Madrid, 1892.

Manuel Tamayo y Baus, *Obras*, Madrid, 1898-1900, 4 vols.

———, *Un drama nuevo*, ed. Matzke, New York, 1897.

Manuel Tamayo y Baus, *Locura de amor,* ed. Ashburn, New York, 1931.

N. Siscar y Salvadó, *Don Manuel Tamayo y Baus, estudio crítico-biográfico,* Barcelona, 1906.

José Echegaray, *Obras dramáticas,* Madrid, 1874-98, 9 vols.

————, *Obras dramáticas escogidas,* Madrid, 1884, 2 vols.

H. de Curzon, *Le théâtre de José Echegaray, étude analytique,* Paris, 1912.

E. Mérimée, "José Echegaray et son oeuvre dramatique," en *Bull. Hispanique,* XVIII (1916), 247 y ss.

L. Kirschenbaum, *Enrique Gaspar and the Social Drama in Spain,* Berkeley, 1944.

# 4 POST-ROMANTICISMO Y REALISMO (1850-1898): LA NOVELA Y LA CRÍTICA

## I. El renacimiento de la novela. Realismo y regionalismo. Fernán Caballero, Alarcón, Valera, Pereda

El fenómeno literario más importante de la segunda mitad del siglo XIX y el que hasta cierto punto la caracteriza es el renacimiento de la novela. A partir de 1849, cuando Fernán Caballero con la publicación de *La gaviota* da principio al nuevo realismo, la novela adquiere un auge enorme que llega hasta nuestro tiempo y pasa, reflejando la vida, las ideas y la sensibilidad de cada momento, por diferentes etapas.

La nota común que presta continuidad a esta novela moderna es la técnica realista en el sentido de que, en la mayoría de los casos, aspira a dar una imagen de la vida dentro de un lugar real y un tiempo histórico definido, que es casi siempre el tiempo del autor o muy cercano a él. El arte de componer esta novela —decía Galdós, su más alto cultivador en España— consiste en reproducirlo todo: la realidad externa y lo individual interno. Es decir, la vida del individuo en relación con la sociedad y el ambiente en que vive. Es lo contrario de las antiguas ficciones poéticas o de la novela histórica del romanticismo. Ya veremos cómo el término "realismo" admite una gran variedad de formas y puntos de vista y cómo la novela contemporánea de Baroja, Valle Inclán o Pérez de Ayala, aunque hereda algunos caracteres de la del siglo XIX, es muy diferente y parte de bases estéticas distintas. Es más lírica e intelectual. Pero considerada en bloque esta gran producción novelesca de cerca de un siglo presenta todos los caracteres de un ciclo artístico completo.

179

En los orígenes de la novela realista del siglo pasado, volvemos a ver entrelazarse influencias extranjeras con antecedentes españoles. La nueva forma tiene relación inmediata, en cuanto a estilo, con el costumbrismo de Larra, Mesonero Romanos y Estébanez Calderón. Casi todos los novelistas empiezan escribiendo cuadros de costumbres o cuentos de carácter popular y costumbrista. Las primeras narraciones largas o son cuentos ampliados o representan, en su técnica total y en sus propósitos, una forma retardada de la novela europea del siglo XIX y más concretamente un reflejo, bastante desvirtuado, del realismo literario francés. Todos los grandes escritores franceses e ingleses han muerto ya cuando la novela llega a su plenitud en España: Balzac en 1850, Flaubert en 1880, Dickens en 1870, Thackeray en 1863. Pronto se opera, sin embargo, en el campo de la novela ese fenómeno tan característico de la literatura española: que lo que empieza por un estímulo extranjero revierte pronto a cauces castizos. Alarcón, Valera y Pereda encuentran en seguida su tono propio y lo que al fin impera en toda la literatura narrativa del realismo español es un estilo que trata de resucitar el ritmo y tono de la prosa del siglo XVII, a la manera que López de Ayala quiere revivir el verso de la "comedia" o Echegaray los efectismos de Calderón. La novela, al menos en sus primeros intentos, cuando no es costumbrismo, vuelve a la tradición de Cervantes y la picaresca. Se prefieren el humor y la pintura de tipos y costumbres al detallado análisis psicológico, nota distintiva de la novela francesa. Ideológicamente, domina, también al principio y salvo en el caso excepcional en todo de Galdós, el espíritu tradicionalista de la región.

**Clasificación y cuadro general.** — Si excluimos a Fernán Caballero, cuya importancia se limita a haber sido la iniciadora del género, los novelistas importantes del realismo pueden ser agrupados en dos generaciones:

La primera está formada por Pedro Antonio de Alarcón (1833-1891), Juan Valera (1824-1905) y José María de Pereda (1833-1906). Gómez de Baquero la llamó generación de 1868, pero sería más adecuado llamarla de 1874 por ser ésta la fecha en que esos autores empiezan a producir sus mejores obras y ser además el año de la Restauración y del triunfo del espíritu conservador después de la primera república, en el que todos ellos comulgan.

A la segunda pertenecen Emilia Pardo Bazán (1851-1920), Leopoldo Alas, "Clarín" (1852-1901), Armando Palacio Valdés (1853-1938) y Vicente Blasco Ibáñez (1867-1928). Con excepción de este último, todos nacen alrededor de 1850 y son, por tanto, unos veinte años más jóvenes que los escritores de la generación anterior. Se diferencian de ella por ser liberales en ideas, en contraposición al tradicionalismo de Alarcón o Pereda; y porque en el arte aceptan la influencia naturalista, en tanto que los escritores de la primera generación son realistas y rechazan en absoluto las concepciones fundamentales del naturalismo. Si fuésemos a precisar la fecha en que esta nueva generación se revela la situaríamos hacia 1883, año de publicación de *La cuestión palpitante* de Emilia Pardo Bazán que, poco después, con sus dos novelas *Los pazos de Ulloa* (1886) y *La madre naturaleza* (1887), establece momentáneamente el predominio del naturalismo en España, un naturalismo bastante distinto del francés, del que toma principalmente algunos procedimientos técnicos, no sus bases científicas o filosóficas. En 1884 publica Clarín *La Regenta,* otra de las novelas naturalistas más importantes.

Benito Pérez Galdós (1843-1920) es, en cuanto a los comienzos de su producción, coetáneo de la primera generación y empieza a escribir novelas de tipo moderno antes que nadie, pero en la evolución total del género se le puede considerar más bien como el lazo de unión entre los dos grupos y como maestro, centro y guía de la novelística española del siglo XIX, igual que Cervantes lo fue de la de su época.

Fuera de las diferencias de generación, la novela presenta variedad de formas y tendencias que sirven en gran medida para caracterizar, según preponderen unas u otras, el arte de cada novelista.

Todos coinciden, salvo Galdós, en cultivar la novela regional que se distingue por presentar los tipos, las costumbres, el carácter y el espíritu de una región determinada, aunque en la manera de hacerlo haya gran distancia entre Pereda, por ejemplo, y Blasco Ibáñez, y Valera sólo tenga de regional el ambiente de pueblo andaluz en sus novelas. Algo análogo ocurre con Clarín o Palacio Valdés, ambos asturianos.

En la novela psicológica, de análisis, sobresalen Valera, Clarín y, en menor medida, Alarcón, la Pardo Bazán y Palacio Valdés; en la de tesis o problema ideológico con caracteres más abstractos sobre cuestiones religiosas y morales, Alarcón en obras como *El escándalo,* y Pereda; en la novela social, Blasco Ibáñez.

Galdós participa en todas las tendencias señaladas, con excepción de la regional, y las reúne en síntesis amplísima.

Dentro de estos caracteres de conjunto, la novela irá adaptándose a los cambios ideológicos o estéticos que se acentúan a fin de siglo. Así puede pasar, dentro de la obra de cada autor, del naturalismo al impresionismo y de la sociología al simbolismo espiritualista.

**Una etapa intermedia: post-romanticismo y comercialización.** — Entre 1850 y 1870, coincidiendo cronológicamente con las intenciones renovadoras de Fernán Caballero, adquieren un enorme incremento varias formas de literatura narrativa que, a pesar de su ínfimo valor literario, preparan el terreno. Hecho paralelo y análogo al que señalábamos en el teatro, en el que se juntan la demanda del público y el influjo cada vez mayor del periodismo. Es decir, la comercialización progresiva de la literatura. La forma común de difusión de esta novela fue el folletín de los periódicos —de ahí el adjetivo "folletinesco"— o el pliego suelto, la novela por entregas, pasto de la curiosidad cada vez más sensacionalista del vulgo y del no vulgo, como ha ocurrido desde entonces, por ejemplo, con la novela policiaca. La literatura novelesca se convirtió en pingüe negocio y varios de sus cultivadores se hicieron ricos. Son interesantes, a este respecto de socio-economía literaria, los datos reunidos por Luis Monguió en su estudio *Crematística de los novelistas españoles del siglo XIX.* No obtuvieron las mismas ganancias los escritores de mayor rango artístico, portadores de un nuevo concepto de la novela, pero históricamente no es fácil trazar la línea divisoria y alguna de las obras más conocidas se publicó por entregas antes de ser recogida en libro. El folletín o folletón estaba llamado a más glorioso destino en el siglo XX. Cambió de carácter y en varios de los mejores diarios, especialmente *El Sol,* se dedicó al ensayo. Así publicó, por ejemplo, Ortega y Gasset parte considerable de su obra. En cuanto al contenido literario tomó la narración por entregas varias formas:

La continuación de la novela histórica combinada con la leyenda nacional popularizada por Zorrilla. Su máximo representante fue Manuel Fernández y González (1821-1888), tipo de escritor bohemio, pintoresco y de fértil imaginación. A partir de 1845, fecha de su primera novela, *La mancha de sangre,* engendró sin cesar, y con creciente éxito, unos trescientos relatos llenos de acción, de fáciles y a veces disparatadas evocaciones y de sorprendentes intrigas. Con un poco de freno y disciplina pudiera haber sido el Dumas español. De diversa índole y mayor dignidad literaria son las novelas históricas de Francisco Navarro Villoslada (1818-1895), con quien termina propiamente el ciclo de la novela romántica. Fue, en otro aspecto, personalidad de relieve en el periodismo católico y tradicionalista y fundador del periódico *El Pensamiento Español,* órgano de la oposición más resuelta al krausismo.

La segunda forma que la narración por entregas toma es la novela social, inspirada en Victor Hugo, George Sand y, más directamente, en Eugenio Sue, cuyas traducciones en España (6 novelas, sólo en 1844) debieron de constituir un acontecimiento. Brown reproduce en su libro unos párrafos del prospecto de *Matilde* que testimonian el prestigio de que gozó y cómo se combinan en el ambiente literario, de que va a surgir la novela realista, nombres y tendencias de muy diversa categoría:

> ...reúne [*Matilde*] las ventajas de todos los géneros [novelescos] conocidos, las de la novela histórica de Walter Scott..., la novela psicológica de George Sand..., las de Balzac, porque el mundo se ve en las Memorias de Matilde al través de microscopio que pone de bulto sus más imperceptibles pequeñeces.

Uno de los muchos traductores de Sue fue Wenceslao Ayguals de Izco (1801-1873), que divulgó en España el sentimentalismo proletario en novelas como *María o la hija de un jornalero* o *Pobres y ricos* o *La bruja de Madrid*.

La otra tendencia de la novela por entregas es la social moralizante de Enrique Pérez Escrich (1829-1897), autor de obras cuyos títulos son de por sí reveladores: *El cura de aldea, La caridad cristiana, Las obras de misericordia*, etc.

Con Sue comparten —en cuanto a número— los primeros puestos de autores franceses traducidos Dumas, Paul Féval, Paul de Kock y, en segundo lugar, Hugo y George Sand y también Balzac, cuya influencia sin embargo aún se hará esperar por razones complejas que ha analizado bien Montesinos.

Paralelamente a la novela por entregas va lentamente iniciándose el cultivo del cuento, muy unido, al principio, al cuadro de costumbres y a la leyenda romántica y de tradición folklórica.

En este ambiente comienzan su obra, con alguna diferencia de años entre sí, los dos narradores que van a dar entrada al realismo.

**La transición del romanticismo al realismo: Fernán Caballero y Pedro Antonio de Alarcón.** — A Cecilia Böhl de Faber (1796-1877) corresponde la gloria de haber señalado el camino para el renacimiento de la novela española, mediante la observación, la pintura de las costumbres populares y el empleo de una lengua natural y viva en la que contaba con el precedente de los costumbristas. Toda su actitud la resumió en las siguientes palabras: "La novela no se inventa; se observa. Escribo en lisa prosa castellana lo que realmente sucede en nuestros pueblos; lo que piensan y hacen nuestros paisanos en las diferentes clases de nuestra sociedad." Era hija del alemán Böhl de Faber, que inició, como se recordará, las controversias sobre el antiguo teatro español con que empieza el romanticismo, y de una dama andaluza doña Francisca Larrea, convencida tradicionalista. Nació en Suiza y se educó en el extranjero. De su padre heredó el entusiasmo folklórico; de su madre, el tradicionalismo, el sentido moral y aristocrático. Combinados con su formación extranjera, en la que debió de tener alguna parte la lectura de la novela rústica alemana y los idilios suizos de Gessner, explican algunos de los rasgos sobresalientes en su visión del pueblo. Conoce bien la vida andaluza que transporta a sus novelas, pero la ve indefectiblemente a través de un doble prisma: la moral católica y el sentimentalismo idealizador de lo pintoresco.

En su obra lo único nuevo es la técnica realista. Aunque conoció y pudieron influir en ella los novelistas de más boga en el romanticismo como Scott y Fenimore Cooper, y desde luego los franceses, especialmente George Sand y Balzac, en el fondo su novela es el resultado de la fusión de dos elementos románticos distintos: lo sentimental y el costumbrismo.

Con el pseudónimo Fernán Caballero, por el que es conocida, publicó la primera novela, *La gaviota,* quizá la mejor de todas las suyas, cuando había cumplido cincuenta y tres años. Escrita originalmente en francés, fue traducida por José Joaquín de Mora, a quien la envió la novelista —muy remisa a publicar— a instancias de su marido. Siguieron otras varias —de las cuales pueden recordarse *La familia de Alvareda, Clemencia* y *Lágrimas*— y algunos libros de cuentos populares y de diversa materia folklórica.

Las características principales de la novela de Fernán Caballero son la sencillez de los asuntos, la verdad de algunos tipos populares y la riqueza de observación. Sus defectos mayores, los que la alejan de nosotros, la falta de penetración en el carácter y el fin moralizador, agravado por algunas digresiones y sermones: el bueno es bueno, con todas las virtudes cristianas; y el malo, malo, con todos los vicios.

En Fernán Caballero apunta ya un tema dominante en toda la novela regional de la primera época, el de la lucha entre ciudad y campo. La ciudad con su liberalismo es la fuente de la corrupción y la desgracia. No sólo el equilibrio social sino también la felicidad individual se logran únicamente en el campo donde se conservan las viejas tradiciones a las que las nuevas ideas y las nuevas formas de vida se oponen. Véase lo que Juan Alvareda —en la novela a que da título— a la hora de la muerte, encarga a su hijo Perico: "Acuérdate de mi muerte para no temerla; todos los Alvaredas han sido hombres de bien; en tus venas corre *la misma sangre española* y en tu corazón viven *los mismos principios cató-*

*licos* que los hicieron tales. Sé cual ellos, y así vivirás dichoso y morirás tranquilo." Marisalada, la Gaviota, se corrompe en la ciudad, causa de que abandone a su marido y pierda la voz, lo que motiva su desdicha. Clemencia, desgraciada en Sevilla, encuentra al fin la felicidad y la recompensa a sus virtudes, casándose con su primo y yendo a vivir al pueblo.

Observemos también como rasgo de la novela de Fernán Caballero común a otras novelas regionales que casi las únicas clases de la sociedad que en ella existen son la aristocracia y el pueblo. No hay en rigor clase media o aparece muy desdibujada.

Junto a Fernán Caballero puede recordarse a un escritor de menor cuantía, pero que gozó de fama en el siglo XIX y a principios del XX entre un público de lectores poco exigente: el vasco Antonio de Trueba (1819-1889). Con la autora de *La Gaviota* es uno de los iniciadores del cuento popular, costumbrista y moralizador. Los títulos de sus colecciones —*Cuentos populares de color de rosa, Campesinas* y *De Vizcaya*— describen su contenido y significación. Personalidad bastante curiosa, fue iniciador también en otros campos, especialmente en el de la poesía de inspiración folklórica —de un folklorismo más o menos auténtico— en el *Libro de los cantares*.

**Alarcón.** — Con Fernán Caballero podemos asociar a Pedro Antonio de Alarcón por algunas coincidencias: fondo andaluz de la mayoría de las novelas, moralización, tradicionalismo y supervivencia en ambos de muchos elementos románticos. Establecido lo que tienen de común, apresurémonos a decir que son escritores de índole muy diversa en temperamento, vida y cualidades artísticas.

Alarcón, andaluz de Guadix, provincia de Granada, era, por de pronto, casi cuarenta años más joven (recuérdese que nació en 1833). Es decir, había entre ellos dos generaciones, las que constituyen el romanticismo. En su juventud, primero en Granada y luego en Madrid, hizo vida bohemia. Fue liberal y revolucionario. Dirigió *El látigo,* periódico panfletario antimonárquico y anticlerical; tomó parte en algunos pronunciamientos. Al llegar la Restauración se hizo conservador, abogado de la "Moral en el Arte" —título de su discurso de entrada a la Academia—, defendió en sus novelas la tradición religiosa y llegó a ser consejero de Estado.

Escribió poesías, innumerables artículos, un drama que fracasó y varios interesantes libros de viajes e impresiones: *Diario de un testigo de la guerra de África, De Madrid a Nápoles* y *La Alpujarra.*

En su obra de cuentista y novelista hay tres tipos de arte, bastante distintos, que responden a tres momentos de su vida, y pueden definirse en los siguientes términos: romanticismo o post-romanticismo fantástico; transición del romanticismo tradicional y legendario a la narración breve popular y nacional; novela de tesis. En la juventud sufrió la influencia de Scott y Byron y de autores franceses como Dumas, George Sand, Murger y Alphonse Karr. Fue el primer escritor de habla española que se ocupó de E. A. Poe (en 1858) y aunque nada tenga que ver con la obra del poeta norteamericano, escribió, a los dieciocho años, una novela de un romanticismo desatado, *El final de Norma,* con las absurdas aventuras de un violinista que se enamora de una cantante y un viaje fantástico por los países nórdicos. Su único interés es el de mostrar de manera inequívoca la vena romántica de Alarcón que persiste a través de toda su obra y desvirtúa en muchas ocasiones su realismo, un realismo que nunca llegó a asimilar por completo y al que se sentía ajeno por temperamento y formación. Aunque de mejor estilo, de idéntico sesgo fantástico son los cuentos y novelas cortas que reunió luego con el título de *Narraciones inverosímiles,* entre las que sobresale como uno de sus mejores aciertos *El amigo de la Muerte.*

Una etapa intermedia, la mejor, es la de los cuentos de fondo popular y patriótico españolismo, la de las *Historietas nacionales,* en las cuales —recuérdense *El carbonero alcalde, La buenaventura, El afrancesado, Buena pesca*— Alarcón sabe hacer vivir con vigor y comprensión el carácter del pueblo español a través de la recreación de anécdotas o episodios inspirados los más en la guerra de la Independencia. Carácter intermedio entre el cuento y la novela tienen otras dos de sus narraciones más conocidas, *El clavo* y *La Comendadora.* La mayoría de los cuentos de uno u otro carácter, es decir, nacional o inverosímil, son de producción temprana, si bien fueron luego corregidos. De ellos pasó Alarcón a la novela, aunque su primer ensayo, reconocido por todos como su obra de valor más seguro —*El sombrero de tres picos*— publicada en 1874, sea más bien un cuento más desarrollado y participe, superándolos, del arte y el estilo de sus mejores narraciones breves.

Se basa en un tema, cuyo origen puede remontarse hasta Boccaccio, que se populariza en varias versiones tradicionales. A Alarcón le llegó al parecer a través de una canción de tipo vulgar. [1] La acción se sitúa en un molino en las cercanías de una ciudad andaluza, a principios del siglo XIX, época suficientemente cercana para aplicarle la técnica realista y ya un poco alejada para poder recordarla con nostalgia. Un viejo corregi-

---

[1] Hay numerosos estudios sobre los antecedentes de *El sombrero.* Montesinos pone la cuestión en su punto en unas páginas de su libro sobre Alarcón.

dor libertino, abusando de la hospitalidad que en el molino ofrecen a los señores de la ciudad, quiere gozar (mediante el engaño) los encantos de la hermosa molinera. El marido de ésta, el tío Lucas, hombre a quien no arredran corregidores cuando se trata de su honor, decide pagar al viejo y ridículo don Juan con su propia moneda. Se pone su ropa; se presenta en casa de la corregidora. La moral se salva porque ninguno de los dos, ni el corregidor ni el tío Lucas, triunfa en su intento, pero el tema da lugar a una serie de situaciones embrolladas y divertidas que Alarcón relata con humor delicioso, buen gusto y absoluto dominio de todos los detalles: sentido justo de lo pintoresco, plasticidad y movimiento.

A estas cualidades de la narración se une el que Alarcón ha penetrado aquí en la esencia humana de sus personajes; ha dado vida, sin sentimentalizar, al fondo democrático de la sociedad española y ha sabido combinar muy diversas formas de la mejor tradición literaria: el cuento popular, el romance, la novela picaresca y el teatro cómico del Siglo de Oro. La obra, en efecto, sin perder su carácter narrativo, tiene una calidad de farsa y comedia de enredo. Es, en resumen, un acierto definitivo.

Sin el aire ni la gracia de *El sombrero de tres picos* o de algunos cuentos, otra novela muy leída de Alarcón, *El capitán Veneno,* muestra idénticas dotes de humor, al narrar el amansamiento de un hombre de mal genio por la sutil táctica femenina de una señorita de buena familia.

Mayores aspiraciones sociales, psicológicas y artísticas tienen sus novelas de tesis: *El escándalo* y *El niño de la bola.* Son ambas una defensa de la religión católica como base de la moral, y pretenden probar que cuando ésta falta, la pasión y el libertinaje se apoderan del hombre, causan su desgracia y minan las bases sobre las que necesariamente tiene que asentarse la sociedad. *El escándalo* fue una de las novelas más discutidas en un momento de agudas controversias religiosas y políticas. Tiene ambiente madrileño y una trama complicadísima que se va desarrollando por medio de las conversaciones del protagonista con el jesuita padre Manrique a quien aquél acude en busca de consejo para resolver un caso de conciencia, parecido en la mezcla de motivos —honor, deber, amistad, seducciones y el problema de un hijo natural— a los que planteaba Echegaray en su teatro.

En *El niño de la bola* el problema religioso y moral pesa menos. Se combina con la pintura de costumbres populares andaluzas. El realismo regional se malogra por la intromisión de lances inverosímiles a que tan aficionado era su autor. Con todo, es posiblemente de las obras suyas que menos han envejecido.

Su última novela, *La Pródiga,* tiene rasgos de finura psicológica al delinear el carácter de la protagonista, pero adolece también de moralismo.

Alarcón es un artista de indudable capacidad como narrador. Sabe mantener el interés a lo largo de tramas, por lo general demasiado enredadas y que casan mal con los propósitos ideológicos, poco convincentes, de una religiosidad política y acomodaticia, más que hondamente sentida. Tiene un estilo fácil, jugoso, pero no logró enteramente eliminar en su realismo los vestigios de su formación romántica. No busca como el verdadero realista el sentido de la vida en lo normal y corriente, sino en lo extraordinario. De ahí que su arte, independientemente de algunos valores propios, sea híbrido, de transición en cuanto se refiere al desarrollo de la nueva novela.

**El espíritu refinado e irónico de Valera.** — Andaluz como Fernán Caballero y Alarcón fue don Juan Valera, nacido en Cabra, provincia de Córdoba. Cronológicamente, la fecha de su nacimiento le sitúa entre los dos. Las divergencias con el estilo dominante en su tiempo y su larga vida que traspasa las fronteras del modernismo —movimiento al que en cierto modo dio el espaldarazo con su crítica de *Azul,* convertida luego en prólogo— hace olvidar que nació en 1824. Es decir, que alcanzó en plena juventud los años del romanticismo triunfante. Y sin embargo nadie más inmune al espíritu romántico. Estudió a Espronceda, pero personal y artísticamente se sintió más afín a Rivas y Estébanez Calderón, los que menos absorbieron el sentimiento renovador de aquella escuela. En rigor no pertenece a ninguna. Es un artista personal o, como ha dicho Montesinos, una "anomalía literaria."

Aristócrata de sangre y espíritu, diplomático, hombre de mundo, conocedor de muchos países de Europa y América, fué uno de los escritores más cultos de su tiempo en España y uno de los críticos literarios de mayor autoridad. Su cultura tenía base humanística, reforzada por el estudio de los clásicos españoles y de las literaturas europeas.

Ni los viajes ni la cultura borraron el fondo muy andaluz de su personalidad. En ciertos aspectos, y aunque no se proponga hacer arte realista, su novela es la que mejor refleja la vida de su región nativa por la verdad con que retrata los tipos, el fondo de las costumbres y la psicología de sus personajes, sin el sentimentalismo de Fernán Caballero ni las tintas extremas y algo melodramáticas de Alarcón en *El niño de la bola.* Pero el espíritu de Valera no era regionalista sino español y universal, formado en las mejores fuentes de la cultura. Es conservador en arte ;

en la vida es tolerante, irónico, racionalista y un poco escéptico, a la manera de los hombres del siglo XVIII, algo volteriano. Es, ante todo, un espíritu fino, de gusto clásico, que desdeña las escuelas y las fórmulas. Es clásico y moderno a la vez. Mezcla lo castizo, andaluz y español, con un sentido del arte y del mundo sin fronteras. Es además un intelectual que, en nombre del intelecto, ama la vida y pone siempre la vida por encima de las ideas. Cree que en la vida humana pueden armonizarse el espíritu y la materia que la dialéctica del siglo XIX oponía.

Es ante todo en la literatura española de su tiempo, tan pendiente de fórmulas y movimientos —realismo, positivismo, idealismo, naturalismo— un "hombre de letras" puro. Escribió toda su vida y dejó una obra cuantiosa, pero tampoco dio trascendencia a la literatura. Cultivó todos los géneros y él mismo resumió en el prólogo de *El comendador Mendoza* sus varios empeños:

> Primero fui poeta lírico; luego periodista; luego crítico; luego aspiré a filósofo; luego tuve mis intenciones y conatos de dramaturgo zarzuelero, y al cabo traté de figurar como novelista en el largo catálogo de nuestros autores.

Ya viejo, la autoridad del crítico oscureció quizás la fama del novelista, pero es éste el aspecto que nos interesa más y por el que debe figurar en un lugar especial entre los escritores de su tiempo.

Tres rasgos pueden servir para definir las diferencias entre Valera y los novelistas coetáneos suyos.

1. Su concepto de la novela —dependiente de su concepto del arte en general —adverso al realismo, a los propósitos sociales o ideológicos y, con mayor convencimiento, al naturalismo, en nombre de una actitud estética, cuyo principio básico era que la función primordial del arte consistía en la creación de belleza y en entretener al lector. Expuso sus ideas en numerosos ensayos y libros, especialmente en *De la naturaleza y carácter de la novela* y *Apuntes sobre el nuevo arte de escribir novelas,* contestación el último a *La cuestión palpitante* de Emilia Pardo Bazán y crítica contra el naturalismo. Se burló también donosamente de los supuestos morales del regionalismo de Pereda —virtudes del campo frente a la corrupción de la ciudad— en una de sus *Cartas americanas.*

2. La importancia, casi puede decirse la exclusividad, del tema amoroso y de la mujer en sus novelas. Tratado siempre psicológicamente,

si no llega al erotismo de la novela francesa es entre los novelistas españoles de su tiempo el que más se le acerca, si bien el erotismo o mejor dicho la sensualidad va siempre envuelta en casos de conciencia o prejuicios sociales que respondían a la realidad española, muy distinta en esto de la francesa. El amor y la mujer ocuparán lugar importante también en las grandes novelas galdosianas —*La desheredada, Lo prohibido, Fortunata*— pero en Galdós el tema está integrado en un mundo novelesco más complejo. En cuanto a Clarín o la Pardo Bazán —que en esto presentan alguna semejanza con Valera— el ambiente literario es muy distinto.

3.  Y acaso lo más revelador sea el modo como trata el tema religioso, piedra de toque de toda la novelística de la época. A Valera no le interesa su significación social, política ni la moral en términos abstractos; sólo la psicológica y, dependiendo de ella, la moral en cuanto atañe, como hemos dicho, al problema del individuo, a casos de conciencia. Su novela más característica, *Pepita Jiménez* (1874), es un estudio irónico del falso misticismo del protagonista Luis de Vargas, cuyo fervor religioso con aspiraciones de santidad sucumbe pronto ante el hechizo y las artes seductoras de una joven viuda, Pepita Jiménez. Es un doble estudio psicológico hecho con delicadeza y humor, al que Valera aporta su conocimiento de la literatura mística española del siglo XVI. Este conflicto entre el amor espiritual y el humano se plantea de nuevo en términos más dramáticos y complejos en *Doña Luz,* otra de las buenas novelas de Valera, a la que le falta, sin embargo, la sutil ironía de *Pepita Jiménez.* En *El comendador Mendoza,* un viejo escéptico y hombre de mundo, en quien el novelista ha reflejado probablemente muchas de sus ideas y su temperamento, lucha contra el fanatismo de una mujer autoritaria, doña Blanca, por la felicidad de una hija nacida del amor ilegítimo de ambos en la juventud.

En todas estas novelas —las más famosas y las mejores— lo que importa son los sentimientos individuales, el hombre y la conducta ante situaciones determinadas. Actitud estética e ideológica que lo relaciona con los casuistas del siglo XVII y con los moralistas franceses. Pero Valera, como ya se ha dicho, aun sin proponérselo, crea una serie de tipos menores reales y vivos y retrata con fidelidad el ambiente andaluz de Villabermeja o Villalegre, ciudades ficticias en las que se sitúa la acción de varias de sus obras.

Es autor de otras novelas de tipo diferente: *Juanita la larga,* centrada también en un tipo de mujer, en este caso de la clase baja, y en la relación amorosa de un viejo y una joven —tema que aparece en diferentes formas en casi toda la novelística de Valera— en un ambiente costumbrista más rico y detallado que el de ninguna otra de sus obras; *Las ilusiones del Doctor Faustino,* fracaso de las aspiraciones y deseos de un joven intelectual, sobre un fondo de cambios sociales en el campo andaluz; *Genio y figura,* historia de una mujer andaluza, de vida libre, con predominio de lo erótico y ambiente internacional —Lisboa, Río de Janeiro, París; *Morsamor,* última de las novelas (1899) de carácter filosófico-fantástico, con notas de magia y simbolismo, sobre el rejuvenecimiento del viejo monje Miguel Zuheros, sus viajes y experiencias.

Escribió Valera cuentos deliciosos por su ironía. Los más conocidos son *Parsondes, El pájaro verde, El bermejino prehistórico.* Como en el caso de Alarcón, el cuento precedió a la novela y acaso fue su forma predilecta. Son de sumo interés para ver la relación que entre ambas formas existe en el desarrollo del arte de Valera, las páginas que Montesinos —nombre del que hay que partir siempre ahora en el estudio de la novela del siglo XIX— dedica al cuentista. Tradujo *Dafnis y Cloe,* de Longo; y obra suya muy característica es el diálogo filosófico *Asclepigenia,* situado en Grecia y en el que la protagonista, que bien pudiera considerarse como dechado femenino según la concepción de Valera, defiende la necesidad de sus tres enamorados, ya que ninguno reúne todas las cualidades que puedan llenar el amor de una mujer.

En el estilo Valera fue quizás el mejor prosista del siglo XIX en cuanto a riqueza, fluidez y naturalidad del lenguaje se refiere, naturalidad que procede del largo comercio con los libros, no de que se propusiese imitar el lenguaje natural y hablado. Más bien lo contrario; su estilo es casi siempre —dentro de su fluidez— clásico y académico. Tiene gracia, se lee con gusto, nunca cae ni en lo oratorio ni en lo desmañado ni en el falso casticismo, defectos comunes en la literatura de su época; pero por esa misma perfección le falta calor y a veces carece de relieve. Algo parecido a lo que ocurre con su novela, que rara vez conmueve ni despierta interés en el desenlace o el destino de los personajes. Novela de calidades literarias, de un escritor de gran talento: correcto, amable, irónico, escéptico, desprovisto de pasión. Notas perceptibles también en su obra crítica. Es muy cuantiosa y combina erudición, sentido histórico, estético y filosófico. Se interesó por la cultura española, por las literaturas extranjeras, por los fenómenos literarios de su tiempo y fue de los pocos españoles atentos al desarrollo de las literaturas hispanoamericanas.

A los títulos ya citados pueden añadirse, como ensayos o libros importantes, *Del romanticismo en España y de Espronceda; De lo castizo*

*de nuestra cultura en el siglo XVIII y en el presente; Sobre el "Quijote"*
*y sobre las diferentes maneras de comentarle y juzgarle; Del influjo de*
*la Inquisición y del fanatismo religioso en la decadencia española; De*
*la filosofía española; La metafísica y la poesía* (polémica con Campoamor); *Cartas americanas,* etc.

Como crítico y como escritor conquistó el respeto y la admiración
de sus contemporáneos y fue de las pocas personalidades de su generación que los jóvenes del 98 y el modernismo miraron con alguna simpatía, correspondiendo a la que por ellos mostró Valera, ya anciano y
un poco distante. Lo que no pudo suscitar nunca fue adhesiones entusiastas, sin duda porque también era reacio al entusiasmo. Nada más
revelador de la posición entre literaria y mundana del escritor-diplomá-
tico que la confesión que todavía joven hace en una carta:

> Yo, que aprecio tanto la amistad y la ciencia y los modales cor-
> tesanos y las conversaciones discretas, no tengo ni siquiera un amigo
> que pueda satisfacerme en estas cosas. Los que son eruditos están
> muy mal educados, son sucios y pedantes, y los que son limpios y
> cortesanos, tan mentecatos que no hay medio de poderlos aguantar.

Confesión reveladora del desenfado y la sinceridad de su abundan-
tísima correspondencia. Es justamente en su epistolario, sólo en parte
publicado, donde encontramos al Valera completo. Son extraordinarias,
en todos los sentidos, las cartas desde Rusia dirigidas a Cueto. De interés para las intimidades de la vida literaria, y para la historia de la crítica es la correspondencia con Menéndez Pelayo y en las cartas familiares o escritas a varios corresponsales, reunidas no hace mucho por C.
Coster, se pueden encontrar todos los aspectos de una personalidad
compleja y de un hombre que sabía juzgar con gracia y con inteligencia,
de todo lo que a su observación ofreció una vasta experiencia del mundo
y de los libros.

**El regionalismo total de Pereda.** — Dentro de la unidad de tiempo, ambiente y rasgos comunes a la novelística española, no cabe concebir dos
escritores más opuestos que Valera y el hidalgo montañés José María
Pereda. En todo —personalidad, vida, cultura, ideas, estética y estilo—
podrían servir para un estudio de contrastes. Lo cual prueba lo limitado y, a veces, engañoso de las denominaciones histórico-literarias —en
este caso, la novela realista española del siglo XX— y cómo bajo ellas
se cobijan formas muy distintas de arte y de entender la realidad. Y,

sin embargo, son de uso forzoso, siempre que no se olvide que lo fundamental —en cada época, en cada género, e incluso en cada escuela— es la personalidad del escritor y su estilo, la manera de dar vida artística a su visión de la realidad. El contraste entre ambos podría partir del donoso comentario que el autor de *Pepita Jiménez* dedicó, en una de sus *Cartas americanas,* al Discurso de ingreso en la Academia, de Pereda, donde éste hizo la apología de la novela regional y, por extensión, de su propia obra. Valera —regionalista también a su modo— empieza por declarar su ignorancia acerca de la existencia de tal categoría literaria, y a continuación ridiculiza, con razones en parte fundadas y en parte capciosas, las bases literarias y morales en que se apoya el regionalismo total del novelista montañés.

El caso de Pereda, por lo extremo, puede servir para precisar un fenómeno literario que en gran medida caracteriza a casi toda la novela española de esta época limitando su eficacia y trascendencia artísticas.

Lo específico de Pereda es su identificación plena con el espíritu de la región que lleva a sus novelas, y que hasta cierto punto él crea, ya que la realidad suele ser más compleja y no se somete a ideas preconcebidas. Los novelistas andaluces contemporáneos hacen ante todo costumbrismo regional o provincial, sin que cuanto hay de tesis, por ejemplo en Fernán Caballero y Alarcón —el campo frente a la ciudad— llegue a integrarse estética y moralmente, hasta constituir la esencia de la novela. Fernán Caballero sentimentaliza a lo romántico; las tesis de Alarcón son acomodaticias o, en el caso más típico, *El escándalo,* nada tienen de regional.

Una posible explicación histórica del hecho es que Andalucía carece propiamente de sentimiento regional en la forma en que éste existe en las regiones del norte de España. Andalucía tiene carácter —costumbres, tipos y psicología propios— pero históricamente es una prolongación de Castilla, vive durante casi toda la Edad Media bajo el dominio árabe y se incorpora al resto de la España cristiana cuando empiezan a imperar los ideales de unidad nacional mantenidos por Castilla. Esto quiere decir que, fuera del fondo de antiguas culturas que allí quedan soterradas, Andalucía adquiere su fisonomía histórica en la época moderna. No tiene casi tradición medieval, fuera de la árabe, que el cristianismo borra en parte. Ahora bien, el regionalismo literario es en su raíz un fenómeno de supervivencias medievales despertadas por el romanticismo; es un retorno a lo tradicional y diferente en cada región, frente a las fuerzas unificadoras del mundo moderno. Puede tomar en la literatura muchas formas, de nostalgia y sentimentalización, o de censura como ocurre en algunos regionalistas posteriores, ya influidos por el naturalismo, que denuncian los males de la vida del campo enraizados en la tradición, pero su materia artística es siempre la pintura de formas de vida antigua conservadas en la región frente a las formas de vida moderna y ciudadana, más uniformes. De ahí que el verdadero escritor regional sea por definición un tradicionalista. Éste es el caso de Pereda, que era un enamorado de la España antigua y de la vida patriarcal de su región montañesa.

Desdeñó ya desde joven la atracción de Madrid, donde residían los demás escritores, y renunciando a sus estudios se volvió a vivir en Santander o en su casona de Polanco como uno de esos viejos hidalgos castellanos que con tan viva simpatía pinta en sus novelas.

Nada tiene que ver el regionalismo de Pereda con el sentimiento político antinacionalista o separatista que aparece después en regiones de habla no castellana. Por el contrario, su región nativa, cuya vida lleva a su obra, era la montaña santanderina en el litoral cantábrico donde nació precisamente el pequeño condado de Castilla y con él la lengua castellana en los principios de la Reconquista. Se suponía, por tanto, que allí se conservaba más puro el carácter castellano viejo, núcleo en torno al cual se constituye principalmente la nacionalidad española. De ahí resulta la paradoja de que la novela de Pereda fuera considerada por todos en el siglo pasado como la quintaesencia del españolismo, a pesar de ser pintura de un mundo muy local.

El regionalismo y el tradicionalismo —que en Pereda son inseparables —no van contra la unidad nacional, ni siquiera contra el centralismo político; van contra lo nuevo, contra la ciudad y contra las ideas liberales, en todo lo cual ve él un peligro para la integridad del carácter español tal y como él lo interpreta. Es, pues, Pereda un reaccionario; pero un reaccionario de fe firme y honrada, que conquistó el respeto y la admiración de escritores liberales como Galdós, su polo opuesto, y de la crítica de su tiempo porque esa firmeza da a su obra vigor y un tono de convicción. El mundo y la vida que pinta son locales, provinciales, y es posible que atraigan poco a los lectores de hoy y menos a los extranjeros, aunque muchos de éstos suelan complacerse todavía en lo pintoresco. Es indudable, sin embargo, que se trata de un escritor fuerte, de un buen pintor de costumbres, de tipos, y, dentro de la estrechez de su ambiente, de seres humanos.

Relacionadas en parte con las anteriores están otras notas artísticas que caracterizan a la novela de Pereda. Compenetrado plenamente con la región, es el único de los escritores de su época en quien encontramos un verdadero sentimiento de la naturaleza. El mar y la montaña de su tierra están sentidos con la misma intensidad que las figuras de campesinos, hidalgos, pescadores, curas de aldea, marineros, indianos y pequeña burguesía rural que constituyen la sociedad montañesa. Su novela es en gran parte novela rústica.

Pereda es también el autor en quien renace el antiguo realismo con mayor brío. Retrata la vida en toda su aspereza. Lo mismo ocurre con su lenguaje, que intenta reproducir el habla del pueblo, sin la estilización que hallamos en Valera o Alarcón. Por la robustez de su realismo, con escenas a veces de fuerte sabor natural, se le ha clasificado frecuentemente entre los escritores naturalistas. Pero su naturalismo, si así puede llamársele, no tiene relación alguna con el de la escuela francesa de Zola. Nada más opuesto a la filosofía determinista de esta escuela que la concepción de la vida en Pereda, íntegramente católica. Es el suyo más bien un naturalismo del mismo cuño que el de la antigua novela española o simple tendencia a identificar la hombría con la rudeza y lo natural con lo tosco, sin excluir lo feo.

Lo que realmente constituye la esencia, la clave del arte perediano —fórmula aplicable a casi toda la literatura regional— es la amalgama de tradicionalismo y ruralismo (lo feudal y lo idílico); de romanticismo y costumbrismo.

Es, en efecto, Pereda el novelista más inclinado al costumbrismo. Lo fueron todos, mas con alguna diferencia. En Fernán Caballero el costumbrismo se diluye en la novela; Valera y Alarcón parten más bien del cuento. En cambio si a las narraciones de Pereda se les quitan las tesis y las descripciones de la naturaleza, lo que tienen de valioso queda reducido a una serie de cuadros de costumbres y de recreación de tipos regionales.

El proceso de su producción comprueba lo que acabamos de decir. En ninguno de sus contemporáneos se ve mejor la transición gradual del costumbrista al narrador. El carácter de sus primeros libros —*Escenas montañesas* (1864) y *Tipos y paisajes* (1871)— está definido en el título. Hay en ellos personajes y relatos como *La leva, El fin de una raza, Blasones y talegas* donde apuntan ya las mejores cualidades del novelista.

La etapa intermedia es francamente de tesis y combate: *El buey suelto* (1879), réplica a Balzac en contra del celibato, y *De tal palo tal astilla*, de polémica religiosa, réplica a *Gloria* de Galdós. Son lo más flojo de su obra novelística. Terreno más firme en cuanto al ambiente pisa en dos obras igualmente inspiradas por la pasión, en este caso política: *Los hombres de pro* y *Don Gonzalo González de la Gonzalera*, sátiras caricaturescas de la revolución y el liberalismo rural, con tipos y escenas exagerados, pero no carentes de humor: Don Gonzalo, el indiano progresista, es concebido con carácter grotesco de "figurón." Pereda encuentra, por fin, su mundo novelesco y su tono en *El sabor de la tierruca* (1881), con un prólogo de su amigo personal y adversario político, Galdós, a la que siguen, entre otras, las tres obras donde el espíritu de la montaña adquiere su máxima expresión novelesca: *La puchera, Sotileza, Peñas arriba.*

Representan, sobre todo las dos últimas, la culminación. En *Sotileza* se condensa, en torno a una sugestiva figura de mujer adolescente, el fondo marinero y la vida urbana del viejo Santander; *Peñas arriba* es la novela del retorno a la existencia tradicional montañesa de un joven hidalgo educado en la ciudad, que al fin, tras vacilar, asume sus responsabilidades. En toda esta serie, la naturaleza, mar y montaña, va adquiriendo papel preponderante. Si nos detuviéramos a analizar estas novelas veríamos que, con pocas variaciones, su estructura responde a esquemas bastante simples. Desarrollo en tres fases: pintura y evocación del medio; irrupción de ciertos conflictos, humanos, sociales, políticos; consecuencias. Con una coda o epílogo elegíaco, lamentación por un mundo que se va, por "el fin de la raza." El esquema ideológico responde a la visión de un mundo ordenado por la providencia y la historia que se altera: orden social, alterado por lo moderno; orden moral o humano, alterado por instintos y pasiones; orden natural, alterado por las tormentas; orden divino, en último término, alterado por la rebelión del hombre. En la medida que Pereda consigue combinar el ritmo de estos planos distintos —como ocurre en *Sotileza*— logra dar unidad a la novela, en la que siempre encontramos además páginas, tipos, descripciones o escenas de indudable calidad, dentro de las limitaciones que imponían a su arte su dogmatismo y sus inclinaciones arcaizantes, limitaciones que a veces se convierten en defectos graves: sátira de mal gusto, pinturas melodramáticas de las gentes liberales como encarnación de todos los vicios, y, por tanto, falsificación de la realidad misma que creía reproducir fielmente en su verismo.

Sólo en dos novelas se sale del escenario montañés: una mediocre, *La Montálvez,* y otra *Pedro Sánchez,* de mayor valor literario, pero de significación menor dentro de su mundo novelesco.

# II. Galdós: síntesis de la novela y del espíritu de su época

El verdadero creador de lo que entendemos por realismo moderno en la novela española, tras el precedente dudoso de Fernán Caballero, es Benito Pérez Galdós. A pesar de ser más joven que los otros novelistas de su generación, su primera novela, *La Fontana de Oro* (escrita en 1867, impresa en 1870), de tema histórico, pero de técnica enteramente realista, antecede en varios años a las novelas largas de Pereda, Alarcón y Valera. Fue el primero en asimilar la lección de Balzac y de Dickens, al par que supo dar sentido nuevo al retorno hacia el antiguo realismo español, apropiándose lo substancial y rehuyendo la trampa de la imitación externa, cuyo resultado fue en muchos casos un falso casticismo arcaizante. Absorbió también mejor que ningún otro novelista las posibilidades del costumbrismo —Larra y Mesonero— integrando la descripción de costumbres en la estructura de la novela.

La precedencia de Galdós no es solamente cronológica. Su superioridad en relación con los otros novelistas se afirma cada día con mayor certidumbre y hoy toda la crítica le conceptúa como el más grande de los novelistas españoles después de Cervantes, en quien el autor de *Fortunata y Jacinta* aprendió mucho de su visión literaria del mundo. No es Galdós tal vez un gran artista de la forma —aunque hoy, pasados los tiempos del modernismo, acaso este juicio peque de apresurado— sino un creador de genio capaz de reproducir por medio de la palabra la realidad total de una época, dando vida, al hacerlo, a infinitos seres de ficción en quienes se hermanan verdad y arte, idea y sentimiento, los problemas permanentes del hombre y los problemas concretos de su país y de su tiempo. Por esta capacidad creadora es además Galdós el único novelista español moderno que resiste la comparación, no desfavorable para él, con los gigantes de la novela europea del siglo pasado: Balzac, Dickens, Tolstoy, Dostoyevsky. Al lado de la mayoría de los escritores de su tiempo, ministros, académicos, hombres de éxito social y político, Galdós parece un hombre sin biografía; no es más que un escritor dedicado día tras día durante más de cincuenta años (desde 1867, en que empieza a escribir, hasta su muerte en 1920) a observar la realidad española y a llevar el fruto de sus observaciones a las páginas de su novela. Por la identificación con el mundo que cada uno de ellos pinta, podría compararse a Galdós con Pereda, aunque no quepa concebir dos personalidades y dos mundos más distintos. Pereda vive inmerso en el ambiente tradicional de su montaña y parece, como ya dijimos, un hidalgo más de los que él pinta en sus novelas. Don Benito —así se llamaba siempre a Galdós— descuidado en el vestir, humilde en la apariencia, callado en el trato social, podría haber pasado por uno de esos empleados o comerciantes modestos que tanto abundan en su obra. Creemos que la fecha y lugar de su nacimiento pueden aclarar, en parte, no su genialidad artística, cuya razón es siempre inexplicable, pero sí su actitud ante la realidad española, tema de su novela. Nace en 1843, diez y nueve años después que Valera y diez después que Alarcón y Pereda. Ello significa para nosotros que Galdós, a diferencia de los otros novelistas, no sufrió en sus años formativos la influencia directa del romanticismo, lo cual explica, por un lado, su falta de tradicionalismo, su objetividad frente al pasado y frente a lo local y, por otro, que su arte, salvo en algunas novelas de la primera serie de los *Episodios* y en algunas páginas de *Marianela,* esté libre casi por entero de sentimentalismo romántico, no de otros elementos del romanticismo que pasan a formar parte integrante del espíritu posterior: arte, filosofía, vida.

El hecho de nacer en Canarias, fuera de la península, isla sin tradición, en el camino del Nuevo Mundo, y de haber pasado luego casi toda su vida en Madrid, podría explicar su comprensión de una España total, no vinculada a ningún paisaje determinado, y, como consecuencia de ello, su desapasionada posición ante las cosas que tan hondamente dividían a los españoles peninsulares.

Vivió una existencia normal, sin relieve ni alteraciones: unos años de estudios, que abandona; otros, de periodista; el resto, consagrado a su obra de novelista en forma casi profesional. Amores con que entretener su celibato, participación, sin brillo, en la vida política —fue diputado varias veces— y en su vejez, tras el estreno de *Electra,* se le tomó como bandera de combate con una cierta inhibición por su parte; varios viajes al extranjero, para alejarse, sin duda, de la vida que como artista le absorbía y recobrar la perspectiva; vejez —ya ciego— triste y con apuros económicos. Conoció la gloria literaria, pero no sin regateos, fuera por partidismo, fuera porque la nueva generación, de la que era maestro, quiso negársela. Tanto su vida como su obra dejan la impresión de un espíritu sereno. Pero así como la crítica ha tardado en descubrir la complejidad de su novela bajo las apariencias del pretendido realismo, es posible que algún biógrafo penetrante descubra un día que bajo la superficie del hombre normal y silencioso había en Galdós un espíritu atormentado, turbado, inquieto, como dijo él alguna vez: "siempre he visto mis convicciones obscurecidas en alguna parte por sombras que venían no sé de dónde." Berkowitz —hasta ahora su mejor biógrafo— ha hablado, con crudeza y sin calar muy hondo, de hábitos patológicos. No es posible que el creador de un mundo tan rico en humanidad, de tantos seres, muchos de ellos anormales, fuese simplemente el señor normal y un poco gris —sin problemas— que parece a primera vista. Su serenidad, como la de Cervantes —a quien también en esto se parece— era de orden intelectual, artístico y conseguida nadie sabe a costa de qué luchas, esfuerzos y angustias interiores.

**Amplitud, cronología y clasificación de la novela galdosiana.** — Una de las manifestaciones primarias de la potencia creativa de Galdós es su fecundidad. Escribió setenta y siete novelas, con un total de ochenta y siete volúmenes, y veintidós obras teatrales, continuación de su obra novelística.

En este caudal literario no se limitó a describir la vida de una parte de España o de un sector de la sociedad española. No es un autor regional ni se circunscribe a tratar un cierto tipo de problemas y en ello advertimos ya una diferencia importante entre él y los demás novelistas españoles contemporáneos suyos. El mundo galdosiano abarca la sociedad española íntegra, concentrada en Madrid, la capital; toda clase de caracteres humanos, y la vida toda —histórica, social, religiosa, económica, moral, erótica, noble o baja— de los españoles en todo el siglo XIX. Madariaga la ha definido diciendo que su asunto es "la naturaleza humana vista por un observador sin prejuicios del siglo XIX español." Y el propio Galdós, hablando en su discurso de entrada a la Academia de *La sociedad contemporánea como materia novelable,* explica la amplitud con que él concibe la labor del novelista, dejándonos testimonio de lo que pretendió hacer y de lo que, de hecho, hizo:

> Imagen de la vida —dice— es la novela y el arte de componerla estriba en reproducir los caracteres humanos, las pasiones, las debilidades, lo grande y lo pequeño, las almas y las fisonomías, todo lo espiritual y lo físico que nos constituye y nos rodea y el lenguaje que es la marca de la raza, y las viviendas que son el signo de la familia, y la vestidura que diseña los últimos trazos externos de la personalidad: todo esto sin olvidar que debe existir perfecto fiel de balanza entre la exactitud y la belleza de la reproducción.

Y en numerosas ocasiones compara su novela con la historia, no simplemente la de los hechos políticos, sino la del "vivir, el sentir y hasta el respirar de la gente."

Concebida así su labor, Galdós la desarrolla con un tesón y una continuidad de que hay pocos ejemplos en la historia literaria. Hoy vemos que los ciento y pico de volúmenes por él escritos forman realmente un todo, casi pudiera decirse una sola obra, no tanto porque, de acuerdo con una práctica aprendida en Balzac y común entre otros novelistas, muchos personajes aparezcan en varias novelas o en una serie completa de ellas, sino por la unidad de visión, compatible con el enriquecimiento constante de la técnica y con cambios muy profundos en la ideología y el espíritu. Es, pues, la obra de Galdós un caso claro de integración y de desarrollo interno. Su evolución podría definirse en términos generales diciendo que va de lo histórico y social a lo individual; de problemas generales, abstractos, a los problemas particulares del individuo y del alma humana; del realismo —que trata de revelar lo interno por la descripción minuciosa, detallada de lo externo, de la vestidura a que alude en sus palabras citadas— al análisis psicológico que penetra en el interior de la conciencia de sus personajes; de la materia al espíritu; y de un concepto positivista de la vida que busca la verdad en los datos recogidos por la pura observación social del presente a un espiritualismo religioso que ve en el presente y en la realidad simples manifestaciones temporales de los valores eternos que dan sentido a la vida humana: amor, justicia, hermandad entre los hombres.

Casalduero sistematiza con claridad los principios estéticos e ideológicos que presiden cada etapa de la obra galdosiana. A él se debe también la observación de que si Larra se pregunta "¿dónde está España?," la pregunta que se hace Galdós es la de "¿cómo es España?" A contestarla dedica su vida de escritor. Y según va ahondando en la comprensión del ser español, encarnado en sus personajes novelescos, vistos en perspectivas cada vez más ricas y variadas, su novela va ganando en universalidad sin perder su sentido histórico.

El comienzo de la obra galdosiana está representado por dos novelas históricas —La Fontana de Oro y El audaz— en las que se propone, no evocar como en la novela histórica romántica una época remota ya definitivamente pasada y reconstruida por la imaginación, sino pintar y analizar los orígenes de la revolución española del siglo XIX, tema de toda su obra. Pretende mostrar, según él mismo afirma, en la introducción a la primera novela "la relación que pudiera encontrarse entre muchos sucesos aquí referidos y algo de lo que aquí pasa."

El ambiente político de *La Fontana* era el del levantamiento liberal de 1820 a 1823, en contra de la tiranía de Fernando VII; el social, el de la clase media, lo que pasaba cuando Galdós escribía era la revolución también liberal de 1868. El propósito de estudiar los orígenes de la sociedad moderna española en las convulsiones históricas del siglo es manifiesto, expreso.

Por eso en *El Audaz,* "historia de un radical de antaño," aún va más atrás, al año 1804. Entre estas dos novelas publica Galdós otra, casi siempre olvidada, *La sombra,* compuesta probablemente antes. Tiene el interés de ser puente entre el romanticismo y el realismo, perceptible, por otro lado, en las otras obras tempranas, y sobre todo, de mostrar desde el principio la veta fantástica de Galdós: sueños, alucinaciones, desdoblamiento del personaje que vive una vida imaginaria. De *La sombra* "novela fantástica" a sus últimas obras, *El caballero encantado* o *La razón de la sinrazón* "fábula inverosímil," hay una cadena de creación imaginativa, rozando el mundo de lo maravilloso, soterrada acaso en el período de culminación realista y naturalista, pero, en el fondo, siempre presente y actuante, activa.

El propósito de estudiar la revolución española —en el sentido amplio de alteración y de la transformación de la sociedad, nunca enteramente lograda— se continúa en las dos primeras series (veinte volúmenes) de *Episodios Nacionales* escritas de 1873 a 1879. Novelas también históricas en las que mezclando realidad y ficción se ocupa Galdós de los hechos ocurridos entre 1805, batalla de Trafalgar, tema del volumen inicial, y la muerte de Fernando VII en 1833, cuando comienzan las guerras carlistas. La primera serie abarca toda la guerra de la Independencia, y la segunda, el reinado fernandino. Para dar continuidad novelesca a los diez volúmenes de cada una de las series relata las peripecias, amores, dramas o intrigas de uno o varios protagonistas a través de todos ellos.

Los personajes ficticios conviven con los históricos y los lances imaginados se combinan con hechos reales por lo común bien documentados. Son estos primeros *Episodios* la parte de la producción galdosiana donde los residuos del romanticismo son más visibles en invenciones, a veces, un tanto forzadas. Tienen páginas espléndidas, conmovedoras, sobrecogedoras, personajes y escenas inolvidables. No son comparables, sin embargo, a la mayoría de sus novelas y lo novelesco está en ellos claramente supeditado a lo histórico. A pesar de lo cual su valor en la novelística española es grande. Y a cada nueva lectura asombra ver la conciencia que Galdós tenía de las fuerzas operantes en los conflictos españoles de su tiempo, provocados por un desequilibrio social y político que, si no exclusivo de España —se da en casi todos los países de occidente— presenta allí características muy peculiares que han hecho difícil su solución. Vive así España desde 1800 hasta nuestros días en un estado de inquietud revolucionaria, latente o contenida por regímenes autoritarios y que a través de tan largo período se manifiesta repetidamente en conmociones explosivas. El destino de los españoles parece ser —como dice Galdós en uno de los primeros Episodios (*Zaragoza*):— "vivir en la agitación como la salamandra en el fuego." Agitación, interrumpida por lapsos de decaimiento y aparente atonía. No creemos que haya manera mejor de entender el fenómeno que una lectura de los *Episodios*.

Antes de acabar la segunda serie se impone a la consideración de Galdós la "cuestión religiosa," que en la década de 1870 va a agitar la conciencia nacional e influye en la aparición de las novelas de tesis de Alarcón, Pereda, y, a su modo, de Valera. El problema había sido removido por la revolución del 68, la República, los debates en las Cortes sobre la libertad de cultos, el resurgir del carlismo, las polémicas entre krausistas y tradicionalistas. Galdós entró en la lid, pero sin traicionar sus designios artísticos. Si sus novelas de tesis en lo externo y en sus móviles primarios no están exentas de sectarismo —en su caso, el liberal— en lo substantivo van guiadas por otros propósitos. Percibió —mientras historiaba la sociedad de las primeras décadas del siglo, de la época fernandina— que la pugna siempre activa entre lo antiguo y lo nuevo estaba radicada en lo religioso, en las creencias tanto o más que en los intereses y en la división de clases. De ahí proceden las novelas que llamó de la primera época: *Doña Perfecta* (1876) — la de mayor valor literario— *Gloria* (1876-77) y *La familia de León Roch* (1878). En una forma u otra, las tres son denuncia del clericalismo y pintura de los males que la intolerancia acarrea a la sociedad y al individuo. El falso celo religioso se presenta como obstáculo para la felicidad y para el amor, como fuerza que destruye los sentimientos más puros. En *Doña Perfecta*, además, se trata de la voluntad de poder y de la oposición entre la religión y el progreso. En *Gloria* se confronta el fanatismo católico de la familia de la protagonista con el fanatismo judío de la madre de Daniel Morton, el amante de Gloria; ambos fanatismos contribuyen por igual a la tragedia. En *La familia de León Roch* la división se lleva al seno mismo del hogar, del matrimonio, y adquiere nuevas implicaciones como problema de conciencia y como oposición de dos morales: la de León Roch, hombre de ciencia, y la del jesuita Paleotti, director espiritual de su mujer María Egipciaca. En Gloria y María Egipciaca crea Galdós los primeros tipos de mujer en los que estudia un problema muy repetido luego en otras novelas —suyas y de otros, como Valera y Clarín— el del engañoso misticismo femenino, sublimación de un carácter imaginativo en Gloria, resultado de oscuros instintos en María Egipciaca.

A la misma época pertenece *Marianela*, una de las obras más populares de Galdós, aunque artísticamente no sea de las mejores. De tratar el problema religioso pasa Galdós a tratar en ella el problema social de la miseria y el trabajo en las minas del norte de España. El significado social de la novela se diluye en la narración del idilio entre el joven ciego Pablo Penáguilas y una pobre desgraciada e imaginativa, Marianela, personaje conmovedor, pero en cuya pintura abusó quizás Galdós de un sentimentalismo que casaba mal con el vigoroso humor de su genio artístico. La idea central es la del poder liberador de la ciencia representada por el médico Teodoro Golfín que devuelve la vista al joven Penáguilas. La fe progresista de Galdós no es, sin embargo, una fe simple porque el desenlace de la novela plantea una interrogación inquietante, ya que la ciencia, al dar nueva vida a Pablo, destruye a la pobre Marianela y el mundo de ilusión que los dos jóvenes habían creado en su idilio.

Parece ser que fue de las novelas preferidas por Galdós mismo tal vez porque, como apunta Gullón, "en Nela hay mucho de Sisita, la amada juvenil de Galdós." [2] En otro sentido Casalduero mostró en un interesante estudio (*Augusto Comte y "Marianela"*) las raíces positivistas de la obra. Debe finalmente destacarse el interés como la primera o una de las primeras manifestaciones de un tema sobre el que había de volver repetida y significativamente: el de la ceguera. Recuérdense, entre otros personajes, Pablo Penáguilas, Almudena, "el abuelo."

Son estas cuatro novelas realistas en la técnica y en el lenguaje, pero idealistas por la concepción estética, en el sentido de que Galdós construye los personajes centrales por abstracción de ciertas cualidades humanas y no se sitúan, con excepción de *La familia de León Roch* que es de ambiente madrileño, en lugares reales, sino en ciudades ficticias

---

[2] Es interesante la emoción que le invadió cuando muchos años después, ya ciego y viejo, asistió a la representación de la obra escenificada por los Quintero. Cuenta Gullón (*op. cit.*, pág. 65) que cuando apareció Nela en escena y empezó a hablar, Galdós "tendió los brazos al escenario, y mirando con ojos muertos al lugar de donde salía la voz, mientras las lágrimas corrían por sus mejillas, musitó, sollozando "¡*Nela*! ¡*Nela*!"

—Orbajosa, Ficóbriga, Socartes— que son síntesis de la provincia española sin localización precisa. Lo cual no quiere decir que la vida que Galdós pinta sea falsa. Son ciudades del mapa moral de España, no del mapa geográfico.

En 1881, con *La desheredada*, inicia "las novelas españolas contemporáneas," menos conocidas tal vez que las de la primera época o los *Episodios*, pero conceptuadas hoy como la culminación del arte galdosiano. A ellas debe su título de primer novelista de la España moderna. Son en total veintiuna y, con excepción de *Ángel Guerra*, parte de cuya acción ocurre en Toledo, están dedicadas todas a pintar la vida madrileña en la que Galdós ve concentrada la España del siglo XIX con todos sus cambios y trastornos, porque a Madrid acuden —obedeciendo a la atracción urbana que es uno de los fenómenos sociales más característicos del siglo— gentes de todas las clases y de todos los rincones del país. No es posible, dado el vasto panorama de vidas humanas, de problemas y asuntos que presentan, destacar ni analizar ninguna de ellas. Si por lo completo del cuadro y la riqueza de la observación la obra maestra es *Fortunata y Jacinta*, podríamos elegir cualquiera superior en otros aspectos: la fina pintura irónica del fracaso de un intelectual, en medio de una sociedad materialista o la creación del personaje autónomo en *El amigo Manso*; la comprensión del conflicto moral de Federico Viera, parásito social, aristócrata lleno de prejuicios, capaz de caer en las mayores bajezas y sin embargo con un indudable sentido de la dignidad personal, en *Realidad*; la naturalidad con que presenta el heroísmo espiritual de la mendiga Benigna, símbolo de la más pura caridad cristiana, en *Misericordia*; el despiadado humorismo, humorismo sin embargo conmovedor, con que están descritos la locura y el suicidio del cesante Villamil en *Miau* o la vida atormentada y grotesca del prestamista Torquemada en las cuatro novelas que dedica a este personaje. No son de menos valor, cada una con su enfoque particular, *La desheredada, Lo prohibido* o *La de Bringas*.

Encontramos en las novelas contemporáneas toda clase de ambientes, pintados con detalle. Así, el mundo del bajo pueblo madrileño —mendigos, jornaleros, golfos y maleantes— se pinta en *La desheredada*, en partes de *Fortunata y Jacinta*, en *Nazarín* y en *Misericordia*; el de la clase media pobre con su existencia de desarreglo y bohemia, en *El doctor Centeno*; el de los burócratas, "gentes de más necesidades que posibles," que viven de la trampa y del milagro, en *La de Bringas* y en *Miau*; y el del comercio y la burguesía adinerada o el de la aristocracia venida a menos, en *Fortunata y Jacinta*, los cuatro *Torquemada*,

*Realidad* y *Lo prohibido*. No hay sector de la vida española que escape a la mirada de Galdós, y aun dentro de cada sector la variedad de personajes retratados es en verdad inmensa. Recuérdese, por ejemplo, la abundancia de personajes eclesiásticos, desde el cura Polo en *Tormento,* poseído por todos los vicios, hasta el virtuoso don Lesmes o el simple y evangélico Nazarín, y luego todo el cabildo de la catedral de Toledo en *Ángel Guerra.* Lo que se dice de la profesión eclesiástica podría decirse de otra cualquiera. O de la extraordinaria galería de mujeres, de Isidora Rufete a Leré, que Galdós crea.

Cientos de personajes de toda índole se incorporan aquí a la literatura como retrato fidelísimo de la vida española y de la vida humana de su momento. Es usual y exacto comparar la obra de Galdós, sobre todo en esta fase de las novelas contemporáneas, con la "comedia humana" de Balzac, el gran novelista francés de la pasada centuria a quien puede decirse, sin exageración, que Galdós iguala en poder creativo y supera probablemente en hondura espiritual.

En esta fase de la novela galdosiana el realismo se enriquece, acrecienta y ahonda mediante la incorporación de nuevas técnicas o el desarrollo interno de sus propias facultades artísticas y de su manera de ver la vida. En algunas novelas —*La desheredada, La de Bringas, Tormento*— domina la tendencia naturalista en la crudeza de algunos cuadros de miseria y en el intento de explicar el vicio, el crimen o el desarreglo vital como resultado de esa miseria o, en *La desheradada* y *Lo prohibido,* de la herencia y las taras fisiológicas. En esta última y partes de *Fortunata y Jacinta* el elemento erótico adquiere un realce que no suele tener en el resto de la obra de Galdós. Mas a partir de *Ángel Guerra* (1890-91), la novela se hace cada vez más espiritualista. *Nazarín, Halma* y *Misericordia,* igual que *Ángel Guerra,* son estudios de exaltación mística con implicaciones psicológicas o sociales —su tema común es la caridad— inspirados en el neocristianismo que la novela rusa, de Tolstoy principalmente, difunde por Europa a fines del siglo.

Con *Realidad* y *La loca de la casa* (1892), adaptadas pronto para la representación, da el paso hacia el teatro. Aún aparecen varias novelas —tres de la serie de Torquemada, *Nazarín, Halma, Misericordia* y *El abuelo,* más drama que novela, en 1897. A partir de este año se dedica o al teatro o a continuar los *Episodios Nacionales*. Entre 1898 y 1911 escribe veintiséis volúmenes correspondientes a tres series, la última inacabada. Parte del punto mismo en que había dejado interrumpida su labor de historiar novelescamente los acontecimientos políticos y sociales del siglo XIX: del año 1833, fin del reinado de Fernando VII y comienzo de las guerras carlistas. Llega hasta la Restauración, a los años por los que empezó a escribir. Son los últimos *Episodios* mucho más ricos y complejos en observación y entendimiento de las realidades españolas. Se ha preferido comúnmente, por lo que tiene de heroico y exaltación nacional, la primera serie. Pero en las últimas el arte de Galdós aparece purgado del romanticismo efectista de su primera época; se ve, además, que sus recursos de narrador —ya en la creación del personaje, ya en la comprensión de las circunstancias— se han enriquecido. Lo que se nota hacia el final es un cierto cansancio, el del anciano que ha realizado una obra ingente y el del preocupado por la vida nacional que cae en un desaliento parecido al que por esos años expresaban los hombres del 98. La cuarta serie termina con *La de los tristes destinos* y *España sin rey*; la quinta comienza con *España trágica*, títulos significativos que expresan por sí mismos tanto el trance histórico por que pasaba el país como el estado de ánimo, el pesimismo del narrador.

Los primeros dramas, *Realidad* y *La loca de la casa*, son versiones reducidas de novelas dialogadas. También lo será *El abuelo*, una de sus obras cumbres por el sentimiento humano, trágico y universal. Luego adaptará, no siempre con éxito, alguna otra novela como *Doña Perfecta*. Los dramas y las comedias concebidos ya como producciones teatrales —*La de San Quintín, Los condenados, Electra, Alma y vida, Mariucha, Casandra, Celia en los infiernos, Sor Simona,* etc.— presentan un mundo y unos problemas no muy distintos de los de su obra narrativa. No hay pues una diferencia específica entre el dramaturgo y el novelista. El paso de la narración al drama fue natural y vino impuesto por la evolución interna del arte de Galdós, al compás de la evolución misma del pensamiento del siglo XIX, que en su concepción dialéctica de la vida —romanticismo-realismo-idealismo; materia-espíritu; historia-vida; naturalismo-impresionismo-simbolismo— busca la unidad y la conciliación. En el teatro Galdós presenta los conflictos que habían inspirado su obra de narrador en forma más neta y simple; a veces, y ése puede ser su mayor defecto, con simplismo excesivo. Pero busca, siempre, la solución. Sólo cuando se sale del esquema histórico-sociológico y penetra en la raíz humana y moral, consigue crear en *El abuelo*, una obra de verdadero sentido trágico, shakespeariano, aunque la tragedia esté mitigada por el amor a la humanidad. Y es curioso observar que si por un lado vuelve a lo combativo —a la tesis— por otro su arte adquiere carácter simbólico, casi poético, no enteramente logrado.

En otro sentido —en el de la historia del teatro— independientemente de sus aciertos o caídas, tiene la obra dramática de Galdós importancia fundamental en la historia del teatro español y significa un paso definitivo hacia la modernización del diálogo y las situaciones. Fue Galdós realmente, salvo algún caso aislado como el de Enrique Gaspar, quien acabó con la retórica y los efectismos que Echegaray había impuesto.

**Valor y significación de Galdós.** — La amplitud y la variedad de la obra galdosiana se manifiesta en muchos aspectos además de los apuntados: la riqueza de formas de novelar desde la histórica hasta la psicológica o desde la puramente narrativa hasta la simbólica y abstracta; el modo como absorbe las diferentes tendencias literarias de su tiempo, desde el realismo y el naturalismo hasta la pura fantasía en algunos de sus dramas o en su última novela, *El caballero encantado,* y las tendencias ideológicas desde el positivismo hasta el neoespiritualismo religioso; la verdad y gracia de sus personajes; la exactitud del pormenor en la pintura del medio físico o social donde sus novelas están situadas; la facilidad y abundancia del lenguaje, en la que no le iguala ningún otro autor de su tiempo; su protesta contra todo abuso político, social o religioso; y su capacidad tan característicamente española para elevarse de la realidad, sin falsearla, al idealismo.

Con la obra de Galdós sale la novela española de las limitaciones que tiene en la de la mayoría de sus contemporáneos, escritores monocordes: regionalismo, realismo superficial, dogmatismo. Hasta el psicologismo de Valera parece superficial y artificioso comparado con la riqueza de observación psicológica y moral —estudio de los móviles de la conducta— que hay en el mundo novelesco galdosiano. Podrían aún señalarse multitud de temas y aspectos; la función del dinero por ejemplo; o la de las clases sociales —pueblo, aristocracia, burguesía; o la abundancia de personajes anormales; o los aspectos fantásticos y maravillosos, en los que la crítica, obsesionada con una interpretación literal del realismo, apenas se fijó y que en algunos de los estudios más recientes (Casalduero, Gullón, Clavería, Schramm) aparecen casi como una revelación. Ninguno de estos temas o aspectos —u otros varios que podríamos citar— domina la novela. Lo característico de Galdós —como en todos los grandes novelistas del XIX— es la integración de todos ellos. Adquiere así el realismo su gran trascendencia, como una de las formas fundamentales del arte occidental. El que la novela posterior, a partir del impresionismo, haya ido por otros caminos y explorado otras técnicas no debe cegarnos ni obscurecer los valores de un momento extraordinario en el que la novela como género totalizador llega a su ápice.

Para el estudioso de la historia de la cultura española moderna hay todavía en la novela galdosiana un aspecto que debe destacarse no tanto porque sea el de mayor valor artístico, sino por lo que tiene de lección en la hasta ahora ineficaz busca de los españoles por encontrar la unidad de conciencia que resuelva el drama histórico en el que España se debate desde hace dos siglos en forma cada día más grave.

Galdós, a diferencia del resto de los novelistas de su tiempo, abanderados de la tradición o del liberalismo, es el único que intenta en su novela la conciliación entre lo nuevo y lo viejo y logra comprender la identidad y la igualdad de carácter de todos los españoles, apasionados en su intransigencia, sea tradicionalista o liberal; con todas sus cualidades nobles y heroicas —espíritu abnegado, heroísmo, dignidad individual, idealismo y a la vez sentido de la realidad— y su incapacidad para poner estas cualidades positivas al servicio de unos ideales comunes.

Vio Galdós —y ningún escritor lo vio como él— la extraordinaria vitalidad del pueblo español, incluso cuando parece aletargado o caído en la atonía, como muchos pensaban en su tiempo. Pero se dio cuenta de que esa vitalidad necesitaba para traducirse en obras fecundas resolver el problema de la gravitación del pasado sobre el presente de España: porque un pueblo ni puede prescindir de su pasado, base de su propio carácter, ni puede vivir al margen de las corrientes históricas pues para adaptarse a éstas es necesaria la renovación constante. El presente, que es la vida, está hecho de pasado y de futuro. Por eso el pueblo que se para, como querían los tradicionalistas que España se parase, está llamado al fracaso o a la muerte. Pero ningún país de tradición puede tirar ésta por la borda y empezar de nuevo porque eso significa dejar de ser. Ésta es la idea viva en cada una de las páginas de Galdós.

Idea que en la obra de Galdós, aunque vista en una realidad concreta que era la de la España de su tiempo, y pensando en sus compatriotas, adquiere una significación universal porque en el fondo se trata de un problema humano agudizado en todas las sociedades modernas: cómo integrar la concepción actualista y utilitaria que se desprende de toda la filosofía moderna, materialista, científica, con el ansia de justicia social, que heredamos de la tradición cristiana, y con las necesidades espirituales y religiosas del hombre como ser individual.

Galdós, que no predica, que sólo en ocasiones supedita los fines artísticos de la novela a una tesis, que como todo artista creador descubre el espíritu en la realidad misma, llegó a ver la vida con unos ideales claros extraídos de la fe liberal de su tiempo. La esencia de su pensamiento y de su arte es la comprensión, la tolerancia, el amor, único terreno en el que él creía posible la conciliación de las fuerzas que luchaban en España y que en el fondo luchan en las sociedades modernas hechas de egoísmos humanos agravados por nuevos fanatismos —políticos o sociales, de la inteligencia o del poder— que han terminado por destruir o minar las raíces del sentimiento religioso de comunidad en el destino del hombre. Galdós busca una armonía social, política y humana, que esté basada en la justicia, en una distribución más equitativa de la riqueza y en la libertad para que cada uno pueda ser lo que es, con todas sus limitaciones y con todos sus sueños, en tanto no perjudique a los demás. Ése es el sentido de su liberalismo. Por él logró sobreponerse a la intransigencia de los partidos y pintar con igual objetividad que el fanatismo clerical y reaccionario la intolerancia de sus correligionarios los liberales. Al final de su vida le decía a su amigo el periodista Luis Bello: "Yo imagino... un tiempo en que cambiarán de parecer los que hoy empiezan a verme como un viejo maniático obstinado en tomar en serio las luchas del siglo XIX y en ver por todas partes supervivencias del absolutismo." Confesión que es preciso contrastar con una idea muy repetida en toda su obra y formulada ya en 1871 en su segunda novela, *El audaz*: "Los hombres —dice allí el protagonista— no han de ser iguales destruyéndose, no; no ha de haber igualdad en el mundo sino por el amor." Es el credo reiterado una y otra vez y que en algunas de las últimas novelas —*El abuelo, Nazarín, Misericordia*— y en casi todo el teatro adquiere carácter obsesivo.

Mas el valor literario de Galdós consiste en que la fidelidad a ese credo no le llevó nunca al falseamiento de la vida y de los personajes de su mundo novelesco y así su idealismo es compatible con una ironía que a veces puede parecernos cruel. Piénsese en el suicidio de Villamil; en las tintas grotescas con que se pinta el dolor de Torquemada ante la muerte de su hijo; en la patética cursilería de Frasquito Ponte; en el hambre de Ido del Sagrario y en otros mil ejemplos. Ironía cruel sólo en la apariencia porque como en algunos de los momentos más dolorosamente cómicos —si se permite la contradicción— del *Quijote,* se eleva a un superior plano artístico por la comprensión, la simpatía, y más que nada, por su profundo humor, esa capacidad de transformar el dolor en risa y las debilidades humanas, lo vulgar o la locura en afirmación irónica del carácter superior o inmortal del hombre, facultad esta del humor sobresaliente en su obra y que más le asemeja a Cervantes, su maestro.

Y no es raro que como él, se complazca Galdós en explorar las contradicciones íntimas del ser humano: en percibir la discreción en los locos o desequilibrados; el honor o el sentimiento ético en personajes socialmente degradados que viven de la trampa y el engaño; la caridad en el pordiosero; y la angustia por la salvación en un ser como el avaro Torquemada, encarnación del egoísmo y de la falta total de caridad.

## III. Los novelistas de la segunda generación

Un hecho separa a los novelistas de la que hemos llamado segunda generación realista —Emilia Pardo Bazán, Clarín, Palacio Valdés y Blasco Ibáñez— de sus predecesores: la influencia del naturalismo francés. Era éste resultado de una evolución del realismo hacia una literatura y, más específicamente, una novela de pretensiones científicas bajo la influencia combinada de Comte, Taine, Darwin y el médico Claude Bernard. Tomaba como base el determinismo natural y social —herencia y ambiente— y aspiraba a convertir la novela en documento biológico y sociológico. La tendencia literaria hacia el naturalismo es ya patente en obras como *Germinie Lacerteux* (1864) de los hermanos Goncourt y desde la primera novela de Zola, *Thérèse Raquin* (1867), pero la escuela no se define como tal hasta 1880 cuando Zola, maestro y jefe, publica *Le roman expérimental,* inspirado en la *Introduction à l'étude de la médecine expérimentale* (1865) de Claude Bernard. El mismo año aparecen *Les Soirées de Médan,* colección de seis relatos escritos por Zola y cinco discípulos suyos, entre ellos, Huysmans y Guy de Maupassant, que constituyen propiamente el grupo naturalista.

Es de notar que así como la orientación realista tardó más de tres décadas en arraigar en España, el naturalismo tuvo repercusiones inmediatas. La introductora fue Emilia Pardo Bazán, que, en varios artículos publicados en 1882 en el periódico *La Época* y reunidos en el volumen *La cuestión palpitante,* hizo la exposición y defensa de las ideas de Zola, con algunas reservas. Quiso predicar con el ejemplo y al año siguiente, 1883, publicaba una novela, *La Tribuna* que con *La Regenta* (1884) de Clarín, pueden considerarse como las primeras novelas naturalistas españolas —o de lo que como tal se entendía en España. Galdós se había adelantado con el naturalismo, también relativo y propio, de *La desheredada* (1881).

La nueva tendencia suscitó múltiples polémicas y reparos, que no es necesario examinar aquí detalladamente. En general se oponían los españoles —incluso la Pardo Bazán— al credo científico y determinista, que al concebir al hombre como pura materia o naturaleza, le negaba el espíritu y el libre albedrío e invocaban, al mismo tiempo en defensa de las nuevas técnicas novelísticas, el antecedente de un supuesto naturalismo en la tradición de la novela española clásica, especialmente la picaresca. Fue, en resumen, el español un naturalismo impreciso, acomodaticio y diluido. El mismo Zola se asombró de que la Pardo Bazán, adalid de su escuela, pudiera ser al mismo tiempo fervorosa naturalista en arte y devota católica en sus creencias. Sólo Blasco Ibáñez, algo más joven, aceptó en su integridad las ideas zolescas, con todas sus consecuencias artísticas e ideológicas, y ya muy tardíamente cultivó la novela proletaria con sentido revolucionario.

Mas, con todas las reservas, no hay duda de que esta generación adoptó dentro del realismo español nuevas técnicas y nuevos temas; trató el tema erótico con mayor libertad o menos inhibiciones; dio tono más biológico al personaje novelesco; puso mayor verismo y hasta complacencia en la descripción de lo bajo, lo ruin o lo desagradable, las taras hereditarias o la degradación patológica. La pintura de la vida rural —el regionalismo— adquirió también carácter distinto. No fue ya una exaltación idílica de la vida del campo o alabanza de las virtudes morales allí conservadas, sino pintura o denuncia de sus problemas; degeneración y barbarie rural, en la Pardo Bazán; explotación y servidumbre, en Blasco Ibáñez. Aunque nunca se perdió por entero un cierto sentimiento de elegía, de añoranza de un mundo natural perdido o en trance de desaparición.

Hay otras notas generacionales, a las que suele prestarse menos atención. Son los novelistas de este momento en conjunto —sobre todo, si se piensa en los dos más representativos: la Pardo Bazán y Clarín— más liberales, más europeos, más intelectuales y, quizás, mejores prosistas.

Nacidos alrededor del 50 se forman ya en la atmósfera de la revolución del 68 y de las inquietudes ideológicas —políticas, intelectuales, morales y espiritualistas— que trajo el krausismo. Alguno de ellos, Clarín o Palacio Valdés, admiraron y aceptaron en su juventud el magisterio de Giner de los Ríos. Adoptan dentro del clima de convivencia, característico de la Restauración, una actitud crítica, ante las realidades españolas que preludia la del 98. Clarín y la Pardo Bazán cultivan la crítica literaria tanto o más que la novela. Ésta se hace menos polémica y las tesis son sustituidas por el análisis descriptivo de la realidad. Tienen un contacto mayor y más inmediato con la literatura europea, en particular con la francesa. Finalmente el instrumento expresivo, la prosa, aparece más hecha, con mayor calidad literaria, liberada del casticismo retórico y arcaizante. Con lo cual acaso pierde color y vigor.

En casi todo les había precedido Galdós, de quien son en realidad discípulos. Por su interés en la literatura propiamente dicha están mucho más cerca de un Valera, de quien les separa, sin embargo, actitudes estéticas fundamentales. En cambio, poco tienen de común con un Alarcón o un Pereda.

Los aires renovadores no fueron, sin embargo, suficientes para crear un nuevo ciclo, como ocurrirá poco más tarde con el subjetivismo impresionista del 98. En lo fundamental seguía la novela adscrita a las direcciones del realismo y a los caminos abiertos, sobre todo, por Galdós.

Palacio Valdés dice en una autocrítica: "Si se me despojase de lo que pertenece a los grandes maestros que me han precedido quedaría desnudo," juicio que con algunas puntualizaciones podría aplicarse a la obra de sus compañeros de generación.

De ahí que, a pesar del relieve de una personalidad como Clarín, o de la misma Pardo Bazán, la totalidad de su novela tenga menos importancia en un panorama histórico que la de sus antecesores. Al fin y al cabo, fueron éstos quienes hicieron posible que España pudiera figurar de nuevo en la historia de la literatura narrativa.

**La Condesa de Pardo Bazán.** — La primera en darse a conocer de los novelistas de esta generación fue doña Emilia Pardo Bazán (1851-1920). Gallega, de la Coruña, de familia aristocrática, mujer de gran curiosidad, muy culta y de vigoroso talento, fue, como hemos visto, la introductora del naturalismo en España.

Después de *La Tribuna,* ensayo de novela proletaria que tiene como protagonista a una obrera de la Fábrica de Tabacos de La Coruña (Marineda), encontró el medio más apropiado para su naturalismo en el campo gallego, donde sitúa la acción de su obra más típica y valiosa, *Los Pazos de Ulloa* (1886). El pazo, la casa solariega de Galicia, en su abandono y deplorable estado, sirve de marco al estudio de la decadencia y degeneración de las viejas familias aristocráticas. Pedro Moscoso, el heredero de los Ulloa, apenas si se diferencia ya, salvo en sus explosiones de despotismo, de sus servidores que al fin van a apoderarse de su voluntad y de sus bienes. Historia y naturaleza, religiosidad medieval y paganismo, violencia y sensualidad, feudalismo y barbarie, ciudad y campo son los elementos temáticos que la novelista combina en un panorama bien trabado de la vida rural gallega en el que juegan también factores económicos, políticos y eclesiásticos. La Pardo Bazán rinde tributo asimismo al tema de la pareja espiritual. Nucha, la esposa traída de la ciudad para redimir a Moscoso, y Julián, el joven capellán; ambos sucumben a la terrible hostilidad del medio: "paisaje de lobos." No es el menor mérito de la novela el que el ambiente de violencia natural y humana aparezca envuelto en una niebla, parte integrante también del complicado mundo gallego.

En *La madre naturaleza* (1887) prolongó el tema, con la historia de atracción incestuosa entre los dos hijos de Moscoso, el natural, Perucho, y la legítima, Manuelita. El paisaje adquiere aquí tintes más suaves e idílicos, el problema psicológico se ahonda, pero la obra no tiene en conjunto la riqueza de elementos ni la densidad de *Los Pazos*. La visión de la Galicia rural de la Pardo Bazán, en estas obras y en algunos de sus excelentes cuentos, hace pensar a un lector del siglo XX en el mundo de Valle Inclán —*Sonata de otoño* y, sobre todo, en el de *Las comedias bárbaras*. Se inspiraron en una misma realidad, y, desde luego, muchos de los temas, figuras y elementos fueron vistos por la autora de *Los Pazos de Ulloa*. Las diferencias entre ambos son, por supuesto, de genio creador (Valle Inclán era un gran artista y extraordinario poeta), pero lo son sobre todo de escuela y enfoque. Donde el naturalismo de la Pardo Bazán busca un documento literario social, el arte selectivo, impresionista, del autor de *Las comedias bárbaras* crea un mundo poético: épico, lírico y dramático al mismo tiempo.

Otro tema que trató la Pardo Bazán, quizás con más finura, aunque con menos fuerza, es el de los gallegos transplantados a Madrid, visto sobre todo en dos figuras de mujer: aristócrata una, la protagonista de *Insolación,* y una tímida y triste muchacha que va a servir a la ciudad, en *Morriña,* obras menores; esta última especialmente acredita las dotes de una buena novelista psicológica.

Fiel seguidora de modas literarias y muy atenta a las corrientes y novedades del otro lado del Pirineo, trató, sin conseguirlo por entero, de adaptarse a las direcciones de la sensibilidad y el arte de fines de siglo: simbolismo, modernismo, expresionismo. Fue, en cambio, de los primeros escritores españoles en recoger las ondas del neoespiritualismo cristiano y la influencia de la novela rusa en su libro *La revolución y la novela en Rusia* (1887), inspirado muy de cerca en una obra francesa de Melchior de Vogüé. A estas nuevas orientaciones responden novelas como *La quimera* y *La sirena negra*.

En su cuantiosa obra crítica comparte con Valera y Clarín la influencia como definidores de las tendencias y ·la producción literarias de su tiempo. Valera, más amplio y seguro tanto en el gusto como en su humanismo y erudición; Clarín, de obra crítica más fragmentaria y al día, más penetrante y sólido. El papel de la Pardo Bazán fue, sobre todo, el de receptora y divulgadora. Se inició con el *Estudio crítico de las obras del padre Feijoo* (1876), y siguió la inspiración del escritor setecentista en los ensayos de su revista, puramente personal, *Nuevo teatro crítico*; estudió la poesía franciscana y los poetas épico cristianos. Es siempre útil la consulta de sus estudios sobre escritores del siglo XIX, así como su obra *La literatura francesa moderna* (1910). Fue, en suma, modelo de actividad intelectual y en reconocimiento de sus méritos alcanzó el honor de ser la primera mujer a quien se dio una cátedra en la Universidad Central, la de literaturas neo-latinas.

**Clarín.** — Del grupo que estudiamos, el tiempo ha ido destacando, como la más valiosa, la figura de Leopoldo Alas (1852-1901) —conocido por el pseudónimo de Clarín: superior en cultura, gusto y capacidad de pensamiento. Hay algo en él de gran escritor frustrado, acaso porque se adelantó en sensibilidad y estilo a su momento. Fue profesor de derecho de la Universidad de Oviedo, su ciudad natal, en la que pasó casi toda su vida y fue tema de su obra. Apunta en él el tipo de escritor universitario, de intelectual y ensayista que iba a dominar la literatura en el siglo XX. Por esta y otras cualidades, entre ellas el idealismo subjetivista hacia el que derivó después de abandonar el naturalismo, es el precursor más cercano a "la generación del 98." A pesar de haber sido el crítico más temido y respetado en su tiempo, no deja, sin embargo, estudios substanciales de casi ningún tema o materia, como en parte ocurre con Valera o la Pardo Bazán. Fue la suya crítica fragmentaria en *Folletos literarios* o *Ensayos y revistas* o hecha para el periódico en artículos con los títulos de *Solos* y *Paliques*. La única excepción sería su estudio —el más completo y comprensivo para su tiempo— de la obra de Galdós.

Por el humor, por la conciencia social e histórica, por su penetración, por su combinación de sentido de la cultura española y conocimiento de la extranjera, por el contraste entre una crítica, en apariencia ligera, en el fondo muy seria con toques de pesimismo escéptico, se ha relacionado el caso de Clarín con el de Larra. Tuvo el escritor asturiano cultura más vasta y sólida, pero acaso le faltaron la genialidad y temperamento de *Fígaro*. Otros aspectos doctrinales del pensamiento y la obra de Clarín son de menor interés para la valoración de su figura literaria.

La valoración debe basarse sobre todo en sus cuentos admirables —los mejores en un siglo de excelentes cuentistas— y en su novela *La Regenta*, considerada hoy con justicia como una de las grandes creaciones del realismo español, sólo equiparable en densidad, verdad y riqueza a *Fortunata y Jacinta* de Galdós. Suele ser clasificada como novela naturalista y lo es sin duda, aunque en ciertos procedimientos técnicos y atisbos psicológicos o de otra índole —la función por ejemplo del tiempo— trascienda este encasillamiento. Clarín, en forma un poco distinta de la Pardo Bazán, estuvo también muy influenciado por la literatura francesa. No es extraño que su novela revele varias influencias de ese origen: la de Zola en la técnica y en la concepción social; la de Flaubert y Stendhal en el análisis psicológico de algunos personajes; y la de Galdós — a quien Clarín admiraba mucho y de quien hizo el mejor estudio entre sus contemporáneos— en la crítica del ambiente español. Es posible que Clarín conociese también *O crime do Padre Amaro* del novelista portugués Eça de Queiroz, obra a la que *La Regenta* se parece en la descarnada e irónica pintura de la corrupción clerical. Hay además entre Clarín y Eça afinidades de temperamento y estilo, como las hay entre ambos y Flaubert: ironía escéptica, desazón ante la tontería humana, sentido poético y artístico dentro del naturalismo. Estas influencias más o menos directas no restan originalidad a la novela de Clarín en la que lo fundamental es la exactitud de la observación y la dramática realidad de los personajes.

La obra trata un tema de adulterio y estudia con detallado análisis psicológico la crisis místico-sensual de la protagonista, Ana Ozores, en medio de un cuadro denso y compacto de vida provinciana en una vieja ciudad española. Aunque tendenciosa y a ratos prolija, supera en valor literario a otras novelas de su tiempo más conocidas. El retrato de Ana Ozores, víctima de instintos insatisfechos que oscila entre un imaginario misticismo y anhelos eróticos, es de los más poderosos y logrados en el realismo español. Otro tanto puede decirse del retrato de don Fermín, el Magistral de la catedral de Vetusta (nombre simbólico de Oviedo, capital de Asturias, donde ocurre la novela) en quien luchan también la atracción que sobre él ejerce Ana Ozores y su ambición de poder como fuerza oculta que rige la vida de la ciudad.

La galería de personajes eclesiásticos y civiles es extraordinaria —como ya vio Galdós en el prólogo a la segunda edición— y en pocas novelas se consigue una mayor saturación de ambiente en el que personaje y medio —mundo y vida humana— estén tan sólidamente integrados. Es un retrato verdadero y completo de la vida provinciana con todas sus miserias y en todos sus detalles y un análisis sociológico-histórico-moral de una ciudad. Hoy sorprende cómo Alas se adelanta a muchos procedimientos de la novela posterior —que están ya en Galdós— pero que Alas utiliza acaso con una sensibilidad más próxima a la nuestra: sueño, monólogo interior, recuerdo, comprensión de los resortes psicológicos. Y más que nada el arte para hacer sentir el peso del tiempo, para crear una atmósfera novelesca y para ver a los personajes en múltiples perspectivas. Basta leer el capítuto primero: la visión de la ciudad, desde la torre de la catedral, envuelta en el sopor de la siesta. Lo narrativo se va desplazando hacia el impresionismo descriptivo, hacia el realce de la sensación.

Clarín, que solamente escribió otra novela larga, *Su único hijo,* de técnica y espíritu parecidos a los de *La Regenta,* es autor de algunos de los cuentos más bellos, jugosos y poéticos que se escribieron en su época: "Doña Berta," "El sombrero del Señor cura," "Pipá," "Adiós, cordera," "Dos sabios," "Zurita" y otros muchos de una gran variedad. El humor y un ligero escepticismo son las notas fundamentales de su arte.

Murió relativamente joven, antes de cumplir los cincuenta años. De haber vivido más acaso hubiera llegado a ser una de las grandes figuras en la renovación que trajeron los hombres del 98, que le consideraron en parte guía y mentor. Véase su correspondencia con Unamuno o la admiración que por él sintió Azorín. Tuvo Clarín —escritor típico de transición— una marcada capacidad para absorber las inquietudes artísticas e ideológicas de fin de siglo. No se sentía identificado con el naturalismo de su juventud y bajo el magisterio de Renan —maestro también más tarde del joven Ortega y Gasset— fue derivando hacia un aristocratismo intelectual que no excluía la inquietud espiritualista y religiosa. Testimonio de esta evolución son varios ensayos, especialmente "La restauración idealista." Su arte y estilo fueron al mismo tiempo depurándose. Personifica en suma el paso del naturalismo al idealismo y hacia una literatura que aspira a captar la vida libremente en toda su variedad, a conciliar el espíritu y la materia, el hecho y la idea, el presente y el pasado, lo subjetivo y lo objetivo, la realidad y el ideal.

Este afán abarcador y comprensivo de una realidad humana, mucho más compleja de la que en su cientificismo veían los naturalistas, había sido el mismo de Galdós. La diferencia entre ambos es que en sus procedimientos el autor de *Fortunata y Jacinta* siguió fiel a la impersonalidad artística del realismo, en tanto que en Clarín se insinúa el personalismo que iba a dar carácter a la nueva literatura.

**Palacio Valdés.** — Asturiano como Clarín, parecido a él como escritor por la ironía y la gracia, amigo y colaborador en el libro de crítica, *La literatura en 1881,* fue Armando Palacio Valdés (1853-1938), novelista muy fecundo y uno de los más populares. Como la de Clarín, puede servir de ejemplo la obra de Palacio Valdés —mucho más cuantiosa, pero de menor calidad intelectual— para ilustrar un fenómeno literario típico de la liquidación del realismo y del naturalismo a la entrada en el nuevo siglo. Escritor ecléctico y conciliador en arte como en ideas, pero con un fondo personal y artístico puro, su obra se caracteriza por la variedad. Es regionalista asturiano, más por la pintura de ambientes y tipos que por el espíritu, en las primeras obras, *Marta y María,* y *José,* pero capta la gracia ligera de la vida andaluza en *La hermana San Sulpicio,* su novela más conocida, y *Los majos de Cádiz;* la atmósfera valenciana en *La alegría del capitán Ribot* y la madrileña en *Riverita.* Hizo naturalismo de escuela en *La espuma* y *La fe;* novela psicológica en varias de las citadas y en *Tristán o el pesimismo;* y poética en *La aldea perdida.*

Trató el tema religioso y recogió incitaciones filosóficas. Fue bastante liberal en su juventud y luego, siempre con un fondo de comprensión tolerante, fue derivando hacia las ideas conservadoras. Entrado ya el siglo XX reflejó el subjetivismo idealista en obras de carácter autobiográfico, memorias más que novelas, como *Los papeles del doctor Angélico.* Vivió hasta 1938 y, en contraste con personalidades tan acusadas como Unamuno, Valle Inclán o Baroja, el apacible humorismo del autor de *La hermana San Sulpicio* resultaba insulso y un poco superficial.

No fue en efecto Valdés un espíritu profundo sino un artista mesurado, en el que el sentimiento predominaba sobre la pasión y la idea. Excelente observador, psicólogo perspicaz que nunca trató de penetrar en el interior de las almas complejas y escritor de estilo limpio y de auténtica simpatía humana, se explica que en una época como la contemporánea, de literatura difícil en el arte y en las ideas, fuera de los novelistas preferidos por el gran público.

**Blasco Ibáñez.** — Cualidades enteramente opuestas a las de Palacio Valdés son las que caracterizan a Vicente Blasco Ibáñez (1867-1928), que compartió con él la popularidad en España y le superó en la difusión de su obra en el extranjero. Tuvo el novelista valenciano una fuerte personalidad humana. Fue político, revolucionario, aventurero y, a pesar de su vida activísima e irregular, dejó una caudalosa producción literaria. Las notas dominantes en su novela son el poder creativo, sin ninguna finura psicológica; la fuerza dramática, en bruto, sin desbastar; el estilo tumultuoso, abundante, sin lima, pero de indudable riqueza descriptiva, plástica; y una ideología social y revolucionaria de escasa base intelectual.

Por la cronología Blasco Ibáñez pertenece a la época contemporánea y es coetáneo de los escritores del 98 (Unamuno nació tres años antes), pero por su arte y por sus ideas es el último de los realistas españoles. No tiene ninguna de las características de la literatura del siglo XX. Los otros novelistas de su generación —la Pardo Bazán, Clarín o Palacio Valdés— aun siendo algunos años más viejos, trataron de adaptarse a las nuevas corrientes líricas y espiritualistas. Blasco Ibáñez se quedó en el naturalismo y en el ideario social decimonónico. De ahí, que lo situemos en este capítulo.

Confrontado con los cambios del gusto, varió de escenarios y temas, mas no de estilo ni de visión. Pasó de la novela regional valenciana como *La barraca, Flor de mayo, Cañas y barro* —lo más vigoroso de toda su producción y lo de mayor valor artístico— a novelas urbanas, sociales y políticas: *La catedral, El intruso, La horda.* Escribió luego novelas de ambiente artístico con influencias de D'Annunzio como *Entre naranjos* y *La maja desnuda*; históricas con influencias de Flaubert, como *Sónnica la cortesana*; y novelas de ambiente cosmopolita como *Los cuatro jinetes del Apocalipsis* y *Mare nostrum,* que le abrieron las puertas de la gloria internacional en parte por lo que tenían de propaganda en favor de los aliados en la primera guerra europea. Hasta su muerte (1928) siguió, con energía extraordinaria, ensayando nuevos temas y llevando una activa vida de agitación política desde el destierro. Derivó al final hacia la novela histórica de reinvindicación de las hazañas españolas en *El Papa del mar, A los pies de Venus, En busca del Gran Kan.*

No se le puede negar talento descriptivo y reciedumbre en la concepción de algunos personajes, sobre todo los de las novelas valencianas de la primera época, ni que sea uno de los maestros del realismo español, pero su carencia de sentido poético y de cuidado artístico en la forma malograron en gran parte sus facultades naturales.

**Otros novelistas.** — Hubo en esta época numerosos cultivadores del cuento y la novela que no alcanzaron la excelencia de los estudiados pero que gozaron de cierta popularidad. De entre ellos sólo dos merecen mencionarse en una historia de este tipo: Jacinto Octavio Picón (1852-1923) y el padre jesuita Luis Coloma (1851-1914).

El primero, en su novela *Dulce y sabrosa* (1891), la más valiosa de todas las suyas, combina un estilo delicado, artístico y académico con un radical naturalismo al enfocar el tema de la libertad amorosa, frente a los convencionalismos sociales. Inicia Picón una tendencia predominantemente erótica continuada en el siglo xx por novelistas como Felipe Trigo y que poco a poco fue perdiendo su significación social y psicológica hasta degenerar en literatura mercenaria y pornográfica.

El padre Coloma se convirtió momentáneamente en uno de los autores discutidos con mayor pasión, por la crudeza, cercana a la de los naturalistas, con la que describía el libertinaje de la aristocracia madrileña en su novela *Pequeñeces* (1890). Obra artísticamente endeble en la cual el naturalismo se aviene mal con el fin y el tono moralizador, hoy tan sólo se lee como curiosidad y muestra de las preocupaciones de su tiempo.

# IV. Crítica y erudición: Menéndez Pelayo

En todo este período la literatura de ideas —crítica, erudición, historia, filosofía— adquiere un nuevo ímpetu, anuncio y precedente del movimiento renovador, con que empieza la época contemporánea.

Bajo el influjo del espíritu científico y filosófico de los tiempos, predomina la obra extensa y se ensaya la reconstrucción sistemática en varios campos de la historia de la cultura en tanto que las tendencias revolucionarias del siglo se traducen en constantes polémicas religiosas, históricas, políticas y literarias, cuyos efectos hemos advertido en el teatro y la novela.

El parlamento, las academias, el Ateneo y la universidad son los centros de la polémica, que utiliza como expresión, fuera del libro, varias formas típicas: el discurso, el artículo de periódico o revista, el folleto. Siguen, pues, vigentes, la oratoria y el periodismo, que vimos cobrar importancia desde la primera mitad del siglo, pero que ahora van adquiriendo un carácter nuevo: preocupación intelectual, conciencia histórica guiada por un deseo de encontrar nuevas bases de unidad y conciliación, en medio de la disidencia ideológica. Puede verse, así, cómo se está incubando el ensayismo tan característico en la obra de los hombres del 98 y de sus continuadores.

Lo cual no obstó para que, al iniciarse la época contemporánea con esos hombres del 98, se reaccionase contra el período anterior y se viera sólo en él o la chabacanería ambiente o la ampulosidad retórica. La repulsa alcanzó por igual a la literatura creativa —poesía, novela, teatro— que a la de ideas. Últimamente se ha empezado a creer que fue excesiva y así como nadie discute ya el valor de Galdós o de la poesía de Bécquer y se revalorizan figuras como Valera o Clarín, vemos que en el terreno de la crítica y de las ideas el panorama espiritual de la Restauración no era tan pobre como se pensó. A pesar de sus defectos —estilo oratorio y enfático, vaguedad de los conceptos históricos o filosóficos, falta de rigor en los datos— aún tenemos que acudir a muchas de las obras de ese período como punto de partida para el estudio de aspectos importantes de la cultura española.

En la crítica literaria sobresalen, como hemos visto, Valera, Clarín, Emilia Pardo Bazán, a los que habría que añadir los nombres de Manuel de la Revilla y José Ixart. Escritores bien informados y alguno de ellos de cultura y gusto seguro, aunque, en general, el dogmatismo literario, político o filosófico y el espíritu de escuela limiten casi siempre el valor de sus juicios.

La erudición y la historia literaria cuentan con figuras valiosas. A Amador de los Ríos, el marqués de Valmar, Fernández Guerra, Cayetano Alberto de la Barrera o Milá Fontanals —el más importante de todos— ya citados entre los eruditos del romanticismo, pero que continúan su obra en estos años, se suman, entre otros, el conde de la Viñaza, historiador y bibliógrafo de la filología española; Manuel Cañete por sus estudios del primitivo teatro español; los arabistas Francisco Codera y Julián Ribera y el historiador del derecho Eduardo Hinojosa.

Pero la figura que domina la crítica y la historia de este período es don Marcelino Menéndez Pelayo que reconstruyó, con erudición sin igual y seguro criterio de los valores artísticos, la historia de la literatura hispánica en sus diversas ramas. El único reparo serio que puede hacerse a su obra es que en sus primeros libros, sobre todo *La ciencia española* o *La historia de los heterodoxos españoles,* se dejó arrastrar por prejuicios de partido y por su pasión tradicionalista. Pero en otros muchos —*Historia de la poesía castellana en la Edad Media, Orígenes de la novela, Historia de las ideas estéticas, Historia de la poesía americana* y en los *Estudios sobre el teatro de Lope de Vega,* etc.— su saber triunfa de todos los prejuicios.

Independientemente del valor erudito de cada uno de sus libros, la obra total de Menéndez Pelayo posee ciertos caracteres que le dan importancia en el proceso de revalorización y reinterpretación de la cultura española iniciado a fines del siglo XIX y continuado en el XX. Estos caracteres son:

1. Sentido de totalidad y unidad de la cultura hispánica que le llevó a estudiar con el mismo interés la literatura hispanolatina, las letras semíticas de la Edad Media, la literatura española en todas sus fases y la literatura hispanoamericana o portuguesa. Busca él la unidad en el espíritu y la relación histórica más que en la lengua. Es la orientación que definió ya en su "introducción y programa de literatura española" presentado al hacer las oposiciones a una cátedra de la Universidad de Madrid cuando apenas había cumplido veinte años y que desarrolló a través de toda su vida de estudio.

2. Concepto de la literatura y de la cultura españolas como una feliz síntesis de diversas corrientes que madura en los Siglos de Oro mediante la conjunción del humanismo latino, del espíritu católico y del sentimiento monárquico y nacional.

3. Combinación en toda su obra crítica del método histórico y erudito con el de valoración estética. La filología y la estilística modernas han superado cada una en su campo estos aspectos de la crítica de Menéndez Pelayo pero en lo fundamental tanto su erudición histórica como el análisis artístico que hace de obras y autores tienen todavía validez.

Genio que tendía hacia la síntesis y la conciliación en todo —pese a su firme fe católica y tradicionalista, que nunca se entibió— trató de fundir, y lo consiguió en gran medida, concepciones muy opuestas: catolicismo y humanismo casi paganizante en cuanto al concepto de la forma y de la belleza; idealismo y positivismo; el sentido poligráfico de la literatura, heredado del siglo XVIII, y el historicismo romántico que veía la literatura y el arte como expresión de un genio nacional. Según fue evolucionando y madurando, así como en el terreno ideológico perdió en sus juicios y en su actuación el ímpetu combativo de sus obras juveniles, en el terreno estético fue afirmándose en el juicio de la obra literaria un criterio puramente artístico.

Por otro lado su nacionalismo nunca le llevó a negar la aportación de otras literaturas europeas a la literatura española. Fue, en cierto modo, un comparatista y libros como *Orígenes de la novela* o *La historia de las ideas estéticas* contienen pasajes importantes para el estudio de la literatura europea.

Valiosa es también la obra de Menéndez Pelayo por su estilo y buen lenguaje que tiende a la oratoria, como era común en su época, pero que sabe combinar la elocuencia con la precisión.

Fue el destino de la obra de Menéndez Pelayo que militasen en campos opuestos los que acaso asimilaron mejor su lección y sus preocupaciones cardinales por encontrar en un conocimiento sólido del pasado las bases para una regeneración nacional. Así se explica la reacción en contra suya de los hombres del 98 y aun de muchos de los más valiosos investigadores de la literatura en el siglo xx. En cambio los que se consideraron sus discípulos y herederos o se limitaron a la mera erudición sin perspectiva histórica o extremaron su tradicionalismo partidista y antiliberal, convirtiendo su nombre en bandera de combate. También en este aspecto ha habido por parte de los mejores de uno y otro bando una reacción favorable y justa.

## V. Las ideas: el krausismo

El pensamiento un tanto confuso de la España del fin del siglo xix está determinado por la conjunción de dos factores: la influencia cada vez mayor de las escuelas europeas y la creciente conciencia en algunos españoles dirigentes de que el país se hallaba en vísperas de una crisis grave.

El fenómeno, visto hoy a distancia, es bastante complejo porque parece evidente que los esfuerzos del siglo xix por regenerar al país iban produciendo, entre toda clase de convulsiones, un cierto progreso y que se acortaban las distancias con Europa. Acaso, por ello, era más fácil la confrontación con los países rectores. Si a esta confrontación —que no dejaba de acusar las diferencias— se añade el trauma político producido por la revolución del 68 y el desasosiego de ver próximo el fin de los restos de un gran imperio, se entiende el sentimiento de que los síntomas de su decadencia eran cada día más patentes y de que urgía encontrar remedios. El aparente optimismo patriótico producido por la Restauración pronto cedió a un pesimismo agudo y cuando en 1898 se produjo lo que se llamó el desastre nacional, con la derrota de España por los Estados Unidos, hubo políticos, hasta de los más conservadores y nacionalistas, que hablaron de la "atonía nacional" y definieron a España como país "sin pulso."

Este ambiente de insatisfacción y crítica, unido a los éxitos del liberalismo y la democracia en los países más importantes de Europa, determinó el desarrollo de un pensamiento liberal que contrasta con la superioridad del pensamiento tradicionalista y católico —Donoso Cortés y Balmes— en la primera mitad del siglo, en el período romántico. El tradicionalismo pierde ahora valor teórico y literario; al ponerse a la defensiva se hace cada vez más combativo, polémico y reaccionario. Podrían citarse nombres como los de Orti y Lara, Navarro Villoslada, Cándido y Ramón Nocedal o los de jefes conservadores Alejandro Pidal o Cánovas del Castillo. Todos son figuras importantes para la historia política, pero de interés muy secundario en el estudio de la literatura. Interesa, sí, señalar el pensamiento liberal en sus varias direcciones porque, independientemente de su valor ideológico, influyó de manera directa en la obra de muchos autores —la poesía de Núñez de Arce y Campoamor, el drama de Echegaray, la novela de Galdós, la personalidad de Clarín— y, sobre todo, porque determina el carácter intelectual de gran parte de la literatura contemporánea y el hecho de que emerja como tema central de ella la preocupación por el problema de España: su espíritu, su historia, su esencia.

De las varias direcciones que el pensamiento liberal toma hay una que casi absorbe a todas las demás y cuyo alcance en el terreno ideológico es sólo comparable al que en el de la historia literaria tuvo por esta época la obra de Menéndez Pelayo. Es el krausismo o movimiento de renovación —mejor cabría decir comienzo— de los estudios filosóficos en España, iniciado en la Universidad de Madrid por don Julián Sanz del Río (1814-1869) y continuado por un grupo de sus discípulos: los krausistas. Se les llamó así porque Sanz del Río tomó como base de su pensamiento las doctrinas del filósofo alemán Christian Friedrich Krause, estudiadas por él durante su estancia en calidad de pensionado del gobierno español en la Universidad de Heidelberg y que propagó con fervor de maestro y celo reformador algunos años después al volver a España.

No es de este lugar, ni sería fácil hacerlo, explicar la abstrusa metafísica que Sanz del Río expuso en libros como *Análisis del pensamiento racional* o *Ideal de la humanidad para la vida,* de lectura poco recomendable por lo abstracto de las ideas y la falta de toda gracia en el estilo. Es sorprendente en el krausismo y más específicamente en la obra de Sanz del Río el contraste entre su esterilidad teórica y su enorme eficacia en el terreno de la educación y de la vida intelectual española. En términos generales, bastará decir, en cuanto a la doctrina, que se trata de un sistema filosófico conocido con el nombre de panenteísmo o doctrina de todo en Dios, según el cual el mundo se concebía como conjunto de las manifestaciones de la esencia divina en el tiempo y en el espacio. La Naturaleza y el Espíritu se unían en la Humanidad y la vida humana es una ascensión hacia la armonía que Dios representa, cuya meta se alcanza a través de la Humanidad racional y del espíritu científico. "Sólo con el despertar del espíritu científico llega el hombre a comprender que es una combinación de naturaleza y espíritu y que la vida plena requiere la armonía de estos dos elementos." [3]

Sistema en parte racional, con implicaciones místicas o pseudo-místicas, pero, sobre todo, de un profundo sentido ético fácil de arraigar en un país como España de austera tradición moral, pronto perdió su importancia teórica y se convirtió en un poderoso movimiento educativo, estimulado por el ambiente de insatisfacción y protesta latente que reinaba en el país.

En este sentido, es decir, en el aspecto "práctico," tan importante o más que las obras filosóficas de Sanz del Río, fue el *Discurso* que como catedrático de Historia de la Filosofía pronunció en la inauguración del año académico 1857-1858. Era todo un programa de renovación que llevó a cabo no sólo en la cátedra, sino en la acción personal y el contacto con sus discípulos. Éstos fueron poco a poco abandonando la especulación teórica —que sólo en la filosofía del derecho produjo algunas obras de valor— y orientándose hacia el campo de la pedagogía con miras más prácticas que teóricas bajo la dirección de don Francisco Giner de los Ríos (1839-1915). Fue Giner autor de varios libros y ensayos de filosofía del derecho, crítica, pedagogía y estética.

Con ser su obra escrita muy valiosa y por lo que a nosotros concierne muy dignos de leerse sus *Estudios de literatura y arte,* su influencia personal como maestro tuvo mayor trascendencia. Giner perdió su cátedra de la Universidad Central a consecuencia de las agitaciones políticas

---

[3] Véase el libro de López Morillas que citamos en la bibliografía, pág. 47.

del tiempo y con la colaboración de algunos espíritus afines, discípulos también de Sanz del Río, fundó en 1876 la Institución Libre de Enseñanza, uno de los primeros si no el primer centro educativo de España independiente del estado y de la iglesia.

Los fines de la Institución, según se lee en su prospecto publicado años después, eran los siguientes: "*educar* a sus alumnos"; "sembrar en la juventud, con la más absoluta libertad, la más austera reserva en la elaboración de sus normas de vida y el respeto más religioso para cuantas sinceras convicciones consagra la historia"; y preparar a sus alumnos para ser científicos, literatos, abogados, médicos, ingenieros, industriales, etc., "pero sobre eso, y antes que todo eso, *hombres,* personas capaces de concebir un ideal, de gobernar con sustantividad su propia vida y de producirla mediante el armonioso consorcio de todas sus facultades." Es decir, educación armónica, desarrollo de la personalidad que combinase el cultivo de la sensibilidad y del gusto artístico, la preparación técnica, la elevación espiritual y un sentido austero, moral, de la vida que algunos krausistas con Giner a la cabeza llevaron hasta el extremo.

El krausismo fue, como resume López Morillas, más que una filosofía; fue un *estilo de vida*:

> Una cierta manera de preocuparse por la vida y de ocuparse de ella, de pensarla y de vivirla, sirviéndose de la razón como de brújula para explorar segura y sistemáticamente el ámbito de lo creado: que entre Sanz del Río y Fernando de Castro, o entre Salmerón y Giner, se echan de ver orientaciones diferentes está fuera de duda. Pero también lo está el hecho de que estos hombres y sus compañeros de aventura intelectual comparten una misma confianza en la razón como norma de vida y manifiestan idéntica predilección por ciertos temas del siglo de las luces. Todos ellos creen en la perfectibilidad del hombre, en el progreso de la sociedad, en la belleza esencial de la vida. Todos ellos trabajan con ardor por un mundo mejor.

Por debajo de estos fines había otro menos explícito, el de la renovación total de España sobre bases laicas y liberales, que pronto les enfrentó con los partidos tradicionalistas y católicos. Renacían en el krausismo viejos anhelos de la cultura española y para entender su carácter y sentido hay que relacionarlo con otros movimientos de reformadores y críticos, especialmente con el de los hombres del siglo XVIII. Se ha hablado también de su afinidad espiritual con los erasmistas del XVI, y esta afinidad con otros movimientos de la cultura española indujo sin duda a Menéndez Pelayo, el enemigo más valioso de los krausistas, a escribir con ánimo polémico la *Historia de los heterodoxos españoles*.

Los krausistas han sido llamados con razón los educadores de la España contemporánea. No todo en el movimiento fue fecundo y hoy se ve que erraron en varios extremos importantes, entre ellos en uno esencial, el de no darse cuenta de hasta qué punto ciertos aspectos de la tradición católica estaban arraigados en el sentimiento español, pero no nos concierne aquí el hacer el análisis y la crítica del krausismo fuera de los términos generales conducentes a nuestro propósito. Si al explicar su significación nos hemos detenido más de lo acostumbrado en historias de este tipo es porque consideramos necesario dar noticia clara de este movimiento como antecedente de la literatura contemporánea.

Del krausismo directa o indirectamente proceden instituciones importantes tendientes a dar nuevo sentido a la actividad universitaria y muy relacionadas con la literatura del siglo xx como la Junta para Ampliación de Estudios, el Centro de Estudios Históricos o la Residencia de Estudiantes. Al krausismo se debe en gran medida el deseo de revisión de valores y de nueva espiritualidad de las siguientes generaciones. Un krausista, Manuel Bartolomé Cossío, escribe el mejor libro sobre el Greco, pintor admirado ante todos por los escritores del 98. Giner y Cossío despiertan en los jóvenes el gusto por las excursiones al Guadarrama, a Toledo y otras viejas ciudades y el aprecio de lo popular español, del folklorismo, compatible con la admiración por la cultura europea. El krausismo estimula la germanofilia literaria y cultural que viene a contrapesar la gran influencia de las letras francesas. [4] Del ambiente filosófico creado por el krausismo, aunque reaccione violentamente contra él, parte el pensamiento del joven Unamuno y consecuencia de él será la ida a Alemania de Ortega y Gasset en quien culmina el movimiento intelectual moderno. En forma menos tangible, pero no menos cierta, el reflejo de la sensibilidad que irradia de la labor educativa de los krausistas puede percibirse en el gusto de Azorín por lo menudo, por los pueblos y el paisaje o en el lirismo de Antonio Machado y Juan Ramón Jiménez. Ambos, educados en la Institución, siempre veneraron la memoria de Giner de los Ríos. Y hasta sería posible prolongar su

---

[4] Sobre esto véase el capítulo titulado "Germanofilia," del libro de Morillas (págs. 85-106). Es de especial interés lo que dice de la labor de José del Perojo y de la *Revista Contemporánea* por él fundada: "Al despuntar de la Restauración Perojo emprende una tarea que ofrece notable semejanza con la que unas pocas décadas después hará Ortega y Gasset."

influjo a poetas más jóvenes que vivieron en la Residencia: Moreno Villa, Guillén, Lorca, Emilio Prados.

Comparada hoy con las consecuencias de la labor de unos profesores retraídos, que es lo que fueron los krausistas, la obra de otros pensadores de mayor prestigio en la época pierde relieve. Además, en una forma u otra, todos ellos tuvieron alguna relación con el movimiento iniciado por Sanz del Río. Éste es el caso de varios políticos y profesores universitarios en quienes la historia, la sociología y la filosofía se funden un poco confusamente: Nicolás Salmerón, Gumersindo de Azcárate (ambos del grupo krausista), Francisco Pi y Margall y Emilio Castelar. Los dos últimos fueron, como Salmerón, presidentes de la efímera República del año 1873. Pi y Margall, teórico del federalismo, es autor de *Las nacionalidades* y, entre obras de carácter literario e histórico, de una excelente *Introducción a la historia de España en el siglo XIX*. Castelar, escritor fecundo y de vasta cultura, fue el más grande orador de su época, gran artista de la palabra hablada, no libre ciertamente de exageraciones retóricas.

También se educó en el krausismo el hombre que quizá más que ningún otro influyó en remover con su verbo encendido de pasión el ambiente de conformismo en el que, a pesar de estas corrientes de actividad intelectual, se asentaba el espíritu de la Restauración. Nos referimos a Joaquín Costa, historiador, jurista, crítico, economista, investigador de las antiguas tradiciones ibéricas y autor de muchas obras valiosas en todos estos campos, algunas de las cuales han influido repetidamente en todo intento de reforma política de España: *Colectivismo agrario en España, La poesía popular española, Estudios ibéricos, La tierra y la cuestión social* y la encuesta *Oligarquía y caciquismo,* etc. Tal vez más que por sus libros influyó Costa por sus campañas públicas después del año 1898. Tuvo una capacidad especial para condensar su pensamiento en ciertas frases simples —"Escuela y despensa," "echar doble llave al sepulcro del Cid," necesidad de un "cirujano de hierro" para salvar a España, "desafricanización y europeización de España"— que hicieron un gran efecto en la mentalidad de los jóvenes que en vísperas del nuevo siglo abrieron un capítulo importante, el último hasta ahora, en la historia de la cultura española.

No se libraron los krausistas de la crítica negativa con que los jóvenes del 98 enjuiciaron a sus mayores. Como hemos dicho, existe desde hace tiempo una tendencia a revalorizar la segunda mitad del siglo XIX, o al menos a estudiarla en forma objetiva y serena. Obedeciendo a esta tendencia, López Morillas, en su libro varias veces citado, plantea el problema de la justicia en la condena que cayó sobre los "hombres de la Restauración" haciéndoles responsables del desastre colonial: "¿Quiénes... son esos hombres...?," se pregunta:

> En política se llaman Cánovas y Castelar, Sagasta y Salmerón, Moret y Silvela; en literatura... Galdós y Clarín, Valera y Pereda, Echegaray y Pardo Bazán; en filosofía, en su más amplio sentido, Menéndez Pelayo; en medicina, Cajal; en pedagogía, Giner; en sociología, Azcárate y Posada; en historia jurídica, Hinojosa y Costa. La lista podría prolongarse a capricho. Pues bien, ¿merecen estos hombres la repulsa de que se les hace objeto a partir de 1898? Menester es confesar que no.

Y otro joven español, Juan Marichal, que, como Morillas, profesa desde hace años en Estados Unidos, va todavía más lejos en la reivindicación de la época y no vacila en considerarla como el comienzo de una "Edad de oro liberal" que según él se extendería de 1868 a 1936.

[Selecciones: del Río, *Antología* II, págs. 278-440.]

# BIBLIOGRAFÍA

1   GENERAL

Salvador de Madariaga, *España*, 5.ª ed., Buenos Aires, 1950.
J. B. Trend, *The Origins of Modern Spain*, Cambridge, 1934.
Havelock Ellis, *The Soul of Spain*, Boston, 1937.
G. Torrente Ballester, *Panorama de la literatura española contemporánea*, 2.ª ed., Madrid, 1961, 2 vols. (Véase en vol. 2 el apéndice bibliográfico por Jorge Campos.)
F. Vézinet, *Les maîtres du roman espagnol contemporain*, Paris, 1907.
A. González Blanco, *Historia de la novela en España desde el Romanticismo a nuestros días*, Madrid, 1909.
E. Gómez de Baquero (Andrenio), *El renacimiento de la novela en el siglo XIX*, Madrid, 1924.
——, *De Gallardo a Unamuno*, Madrid, 1926.
J. A. Balseiro, *Novelistas españoles modernos*, New York, 1933.
M. Aub, *Discurso de la novela española contemporánea*, México, 1945.
M. Baquero Goyanes, *El cuento español del siglo XIX*, Madrid, 1949.
S. Serrano Poncela, *La novela española contemporánea*, San Juan de Puerto Rico, 1953.

D. Pérez Minik, *Novelistas españoles de los siglos XIX y XX,* Madrid, 1957.

S. H. Eoff, *The Modern Spanish Novel. Comparative Essays Examining the Philosophical Impact of Science on Fiction,* New York University Press, 1961.

J. F. Montesinos, "Notas sueltas sobre la fortuna de Balzac en España," en *Rev. de Littérature Comparée,* XXIV (1950), 309-338.

L. Monguió, "Crematística de los novelistas españoles del siglo XIX," en *Rev. Hispánica Moderna,* XVII (1951), 1-17.

J. de Entrambasaguas, *Las mejores novelas contemporáneas,* Madrid, 1957, 8 vols.

## 2  DE FERNÁN CABALLERO A PEREDA

Cecilia Böhl de Faber (Fernán Caballero), *Obras completas,* Madrid, 1893-1914, 17 vols.

C. Pitollet, "Les premiers essais littéraires de Fernán Caballero," en *Bull. Hispanique,* IX (1907) y X (1908).

A. Palma, *Fernán Caballero, la novelista novelable,* Madrid, 1931.

J. F. Montesinos, "Un esbozo de Fernán Caballero," en *Volkstum und Kultur der Romanen,* III (1930), 232-257.

Pedro Antonio de Alarcón, *Obras completas,* Madrid, 1899, 19 vols.; edición Martínez Kleiser, Madrid, 1943.

———, *Novelas completas,* Buenos Aires, 1944.

E. Pardo Bazán, *Alarcón: estudio biográfico,* en *Obras Completas,* vol. XXXII.

W. C. Atkinson, "Pedro Antonio de Alarcón," en *Bull. of Spanish Studies,* 1933.

L. Martínez Kleiser, *Don Pedro Antonio de Alarcón,* Madrid, 1943.

J. F. Montesinos, *Pedro Antonio de Alarcón,* Zaragoza, 1955.

Juan Valera, *Obras completas,* Madrid, 1905-1935, 58 vols.; ed. Araujo, Madrid, Aguilar, 1958, 2 vols.

———, *Pepita Jiménez,* ed. Azaña, *Clásicos Castellanos,* Madrid, 1927.

*Epistolario de Valera y Menéndez y Pelayo,* ed. Artigas y Sáinz Rodríguez, Madrid, 1930.

Cyrus C. Coster, *Correspondencia de don Juan Valera,* Valencia, 1956.

M. Azaña, *La novela de Pepita Jiménez,* Madrid, 1927. [Azaña tiene otros varios estudios sobre diversos aspectos de la personalidad de Valera, todos ellos importantes.]

E. Fishtine, *Don Juan Valera, the critic,* Bryn Mawr, Pa., 1933.

P. Romero Mendoza, *Don Juan Valera. Estudio biográfico y crítico,* Madrid, 1940.

A. Jiménez, *Juan Valera y la generación de 1868,* Oxford, 1958.

J. F. Montesinos, *Valera o la ficción libre. Ensayo de interpretación de una anomalía literaria,* Madrid, 1957.

C. Bravo Villasante, *Biografía de don Juan Valera,* Madrid, 1959.

José María Pereda, *Obras completas,* Madrid, 1888-1900, 18 vols.; ed. Cossío, Aguilar, Madrid, 1954.

———, *Pedro Sánchez,* ed. Cossío, *Clásicos Castellanos,* Madrid, 1958, 2 vols.

J. Camp, *José María de Pereda, sa vie, son oeuvre et son temps,* Paris, 1937.

J. M. de Cossío, *La obra literaria de Pereda,* Santander, 1934.

R. Gullón, *Vida de Pereda,* Madrid, 1944.

K. Sibert, *Die Naturschilderungen in Peredas Romanen,* Hamburg, 1932.

G. Outzen, *El dinamismo en la obra de Pereda,* Santander, 1935.

## 3   PÉREZ GALDÓS

Benito Pérez Galdós, *Obras completas,* ed. Sáinz de Robles, Madrid, Aguilar, 1942-1945, 6 vols. (De las obras sueltas de Galdós hay innumerables ediciones; son recomendables las varias publicadas recientemente por la editorial Losada de Buenos Aires; hay también varias ediciones escolares hechas en los Estados Unidos, algunas con buenas introducciones.)

M. Menéndez y Pelayo, *Don Benito Pérez Galdós considerado como novelista,* en *Estudios de crítica literaria,* 5.ª serie.

L. Alas (Clarín), *Galdós,* Madrid, 1912.

L. B. Walton, *Pérez Galdós and the Spanish Novel of the Nineteenth Century,* London, 1928.

J. Casalduero, *Vida y obra de Galdós,* Buenos Aires, 1943; nueva ed. 1961.

H. C. Berkowitz, *Benito Pérez Galdós: The Liberal Crusader,* Madison, 1948.

A. del Río, *Estudios galdosianos,* Zaragoza, 1953.

S. H. Eoff, *The Novels of Pérez Galdós. The Concept of Life as Dynamic Process,* Saint Louis, 1954.

W. T. Pattison, *B. P. G. and the Creative Process,* Minneapolis, 1954.

R. Gullón, *Galdós, novelista moderno.* Madrid, 1960 [reproduce separadamente la importante y extensa introducción a la ed. de *Miau,* San Juan de Puerto Rico, 1957].

J. Schraibman, *Dreams in the Novels of Galdós,* New York, 1960.

[Aparte de los libros citados que consideramos como los más importantes, hay multitud de estudios sobre Galdós, cuya bibliografía puede verse en Casalduero o Gullón. Son especialmente recomendables los de Madariaga, Onís, A. Alonso, Clavería, F. Ayala, Gilman, Shoemaker, Ricart y los recogidos en el número conmemorativo de *Cursos y Conferencias,* Buenos Aires, 1943, vol. XXIV con trabajos de R. F. Giusti, R. Alberti, G. de Torre, J. Grau, J. M. Monner Sans, María Teresa León, A. Casona, A. Ossorio y R. Baeza.]

E. Martinenche, "Le théâtre de M. Pérez Galdós," en *Revue des Deux Mondes,* XXXII (1906), 815 y ss.

S. G. Morley, "Introduction" [sobre obra dramática] en *Mariucha,* New York, 1921.

## 4   NOVELISTAS DE LA SEGUNDA GENERACIÓN

Emilia Pardo Bazán, *Obras completas,* Madrid, 1888-1922, 43 vols.; Madrid. Aguilar, 1947; 1956, 2 vols.

M. Gálvez, "Emilia Pardo Bazán," en *Nosotros,* mayo 1921.

E. González López, *Emilia Pardo Bazán, novelista de Galicia,* New York, 1944.

R. Hilton, "Doña Emilia Pardo Bazán and the 'Europeization' of Spain," en *Symposium,* VI (1952), 298-307.

G. Davis, "The Critical Reception of Naturalism in Spain before 'La cuestión palpitante'," en *Hispanic Review,* XXII (1954), 97-108.

D. F. Brown, *The Catholic Naturalism of Pardo Bazán,* Chapel Hill, 1957.

G. de Torre, "Emilia Pardo Bazán y los problemas del naturalismo," en *Cursos y Conferencias,* Buenos Aires, LIV (1959), 125-147.

J. Rubia Barcia, "La Pardo Bazán y Unamuno," en *Cuadernos Americanos,* IX (1960), 240-263.

M. Baquero Goyanes, "La novela naturalista española: Emilia Pardo Bazán," en *Anales de la Universidad de Murcia,* XIII (1954-1955), 157-234, 539-639.

Leopoldo Alas (Clarín), *Obras completas,* Madrid, Renacimiento, 1913-1929, 4 vols.

————, *Obras escogidas,* Madrid, 1950.

————, *Páginas escogidas,* ed. Azorín, Madrid, 1917.

————, *Cuentos,* ed. Cachero, Oviedo, 1953.

————, *Cuentos de Clarín,* ed. L. de los Ríos de García Lorca, Boston, 1954.

*Epistolario a Clarín* (M. Pelayo, Unamuno, Palacio Valdés), Madrid, 1951.

P. Sáinz Rodríguez, "*Clarín*" y su obra, en *Revista de las Españas,* II, 1927.

J. A. Cabezas, *Clarín, el provinciano universal,* Madrid, 1936.

A. Posada, *Leopoldo Alas, Clarín,* Oviedo, 1946.

M. Gómez Santos, *Leopoldo Alas, Clarín. Ensayo bio-bibliográfico,* Oviedo, 1952.

C. Clavería, "Estudios sobre Clarín (Flaubert y *La Regenta*; 'Clarín' y Renan)," en *Cinco Estudios de literatura española moderna,* Salamanca, 1945.

A. Brent, *Leopoldo Alas and "La Regenta...,"* Univ. of Missouri Studies, XXIV, 1951.

E. J. Gramberg, *Fondo y forma del humorismo de Leopoldo Alas "Clarín,"* Oviedo, 1958.

R. Gullón, "*Clarín*" crítico literario, Zaragoza, 1949.

*Archivum* [Rev. de la Univ. de Oviedo], II (1952) (Número dedicado a Clarín, con la colaboración de varios autores).

Armando Palacio Valdés, *Obras completas,* ed. Astrana Marín, Madrid, Aguilar, 1945, 2 vols.

H. Peseux-Richard, "Armando Palacio Valdés," en *Rev. Hispanique,* XLII (1918), 305-480.

A. Cruz Rueda, *Armando Palacio Valdés, su vida y su obra,* Madrid, 1949.

C. C. Glascok, *Two Modern Spanish Novelists: Emilia Pardo Bazán and Armando Palacio Valdés,* University of Texas, Austin, 1926.

Vicente Blasco Ibáñez, *Obras completas,* Madrid, Aguilar, 1947, 3 vols.

C. Pitollet, *Vicente Blasco Ibáñez: ses romans et le roman de sa vie,* Paris, 1921.

J. A. Balseiro, *Vicente Blasco Ibáñez, hombre de acción y de letras,* San Juan de Puerto Rico, 1935.

## 5   CRÍTICA E IDEAS

Marcelino Menéndez y Pelayo, *Obras completas,* ed. Bonilla y San Martín, Madrid, 1911-1933, 21 vols.; Edición Nacional bajo la dirección de M. Artigas y E. Sánchez Reyes, Madrid, 1940-1957, 65 vols.

A. Bonilla y San Martín, *Marcelino Menéndez y Pelayo (1856-1912),* Madrid, 1914.

M. Artigas, *La vida y la obra de Menéndez y Pelayo,* Zaragoza, 1939.

G. de Torre, *Menéndez Pelayo y las dos Españas,* Buenos Aires, 1943.

————, *Nueva discusión de Menéndez Pelayo,* Santa Fe, 1958.

P. Laín Entralgo, *Menéndez Pelayo. Historia de sus problemas intelectuales,* Madrid, 1944.

M. Olguín, *Marcelino Menéndez Pelayo's Theory of Art, Aesthetics and Criticism,* Univ. of California Press, 1950.

P. Sáinz Rodríguez, "Menéndez Pelayo, historiador y crítico literario." Estudio preliminar, en M. P. *La mística española,* Madrid, A. Aguado, 1956.

D. Alonso, *Menéndez y Pelayo, crítico literario*, Madrid, 1956.

J. Simón Díaz, *Estudios sobre Menéndez y Pelayo*. Monografía Bibliográfica, Madrid, 1954.

Francisco Giner de los Ríos, *Obras completas*, Madrid, 1916-1928, 19 vols.

M. Méndez Bejarano, *Historia de la Filosofía en España, hasta el siglo XX*, Madrid, s. a.

J. Ingenieros, *La cultura filosófica en España*, Buenos Aires, 1916.

P. Jobit, *Les éducateurs de l'Espagne contemporaine: I. Les Krausistes*, Paris, 1936.

J. López Morillas, *El krausismo español. Perfil de una aventura intelectual*, México, 1956.

G. Manrique, *Sanz del Río*, Madrid, 1935.

J. Xirau, "Julián Sanz del Río y el Krausismo español," en *Cuadernos Americanos*, núm. 4 (1944), 55-71.

R. Altamira, *Giner de los Ríos, educador*, Valencia, 1915.

F. de los Ríos y M. García Morente, *Don Francisco Giner de los Ríos: su vida y su obra*, Madrid, 1918.

J. Pijoán, *Mi Don Francisco Giner*, San José de Costa Rica, 1927.

Emilio Castelar, *Discursos*, Madrid, s. a., 9 vols.

B. Jarnés, *Castelar, hombre del Sinaí*, Madrid, 1935.

Joaquín Costa, *Obras*, Madrid, 1911-1918, 11 vols.

J. García Mercadal, *Ideario español: Costa*, Madrid, 1919.

C. Aparicio, *Joaquín Costa, el gran fracasado*, Madrid, 1930.

Manuel Bartolomé Cossío, *De su jornada*, Madrid, 1929.

# 5 LA LITERATURA CONTEMPORÁNEA: GENERACIÓN DEL 98 Y MODERNISMO

El fin del siglo XIX se caracterizó por el despertar de un intenso anhelo de renacimiento artístico y espiritual, de que fueron portavoces algunos escritores jóvenes: los que componían la llamada "generación del 98."

Se considera aún que con ella comienza la "época contemporánea." Término, desde luego, relativo, ya que el concepto de contemporaneidad está sujeto al fluir del tiempo y nunca se sabe cuando dejan de regir ciertos valores. Hasta donde es posible juzgar los del tiempo en que se vive, quizás no sea demasiado arriesgado afirmar que la literatura española alcanza en las primeras décadas del siglo XX una altura sólo inferior a la que tuvo en la gran época clásica. Escritores como Unamuno, Ortega y Gasset, Azorín, Baroja, Valle Inclán, Antonio Machado, Juan Ramón Jiménez, Benavente y varios más en las generaciones siguientes parecen superar en importancia a todos los que hemos estudiado desde la muerte de Calderón, con la excepción de Galdós.

Podría apuntarse, sin embargo, cierta reserva. No estamos seguros de que nuestra valoración sea objetiva ni de si la historia la confirmará. Nos falta la distancia necesaria para separar lo esencial de lo accesorio y nuestros juicios pueden estar influidos por la pasión, la moda, o la afinidad de gustos y criterios. Hecho que se agrava a medida que nos acercamos al presente.

Vamos a estudiar con cierto detalle el ambiente intelectual y artístico. Nos detendremos menos y en menor medida que lo hemos hecho en otras épocas en cuanto se refiere a hechos históricos y políticos. En primer lugar, porque los acontecimientos tanto nacionales como internacionales que influyen en la evolución literaria e ideológica o son relativamente recientes o pertenecen a la actualidad y están, pues, en la memoria de todos, sin que sea fácil situarlos en una perspectiva ordenada y objetiva. En segundo lugar, por una razón que, a primera vista, puede parecer paradójica y que requiere explicación, ya que con ella empieza a caracterizarse la época: lo que podríamos llamar el apoliticismo de la literatura y el pensamiento, por lo menos hasta los años de la República y la Guerra Civil.

La afirmación puede parecer, en efecto, paradójica, y hasta totalmente equivocada, si se tiene en cuenta que el siglo se inicia justamente con el clamor ante un hecho histórico-político, el llamado "desastre nacional" y si se recuerda la preocupación patriótica que inspira una gran parte de la obra de Unamuno, y de Ortega, o de la novela de Baroja, o del verso de Antonio Machado. Es necesario, pues, explicar lo que queremos decir por apoliticismo. Como veremos, uno de los rasgos definidores de la literatura en el siglo XX es la combinación de intelectualismo y esteticismo. Bajo la influencia de ambos el escritor vive y realiza su obra al margen de la política, en una total inconformidad con ella. Los contactos puramente personales con el mundo político de un Unamuno o un Azorín —el más apolítico de todos— fueron por lo general poco afortunados y carecen de significación para juzgar su obra.

En los ilustrados del siglo XVIII, en los románticos, liberales o conservadores y en los escritores de la segunda mitad del XIX hay, salvo excepciones, una estrecha relación entre la obra y el ambiente histórico. En el siglo XX la hay también. Pero es de otro tipo. Se busca la regeneración —lema del 98— por caminos distintos y hasta radicalmente opuestos a los de la política imperante. La visión histórica o la de las realidades nacionales es ahora personal, intelectual, estética. Se aspira no a esta o a la otra reforma, sino a una renovación completa del espíritu nacional.

Los grandes escritores piensan en "otra España," una España quizás mítica opuesta a la España que el Estado encarna. Así Unamuno comienza su obra con una crítica a fondo del casticismo —tradición, según él, falsa y que responde a la imagen de la España oficial. Quiere, en cambio, encontrar la tradición eterna e intrahistórica, basada en valores permanentes. Ortega en *Vieja y nueva política* (1914) establece con rigor la distinción entre una España según él muerta, la representada por el Estado, y una España viva y real. *Hacia otra España* es el título del primer libro de Maeztu y *A una España joven,* el de un poema de Antonio Machado, quien, en otro poema dirigido *A Azorín,* escribe:

> ¡Oh, tu Azorín, escucha: España quiere
> surgir, brotar; toda una España empieza.
> ¿Y ha de helarse en la España que se muere?
> ¿Ha de ahogarse en la España que bosteza?

Parece, pues, evidente que el hecho político y social o no actúa o actúa en forma más bien negativa, provocando ciertas reacciones, en unos, puramente personales: algunas actitudes de Unamuno; en otros, más bien teóricas y alejadas de la actualidad: indagaciones sobre el espíritu y el ser de España misma.

Sólo con la República y la guerra civil el fenómeno político-social afecta directamente a la obra del escritor. Entonces se da el caso, también aparentemente paradójico, de que los poetas líricos, por ejemplo, —caracterizados hasta ese momento por su aparente total apoliticismo, por lo que se llamó imprecisamente "poesía pura"— se movilizan en los bandos contendientes.

Explicadas así las razones que nos inducen a no detenernos en los hechos históricos, nos limitaremos a la mera mención de los más salientes: Guerra con los Estados Unidos, desastre del 98, que va a servir para dar nombre a una nueva generación.

Crisis creciente de la Monarquía entre 1914 y 1923. Primera guerra mundial. Enriquecimiento del país a causa de su neutralidad. Adquiere fuerza el partido socialista. Huelga general de 1917. Reacción del Ejército que termina por apoderarse del mando con el golpe de Estado de Primo de Rivera, 1923.

Fin de la Monarquía y proclamación de la República, 1931. Guerra civil, 1936-39. Dispersión de un sector considerable de la intelectualidad española. Neutralidad favorable al axis seguida del aislamiento internacional, 1939-1952, que se rompe, en parte, con la admisión de España a las Naciones Unidas.

## *I. Un nuevo espíritu: tendencias y caracteres*

En el comienzo de la época contemporánea vuelve a encontrarse —como en el siglo XVIII, en el romanticismo y en el realismo— la conjunción de corrientes renovadoras procedentes del extranjero con el permanente desasosiego de los españoles modernos ante su realidad nacional.

**El reflejo del ambiente universal.** — Las corrientes que afluyen a formar la nueva conciencia artística y el pensamiento nuevo son variadas, contradictorias y se entrelazan confusamente. Proceden además de casi todos los países de Europa, aunque en muchos casos lleguen a los escritores españoles a través de París, centro distribuidor más que punto de origen del movimiento renovador, uno de cuyos caracteres es el cosmopolitismo. El artista y el pensador en desacuerdo con el medio que les rodea buscan por encima de las fronteras los espíritus afines.

Recordemos, sin intentar definirlas, algunas de las formas y escuelas dominantes: simbolismo, impresionismo, prerrafaelismo, decadentismo y neo-sensualismo en arte y en literatura.

Voluntarismo pesimista de Schopenhauer o creador de Nietzsche, filosofía de la angustia de Kierkegaard, neo-cristianismo de Tolstoy, intuicionismo de Bergson, en el pensamiento.

Ciertos nombres dominan en las preferencias de la época: Wagner en música; Ibsen, Hauptmann y Maeterlinck en el teatro; Tolstoy y Dostoyevsky en la novela; Verlaine, en la poesía, y, junto a ellos, Oscar Wilde, D'Annunzio, Gautier, Carlyle, Ruskin, Renan.

O podríamos elegir, concretando, la nómina de influencias que enumera Azorín en los artículos en los que bautizó a la "generación del 98."

> Sobre Valle-Inclán: D'Annunzio, Barbey d'Aurevilly; sobre Unamuno: Ibsen, Tolstoi, Amiel; sobre Benavente: Shakespeare, Musset, los dramaturgos modernos franceses; sobre Baroja: Dickens, Poe, Balzac, Gautier; sobre Bueno: Stendhal, Brandes, Ruskin; sobre Maeztu: Nietzsche, Spencer; sobre Rubén Darío: Verlaine, Banville, Victor Hugo.

Y destaca después como las influencias que tuvieron más fuerza y fueron comunes: "las de Nietzsche, Verlaine y Teófilo Gautier."

Otros —Baroja, por ejemplo— han dado una nómina algo distinta. No hay por qué precisar. Lo importante es el carácter universal del movimiento, carácter que se evidencia si se tiene en cuenta que por primera vez influyen en Europa y, a través de Europa, en España, doctrinas y estilos artísticos de origen americano: el transcendentalismo de Emerson, el pragmatismo de William James y la poesía de Poe y Whitman.

En cuanto al mundo de habla española, ya veremos cómo el modernismo literario se inicia en Hispanoamérica.

Coinciden estas variadísimas tendencias en ciertas negaciones y ciertas afirmaciones implícitas o expresas, que combinadas nos descubren la unidad de la época. Por su lado negativo, todas significan una reacción contra el realismo-naturalismo en arte, el positivismo en filosofía y el conformismo en la vida burguesa. Con la bancarrota del naturalismo se proclama la bancarrota de la ciencia y se declara guerra sin cuartel al "filisteo."

Acaso sería más exacto hablar de superación o evolución que de reacción. Hoy vemos, mejor que se veía hace cincuenta años, el vínculo entre el naturalismo y el simbolismo o el impresionismo que definen estilísticamente la nueva época, como vemos la relación del irracionalismo y del existencialismo que le inspiran en el campo del pensamiento, con la dicotomía entre el positivismo y el idealismo característica del siglo XIX.

Las coincidencias en lo positivo son más difíciles de precisar. Están más implícitas en lo que el escritor hace que expresas en una doctrina. Se afirman la urgencia de una revisión total de los valores aceptados por las generaciones anteriores, la necesidad de un neo-espiritualismo, el sentido cíclico de la historia, la libertad creadora frente a fórmulas de escuela y, sobre todo, un retorno a la intimidad, como fuente de la conciencia, del pensamiento, de la creación y del arte.

Es una época de signo individualista, lírico, y en el arte, los valores de la creación estética se ponen por encima de sus fines sociales o ideológicos. Frente al arte por la idea, el arte por el arte. Frente a la observación y la descripción de lo externo— bases del realismo— la sensación, el subjetivismo, los vagos anhelos del espíritu. El fin del arte no es ya tratar de reproducir con todos sus detalles el mundo que rodea al artista, sino sentir ese mundo y expresar o, más bien, sugerir por medio de imágenes y símbolos, de percepciones delicadas y sutiles, la atmósfera, el ambiente y los estados de ánimo que esa atmósfera produce en el alma del artista.

Al desaparecer en el arte el imperio de la realidad, desaparece también la sujeción al tiempo físico, presente, que se sustituye por un tiempo psíquico. De ahí la identificación de la poesía con la música, que proclama Verlaine y aceptan los modernistas españoles; el sentimiento del eterno retorno nietzscheano; el que algunas de las páginas más bellas de los escritores españoles contemporáneos —Unamuno, Azorín, Valle Inclán— se deban a la actualización del pasado y que en su pensamiento como en su estilo se confunda el influjo de diferentes épocas. En general puede decirse que los escritores van a pensar más en el pasado y el futuro, que en el presente, que para ellos es sólo el punto de enlace entre los dos, o un instante, sentido y expresado líricamente en el fluir del tiempo.

Rubén Darío, el poeta nicaragüense, maestro reconocido de la nueva poesía, definirá en su profesión de fe ("Yo soy aquel..."), al comienzo de su libro *Cantos de vida y esperanza,* algunas de estas actitudes fundamentales:

> ...y muy siglo diez y ocho y muy antiguo
> y muy moderno, audaz, cosmopolita;
> con Hugo fuerte y con Verlaine ambiguo,
> y una sed de ilusiones infinita.

Luego dice de su alma que es "sentimental, sensible, sensitiva"; y que "Vida, luz y verdad" es la triple llama que "produce la interior llama infinita," en cuyo fuego todo se abrasa. Y añade: "Por eso ser sincero es ser potente." Imperativo de sinceridad que escritores como Unamuno o Baroja (Véase *Juventud y egolatría*) llevarán en España hasta el exabrupto y que se relaciona con otro fenómeno muy característico, el personalismo, el autobiografismo, la identificación de vida y literatura al punto que el personaje creado literariamente puede substituir a la persona, al ser real de su creador, en formas distintas como ocurre con Azorín, Valle Inclán o Unamuno.

Tales son algunos de los caracteres salientes de lo que podemos llamar la crisis de fin de siglo que determina la nueva época, con su nueva literatura, su nuevo estilo y su nuevo pensamiento.

Todo ello repercute en España o se enlaza allí con factores e impulsos nacidos de la propia evolución, paralela a la de Europa, pero a la vez autónoma. El signo individualista de los tiempos en armonía con el individualismo del carácter español produce un florecimiento literario en un nutrido grupo de escritores, que, como hemos dicho, si el juicio del presente no nos engaña, sólo tienen su par entre los grandes poetas y prosistas del Siglo de Oro.

El momento es además propicio al estallido del inconformismo renovador. De un lado, la lenta preparación crítica del período anterior: Galdós, Menéndez Pelayo, Giner y los krausistas, Clarín, Costa; de otro, el derrumbarse, con la derrota del 98, las últimas ilusiones de un pasado imperial.

Se da en la conjunción de tendencias que hemos examinado un marcado anacronismo. Los movimientos europeos influyen con algún retraso. Es típico, en este sentido, el caso del parnasianismo y el simbolismo combinados. Hasta podría decirse que lo que ahora se asimila es el romanticismo profundo de la rebelión del yo, que en la literatura propiamente, aunque tuvo manifestaciones secundarias en la literatura del período romántico no llegó entonces realmente a cuajar. No es menos cierto que los escritores del siglo xx, al reincorporar, con un sentimiento nacional muy hondo, el legado todo del siglo xix, salvan, en poco tiempo, las distancias y por primera vez en más de dos siglos van a ponerse al ritmo de Europa e incluso a adelantarse a él en algunos aspectos del pensamiento de Ortega, de la poesía de Juan Ramón, Guillén o Lorca, o de la pintura de Picasso (hombre del 98, al fin y al cabo, aunque su actuación y fama internacional hayan obscurecido sus orígenes).

**"Generación del 98" y "Modernismo".** — Designan estos términos aspectos distintos y, más específicamente, dos movimientos convergentes en el período inicial de la literatura contemporánea.

El primero es de significación preponderantemente espiritual e histórica. Se relaciona con la crisis nacional, agravada por la pérdida de los últimos restos del antiguo imperio español a consecuencia de la guerra con los Estados Unidos.

El segundo es reflejo más directo de las corrientes renovadoras europeas que hemos señalado, tiene una significación predominantemente literaria, se manifiesta sobre todo en la poesía, y en su origen inmediato se incuba en América. Es allí donde varios poetas —José Martí, Manuel Gutiérrez Nájera, Salvador Díaz Mirón, Julián del Casal y José Asunción Silva— bajo la influencia de diversas corrientes, en particular francesas, crean las nuevas formas poéticas, que, unificadas por Rubén Darío, influirán en la renovación de la poesía española.

Las raíces de ambos movimientos y, al mismo tiempo, los lazos que los unen se encuentran en los anhelos innovadores, nacidos de la inquietud universal de la época. En todos los escritores jóvenes de este momento confluyen —y son muy difíciles de separar— la preocupación patriótica por el porvenir de España, la preocupación por los problemas generales del hombre individual y la preocupación por crearse un nuevo estilo. Confluencia, pues, de tres actitudes: histórica, intelectual y estética.

Por el deseo de encontrar nuevos caminos se hermanan transitoriamente y emprenden algunas tareas comunes varios escritores de temperamento muy diferente y de agresiva individualidad: Unamuno, Azorín, Baroja, Valle Inclán, Benavente, Maeztu, y otros jóvenes que no llegaron a producir obras de valor permanente. Es el grupo para el cual uno de ellos, Azorín, divulgó muchos años después el nombre de "generación del 98," eligiendo la fecha de lo que se llamó el desastre nacional —la derrota de España por los Estados Unidos— como el momento en que se definen sus vagos anhelos de reforma. [1] En realidad esa fecha carece de significación literaria. Casi todos ellos habían empezado a escribir antes y el verdadero carácter de su obra no se define hasta después, ya en los comienzos del siglo presente.

Lo que sí encontraron en el ambiente nacional de vilipendio, censura y autocrítica creado en España por la derrota fue terreno propicio para que se oyeran sus protestas contra la generación anterior y contra el conformismo de las esferas oficiales y académicas. Su insatisfacción con todo lo que les rodeaba se confundió con la insatisfacción nacional y en ella hallaron estímulos para su afán revisionista y las numerosas interrogaciones que les inquietaban: artísticas, filosóficas, históricas y personales.

Por un momento todas esas interrogaciones se funden en una sola: ¿Qué es España? Desentendiéndose del pasado inmediato, van a buscar el alma de España en su tradición, en su lengua, en el fondo del pueblo, en sus grandes creaciones literarias, en el ambiente de las viejas ciudades, en el paisaje.

En rigor, aunque creyeron que estaban descubriendo el "problema de España" y que su busca era radicalmente nueva, se repite en ellos el caso de los ilustrados, de los románticos y de los realistas. Cada época había tratado de encontrar y entender las realidades españolas a su manera: los hombres del siglo XVIII, con afán de reformas concretas; los románticos, con preferencia por lo arqueológico y pintoresco; los realistas, en el estudio de las situaciones, el hombre y los conflictos sociales. Lo nuevo en los jóvenes del 98 es que buscan la realidad a través de su propio espíritu. Y cuando, obedeciendo al subjetivismo que flota en la atmósfera espiritual de la época, tornan los ojos hacia su intimidad, encuentran en ella, como motivo básico de su inquietud angustiada, la angustia de España.

---

[1] Los artículos en los que Azorín acuñó el término, reunidos en *Clásicos y modernos,* son de 1913. Antes ya Gabriel Maura (1908) y Andrés González Blanco habían hablado de "la generación del desastre." Para un tratamiento detallado del concepto y de la forma en que el movimiento se produce, véanse las obras de Jeschke, Díaz Plaja y Laín Entralgo y otras citadas en la bibliografía.

No es esta preocupación española lo único que tienen de común y es posible que tampoco fuera en ellos lo más importante, pero sí es el tema más visible en sus primeras obras. Además, esta confluencia entre la inquietud individual y la inquietud patriótica, o entre lo nacional y lo universal en busca de la esencia de cada cultura, se da entonces en casi todos los países y casi todas las literaturas: Rusia, Italia, Francia, los países escandinavos. Es un signo de los tiempos.

En estos escritores jóvenes se notan además ciertas influencias comunes extranjeras y españolas: las ya citadas. Al descubrir sus afinidades colaboraron transitoriamente en algunas empresas, que es la única justificación de englobar en grupo a personalidades tan distintas. Asistían a las mismas tertulias, que pronto se disolvieron, marchando cada uno de ellos por su lado; publicaron varias revistas y organizaron algunos actos como la visita a la tumba de Larra, una excursión a Toledo en 1901 y la protesta contra la concesión del premio Nobel a Echegaray. Pero sólo Azorín, Maeztu y Baroja se unen transitoriamente en una acción común.

Azorín, después de recordar el espíritu de protesta y rebeldía que les animaba —el tono negativo y revisionista— puntualiza sus coincidencias de tipo literario:

> La generación de 1898 —dice— ama los viejos pueblos y el paisaje, intenta resucitar los poetas primitivos (Berceo, Juan Ruiz, Santillana); da aire al fervor por el Greco ya iniciado en Cataluña, y publica, dedicado al pintor cretense, el número único de un periódico: *Mercurio*; rehabilita a Góngora... se declara romántica en el banquete ofrecido a Pío Baroja, con motivo .de su novela *Camino de perfección*; siente entusiasmo por Larra..., se esfuerza, en fin, en acercarse a la realidad y en desarticular el idioma, en agudizarlo, en aportar a él viejas palabras, plásticas palabras, con objeto de aprisionar menuda y fuertemente esa realidad. La generación del 98, en suma, ha tenido todo eso; y la curiosidad mental de lo extranjero y el espectáculo del desastre —fracaso de toda la política española— han avivado su sensibilidad y han puesto en ella una variante que antes no había en España.

A este resumen, bastante completo, pueden agregarse dos notas más: su castellanismo traducido en hermosas páginas sobre el paisaje y el alma de Castilla, como expresión máxima del genio español, de la unidad nacional; y el culto a la voluntad, como fuerza creadora y vital, aprendido en Nietzsche. Notas tanto más significativas por el hecho de no ser castellano ninguno de ellos y por la contradicción patente entre su ensalzamiento de la voluntad y su abulia, su incapacidad personal, salvo algún caso aislado, para la acción e incluso para mantener una fe firme en nada.

En el fondo había en todos estos hombres del 98 una contradicción radical entre lo que sentían y lo que afirmaban. De esa contradicción básica nace lo que se llama su cerebralismo (vivir y sentir intelectualmente lo que no se puede vivir y sentir en la vida real) y su concepto pesimista del mundo y del pensamiento. Y así, estos europeizadores terminarán haciendo de su pasión por España el móvil primordial de su espíritu; estos intelectuales desprecian las ideas, exaltan la vida como Unamuno o establecen la supremacía de la sensibilidad como fuente de la creación artística; estos antirrealistas pugnan —como dice Azorín— por apresar en la palabra un sentido profundo de la realidad que no se satisface con la apariencia externa, estos temperamentos anárquicos quieren reformar la vida política. Finalmente, estos cantores de la voluntad, discípulos de Nietzsche, terminan por refugiarse en un individualismo trágico como el de Unamuno, para quien la existencia es angustia y el pensamiento una constante agonía; o poético y panteísta como el de Azorín, que quiere disgregar su alma en todo lo fugaz y menudo; o en el esteticismo de Valle Inclán; o en el nihilismo aparentemente cínico de Baroja.

La fusión entre lo que los nuevos escritores españoles pretenden y las corrientes de renovación poética que caracterizan a la escuela modernista se realiza "oficialmente," por decirlo así, cuando Rubén Darío llega a España por segunda vez en 1898. El testimonio más importante del encuentro son los artículos que Rubén manda a la prensa hispanoamericana y reúne en *España contemporánea,* el primer libro fundamental para el estudio de la nueva época. Las influencias serán mutuas. El poeta americano —orientado hasta entonces hacia lo francés y hacia una poesía de tipo colorista, plástico, musical— acendra su espiritualismo latente en el contacto con estos jóvenes serios, meditadores, y se va hispanizando poco a poco. El cambio se manifiesta con toda evidencia en su libro *Cantos de vida y esperanza* que se publica en 1905, pero con poemas anteriores. Gerardo Diego, en un buen estudio sobre "Los poetas de la generación del 98" (*Arbor,* 1948, núm. 36), ha resumido bien cómo recoge Rubén la inquietud de los españoles, pero con una diferencia, que el tono de Darío —semejante en esto a Ganivet— es de esperanza y afirmación, no de desaliento. Dice así Diego comentando el poema *Al rey Oscar:*

La esperanza en España, la fe en España en esos soberbios y luminosos versos... y, poco después la fe y esperanza común a todas las patrias de la hispanidad en la sublime *Salutación del optimista,* que, con razón, consideraba Maeztu como el evangelio poético de nuestros destinos, convierten a Rubén Darío en el más alto poeta de cuantos cantaron a España, reaccionando con acentos de verdadera grandeza en medio de la desolación de la política y el derrotismo de la literatura. ...Con Rubén Darío entramos ya cronológicamente en los límites de la "generación del 98."

Por su lado los jóvenes españoles se sienten deslumbrados por el verbo egregio, aristocrático, del poeta de *Prosas profanas.* Así se hermanan en los comienzos de la nueva literatura el afán de nueva verdad que estimula a los españoles y el afán de nueva belleza nacido en Hispanoamérica. Los poetas que entonces, o pocos años después, empiezan su obra —Antonio y Manuel Machado, Juan Ramón Jiménez, Francisco Villaespesa— y un prosista, Valle Inclán, adoptan las nuevas formas y el nuevo estilo. Son los que constituyen en el sentido estricto del término la "escuela modernista," de la que algunos se separarán pronto, en cuyos caracteres específicos se combinarán la plasticidad y el objetivismo descriptivo de los parnasianos franceses con la vaguedad musical, sugestiva, del simbolismo; el valor fónico y cromático de la palabra con el complejo de sensaciones, la sinestesia, que Baudelaire había definido en su soneto "Correspondances"; el exotismo con refinadas evocaciones parisinas, versallescas, renacentistas. En cuanto a la forma poética, los modernistas mostraron marcada preferencia por el verso libre, supeditando rima y medida al ritmo interior. Pero al mismo tiempo, y en contraste con este sentido de liberación de los preceptos académicos, resucitaron muchas formas antiguas como el alejandrino, el verso de arte mayor, eneasílabos, estrofas monorrimas, etc.

Se renueva totalmente el lenguaje poético y la palabra adquiere un valor absoluto ya como elemento puramente ornamental, ya como imagen y símbolo de intuiciones e indefinidos estados de ánimo, independientemente del objeto y de la idea. No tiene valor por lo que representa o dice, sino por lo que sugiere. Poesía, en suma, que aspira a expresar una sensibilidad personal, cargada de subjetivismo, cuando no es mero juego de colores y efectos. Las actitudes poéticas son por ello contradictorias; retórica y sencillez; aristocracia y bohemia; decadentismo y espiritualidad. Igualmente contradictorio es, por definición, el simbolismo francés. Pero en la poesía de lengua castellana la contradicción resulta del anacronismo que combina etapas mucho más diferenciadas en la poesía francesa, desde el romanticismo de Hugo al decadentismo de Verlaine y sus contemporáneos. Hay poetas, en cambio, como Mallarmé o Rimbaud que influyen menos o influyen más tarde.

Pero el fenómeno fundamental, por lo que a la literatura concierne, es la fusión de todas las corrientes renovadoras en un estilo de época que a pesar de sus contradicciones alcanza unidad comparable a la de cualquier otro de los grandes estilos, barroco, romántico, realista, etc., y para el cual, ampliado y al mismo tiempo deslindado el concepto, creemos que debe adoptarse la denominación general de "modernismo," tal y como lo ha definido Federico de Onís en su *Antología de la poesía española e hispanoamericana* (1882-1932):

> El modernismo es la forma hispánica de la crisis universal de las letras y del espíritu que inicia hacia 1885 la disolución del siglo XIX y que se había de manifestar en el arte, la ciencia, la religión, la política y gradualmente en los demás aspectos de la vida entera, con todos los caracteres, por lo tanto, de un hondo cambio histórico... Ésta ha sido la gran influencia extranjera, de la que Francia fue para muchos impulso y vehículo pero cuyo resultado fue tanto en América como en España el descubrimiento de la propia originalidad de tal modo, que el extranjerismo característico de esta época se convirtió en conciencia profunda de la casta y la tradición propias, que vinieron a ser temas dominantes del modernismo.

Para Juan Ramón Jiménez —testigo valioso— el cambio se produce por la virtud y la conjunción de "dos grandes revolucionarios de dentro y de fuera, Unamuno y Darío, espíritu de la forma y ansia sin forma, doble becquerianismo, mezcla paradójica en lo superficial, homogénea en lo interno."

La unión de lo español y lo hispanoamericano en el principio de la nueva era es hecho significativo porque uno de sus efectos más importantes en el terreno espiritual e histórico fue el despertar de una conciencia de unidad hispánica, que no pretendía negar por supuesto las diferencias entre los dos mundos de habla española.

Tras un siglo de mutuas recriminaciones, hispanoamericanos como Rubén Darío, Rodó y otros muchos volvieron con amor sus ojos hacia la cultura de la antigua España, fuente de la suya propia, garantía de la comunidad espiritual de los pueblos hispanoamericanos; y españoles como Unamuno ensalzaron con profunda comprensión la originalidad de las literaturas del Nuevo Mundo, en el que veían la esperanza de permanencia de los más altos valores españoles, incluso cuando éstos dejasen de regir en la península.

Con el magisterio de Darío sobre los poetas españoles se daba por primera vez el caso de que la literatura hispanoamericana influyese sobre la española: el arte y el espíritu de las antiguas colonias sobre los de la antigua metrópoli. Al correr el siglo, escritores como Valle Inclán, Salaverría, Maeztu, Grandmontagne, y León Felipe viven en América y se compenetran con su espíritu. Críticos como Díez Canedo y Onís prestan atención creciente a lo hispanoamericano. El pensamiento de Ortega y Gasset y Eugenio d'Ors ejerce en algunos países del Nuevo Mundo una influencia análoga a la que ha tenido en España misma. Uno de los jóvenes maestros de la filología española, Amado Alonso, se hace argentino y continúa en Buenos Aires el movimiento de renovación de los estudios filológicos iniciado en el Centro de Estudios Históricos de Madrid.

En justa correspondencia escritores hispanoamericanos como Francisco A. de Icaza, Carlos Pereyra, Blanco Fombona, Luis G. Urbina o Alfonso Hernández Catá pasan parte de su vida en España, y entre los intérpretes contemporáneos de la cultura española Alfonso Reyes y Pedro Henríquez Ureña ocupan puesto muy destacado. En años más recientes, al salir de España con motivo de la guerra, numerosos intelectuales españoles encuentran en América acogida fraternal que les permite continuar allí su obra.

El intento de diferenciar los dos movimientos convergentes —"generación del 98" y "modernismo"— ha dado lugar en los últimos veinte o treinta años a una larga polémica que nos limitaremos a resumir aquí en sus líneas generales. Las diferencias fueron sugeridas por Ángel Valbuena en su libro *La poesía española contemporánea* (1930) que dedica sendos capítulos a los poetas del modernismo y a los de "la generación del 98." En esta última incluye a Antonio Machado, "Alonso Quesada," Unamuno, Gabriel y Galán; Vicente Medina, Ricardo León y Pérez de Ayala: agrupación no totalmente arbitraria, pero bastante extraña. Unos años después (1938), Pedro Salinas escribe su ensayo *El problema del Modernismo en España o un conflicto entre dos espíritus* en el que se establece con claridad la bifurcación entre las actitudes de los hombres del 98 y las de los modernistas. De un lado, preocupación nacional, espíritu de introspección (que Salinas cifra en el grito "Adentro" de Unamuno); de otro, cosmopolitismo, sensualismo esteticista. Uno es fenómeno español; el otro, hispanoamericano. La tesis se extrema en el libro de Díaz Plaja *Modernismo frente a noventa y ocho* (1951). Más tarde,

Luis Cernuda ve el modernismo hispanoamericano como un movimiento coincidente con una renovación que ya estaba en marcha en España (Reina, Ricardo Gil, Salvador Rueda) y cuya influencia no afectó a lo mejor de la poesía española.

La discusión, que hemos simplificado mucho, ha venido a aclarar algunas cuestiones, sea de estilo, sea de orientación. El hecho fundamental en la poesía de lengua castellana de los últimos sesenta años es el número de poetas extraordinarios con un mundo y una palabra poética bien definidos, personales e independientes de las escuelas o movimientos, en los que por razones más bien secundarias pueden estar inscritos. Lo grave es que el afán discriminatorio puede llevar a confusiones mayores de las que quiere aclarar. Ocurre, por ejemplo, que Hans Jeschke —el primer crítico que hace un estudio sistemático de la generación del 98— después de varias exclusiones, al parecer bien razonadas, concluye que en su opinión pertenecen a ella sólo: "el dramaturgo Benavente, los prosistas Valle-Inclán, Baroja, Azorín y el poeta lírico Antonio Machado"; en tanto que Díaz Plaja sitúa a Benavente y Valle Inclán entre los modernistas. Podría aducirse, de entrar en el fondo de la cuestión, que uno de los ensayistas más típicos del 98, Ramiro de Maeztu, es, al parecer, el primero o uno de los primeros en cultivar el verso modernista y en cuanto a Antonio Machado —el poeta que todos suelen considerar como el más representativo del 98— es, en sus comienzos (Soledades), acaso el poeta que asimila más profundamente la esencia del lirismo simbolista y sólo en el libro Campos de Castilla (1912), aparece como nota distintiva la preocupación nacional.

Juan Ramón, Díez-Canedo, Onís, Pedro y Max Henríquez Ureña y otros muchos han mantenido la idea de la confluencia, que no ignora ni oculta la multiplicidad de tendencias. El propio Salinas en estudios posteriores (véase su gran libro sobre Rubén Darío) rectificó en parte las conclusiones de su ensayo.

Creemos, para resumir, que la mayoría de los críticos e historiadores aceptarían hoy los siguientes juicios de Ricardo Gullón, que ha dedicado varios años a un análisis detenido de estos problemas al estudiar la obra de Juan Ramón Jiménez:

> Según Juan Ramón [el modernismo] no es ni una escuela ni un movimiento, sino una época. Así concebido, las diferencias sustanciales no parecen tan importantes como los parentescos en la común aversión a lo predominante en el pasado inmediato.

Y continúa afirmando que, considerado el fenómeno de este modo, el ámbito se amplía y caben en el modernismo Rosalía de Castro y Julián Casal, Rubén Darío y Antonio Machado, Silva y Juan Ramón, Martí y Bécquer. He aquí finalmente cómo rebate la tesis disociadora de Díaz Plaja:

> Sus argumentos —dice— se vuelven contra él; a lo largo de trescientas cincuenta páginas demuestra lo imposible de trazar una contraposición eficiente entre fenómenos de orden diverso, que responden a estímulos diferentes: el modernismo es una época en las letras españolas e hispanoamericanas muy compleja y rica; el Noventa y ocho una reacción política y social de escritores, artistas y pensadores españoles, frente al Desastre. Es desacertado enfrentar fenómenos tan heterogéneos, y la adscripción al Noventa y ocho no impide que un escritor, por gustos y técnica se manifieste dentro del modernismo. Así Azorín, así Antonio Machado... El modernismo da tono a la época; no es un dogmatismo, no una ortodoxia, no un cuerpo de doctrina, ni una escuela. Sus límites son amplios, fluidos, y dentro de ellos caben personalidades muy varias. El modernismo es, sobre todo, una actitud. [2]

## II. Los iniciadores: Ganivet y Unamuno

Las primeras manifestaciones de la actitud revisionista con respecto particularmente a la interpretación de la cultura española que iba a distinguir a la generación joven fueron cinco ensayos que Unamuno empezó a publicar el año 1895 en la revista *La España Moderna,* reunidos luego en la obra *En torno al casticismo* (1902), y el libro *Idearium español* (1897) del escritor granadino Ángel Ganivet (1865-1898). Ganivet y Unamuno se conocieron en Madrid cuando hacían ambos oposiciones a cátedras, hecho que les identifica como universitarios, a diferencia de otros escritores de su tiempo. Iniciaron, entonces, un cambio de ideas, continuado en algunas cartas, publicadas años más tarde en el volumen *El porvenir de España.*

He aquí resumido en unos datos escuetos el comienzo de una revolución literaria e ideológica. Varias de sus direcciones están claramente marcadas en estos primeros libros de dos escritores entonces des-

---

[2] Véase *Direcciones del Modernismo*, citado en la bibliografía.

conocidos. En primer lugar, la aparición de un género literario —el ensayo— muy indefinido hasta este momento en la literatura española y que a partir de él, durante toda la época contemporánea, iba a preponderar, en la prosa, sobre los demás. A esto hay que añadir la actitud enteramente nueva ante España como entidad histórica y espiritual; y la pasión ideológica, lírica en lo esencial, con que estos dos escritores venían a negar casi todas las ideas aceptadas.

Durante algún tiempo ha existido la tendencia, nacida justamente de las negaciones noventaiochistas, a exagerar la esterilidad de la España de la Restauración y a creer que Ganivet y Unamuno surgen en el vacío. No es así. Existía, como hemos visto en el capítulo anterior, un ambiente crítico y de renovación filosófica. El inconformismo y la busca de un nuevo estilo, la "rareza" que aspira a expresarse literariamente se da ya en algunos escritores "raros" —pre-noventaiocho y pre-modernismo— de los que podría tomarse como tipo Silverio Lanza (Juan Bautista Amorós) o Alejandro Sawa, personificación de la bohemia finisecular. En Barcelona existía también un fuerte ambiente renovador —más próximo y atento a algunas corrientes europeas— representado por escritores como Pompeyo Gener y sobre todo el gran poeta Juan Maragall. Y en el mundo de la política y la historia, hubo, antes y después del "desastre," muchos escritores regeneracionistas de los que, por estar más próximos al ensayismo, pueden citarse a Joaquín Costa, cuya importancia como precursor hemos subrayado, y Macías Picavea, autor de *El problema nacional: hechos, causas y remedios* (1891).

Tendencias, obras, personalidades de interés limitado para la historia literaria, pero cuya existencia debe quedar apuntada.

Lo excepcional y nuevo en Ganivet y Unamuno era la actitud, en la cual se combinaban cultura, sensibilidad y pensamiento con un afán de indagar principios y finalidades, de buscar lo que Ganivet llamaba "ideas madres."

Ortega y Gasset, con su visión siempre clara y profunda, definió mejor que nadie la significación de estos dos nuevos escritores, al prologar en 1940 *Cartas finlandesas* y *Hombres del Norte* de Ganivet. El juicio de Ortega merece divulgarse. Se refiere Ortega a lo que él llama la generación de 1857, por razones que ni él explica en el prólogo ni es necesario explicar aquí. Piensa en una generación europea, no exclusivamente española, cuyos exponentes son para él, junto con Ganivet y Unamuno, Bernard Shaw y Maurice Barrès.

Otra nota peculiar a esta generación —dice— ha de encontrarse en el hecho de que fueron sus hombres los primeros literatos que, sin dejar de serlo, penetran en el mundo de las ideas. Son, a la vez, literatos y "pensadores." Hacen literatura con las ideas, como otros después habían de hacer inversamente filosofía con la literatura. Las ideas fueron propiamente la materia de su ejercicio poético. Por primera vez el literato entró seriamente en contacto con unas y otras regiones de la ciencia —psicología, sociología, filosofía, filología. El escritor de las generaciones anteriores solía saber poco, no le hacía gran falta para sus temas y maneras. Ganivet y sobre todo Unamuno habían estudiado mucho: ambos eran filólogos, especialmente helenistas, y ambos hicieron una primera incursión muy respetable en la filosofía. Nótese que, tanto ellos como los otros dos, hacen consistir la literatura principalmente en "opinar." Escribieron, aparte de ensayos, novelas y dramas; pero ¿qué es lo que tienen, en verdad, de novelas y dramas los suyos? Los viejos géneros les sirven más bien de cañamazo donde ellos bordan sus pensamientos.

Y más adelante apunta Ortega un hecho fundamental para el juicio de toda la literatura de principios de siglo:

Retrayéndonos ahora a Ganivet y Unamuno en su órbita española, notemos la ampliación gigante que representan del horizonte ibérico. Francia había influido constantemente sobre España desde 1750, pero esta influencia era de arriba abajo. Ganivet y Unamuno son los primeros cuyo trato con la producción francesa es de igual a igual...

Cuanto más tiempo pasa, más levantada parece la hazaña que estos dos hombres y otros de su generación peninsular cumplieron haciendo universal el horizonte de la cultura española.

En suma, lo que Ganivet y Unamuno traen de nuevo es lo que, en términos generales se ha llamado el "intelectualismo." Son ante todo escritores "intelectuales." Y no es la menor paradoja que los dos terminen por negar "la razón," cualidad, potencia básica de toda operación intelectual, para exaltar lo espontáneo, lo vital y humano o que su universalismo les lleve a una afirmación radical de ciertos valores españoles. Hecho, este último, que no pasa inadvertido para Ortega: "Y es curioso advertir —añade a lo ya dicho— que esta fabulosa dilatación de horizonte produce en Ganivet como en Unamuno un precipitado de fiero españolismo."

**El autor del "Idearium".** — Ganivet escribió sus varios libros —ensayo, novela, poesía, teatro— en tres o cuatro años, lejos de España, de la que había salido en 1892 como miembro de la carrera consular, acuciado probablemente por la inquietud de encontrarse a sí mismo y encontrar el espíritu de su patria lejos del ambiente nacional que como hombre extraordinariamente sensitivo le enervaba. La huida hacia dentro o hacia fuera fue característica de casi todos estos jóvenes de fin de siglo, enfermos de la voluntad y con una sensibilidad a flor de piel.

En el caso de Ganivet la enfermedad no fue tan sólo postura literaria ni "mal del siglo." Fue realidad patológica y psicológica, traducida en notas muy evidentes tanto en su obra como en su carácter: soledad, misantropía, inadaptación, singular experiencia amorosa y fracaso de su matrimonio y, finalmente, suicidio. La decisión de quitarse la vida ofrece un paralelismo significativo con Larra. En ambos casos las razones personales se combinan con un estado de espíritu y unas inquietudes intelectuales, humanas y patrióticas.

Ganivet fue original en todo y, como Unamuno, inició nuevos caminos. Y así sus dos novelas, *La conquista del reino de Maya* (1897) y *Los trabajos del infatigable creador Pío Cid* (1898), son el primer ejemplo del tipo de narración intelectual, lírica, autobiográfica que encontraremos luego en Azorín y Pío Baroja y que en Ganivet no llegó a cuajar en una técnica y un estilo nuevo. Son, en gran parte, novelas sin hacer, pero que a diferencia de lo que ocurre con Baroja y Azorín no han asimilado todavía la estructura libre y rota de la novela impresionista. Son también, como será gran parte de la literatura nueva, eminentemente paradójicas. En *La conquista del reino de Maya* se satiriza la civilización en nombre del espíritu y se defiende la barbarie en nombre de la felicidad; y en *Los trabajos del infatigable creador Pío Cid,* un hombre sin voluntad ni fe, un teorizador fantástico, paradoja viviente, antepasado espiritual de Antonio Azorín y de muchos personajes barojianos, quiere redimir a España y a un grupo diverso de personajes inspirándoles la fe y la voluntad que él no tiene. *Los trabajos* suponen un gran progreso sobre *La conquista,* que es una pura narración de aventuras fantásticas con propósitos satíricos. El personaje y el mundo que le rodea tienen en *Los trabajos* más substancia novelesca. La obra debe mucho todavía a Galdós. Lo nuevo es el contenido ideal y educativo en un amplio sentido moral.

Los otros libros de Ganivet se distinguen igualmente por su originalidad e inician tendencias muy características del momento. En *Gra-*

*nada la bella,* breves ensayos sobre la estética de su ciudad natal, Ganivet intenta captar el ambiente y la poesía de la vida urbana, al par que construye una teoría del espíritu granadino y del espíritu en general, basada sobre el arte y las costumbres populares. Y en *Cartas finlandesas* comenta irónicamente las manifestáciones de la vida y el carácter de un pueblo nórdico vistos a través de su temperamento de español meridional. *Hombres del Norte* responde al interés por las literaturas escandinavas, que se había iniciado en España con la influencia de Ibsen.

Su obra más importante, el *Idearium español,* es una interpretación del espíritu, el carácter, el pasado y el porvenir de España. Libro asistemático y rico en intuiciones más que en ideas, lo sorprendente en él es la falta de fundamento de sus premisas y la solidez de casi todas sus conclusiones sobre las causas de la decadencia española. Ganivet se forja una imagen ideal de España basada en una serie de afirmaciones (virginidad, senequismo, individualismo, activismo seguido de una abulia nacional); en tesis histórico-sociológicas (comparación de espíritu continental, insular y peninsular; dispersión imperial, unificación de lo cristiano y lo semítico); y en el análisis de mitos y símbolos literarios (Don Quijote, Segismundo).

Como conclusión, a diferencia de la mayoría de los libros que entonces se publicaron acerca del llamado problema nacional, no propugnaba la europeización. Era por el contrario un llamamiento al alma española para que encerrándose dentro de sí misma renunciase a los ideales expansivos del antiguo imperio y buscase en la originalidad de su pasado, distinto del europeo, los motivos de un renacimiento espiritual. Termina el *Idearium* con una nota afirmativa: la esperanza de que el espíritu español encuentre nuevo campo para sus empresas ideales en los pueblos hermanos del Nuevo Mundo. Aparece, pues, en Ganivet ese sentido de hermandad de la familia hispánica que hemos apuntado como característico de la época contemporánea.

En el *Idearium,* al intentar la interpretación de la historia de España, se proyecta en forma objetiva, hasta donde puede alcanzar objetividad un pensamiento tan personal como el de su autor, el rasgo quizá más definido de la posición espiritual de Ganivet: su pesimismo en cuanto a la realidad que le rodea y su optimismo en cuanto al hombre como individuo. Para Ganivet es el individuo el que ha de regenerarse y a través de su propia regeneración elevar el nivel espiritual de la sociedad en que vive. Esta idea a la que Ganivet llega tras una busca dramática, de la cual son el mejor documento las cartas de su *Epistolario,* es la que inspira a Pío Cid en sus trabajos y la que Ganivet desarrolla operando sobre sí mismo en su drama póstumo en verso, *El escultor de su alma.*

Ganivet, escritor de temperamento intuitivo y lírico, lleno de impulsos contradictorios, era ya un hombre nuevo. La necesidad intelectual de verdad, el sentimiento estético de la belleza y el deseo de una vida activa luchaban en su espíritu con la incapacidad de interesarse hondamente en nada que no fuera la esencia de lo humano a través de su propia intimidad. La fe y la duda tenían dentro de él la misma fuerza. Sus afirmaciones, a veces caprichosas, eran una forma de contrarrestar un escepticismo desolador: "Desde que no creemos en nada —confiesa en una carta a Navarro Ledesma— tenemos necesidad de inventar todas las mañanas unos cuantos dogmas que nos permitan pasar el día como seres racionales."

No otra será la raíz de la angustia o agonía unamuniana. Lo que en Unamuno se torna en sentimiento trágico, un poco rudo, a la vasca, se envuelve en Ganivet en humor y sutil ironía andaluza. Su intelectualismo estaba, además, en pugna con la atracción que en él ejercían las formas instintivas de la vida y un sentimiento misterioso de las fuerzas de la naturaleza. En el fondo la preocupación central de Ganivet, como la de Unamuno y otros contemporáneos, era la de descubrir los íntimos resortes de la personalidad humana. Era un contemplador irónico y un cerebral como todos los escritores de la "generación del 98." Del hecho de que se suicidase en Riga a los treinta y tres años, justamente en 1898, procede el que no se le incluya en ella y se le conceptúe más bien como precursor de los escritores que la formaron.

**La personalidad y la obra de Unamuno.** — Escritor de temperamento muy distinto del de Ganivet fue Miguel de Unamuno (1864-1936), verdadero guía y maestro de la nueva generación.

Todo intento de definir a Unamuno es, si no enteramente inútil, arriesgado. Por voluntad y circunstancia histórica su mundo es el de la paradoja, como paradójicos son dos personalidades tan distintas como Ganivet y Bernard Shaw. En Unamuno, la tendencia a la paradoja, se refuerza por un temperamento extremoso. Obra, vida y personalidad, que en él se confunden, tienen como raíz y como motivo una contradicción dinámica, cuyo sentido formuló él mejor que nadie al hacer una a modo de profesión de fe en el ensayo titulado *Mi religión*:

Mi religión —dice— es buscar la verdad en la vida y la vida en la verdad, aun a sabiendas de que no he de encontrarlas mientras viva; mi religión es luchar incesantemente e incansablemente con el misterio; mi religión es luchar con Dios... Rechazo el eterno ignorabimus. Y en todo caso quiero trepar a lo inaccesible.

Y luego, años más tarde, en *La agonía del cristianismo*, su último libro filosófico —si filosofía puede llamarse al constante combate de Unamuno por afirmar una fe que en el fondo no tenía— insiste: "Vivir de la lucha, de la fe es dudar; una fe que no duda es una fe muerta. Lucho, agonizo como hombre mirando hacia lo irrealizable, hacia la eternidad."

Sus normas, pues, fueron la lucha, la negación y la duda. Y de ellas, como sus maestros e inspiradores Pascal, Kierkegaard, Sénancour, sacó él su metafísica de la desesperación, de la angustia y la agonía que expone con insistencia agresiva en sus ensayos; que hace encarnar con tremenda desnudez en los personajes de sus novelas y dramas; que está en el fondo de la inspiración religiosa de su poesía, y que es para él la esencia del espíritu español hecho de disonancias con su conflicto permanente entre el ideal y la realidad, el cielo y la tierra, su sentido sanchopancesco de lo inmediato y su ansia quijotesca de inmortalidad, de eternidad.

A diferencia de Ganivet, cuya obra quedó interrumpida casi en los comienzos, Unamuno estaba llamado a ser el escritor más influyente de su tiempo y a dejar una producción enorme como ensayista, poeta, novelista, crítico, dramaturgo, cuentista, periodista y pensador.

No se limitó la influencia de Unamuno a los campos de la literatura y el pensamiento, sino que transcendió a otras muchas esferas de la vida española, especialmente a la política y a la universitaria.

Vasco, de Bilbao, conservó durante sus setenta años el temple vigoroso y combativo de su raza. Vivió toda su vida adulta en Salamanca, de cuya Universidad fue profesor de griego e historia de la lengua, y rector por algún tiempo. En Salamanca se compenetró con el paisaje de Castilla que ningún otro escritor de una generación de castellanistas, como no sea Antonio Machado, ha cantado como él. Fue además intérprete del significado histórico de Castilla en la formación de la nacionalidad española, y entendió el fervor del alma castellana cuyas virtudes ensalzó con apasionado elogio y cuyos defectos criticó con tremenda y dura exactitud. Se diferencia Unamuno del resto de los escritores españoles de su generación en muchos aspectos. Los supera a todos en la vastedad de su cultura, antigua y moderna, filológica, literaria y filosófica. Fue el único que mantuvo una actitud constante de combatiente en contra de todos los regímenes políticos de España —Monarquía, Dictadura y República. Fue orador y poeta civil a la manera de algunos escritores del siglo XIX —Hugo, Carducci— que él admiraba y a los que, por una de las facetas de su personalidad multiforme, se parecía. En una generación de abúlicos, el activismo en todo fue su razón de ser. Los otros escritores vivían en Madrid y conservaron en gran parte los hábitos de bohemia literaria, adquiridos en su juventud; Unamuno fue hombre de hogar, con una familia numerosa, y prefirió vivir en la provincia fustigando desde su rincón salmantino la falsedad de la vida oficial y literaria de la corte.

Su lucha "contra esto y aquello," título significativo de uno de sus libros, le llevó a veces a errores graves y a actitudes discordantes, sobre todo en el terreno político. Se adhirió, en los primeros momentos, a la rebelión de 1936 contra el gobierno de la República, pero pronto, casi inmediatamente, rectificó y pocos meses después de comenzada la guerra murió en su casa salmantina el 31 de diciembre del mismo año, amargado por los tristes acontecimientos de su país, de cuya historia y espíritu fue el más profundo intérprete en su tiempo.

Cultivó todos los géneros sin excepción, pero, de acuerdo con un fenómeno literario característico de nuestra época, esos géneros pierden en Unamuno, como en casi todos los escritores contemporáneos, sus diferencias formales y todos pueden reducirse a los dos dominantes, el ensayo y la poesía, y en todos la substancia es la misma: el pensamiento de Unamuno según lo hemos definido al hacer el esbozo de su personalidad. En realidad, el tema permanente y casi único de todas sus obras es Unamuno mismo o, dicho de otro modo, en todos los temas resuena el acento de su personalidad y se organizan en torno a unas cuantas preocupaciones centrales. Como él afirma muchas veces, su filosofía, su poesía, su novela y su teatro son siempre autobiografía espiritual y autocrítica. Las ideas salen así siempre cargadas de emoción, y, viceversa, la emoción, el hondo lirismo de su poesía, es resultado de su angustia patriótica, intelectual, religiosa.

De acuerdo con la tónica de su momento, que él contribuyó en gran parte a crear, uno de los temas dominantes es España misma. Los cinco ensayos de *En torno al casticismo,* su primer libro, son una interpretación de la historia y la literatura españolas en la que, como en el *Idearium* de Ganivet, encontramos las ideas matrices de casi todo el pensamiento revisionista posterior. Ganivet y Unamuno coinciden en el propósito y en diagnosticar los males de España como resultado de la exacerbación de su individualismo ingénito en la decadencia y el aislamiento. Aunque difieran en sus tesis principales y sus conclusiones sean distintas, ambos buscaban no lo accidental y local, sino lo eterno y universal del espíritu español. En este primer libro, junto a la interpretación del ser de España, el análisis del paisaje geográfico y humano de Castilla y de las creaciones, según él más típicas —*castizas*— de la casta o genio castellano —épica, comedia, mística— aparecen dos ideas centrales y convergentes, de gran importancia en el proceso del pensamiento unamuniano: la de "la tradición eterna," viva, y "la de la intrahistoria."

Unamuno va a continuar buscando la esencia del espíritu español, con sentido cada vez más afirmativo, en numerosos ensayos sueltos y en otro de sus libros importantes: *La vida de don Quijote y Sancho* (1905), glosa y comentario personal de la novela de Cervantes o más bien interpretación de sus dos personajes inmortales como símbolos del alma española, ya que, según otra idea muy influyente en toda su obra posterior, alma y vida, cultura y sentido histórico encarnan en la persona, o más bien en el personaje literario, concreción de anhelos humanos y nacionales.

En las conclusiones de *En torno al casticismo* domina todavía la idea, muy fin de siglo, de la "europeización"; es decir, que España como país necesitaba para salir de su marasmo ("Sobre el marasmo actual de España" se titula el último capítulo) ser vivificada por los aires de la cultura europea moderna. Al comentar la obra de Cervantes, Unamuno ha perdido la confianza en la validez de los supuestos sobre que se asienta esa cultura: razón y ciencia. Hace ahora profesión de fe quijotesca y clama por la vuelta a los ideales del hidalgo manchego como camino de redención espiritual y antídoto contra la civilización moderna, racionalista y utilitaria. *Del sentimiento trágico de la vida en los hombres y en los pueblos* (1912), su obra maestra y la más profunda de todas, es la síntesis y un intento sistemático de exposición de la incompatibilidad entre razón y fe, problema central de su pensamiento. Define Unamuno en el último capítulo, "Don Quijote en la tragicomedia europea contemporánea," la significación de la filosofía española, humana, popular y católica, que, según él, no ha pretendido crear ideas, sino seres humanos, almas:

> ¿Y qué ha dejado don Quijote? diréis, y os diré que se ha dejado a sí mismo, y que un hombre, un hombre vivo y eterno, vale

por todas las teorías y por todas las filosofías. Otros pueblos nos han dejado sobre todo instituciones, libros; nosotros hemos dejado almas. Santa Teresa vale por cualquier instituto, por cualquier *Crítica de la razón pura.*

Los tres libros citados son los básicos de Unamuno como ensayista. A ellos hay que añadir seis volúmenes de *Ensayos,* y otros seis o siete con títulos diversos: *Recuerdos de niñez y mocedad, Contra esto y aquello, Soliloquios y conversaciones, Mi religión y otros ensayos, Cómo se hace una novela, La agonía del cristianismo* y dos volúmenes de impresiones sobre paisajes y ciudades: *Por tierras de Portugal y España* y *Andanzas y visiones españolas.* Escribió Unamuno también innumerables artículos en la prensa diaria que sólo en estos últimos años han sido recogidos en varios volúmenes, gracias a la diligencia de Manuel García Blanco. Hay en todo ello páginas esenciales sobre la cultura hispánica, sobre problemas políticos y sociales y, en general, sobre cuantos temas podían ofrecer la historia, la filosofía, la vida y la literatura a un escritor de su saber y de su fecundidad.

Pertenece Unamuno a la estirpe de los grandes ensayistas. En la literatura española fue quien inició el género con un sentido moderno, y nadie, como no sea Ortega y Gasset, le ha superado en él.

En su fecunda y diversa producción ensayística (lo mismo ocurrirá con la poética) Unamuno se interesa por todo y sobre todo "opina," desde lo nimio hasta lo trascendente. Pero todo se unifica alrededor de dos temas, o podríamos decir, dos obsesiones: la obsesión por descubrir la entraña de lo español y el anhelo dramático, trágico, de encontrar finalidad a la vida, a la historia y al destino del hombre concreto y personal, el "hombre de carne y hueso." En su obra se aúnan, y con frecuencia se confunden, la preocupación histórico-patriótica, la filosófico-religiosa y la humano-existencial. Pero lo típico unamunesco es expresar tales preocupaciones en constantes tensiones y polaridades: razón y fe; razón y vida; cabeza y corazón (la *cardíaca* o lógica y método del corazón de que habla en uno de sus ensayos); *voluntad y noluntad;* España y Europa; eternidad y tiempo; pasado y presente. Tensiones que podrían reducirse en su raíz humana al conflicto del hombre individual, moderno, consigo mismo, con los demás, con el mundo y, en último término, con Dios, con un Dios que Unamuno busca agónicamente y cuya significación es la de dar finalidad a la existencia y garantizar la inmortalidad.

El mundo unamunesco es idéntico en los ensayos, la novela, la poesía o el teatro. Las investigaciones de García Blanco han aclarado que en gran parte la producción en diferentes géneros es constante y simultánea. *Paz en la guerra,* su primera novela, se gesta y escribe al mismo tiempo que el primer libro de ensayos. Aunque no publica el primer volumen de *Poesías* hasta 1907, hoy sabemos que escribe poemas toda su vida, desde 1884, fecha, según García Blanco, de uno titulado "Árbol solitario," hasta tres días antes de su muerte (los últimos versos del *Cancionero* están fechados 28-XII-1936). Lo mismo ocurre con el teatro, género más tardío y de menor trascendencia. Concibe su primera obra *La Esfinge* hacia 1897.

Ahora bien, podría trazarse una trayectoria relacionada con su propia evolución espiritual en la que se vería cómo ciertos géneros dan la nota imperante de las varias etapas y cómo los cambios y algunas de las obras responden a las "crisis" de conciencia y de fe, estudiadas entre otros, por Hernán Benítez y Sánchez Barbudo. Sin espacio para desarrollar esta observación, creemos que podría establecerse un esquema de la producción unamunesca que iría del ensayo a la novela y de ahí a la poesía. Es decir, de lo ideológico, incluyendo ideocracia e ideofobia, a lo novelesco —interés por la persona humana y el personaje literario; para llegar a lo poético —busca del hombre esencial en la intimidad o a través de la angustia religiosa. La primera etapa culmina con *Del Sentimiento* (1913); a la segunda corresponden las novelas que van de *Niebla* (1913) a *La tía Tula* (1922), las que él llamó *nivolas*; la tercera —la poética— domina en los últimos años hasta el fin de su vida e incluye una novela, *San Manuel Bueno,* obra en la que acaso aparece el Unamuno más completo: meditador y "agonista" religioso, novelista y poeta.

**La novela de Unamuno.** — La concepción de *Paz en la guerra* (1897) es simultánea a la de los ensayos de *En torno al casticismo* y obedece a las mismas ideas y preocupaciones. Unamuno repitió muchas veces que era una de sus obras más trabajadas y que le dedicó más de diez años. Es, pues, sumamente importante para entender la gestación del pensamiento y el arte de su autor. En lo externo y en la composición está todavía próxima al realismo del siglo XIX: tiene un tema histórico, el sitio de Bilbao en 1874, y hay en ella descripciones de paisajes, costunbres y tipos. En lo fundamental es obra enteramente nueva y unamunesca por su tono lírico, por la manera de pintar a los personajes, por el sentido ideológico y por mostrar al descubierto en los soliloquios de

Pachito Zabalbide las inquietudes religiosas y metafísicas de su creador. El título mismo podría tomarse como lema de esa filosofía de la angustia y de la lucha hacia la que gravita todo el pensar de Unamuno. Y si penetramos a fondo en la estructura de la visión novelesca percibimos notas muy reveladoras de un arte y un pensamiento muy distintos de los precedentes inmediatos: perspectivismo: traslado del eje novelesco del espacio al tiempo; ritmo ternario, que responde a una dialéctica histórica y vital que tiende a mostrar la conciliación de los contrarios en la lucha; y manteniéndolo todo, los recuerdos del propio creador, la substancia autobiográfica.

El mismo hecho, el sitio de Bilbao, sea en su conjunto, sea en sus acciones aisladas, está visto y descrito en dos perspectivas: tal como lo viven los sitiadores (los carlistas) y tal como lo viven los sitiados (los liberales).

El tiempo se deja sentir desde el primer momento en la lenta preparación de la guerra, que viene a romper la monotonía, la costumbre. Terminada la lucha, el novelista nos hace sentir también la readaptación a la costumbre, en una lenta y monótona resignación de los personajes que han sobrevivido tras la muerte de los seres queridos o simplemente de los vecinos que formaban parte de su mundo.

El ritmo ternario, en contrapunto, puede percibirse en series, representativas de varios niveles coordinados: historia, vida, intrahistoria; ciudad, campo, naturaleza indiferente (mar y montaña); carlistas, liberales, paternidad e identidad de los contrarios; vida, muerte, permanencia en el recuerdo, en la historia.

Clavería ha mostrado cómo esta novela "es la mejor ejemplificación del concepto de la intrahistoria" y cuánto deben este concepto y la fórmula "la eternidad es la substancia del tiempo" a la influencia de Carlyle, concepto que Unamuno se asimila profundamente y va a persistir a través de infinitas variaciones en la base de su pensamiento.

La obra de Unamuno pasó, al parecer, inadvertida, lo cual le inspiró reflexiones y quejas amargas (véase su correspondencia con *Clarín*). Uno de los pocos en percibir la presencia de un gran talento fue Rubén. Por no ser muy citado, recogemos del libro *España contemporánea* parte de su juicio casi inmediato a la publicación:

> La novela de Unamuno, *Paz en la guerra,* es de esas obras que hay que penetrar despacio; no en vano el autor es un maestro de meditación, un pensativo minero de silencio. Es la novela un panorama de costumbres vascas, de vistas vascas, pero es de una concen-

trada humanidad que se cristaliza en bellos diamantes de universal filosofía. El profesor de Salamanca es al mismo tiempo el euskalduna familiar con la tierra y el aire, con el cielo y el campo. Su pupila mental ve transparentemente el espectáculo de la vida interior en luchas de caracteres y pasiones. Sus figuras las extrae como de bloques de carne viva; y es un poderoso manejador de intenciones, de hechos y de consecuencias. Y en su manera no hay ímpetus, no hay relámpagos.

Tranquila lleva la pluma, como quien ara. Para leerle, al principio se siente cierta dificultad: pero eso pasa presto para dar lugar a un placer de comprensión que nada iguala. Este es uno de los cerebros de España, y una de las voluntades. Lo que su paisano de Loyola, San Ignacio, enseñó con sus *Ejercicios* a Maurice Barrès, él lo ha aprendido en los ejercicios de su alma, en la contemplación de la vida, en su tierra honorable y ruda.

A partir de *Paz en la guerra,* la novelística de Unamuno adquiere una gran variedad dentro de la constancia de ideas cardinales. Responde a la evolución de la obra total. Hay en esta evolución, por lo que a la novela se refiere, ciertas claves: el paso del escritor ovíparo al vivíparo, que Unamuno explica en el ensayo "A lo que salga"; desplazamiento de la atención de los hechos y las ideas a la persona interior, relacionado con las crisis religiosa e intelectual; su reacción contra la cultura racionalista, científica, europea; y, finalmente, su concepto de la autonomía del personaje literario (quijotismo, pre-pirandellismo).

Así en las novelas posteriores, *Amor y pedagogía* (1902), *Niebla* (1914), desaparece toda traza de realismo. Son obras de carácter intelectual y humorístico, basadas en el conflicto entre las ideas y las fuerzas que rigen el destino del hombre: ciencia y vida, en *Amor y pedagogía*; amor, voluntad de ser y angustia de la nada, azar y esencia de la personalidad en *Niebla*. Si prescindimos de su coloración humorística, vemos que la primera responde a actitudes expuestas en los *Tres ensayos* ("Adentro," "La ideocracia," "La fe") de 1900; en *Niebla* se inicia el ciclo de las llamadas *nivolas,* variantes del sentimiento trágico de la vida. Su nota distintiva va a ser el estudio de las pasiones humanas: de la envidia y el cainismo (el individual y el histórico de los españoles, superpuestos) en *Abel Sánchez*; de la voluntad y deseo de dominio, con enfoques varios, en *Tres novelas ejemplares y un prólogo*; la sublimación del instinto maternal, en *La tía Tula.*

Obras de tremenda concentración y técnica muy personal, difíciles de encasillar en las formas de la narración moderna; si nos atenemos al esquema abstracto que siempre es preciso buscar detrás de Unamuno, despreciador de abstracciones, acaso fuera posible un intento de clasificación:

> *Paz en la guerra,* novela histórica: vida e historia.
> *Amor y pedagogía,* novela ideológica: vida e idea.
> *Niebla,* novela metafísica o lo que hoy llamaríamos existencial: ser y no ser; la nada y la personalidad.
> De *Abel Sánchez* a *La Tía Tula,* novelas trágicas: la pasión como atributo de la personalidad; salvación y destrucción; egoísmo y caridad.

Con estas últimas hay que relacionar gran parte del teatro, que sólo ahora empezamos a conocer en su totalidad, especialmente obras como *Fedra, El otro* y *El hermano Juan*: dramas íntimos, análisis del conflicto interior de unos personajes que a fuerza de humanidad se convierten en seres abstractos y reconcentrados, movidos todos por el afán de afirmar su personalidad, aun a costa de destruir a los seres que les rodean y a veces de destruirse a sí mismos.

Es esencial para conocer las intenciones novelísticas de Unamuno leer el prólogo a las *Tres novelas ejemplares.*

*San Manuel Bueno, mártir,* como las historias más breves que publicó en el mismo volumen, está en otro plano —en el de la *Agonía del cristianismo.*

Unamuno consigue una de sus obras más bellas, conmovedoras y de más alta poesía al novelar los anhelos de fe religiosa en conflicto con la duda del pobre párroco, que quiere anegar, en la caridad y amor al prójimo, su drama de escepticismo absoluto en su salvación eterna, en la inmortalidad. Es el drama del propio Unamuno, la tragedia del destino humano y de la vida sin finalidad última, según él las siente.

**La obra poética.** — Se va viendo, cada día con mayor claridad, el valor ya incuestionable de la poesía de Unamuno, donde se puede encontrar mejor que en ningún otro aspecto la raíz de su personalidad literaria y de su pensamiento. Deja numerosos libros, casi tantos o más, que la mayoría de los autores que sólo por su poesía son conocidos: *Poesías* (1907), *Rosario de sonetos líricos* (1911), *El Cristo de Velázquez* (1920), *Andanzas y visiones españolas,* parte final (1922), *Rimas de dentro* (1923),

*Teresa* (1924), *De Fuerteventura a París* (1925), el *Romancero del destierro* (1928) y su extraordinario *Cancionero* póstumo, *Diario poético,* publicado en 1953, con mil setecientas cincuenta y cinco poesías escritas entre 1928 y 1936.

En lo esencial, temas, ideas, sentimientos, casi no se diferencian del resto de la obra de Unamuno, el cual es siempre y ante todo poeta, no sólo por el tono de su prosa, sino también por el carácter lírico, personal de su filosofía. Prosa y verso son en él modalidades distintas de un mismo estilo. Por eso su prosa es muchas veces rítmica y poética, en tanto que su verso suele ser, dentro de su fidelidad a los metros clásicos, irregular y libre y, en algunos momentos, duro y prosaico.

Quizá mejor que ningún otro autor es ejemplo vivo de un fenómeno típico de la literatura contemporánea ya señalado: el de la tenue barrera que separa formas y géneros bien diferenciados en otras épocas. Lo que da unidad ahora a la creación literaria, cualquiera que sea su forma, es la expresión de la personalidad del escritor que todo lo invade y a la que todo se supedita. "Un poeta" —definió Unamuno— "es el que desnuda con el lenguaje rítmico su alma." Y eso es lo que él hizo las más de las veces tanto en verso como en prosa, verter en la palabra sus preocupaciones y problemas. Por eso en su poesía, obligado por la concisión del verso, aparece quizá más concentrada que en el resto de su obra su actitud personalísima ante la vida.

Aunque siempre idéntico a sí mismo fue Unamuno poeta de muchas cuerdas. Escritor de inquietud y de combate, dominan los temas de la angustia religiosa y filosófica cargados a veces de pasión humana como resultado de un íntimo y dramático soliloquio, pero otras elevados a un plano en el que su propia religiosidad se limpia de adherencias pasionales. Este es el caso del *Cristo de Velázquez,* su poema más largo, en el que se expone en una sucesión de símbolos y de espléndidas imágenes de gran fuerza plástica la esencia universal del cristianismo —dolor y redención— vivificada por el sentimiento católico del pueblo español. Resaltan además en este poema la profunda inspiración bíblica de Unamuno (la *Biblia* es una de las fuentes principales de su obra) y su ansia personal por alcanzar una fe firme.

Fue Unamuno también poeta civil, polémico, de lucha política, y el verso le sirvió con frecuencia para desahogar su furia de combatiente, para fustigar, no siempre con mesura, a quienes creía responsables de los males de la patria (el rey Alfonso, Primo de Rivera, etc.) pero también para expresar su fervor nacional o sus nostalgias de desterrado.

Otro tema constante de su poesía es España, el hombre, el paisaje, las ciudades. Su verso en este aspecto puede ser seco y fuerte cuando canta el seco y fuerte paisaje castellano (véase "Castilla," "En un cementerio de lugar castellano") o suave y jugoso cuando recuerda los verdes valles de su tierra vasca. Lengua y sentimiento se identifican hasta el punto de que en algunas de sus poesías la simple enumeración de los nombres sonoros de pueblos castellanos produce una emoción llena de resonancias.

No menos característico de la variedad que la lira de Unamuno presenta es que este poeta tan abstracto e intelectual haya escrito algunos de los más hermosos versos de la poesía contemporánea española al inspirarse en temas humanísimos de sentimiento personal: amor casto sin sombra de sensualidad; los temas de la madre y el niño, recuerdos de juventud, impresiones de lo cotidiano como en su poesía "Salamanca"; o serenidad del cuadro familiar que describe en el bello soneto "Dulce, silencioso pensamiento."

Hay mucho también en la obra poética unamunesca de puro capricho conceptista, de arbitrarios juegos de palabras y de ingenio, pero Unamuno es, ante todo, poeta del espíritu y acaso encontremos su voz más pura en la poesía entrañable de algunos sonetos líricos o cuando canta en verso severo y sin embargo cargado de emoción sus anhelos de paz, su sentido profundo de la muerte o su ansia de infinito hasta elevarse al tono de serena contemplación de poesías como "Aldebarán." La gran tradición de la mística española y del austero estoicismo a lo Quevedo resuena entonces en su lirismo unida a las inquietudes del hombre contemporáneo.

En los momentos de plenitud se unifican en la poesía de Unamuno como en la de ningún otro poeta de su tiempo, como no sea Antonio Machado, la emoción de la naturaleza (mar, montaña, río, noche, alba), la emoción del misterio, de la soledad y el sueño con la emoción metafísico-religiosa. Unidad de pensamiento y sentimiento que él formuló en el primer verso de su *Credo poético*: "Piensa el sentimiento, siente el pensamiento."

Entre los conflictos, contradicciones, arbitrariedades y exabruptos de este don Miguel en lucha constantemente consigo mismo y con los demás, hay una verdad íntima, que es la de su poesía: "porque en la lírica —dijo él mismo— no se miente nunca, aunque uno se proponga mentir." "El poeta —afirma en otra parte— si lo es de verdad, no da conceptos ni formas; se da a sí mismo." Lo mejor de su obra poética es, casi siempre, confesión o salmo en los que se concentran las tres grandes interrogaciones que dan sentido y unidad a la obra y la persona de Unamuno, interrogaciones todas de raíz humana y existencial sobre: el hombre en el mundo (actualidad, lo cuotidiano); el hombre en el tiempo (historia y recuerdo); y el hombre en la eternidad (ansia de persistencia, de inmortalidad y busca de Dios).

**Resumen.** — Poeta y pensador apasionado, quijotesco, meditador de la angustia e inquietador de la conciencia de su pueblo, comentador de la actualidad y escritor de voz apocalíptica como Nietzsche y Whitman, en su producción tan variada —ensayo, poesía, novela, drama— todo tiene un sello inconfundible. Pero no es fácil encontrar la fórmula para definir ese sello ni lo que hay de central entre las contradicciones, arbitrariedades, paradojas y perplejidades que encontramos constantemente en su obra y en muchas de sus actitudes personales. Acaso la fórmula pudiera ser "la dialéctica del siglo XIX hecha carne." En efecto, positivismo e idealismo; racionalismo y escepticismo; religiosidad y pesimismo están siempre en pugna, dentro de él y de su obra, formando la pasión romántica que la preside. Porque el sentimiento trágico brota de las turbulentas aguas del romanticismo y de la conciencia del hombre en soledad frente al mundo.

Ningún escritor contemporáneo —ni siquiera Ortega— ha sido objeto de mayor estudio y ya tenemos bastantes libros que van poniendo un poco de orden en las contradicciones unamunescas. No faltan, entre ellos, los de carácter arbitrario y negativo, en los que parece que los autores se han contagiado de la combatividad del sujeto que estudian. Vamos así viendo los varios Unamunos: frente al opinante caprichoso, el filósofo de pensamiento implícito no estructurado (Marías, Ferrater, Serrano Poncela), o con unas bases ontológicas (Meyer); frente al agonista, el contemplativo (Blanco); frente al español que se revuelve contra Europa y contra la cultura, el intelectual, hombre de libros y saturado de cultura europea; frente al anarquista, el predicador de la convivencia y la sociabilidad; frente al apóstol de la sinceridad, el "actor," el hombre que se crea su propio papel y algunos (Sánchez Barbudo) sugieren lo que podía haber de "farsa" en muchas de sus actitudes; frente al escritor caprichoso que desdeña todas las normas de estilo, el poeta-filólogo que quiere ahondar en las entrañas de la lengua y la palabra; frente al ateo, el creyente y hasta el místico. Las antinomias podrían multiplicarse. Sólo cuando hayamos logrado ver lo que hay de permanente y central —por debajo y a pesar de ellas— tendremos una imagen completa y clara de una de las personalidades más poderosas de la literatura española, y acaso de la literatura europea de su tiempo, sobre la cual es casi seguro que la posteridad confirme el juicio del conde de Keyserling cuando dijo que era Unamuno "el español más importante que ha existido desde Goya."

## III. La prosa y el teatro del 98 y el modernismo

**Azorín.** — De los escritores que se englobaron luego en el término "generación del 98" es José Martínez Ruiz (n. 1873), conocido por el pseudónimo de Azorín, el que con Baroja y Ramiro de Maeztu formó el núcleo del grupo. Unamuno vivía lejos de Madrid, era mayor que ellos y demasiado independiente para sentirse solidario en ninguna empresa común; Valle Inclán y Benavente son más bien renovadores en la forma, modernistas y su actitud crítica ante la realidad española se manifiesta sólo en un sentido literario, no histórico, social o ideológico.

Cuando Azorín en 1913 define los caracteres de su generación (véase el párrafo citado en la sección "Generación del 98 y Modernismo") lo que hace es definirse a sí mismo; el amor a los viejos pueblos y a los poetas primitivos, la admiración hacia El Greco y la afinidad con Larra son rasgos que a él le distinguen. Y muchos años antes, sus dos primeras novelas, autobiográficas, líricas e introspectivas, *La voluntad* (1902) y *Antonio Azorín* (1903), son a un tiempo documento fiel de su propia juventud y de la crisis espiritual de fin de siglo. Azorín y sus jóvenes compañeros aparecen allí abúlicos y angustiados por el ambiente de atonía y escepticismo en la vida española, con la voluntad paralizada por el íntimo conflicto entre sentimiento y razón, entre cultura y vida, entre la atracción intelectual que en ellos ejercen las ideas modernas europeas y el apego emocional al ambiente de la vieja España.

Se veía ya en estas novelas la nota predominante del arte de Azorín: su sensibilidad. Lo intelectual es en él una manifestación de lo sensible. Es un arte fundamentalmente impresionista que va de la sensación al sentimiento. Por eso lo que perdura de su obra es el lirismo y la delicadeza de su poder evocador, la poesía y la plasticidad de sus descripciones y paisajes, su estilo personalísimo, preciso en el detalle y poético en su efecto. Con estas cualidades Azorín ha escrito —dejando aparte una serie de opúsculos violentos, hoy olvidados, que le granjearon en su juventud fama de revolucionario— numerosas obras de varios géneros, pero idénticas en la substancia y en el estilo: novelas como las dos ya citadas o luego *Don Juan* y *Doña Inés*; libros de recuerdos como *Las confesiones de un pequeño filósofo*; cuentos delicadísimos como los de *Blanco y azul*; teatro como *Old Spain* y *Brandy, mucho Brandy*; hermosos libros de ensayos. Estos últimos son principalmente de dos clases: de tierras, ciudades y lugares—*Los pueblos, Castilla, España, hombres y paisajes*— o de crítica e interpretación literaria —*Lecturas españolas, Clásicos y modernos, Los valores literarios, Al margen de los clásicos*; en otros lo literario, lo descriptivo y evocador —libros, cosas y paisajes— se funden: *El alma castellana, La ruta de Don Quijote, Una hora de España, El licenciado Vidriera*, etc.

Representan los títulos citados, un poco al azar y sin ánimo de dar noticia completa de su producción, sólo el momento culminante de la obra azorinesca, que va de *El alma castellana* (1900) a *Doña Inés* (1925). Como la mayoría de los escritores de su generación, Azorín había revelado ya plenamente su visión del mundo en la tercera década del siglo y a partir de ese momento sus intentos de renovación no aportan, en rigor, nuevos elementos. Único superviviente de su momento, hoy próximo a los noventa años, su obra ha ido aumentando con admirable continuidad hasta pasar de los ochenta volúmenes. Se han señalado nuevas etapas: la que va de las obras teatrales que hemos mencionado, de *Félix Vargas* (1928) y los cuentos de *Blanco y azul* (1929) a los años de la guerra, cuando desde Francia empieza —en otra etapa— a reconstruir sus recuerdos en libros como *Pensando en España* (1940), *Valencia* y *Madrid* (1941). Podría señalarse en estas fases de su obra un intento de evasión de la realidad sea hacia la fantasía y la sutileza, sea hacia la reconcentración en lo esencial, a través de la memoria unida a la depuración del estilo y de la emoción. En lo fundamental las bases de su arte siguen siendo las de la juventud: la relación entre la realidad —objetos, tierra, paisaje— y el espíritu; una vaga inquietud, acaso de fondo religioso, ante el misterio; el estilo entrecortado, balbuciente; y el tema que unifica todo el arte de Azorín, la emoción del tiempo: evocación, peso del pasado, sentimiento de lo cotidiano, lo menudo y lo fugaz, capacidad de ver lo eterno en la impresión del momento.

Obsérvese que es el tiempo el tema mayor de toda su generación. En Unamuno es angustia e intrahistoria, lucha por la inmortalidad. Machado definirá su poesía como palabra en el tiempo. En Baroja inspira la movilidad y dinamismo sin dirección de sus personajes. En Valle Inclán se traducirá en fantasía arcaizante y ritmo musical. Pero en ninguno aparece el tema del tiempo con el carácter obsesivo que tiene en Azorín, ni con mayor variedad de matices dentro de la monotonía de su obra. Ninguno logró expresar como Azorín el sentimiento del eterno re-torno, "el vivir es ver volver," como definió Ortega o la conciencia de "que todo está presente en nosotros," que según Clavería aprendió en Guyau. Obra la de Azorín relativamente pobre en substancia, pero de extraordinaria y concentrada pureza y sensibilidad.

**Baroja.** — Unido a Azorín por estrechos vínculos de amistad personal y literaria estuvo por los años en que se define su generación el otro es-critor típico del 98, el vasco Pío Baroja (1872-1956). Son los dos que mantuvieron por más tiempo el aire de época y la hermandad literaria de la juventud y sin embargo sería difícil encontrar en la literatura dos escritores más opuestos que el delicado artífice levantino de *El alma castellana* y el prosista agresivo, de *Juventud y egolatría,* que practicó como normas estilísticas la estética del improperio y lo que él llamó "la retórica en tono menor."

No faltan en Baroja ni la emoción del pasado ni el sentimiento del paisaje castellano, pero su arte, más que el de ningún otro escritor de su generación, se basa en el presente y en la vida. Baroja, burgués y abúlico como persona, es, como escritor, revolucionario y cantor de la voluntad. Negó, inducido por su individualismo, la existencia de la ge-neración del 98, pero en gran medida todo en Baroja corresponde al concepto que nos hemos formado de ese momento y de ese grupo: su juventud no conformista, el aire errante e inquieto que le acompaña siempre en protesta sorda contra todas las formas de organización social, el sentimiento lírico que transciende de sus obras más aparentemente realistas, su misticismo anarquista, la originalidad y rareza de su humor, su concepción pesimista de la vida a la manera de Schopenhauer, su culto a la filosofía nietzscheana de la voluntad y de la acción, el tono negativo, la angustia de sentirse fracasado disimulada por un humoris-mo cínico, su fe en la ciencia y su actitud revolucionaria sin esperanza ni en la revolución ni en el hombre, su madurez sedentaria y escéptica.

Expresión, confesión y resultado de todas estas cualidades son sus varios volúmenes de ensayos, todos autobiográficos y autocríticos como el ya citado *Juventud y egolatría* o *El tablado de Arlequín, Las horas solitarias, La caverna del humorismo* y *Divagaciones apasionadas.*

Pero Baroja no es ensayista y el mayor interés de estos libros con-siste en ser documentos personales, que revelan con algunas ideas de indudable originalidad las preferencias, escasas, y los odios, abundantes, del propio Baroja.

Su importancia consiste en ser acaso el único gran novelista español del siglo XX. En él continúa el realismo de los novelistas anteriores, muy modificado por el fondo lírico, personal, de su sensibilidad. En medio centenar de volúmenes ha reflejado la fisonomía moral de la España contemporánea como Galdós —a quien Baroja debe mucho, aunque él lo haya negado con insistencia— reflejó la fisonomía de la España de su tiempo. Y la confrontación entre estos dos grandes novelistas de la España moderna es acaso el mejor procedimiento para definir las notas salientes del arte de Baroja. Son las diferencias entre dos épocas y dos temperamentos:

Galdós es objetivo, sereno, realista; su obra novelística obedece a un plan y a una evolución interna y es a la vez reflejo de las ideas sobre el hombre y la sociedad. Baroja es subjetivo, apasionado, impresionista; sus novelas carecen de plan y son, por lo común, simple desfile de personajes o de opiniones espontáneas y contradictorias; no hay coherencia en su ideología, reflejo de la crisis y disolución del pensamiento en el siglo XX. Tras la visión de Galdós se busca un orden, de acuerdo con una ideología o una doctrina: realismo, naturalismo, idealismo, espiritualismo. Tras la de Baroja, como en la angustia de Unamuno, o la sensibilidad disolvente de Azorín, asoma la nada existencial. Una vida sin objeto, dirección ni sentido. Pero frente a Unamuno que clama y siente trágicamente o Azorín que aspira a fijar un sentimiento de eternidad, Baroja, a través de sus personajes, se indigna y protesta, desprecia la vida o expresa indiferencia ante la maldad, la estupidez y la crueldad (palabras todas muy repetidas en su obra) de la existencia humana. Sólo, en algún momento, de honda sinceridad —no de sinceridad jactanciosa— cuando crea el personaje de fondo más autobiográfico, Andrés Hurtado de *El árbol de la ciencia,* da expresión angustiosa a su pesimismo. Otros personajes típicos, Fernando Osorio de *Camino de perfección,* Arcelu, de *El mundo es ansí* o Larrañaga de la trilogía *Agonías de nuestro tiempo,* o aceptan la farsa que es la vida o viven indiferentes, y un poco melancólicos, ante su propio fracaso. Dispersión, falta de sentido y finalidad, fragmentarismo. Y, sin embargo, tiene la obra total de Baroja unidad acaso más sólida que la de cualquier otro escritor, porque, en definitiva, es toda ella proyección de su propia personalidad, de un yo tan acusado como el de todos los escritores de su generación.

La novela barojiana, dentro siempre de estas líneas permanentes muy personales, presenta una gran variedad de temas, ambientes y formas. Su norma es la movilidad, la falta de centro y estructura. Es difícil la selección, pero probablemente las novelas mejores, más vigorosas y frescas son las de su juventud, ordenadas por él en trilogías: Tierra Vasca —*La casa de Aizgorri, El Mayorazgo de Labraz y Zalacaín el aventurero*; La vida fantástica —*Aventuras, inventos y mixtificaciones de Silvestre Paradox, Camino de perfección y Paradox, rey*; La lucha por la vida —*La busca, Mala hierba y Aurora roja*; El pasado —*La feria de los discretos, Los últimos románticos, Las tragedias grotescas,* y La raza —*La dama errante, La ciudad de la niebla y El árbol de la ciencia*. Esta última, publicada en 1911, marca probablemente la culminación del arte novelístico de Baroja. Después escribió otras muchas novelas, algunas valiosas, como *César o nada* (Las ciudades) o *Las inquietudes de Shanti Andía* (El mar); y los quince o veinte volúmenes de las *Memorias de un hombre de acción,* biografía novelada de Eugenio Aviraneta, cruce de historia y novela. Pero no se advierte crecimiento como en Galdós. Baroja se repite.

En los últimos treinta años de su vida sus libros se fueron haciendo cada vez más fragmentarios y se convirtieron en series de tipos, personajes e impresiones, sobre un fondo de reconstrucción histórica del pasado inmediato. Así en *Las noches del Buen Retiro* y otros volúmenes de carácter análogo. Cuando intenta, de nuevo, la novela —por ejemplo, en *Laura o la soledad sin remedio* (1939)— la técnica no ha cambiado, pero se acusa un tono melancólico de reminiscencia de "la juventud perdida." A semejanza de Unamuno (*Diario poético*) o Azorín (últimas obras de recuerdos), Baroja, al entrar en la vejez, se fue refugiando en sí mismo y en la recreación del mundo de su mocedad. El resultado son los siete tomos de *Memorias* con el título común de *Desde la última vuelta del camino,* libros de arbitrariedad agresiva contra todo y contra todos, desahogo de su humor áspero y, a ratos, pintoresco, pero donde se encuentran páginas magníficas de evocación y una gran riqueza de datos, noticias, observaciones, y recuerdos de personas, hechos y cosas. Son de gran valor documental, aunque haya que descontar siempre la fuerte dosis de personalismo.

En conjunto, la idea del mundo en la novela barojiana es amarga, sus personajes son todos un poco desequilibrados: aventureros, vagabundos, cínicos y tímidos que se mueven sin saber bien por qué. Todo aparece incoherente, como manifestación de la vida que para Baroja es algo ilógico y carente de sentido. En esto y otras muchas cosas, es Baroja escritor original y fuerte.

A medida que nos alejamos de los escritores del '98 se percibe mejor su unidad, su estilo de época. Y en Baroja —el más empeñado en disociarse de su generación y en negar su existencia— encontramos contradicciones, resueltas en la unidad de su temperameno, no menos marcadas, evidentes, violentas y sorprendentes que en Unamuno, por ejemplo. Baroja siente la nostalgia del pasado en contradicción con la necesidad de afirmar, a veces a pesar suyo, todos los valores modernos: técnica, ciencia, trabajo; exalta el anhelo de libertad anárquica en muchos de los personajes y pugna, al mismo tiempo, por afirmar su fe en una vida organizada y culta, incompatible de hecho con esa libertad. Su simpatía por los humildes, los caídos y los explotados va unida a un desdén absoluto por todas las formas y panaceas revolucionarias. Y la exposición de teorías sociales y científicas capaces de mejorar el destino del hombre queda anulada por un hondo pesimismo sentimental sobre las posibilidades de su redención social.

La contradicción y falta de claridad se agudizan en su visión de España, casi enteramente negativa en cuanto al presente, sin admiración por el pasado ni fe en el porvenir.

El balance no es, aparentemente, muy favorable. Pero Baroja, como todos los grandes pesimistas, se salva no sólo por el talento y la originalidad, sino también porque advertimos la sinceridad de espíritu y una devoción apasionada a todos los valores supremos de la vida —verdad, justicia, generosidad, libertad— y a todas las cualidades positivas de España y de los españoles. El elemento pesimista se compensa siempre por su humorismo sentimental y por una aspiración, latente en el fondo de sus exabruptos, a una humanidad mejor y a una España más feliz. Así toda su obra parece estar motivada por el deseo de llegar a una nueva patria espiritual a través de la negación de la patria política y a descubrir la dignidad del hombre a través del nihilismo, rasgo que le asemeja a los existencialistas.

**Valle Inclán.** — Artista de perfil originalísimo, aun entre un grupo de escritores originales y raros, es don Ramón del Valle Inclán (1866-1936), cuyo nombre verdadero era Ramón Valle y Peña, nacido en Villanueva, en la ría gallega de Arosa.

Todos los biógrafos y comentadores de Valle Inclán dan como rasgo distintivo de su personalidad el haber vivido literariamente, fiel a una imagen que se forja y que encarna en algunos de sus personajes, especialmente en el marqués de Bradomín. El hecho de que el pseudónimo o nombre adoptado suplante al nombre verdadero no es nuevo en literatura. Lo que es particularmente característico de esta época es una especie de desdoblamiento según el cual el nombre nuevo y la personalidad que encarna parecen como que borran la real, pero sobre todo la suplantación del creador por el personaje creado que se convierte en una especie de *alter ego*. Puede verse ya en Ganivet (Pío Cid, Pedro Mártir de *El escultor de su alma*) y se da, con variantes según el temperamento de cada uno, en Azorín, en el Miguel Jugo de la Raza (*Cómo se hace una novela*) de Unamuno, en el Juan de Mairena de Machado, en el *Xenius* de D'Ors, en J. R. J. de Juan Ramón o el "Ramón" de Gómez de la Serna. Incluso Baroja, aparentemente el más ajeno a toda artificiosidad literaria, aparece en los primeros momentos identificado con alguno de sus personajes, Fernando Osorio, por ejemplo, o se crea la imagen del hombre humilde y errante, atrabiliario e inútil ("Baroja, no serás nunca nada") que no sabemos si responde a la realidad de su persona. El fenómeno en el que se repite en formas nuevas la confusión de vida y literatura —recordemos el caso de Lope— es característico de la época. Por eso merece atención. Se relaciona con preocupaciones estéticas —vivir la vida del arte; sociales —singularidad del artista; y filosóficas— preocupación por el ser, desdoblamiento de la personalidad, pirandelismo, etc. No es, pues, extraño a su tiempo el caso de Valle Inclán. Lo peculiar, y por tanto lo que le distingue de sus contemporáneos, es el llevar la *pose* o ficción hasta el extremo en lo físico, en lo literario, en lo social y en lo moral. Mantiene el trasunto que se ha trazado de sí mismo con extraordinaria consecuencia desde que llega a la corte procedente de su Galicia natal "como personaje misterioso" o se va a México, porque se escribía con *x,* o traza la autobiografía publicada en *Alma española,* en 1903: "Éste que veis aquí, de rostro español," etc.

Más que ningún otro de sus contemporáneos sacrificó Valle Inclán un bienestar posible a la devoción de la literatura, que en él fue un verdadero culto. Lo que queda de su vida real, además de ese culto, son sobre todo múltiples anécdotas, de las que puede verse un buen muestrario en la biografía-retrato que de él hizo Ramón Gómez de la Serna.

Mito y persona confundidos, actor de sí mismo, la cualidad "artística," "literaria," algo funambulesca de su obra y personalidad es la nota diferencial del gran escritor gallego en una generación de hombres reconcentrados y tristes. Aunque, especialmente en sus primeras obras, es el escritor que aparece más identificado con los ideales estéticos del simbolismo, no es Valle Inclán un "esteta," porque en su arte hay siempre una base irónica, una fuerte dosis de humor y una visión violenta, que se irá agudizando.

Esto es menos visible en los comienzos, porque está como diluido en un mundo poético cuyas notas más acusadas son por un lado el lirismo musical y misterioso, respirado en el ambiente de su tradición galaica; y, por otro, un refinamiento decadentista y sensual resultado de la influencia de escritores como el francés Barbey D'Aurevilly, el italiano D'Annunzio y el portugués Eça de Queiroz. De éste, varias de cuyas obras tradujo, parecen proceder especialmente ciertas formas de ironía y algunos rasgos estilísticos, según ha demostrado Ernesto Da Cal.

Artista puro de la palabra y de la imaginación, Valle Inclán no se vuelve hacia el pasado en busca de la historia, como la mayoría de sus contemporáneos, sino en busca de la poesía, que encuentra en lo legendario, lo extraño, lo arcaico.

Escribió novela, teatro y verso, sin que tampoco en su obra podamos trazar con precisión la línea divisoria de los géneros, menos, acaso, que en ningún otro, porque lo típico valleinclanesco es que narración y diálogo, poesía y realidad aparezcan superpuestos y casi toda su literatura tenga una cualidad teatral. Dentro de la gran unidad de su mundo poético, trató en diferentes fases de su obra temas diversos, cambiando de estilo a medida que cambiaba de tema.

Si se elimina su iniciación literaria, que incluye los trabajos recogidos por Fichter anteriores a 1895 y el libro *Femeninas,* publicado en ese año, la primera fase —De *Adega* (1899) a *Jardín novelesco: Historias de santos, de almas en pena, de duendes y de ladrones*— presenta dos aspectos: obras de inspiración gallega, con una estilización lírica del ambiente campesino, popular y pastoral —*Flor de santidad,* los cuentos de *Jardín umbrío,* la poesía de *Aromas de leyenda*; y paralelamente, el arte erótico, refinado, evocador y musical de las cuatro *Sonatas* (de otoño, estío, primavera e invierno).

En las *Sonatas,* biografía galante del marqués de Bradomín, culmina el modernismo en la prosa española: erotismo, religiosidad y perversión, preciosismo ornamental en la reconstrucción de ambientes (Galicia, trópico americano, Italia, Navarra); estilo plástico, rítmico, detalladamente analizado por A. Alonso y Zamora Vicente. Durante muchos años esta prosa sensual y sonora compitió con el verso de Rubén (el de sus poemas más ornamentales y sonoros, no el del mejor Darío) en suscitar la admiración de los exquisitos y, al fin, del vulgo literario. Hoy, este modernismo parece definitivamente anticuado, artificial. Preferimos otro Valle Inclán y otro Rubén. Ello no debe llevar a la negación total de sus valores ni a desconocer lo que significó como renovación de la lengua literaria y de la sensibilidad.

A esta primera fase, aunque la cronología no sea muy rigurosa y se entremezclen obras de uno y otro estilo, sigue, a partir de 1907, la de las novelas de la guerra carlista —*Los cruzados de la causa, El resplan-*

*dor de la hoguera* y *Gerifaltes de antaño*— y las comedias bárbaras —*Águila de blasón, Romance de lobos, Cara de plata*—. Obras de inspiración primitiva y estilización, dramática más que lírica, de un mundo de terror y violencia: de supervivencias medievales.

Por último, Valle Inclán, después de pasar por otras varias modalidades —arcaismo gótico de *Voces de gesta,* refinamiento versallesco de *La marquesa Rosalinda*— deriva hacia un estilo y una visión que parecen diametralmente opuestos a los de sus obras anteriores.

Desde 1919 con la poesía de *La pipa de Kif* el arte valleinclanesco da un viraje en redondo y crea el estilo satírico y grotesco de los *Esperpentos: Luces de bohemia, Los cuernos de Don Friolera,* etc. Si antes estilizaba lo bello y poético en un lenguaje rítmico, ahora estiliza lo bajo y lo feo. Al impresionismo musical, substituye el expresionismo gesticulante, visual y caricaturesco, en un lenguaje disonante, cortado y de acuerdo con la estética "del héroe reflejado en el espejo cóncavo," según explica un personaje, Don Latino, en *Luces de bohemia.*

Es el estilo que ya no abandona y que, con variantes, utiliza en las piezas dramáticas del *Retablo de la avaricia, la lujuria y la muerte* —título revelador; o en sus últimas novelas, las más valiosas quizás de toda su obra: *Tirano Banderas* —de tema hispanoamericano, inspirada en sus experiencias mexicanas— y las tres del *Ruedo ibérico,* la última *Baza de espadas* —publicada, póstumamente, en 1958— reconstrucción terriblemente satírica de la España de Isabel II.

Como en el caso de otros muchos escritores, citamos sólo algunas obras de las más significativas. Otras, de valor acaso no inferior, añaden poco al resumen de su evolución artística.

Recorre, como se ve, Valle Inclán una amplia serie de motivos, desde lo pastoral, exótico, armonioso y decadente, pasando por lo truculento y trágico, hasta lo deformado, plebeyo y barroco en su fealdad como un "sueño" de Quevedo o un "capricho" de Goya. Del personaje de retablo gótico o el héroe grandioso en su violencia, como don Juan Manuel de Montenegro, se pasa al personaje caricaturesco, fantoche o títere.

En la raíz estética su arte no cambia. Conserva en todas sus fases su propósito de desrealización poética, el poder creativo de la palabra, el ritmo musical del lenguaje —armonioso unas veces, disonante, otras—, y algunos temas que como los grandes románticos y los grandes barrocos combina siempre con gran efecto: la religión y el amor, el terror y la muerte, la superstición y el mito.

Gran prosista y gran poeta, místico enamorado de la belleza, según explica en su libro de ensayos *La lámpara maravillosa,* Valle Inclán parece completamente ajeno a las preocupaciones españolas de sus compañeros de generación, pero no es así. Su españolismo es tan profundo como el de cualquiera de ellos y está en la base de toda su obra: en el sentimiento sensual y religioso, en su poesía arcaizante y campesina, en la violencia de sus personajes, en su culto a lo medioeval y gótico o a lo grotesco y barroco, en la emoción céltica y regional de sus evocaciones de la vida gallega, en el realismo deformado con que presenta a sus personajes o crea un ambiente, en la sustancia poética de su lenguaje o en la ironía moral y quevedesca de sus *Esperpentos*. En éstos o en las novelas de *El ruedo ibérico* hay una amarga visión satírica de la realidad española por la que Valle Inclán retorna al final de su obra, como observó muy agudamente Pedro Salinas, a la comunidad de sus compañeros de generación, los preocupados del 98.

Alfonso Reyes le llamó "verdadero Jano literario, uno de cuyos rostros mira a la *Sonata* mientras el otro contempla el *Esperpento*." La contradicción, ley de los hombres de su tiempo, se da una vez más en él, porque en Valle Inclán —hombre y obra— están unificados el artífice y el moralista, el sensual y el asceta, el decadente y el exaltador de la fuerza y la hombría, de la que él mismo dio no pocos ejemplos.

**Benavente.** — Una renovación análoga a la que realizaron en la novela y el ensayo los prosistas estudiados significa en el teatro la obra de Jacinto Benavente (1866-1954), que respiró como ellos el aire de fin de siglo y se dio a conocer con varias obras no dramáticas, de estilo lírico y modernista, *Teatro fantástico* (1892) y *Versos* (1893).

Al mismo tiempo con su primera comedia, *El nido ajeno* (1894), y otras que siguieron poco después —*Gente conocida, El marido de la Téllez, La comida de las fieras, La gobernadora, Lo cursi, Los malhechores del bien*— vino a dar nueva vida al teatro español dominado entonces por el melodramatismo declamatorio y las obras de tesis de Echegaray y sus discípulos.

La comedia benaventiana era lo más opuesto al gusto imperante que cabía concebir: sutil e irónica, antirretórica y antideclamatoria, escrita en un lenguaje modelado sobre el uso normal, sin acción, ni pasiones, ni tesis, llevaba a la escena las costumbres de la aristocracia y la clase media madrileñas mostrando sus prejuicios e hipocresía con intencionada mordacidad. Es decir, adoptaba frente a la sociedad de su tiempo una actitud crítica, semejante a la de sus compañeros de generación, de los que pronto le apartaron su temperamento escéptico y el éxito popular. Los otros, de personalidad más profunda, siguieron siendo los "intelectuales" inconformes. Benavente, aclamado por el público, pronto se convirtió en una versión nueva del "ingenio de la corte" cuyas agudezas repetían admiradas la aristocracia y la burguesía que él satirizaba en sus comedias.

Supeditadas al propósito satírico se perciben en el arte dramático de Benavente desde su primer momento otras tendencias y cualidades que se desarrollan más tarde hasta llegar a prevalecer. Algunas de ellas —finura en el diseño psicológico y tono intelectual— darán a su obra amplitud y altura; pero otras —recargamiento sentimental y abuso de un simbolismo lírico, no siempre de buena ley— rebajarán su valor y se traducirán a veces en caídas lamentables.

Como en otros escritores del modernismo, las influencias en Benavente son muy numerosas, aunque, en su caso, están también asimiladas y fundidas por un temperamento original. Sus modelos inmediatos fueron probablemente algunos comediógrafos franceses, Dumas hijo, Henri Lavedan, Maurice Donnay o Alfred Capus. Admiró a Shakespeare y a Molière, de quienes toma, más bien, lo externo. Del trágico inglés, la atmósfera de algunas obras de teatro poético y fantástico, que no son lo mejor de Benavente. De Molière, el ingenio, pero no su manera de ahondar en el carácter. De los modernos debe bastante a Ibsen y a Maeterlinck y entre los españoles su teatro puede relacionarse, aunque no haya influencia directa, con la comedia de costumbres de Moratín hijo y con algunos dramas de Galdós, que muy poco antes había estrenado sus primeras obras.

El arte de Benavente crece y pasa por diversas modalidades hasta llegar a su plenitud en *Los intereses creados* (1907) —gran sátira de la naturaleza humana— y en los dramas trágicos de ambiente rural: *Señora Ama* (1908) y *La malquerida* (1913).

Hay entre sus otras comedias —ha escrito unas ochenta— algunas de belleza teatral y poética o de interés humano y social: *La fuerza bruta, Rosas de otoño, La noche del sábado, El mal que nos hacen.* En general, Benavente, maestro en el diálogo —ágil, ingenioso, natural— y en todos los pormenores de la técnica escénica, tendió cada vez más a hacer un teatro de fórmula y durante sus últimos veinte o treinta años rara vez produjo nada superior a las creaciones de su juventud. Se repite en él el caso de todos. Escritores muy arraigados en las corrientes artísticas e ideológicas finiseculares permanecieron, en lo fundamental, durante más de cincuenta años idénticos a sí mismos, sin poderse adaptar a los cambios que trajo la primera guerra mundial. Han cambiado en lo externo —temas y quizás algunos rasgos de su estilo— pero no en la substancia ni en su actitud ante la realidad, materia del arte.

En el caso de Benavente, que llegó a dominar la escena y la vida teatral española, la necesidad de mantener su gloria —sin contar sus ingresos— abasteciendo a compañías y a la demanda de un público burgués, hizo que se repitiera. Al fin, su teatro fue cayendo en la superficialidad y el amaneramiento, disimulado por el chisporroteo del diálogo, un lenguaje conceptual, cada vez más vacío de substancia, pero de efecto inmediato, y el manejo experto de recursos técnicos. Fue de los hombres de su generación el que antes perdió su prestigio entre las clases intelectuales.

Con todo, Benavente deja también una obra duradera y su nombre sobrevivirá en la historia del teatro español como el mejor dramaturgo del siglo XX. Sólo García Lorca —cuya obra dramática tiene valores tan distintos que es difícil la comparación— puede disputarle ese puesto. Fue Benavente un renovador y, a diferencia del anacronismo de los dramaturgos anteriores, su teatro está a la altura y ritmo de su tiempo. Rara vez supo crear un personaje perdurable, pero en sus mejores momentos logró dar forma dramática a una visión aguda de la vida contemporánea y de las pasiones o debilidades del ser humano. Hace mucho que su teatro ha empezado a ser olvidado fuera de España pero en la segunda y la tercera décadas de este siglo fue Benavente de los dramaturgos más conocidos en el mundo. Se le concedió el Premio Nobel en 1922 y su nombre figuraba en lugar no inferior a los de Shaw, Pirandello y otros de la misma talla.

**Ensayistas menores.** — El carácter intelectual del movimiento del 98 tuvo como consecuencia, según se ha hecho ya notar, el gran desarrollo del ensayo como género literario. A ello contribuyó la importancia que adquiere en la época contemporánea la prensa diaria. Es bien sabido que el periodismo y el ensayo son formas que nacieron y crecieron juntas influyéndose mutuamente; piénsese en los ensayistas ingleses del siglo XVIII o en los costumbristas españoles del XIX. En la España del XX la prensa se convierte en tribuna para campañas intelectuales, en vehículo de exposición de ideas y al mismo tiempo en el principal recurso económico del escritor. El hecho afecta por igual al pensamiento, que pierde su rigidez, y al estilo, que se hace más vivo y libre. Se escribe para el gran público. Gran parte si no todos los libros de Azorín están hechos con artículos aparecidos antes en periódicos y hasta los filósofos como Unamuno u Ortega y Gasset ceden a la atracción de la hoja diaria.

De ahí el carácter eminentemente periodístico de la obra de muchos escritores, relacionados por el estilo, la actitud y la orientación ideológica, al menos en los comienzos de su carrera literaria, con las ideas y preocupaciones de la generación del 98. La más importante de todas estas figuras que sin desdoro podemos llamar menores es Ramiro de Maeztu (1875-1936), a quien siempre se ha considerado como uno de los seis grandes de aquella generación (los otros cinco son Unamuno, Valle Inclán, Azorín, Baroja y Benavente) y que fue en su juventud el escritor más agresivo, nietzscheano y revolucionario de todos, según se ve en su primer libro: *Hacia otra España* (1899). Fue asimismo de los europeizadores convencidos durante gran parte de su vida; pasó muchos años en varios países, principalmente en Inglaterra, y fue de los primeros en divulgar en España algunas corrientes intelectuales como la fenomenología y la teoría de los valores. En esta y otras doctrinas europeas se inspiran las ideas de libros como *La revolución y los intelectuales, La crisis del humanismo* y *Don Quijote, don Juan y la Celestina.* Inquieto, variable, preocupado y siempre radical en sus actitudes, se pasó al extremo opuesto y fue evolucionando hacia una filosofía de sentido conservador hasta llegar a ser paladín de la tradición nacional y católica en su último libro, *Defensa de la Hispanidad.*

Evolución parecida —aunque anterior— a la de Maeztu siguió José María Salaverría, ensayista de menor bagaje intelectual y de personalidad no muy acusada, pero autor de algunas obras interesantes. Citemos además entre los escritores afines al espíritu del 98 al gran poeta catalán Juan Maragall que escribió algunos bellos ensayos en castellano, a Gabriel Alomar, Luis de Zulueta, Manuel Bueno, el crítico literario Eduardo Gómez de Baquero ("Andrenio"), Eugenio Noel, pintoresco apóstol del antiflamenquismo, Francisco Grandmontagne, español reeducado en la Argentina y entusiasta cantor de los países del Plata, o a periodistas de tipo más profesional como Mariano de Cavia y Luis Bello. Y dando al término ensayo la amplitud que le damos aquí —prosa varia sobre hechos, ideas, tierras, etc.— podríamos recordar, por sus libros de viajes y andanzas españolas e hispanoamericanas, a Ciro Bayo, escritor con un perfil de "raro" del 98, muy barojiano. Baroja, en efecto, lo evocó varias veces como lo evocó Valle Inclán en *Luces de bohemia.* Su figura, casi por entero olvidada, suscitó algún interés hace unos años, como antecedente de la literatura andariega de Camilo José Cela. Son todos ellos escritores de alguna importancia. Es posible que estos nombres sean olvidados pronto, pero juntos dieron con su pluma densidad intelectual al ambiente literario español de las primeras décadas de este siglo.

A la literatura que podemos llamar revisionista dentro del espíritu del 98 —confrontación de la vida, la psicología y la cultura españolas con las de los países más adelantados de Europa; tono pesimista y crítico— corresponde la obra de un escritor un poco más joven, el humorista Julio Camba, autor de intencionadas e ingeniosas crónicas, recogidas en una docena de libros, cuyas ideas y observaciones no por tener carácter cómico son menos penetrantes que las de escritores más serios. Merecen mención también como humoristas que, en formas distintas, reflejan el temple crítico de la época Wenceslao Fernández Flórez y José Gutiérrez Solana. El primero, gallego como Camba, se le parece en el efecto cómico de la palabra; son en el fondo totalmente diferentes en estilo e ideología. Camba, mucho más penetrante y profundo a nuestro juicio. En cuanto a Solana, gran pintor, dio en algunos libros, como *La España negra* o *Dos pueblos de Castilla,* una visión de la realidad española, análoga a la de su pintura, bronca y sombría, esperpéntica y tremendista.

Por último, aunque su revelación literaria fuese bastante tardía, debe incluirse en este grupo directamente relacionado con la generación del 98 o de espíritu afín a ella a Manuel Azaña, escritor de firme talento, de actitud y estilo personalísimos. Su novela, *El jardín de los frailes,* es un incisivo análisis de las inquietudes psicológicas y morales de un adolescente en la España de fines del siglo xix. En sus estudios sobre don Juan Valera se reveló como crítico literario de dotes poco comunes y sus libros de ensayos —*Plumas y palabras, Tres generaciones del Ateneo, La invención del Quijote y otros ensayos*— contienen algunas de las indagaciones más sagaces sobre los temas que tratan, aunque la crítica, por lo general corrosiva, de Azaña no siempre sea justa por la fuerte pasión que la inspira bajo una aparente objetividad. Azaña fue durante los breves años de la república española la personalidad política de mayor relieve. De esta etapa quedan varios libros de discursos cuya significación política no nos concierne pero valiosos casi siempre por su lenguaje ceñido y de pura raigambre clásica dentro de su modernidad.

**Erudición y crítica: el ensayo científico.** — Fenómeno paralelo, producido por causas análogas al de la fecundación del periodismo por las corrientes de ideas que la preponderancia del ensayo divulgó, es el de que la erudición, y hasta la obra de algunos científicos, adquiere un carácter literario tanto en el estilo como en la preocupación por las ideas generales, probablemente superior, o, al menos, más característico, que el que tuvo la literatura llamada didáctica en otras épocas. El hecho no es enteramente nuevo, ya que, como vimos, algo semejante puede decirse de los críticos de la Restauración: Menéndez Pelayo, Valera, Clarín, Costa. La diferencia consiste en una mayor precisión en las ideas y los datos y en un estilo menos difuso y retórico. Ahora, en el siglo XX, se huye de las ideologías abstractas y de las generalizaciones. Se desarrolla así un importante movimiento de investigación y crítica histórico-erudita que, si por un lado, se dirige a un conocimiento más profundo y exacto del pasado español y de su cultura, por otro, trata de penetrar, igual que los ensayistas, hasta las raíces espirituales de donde esa cultura nace. Esto no desvirtúa sino que en cierto modo acendra el rigor científico que la investigación moderna exige. El hogar de este movimiento, en el terreno de las ciencias históricas, fue el Centro de Estudios Históricos de Madrid. El iniciador y maestro fue Ramón Menéndez Pidal, que partiendo de una severa disciplina filológica —él introdujo en España los métodos de la filología románica— profundizó en los estudios de la lengua española y de la literatura medieval hasta llegar en libros como *La España del Cid, La epopeya castellana, El Romancero: Teorías e investigaciones,* en varios volúmenes de ensayos y estudios críticos o en los prólogos a los tomos de la *Historia de España,* publicada bajo su dirección, a interpretaciones de la cultura española de significación análoga a las interpretaciones de ensayistas como Unamuno y Ortega. En este sentido el capítulo final de *La España del Cid* y la Introducción general a la *Historia de España,* titulada "Los españoles en la Historia: Cimas y depresiones en la curva de su vida política" (1947), contienen páginas que no puede desconocer ningún estudiante de las literaturas hispánicas. Aparte de este aspecto concomitante con la creación literaria y con el desarrollo del pensamiento moderno, la obra más puramente histórica y científica de Menéndez Pidal —*Gramática histórica, Orígenes del español, Poesía juglaresca y juglares,* ediciones del *Poema del Cid* y de Alfonso el Sabio, estudios sobre la épica y el romancero, etc., o su gran libro reciente *La Chanson de Roland y el neotradicionalismo,* publicado cumplidos ya los noventa años— constituye la base fundamental del hispanismo moderno y en la historia de la lengua y la literatura españolas sólo cede en importancia a la ingente labor de Menéndez Pelayo, bajo cuyo magisterio se inició en la investigación Menéndez Pidal. En torno a éste y trabajando en el Centro de Estudios Históricos, empezaron su obra otros filólogos, investigadores y críticos a cuya labor nos referiremos en el capítulo siguiente.

Renovación parecida a la de Menéndez Pidal en el campo de la filología llevaron a cabo en sus especialidades el arabista Miguel Asín Palacios y el arqueólogo Manuel Gómez Moreno. Hay en sus obras también ideas importantes sobre la cultura y el espíritu españoles, pero cuyo carácter cae fuera de nuestro campo. Debemos advertir, sin embargo, que el conocimiento de algunas de las investigaciones e ideas de Asín y sus discípulos es hoy esencial para problemas importantes en estudios de literatura española, tales como la relación entre la poesía árabe, la española y la europea (*La escatología musulmana en la Divina Comedia*) o la relación entre el misticismo árabe y el cristiano (*El Islam Cristianizado*).

De los numerosos eruditos de este momento que no adoptaron los métodos de la filología moderna y permanecieron ajenos en general a las preocupaciones del espíritu contemporáneo pero de obra valiosa como aportación de datos o puntos de vista críticos citaremos a Francisco Rodríguez Marín por sus ediciones anotadas de la obra de Cervantes, sus colecciones de poesía tradicional y del refranero y algunas monografías; y a Adolfo Bonilla y San Martín por sus estudios acerca de los orígenes del teatro español y acerca de la filosofía del Renacimiento.

Entre las figuras de otros campos de la ciencia que entran en la literatura ocupa el primer lugar la personalidad científica de más alta importancia en los últimos cien años, el gran histólogo Santiago Ramón y Cajal, que trata problemas generales de la cultura española en trabajos como *Reglas y consejos sobre investigación biológica,* y que escribió además algunos libros muy amenos de reminiscencias personales, de cuentos, pensamientos y anécdotas.

**El teatro.** — Ni el teatro ni la novela, a pesar de ser los géneros más cultivados, alcanzan en la literatura contemporánea la excelencia e importancia del ensayo y de la poesía lírica. Sólo algunas figuras vinculadas a los movimientos renovadores —generación del 98, modernismo y otros que siguieron— consiguen crear obras teatrales o novelas que reflejan las corrientes espirituales y las exigencias artísticas de la nueva sensibilidad en sus diferentes momentos. En la novela ése es el caso de Baroja, Valle Inclán, Azorín, y más tarde de Pérez de Ayala, Miró o Gómez de la Serna; en el teatro, el de Benavente, y en las generaciones posteriores, el de García Lorca. Autores que no son fundamentalmente dramaturgos como Unamuno, Valle Inclán, escriben varias obras teatrales que sólo en la técnica se diferencian del resto de su producción.

Las causas de que las nuevas inquietudes no prendan en estos géneros son varias: el carácter mismo intelectual y lírico del espíritu contemporáneo; el de ser la novela y el teatro géneros de muy larga tradición con normas establecidas que exigen objetividad y en las que no es fácil que el autor pueda expresar libremente su sentimiento personal; pero, sobre todo, la comercialización de esos géneros que hace entrar como factor decisivo en el ánimo del autor el gusto del gran público al que la obra se dirige y del que vive el escritor.

Casi todos los dramaturgos aceptan en sus comienzos las innovaciones de Benavente o tratan de incorporar a la escena los caracteres poéticos del modernismo, mas pronto, sea cualquiera la causa, van adaptándose al gusto y fallo del público teatral que en España, al menos, no se ha caracterizado ni por grandes exigencias de tipo artístico ni por su espiritualidad. Benavente mismo fue poco a poco cediendo a la presión niveladora y con raras excepciones su teatro perdió calidad artística y espiritual a partir de la tercera década del siglo.

Los dos autores que en sus comienzos siguen más de cerca la escuela de Benavente y se destacan sobre otros comediógrafos de menor mérito literario son Manuel Linares Rivas (1867-1938) y Gregorio Martínez Sierra (1881-1947).

Linares Rivas se inclina al teatro moral, a la sátira de los abusos sociales. Son los suyos dramas o comedias de problema y tesis, semejantes en algunos puntos a los de Echegaray, pero con sentido y lenguaje más modernos, con fondo de mayor realidad al trazar la psicología de los personajes y el ambiente social en que se mueven, y, por lo común, con gran habilidad técnica. Su obra más famosa, *La garra,* dramatiza un conflicto matrimonial y es un alegato en favor del divorcio. En *El abolengo* y *Cobardías* satiriza los prejuicios aristocráticos; en *La cizaña,* la maledicencia, y en otras varias comedias, cada vez más sujetas a una fórmula teatral que va perdiendo eficacia al repetirse, pone de manifiesto conflictos varios entre los nuevos hábitos o las nuevas ideas y unas leyes que han envejecido y no pueden ya resolver ni aplicarse a los problemas de la sociedad actual. Es, pues, el de Linares Rivas un teatro de reformador pero que, por lo general, nunca llega al fondo humano de los problemas que trata.

Martínez Sierra es el dramaturgo que, con excepción de Benavente, más unido estuvo al modernismo. Creó o colaboró muy activamente en varias revistas de este movimiento, hizo poesía, novela y prosa varia típicamente modernistas que hoy están casi olvidadas, tradujo a Shakespeare y a Maeterlinck, y fue animador de empresas editoriales, como la de Renacimiento, y de varios intentos de reforma de la escena, sobre todo en el Teatro Eslava de Madrid, que con la colaboración de la actriz Catalina Bárcena dirigió muchos años.

Su obra dramática se distingue dentro del tono benaventiano por una cierta finura psicológica y una cierta delicadeza poética que a veces están al borde de un sentimentalismo dulzón. Sobresale como Benavente en la creación de personajes femeninos. Sus mejores obras son *Canción de cuna, Mamá, Primavera en otoño, La sombra del padre* y *El reino de Dios,* drama este último en el que, sin abandonar el modo psicológico y sentimental que caracteriza toda su obra, intenta Martínez Sierra dar significación social y revolucionaria al tema de la caridad cristiana.

Lugar propio ocupa el teatro de los hermanos Serafín (1871-1938) y Joaquín (1873-1944) Álvarez Quintero. Independientes en apariencia de los movimientos renovadores pero influenciados sin duda por ellos, estos comediógrafos sevillanos, cuya popularidad sólo fue inferior a la de Benavente, encontraron una fórmula que en sus mayores aciertos combinaba felizmente la sutileza psicológica con un fondo humano y realista de la mejor cepa castiza. Crearon así un teatro costumbrista andaluz, algo superficial, pero lleno de encanto y de gracia. Escritores muy fecundos, dejaron cerca de cien comedias, sainetes, juguetes cómicos y obras diversas, entre las cuales algunas como *La buena sombra, El patio, La reja, Puebla de las mujeres, El genio alegre* se leerán siempre con agrado por el ingenio de sus chistes y la gracia de sus situaciones. Fuera del escenario andaluz escribieron algunas piezas cómicas y satíricas igualmente valiosas como *Los galeotes, Doña Clarines* o *Las de Caín.* De menos valor nos parecen por el abuso del sentimentalismo y de fáciles recursos poéticos sus comedias dramáticas de más pretensiones como *Malvaloca, La rima eterna, Amores y amoríos,* etc.

Con los Quintero compartió la popularidad y debe compartir el lugar más destacado en la historia del teatro cómico de costumbres en nuestro tiempo el sainetero madrileño Carlos Arniches (1866-1943) en cuya obra culmina el "género chico," creado en la segunda mitad del siglo XIX. Dotado de genio indudable para recoger, potenciar y hasta crear o recrear la pintoresca lengua del pueblo bajo madrileño y para trasladar su rica variedad de tipos a la escena, Arniches deja en sus sainetes, comedias y libretos de zarzuela una obra abundante que en sus buenos momentos no desmerece en la comparación con la de los grandes autores que en el pasado cultivaron este tipo de teatro, sean Lope de Rueda, Quiñones de Benavente, Cervantes, don Ramón de la Cruz o Ricardo de la Vega. Véanse obras como *El santo de la Isidra, El terrible Pérez, El pobre Valbuena, El amigo Melquiades, El chico de las Peñuelas, Don Quintín el amargao.* Cultivó también la comedia larga en obras como *La señorita de Trévelez.* Lo característico de Arniches era el chiste, la salida inesperada, producida con frecuencia mediante la deformación cómica del cultismo, y la penetración al trazar personajes populares con gran naturalidad. A medida que profundizó en su teatro fue desarrollando ciertos elementos caricaturescos, de farsa, que le dan una nueva dimensión dramática en el camino de lo grotesco.

Podrían citarse otros nombres de escritores cómicos, Antonio Paso, Joaquín Abati o Pedro Muñoz Seca —autor éste de singular ingenio— que hicieron reir con sus retruécanos no faltos de gracia a varias generaciones de madrileños. Su teatro, que derivó hacia un género vulgar y disparatado llamado la "astracanada," queda al margen de la literatura.

Paralelas a estas corrientes del teatro en prosa, dos poetas modernistas, Eduardo Marquina y Francisco Villaespesa, desarrollan el teatro poético en verso, en obras como *En Flandes se ha puesto el sol* y *Las hijas del Cid* del primero o *Aben Humeya* y *El alcázar de las perlas* del segundo.

Un escritor que no logró gran éxito, pero superior a algunos de los citados es Jacinto Grau (n. 1877). Sobresale por sus intentos de devolver al teatro la dignidad literaria que a causa de su comercialización iba perdiendo al aplacarse los vientos renovadores. Es el de Grau un teatro de tendencia simbólica y lenguaje literario, intelectual, que combina el intento de entroncar con los grandes temas tradicionales —de la *Biblia*, del romancero, de Cervantes, del drama clásico— con un sentido psicológico y artístico moderno. Sus obras principales son *El conde Alarcos, El hijo pródigo, El señor de Pigmalión, Don Juan de Carillana* y *El burlador no se burla.*

**La novela.** — Inferior quizá al del teatro es, en el conjunto, el panorama de los novelistas menores. Ha habido entre éstos escritores muy populares y que en algún momento o por alguna de sus obras han gozado de prestigio. Es dudoso, sin embargo, que ninguno de ellos ocupe puesto importante en las futuras historias de la literatura.

Descontando a Palacio Valdés y a Blasco Ibáñez que, de acuerdo con un criterio ya explicado, situamos en el estudio del siglo XIX, y a Baroja, Valle Inclán, Unamuno y Azorín que por su valor y significación estudiamos aparte, entre los novelistas procedentes del 98 y el modernismo deben mencionarse, en primer lugar, por su éxito entre cierto público amigo de lo rancio y tradicional, a Ricardo León (1877-1943) y a Concha Espina (n. 1877). El primero tomó del modernismo la tendencia y el lenguaje arcaizantes y aunque su novela se inspira en un espiritualismo que a primera vista podría relacionarse con el del 98, no penetró en la esencia humana e intelectual de las preocupaciones de nuestro tiempo. Sus intentos de recrear los nobles sentimientos del pasado, misticismo o hidalguía, en obras como *Casta de hidalgos, El amor de los amores, Los centauros,* pecan de convencionales.

La novela de Concha Espina tiene mayor substancia humana, pero le falta también el sello de una fuerte personalidad que es el denominador común de la gran literatura y su estilo, aunque suelto y poético, no alcanza la perfección del de otros escritores de este tiempo. Montañesa como Pereda, sitúa en la misma región algunas novelas pero no logra en ellas esa fusión con la naturaleza y el medio que dan realce al realismo de aquél. Entre las mejores novelas de Concha Espina merecen ser conocidas *La niña de Luzmela, La esfinge maragata, El metal de los muertos,* y su última obra *El más fuerte* (1947).

Numerosos novelistas continúan la tradición del naturalismo, recogiendo en mayor o menor medida rasgos artísticos o temas más propios de la época contemporánea, pero lo dominante en ellos es la tendencia erótica que les conquistó muchos lectores entre el público poco exigente. El de mayor talento de este grupo fue Felipe Trigo y junto a él pueden citarse a Pedro Mata, Eduardo Zamacois y Antonio de Hoyos y Vinent. A nada conduciría añadir otros muchos nombres. A lo sumo podría ser interesante ver qué novelas quedan de una abundante producción. Téngase sólo en cuenta que escritores citados al tratar de otros géneros cultivaron también, a veces preponderantemente, la novela. Tal sería el caso de un Noel, o de un Fernández Flórez.

## IV. La poesía

Paralelamente al auge del ensayo y por razones parecidas la poesía lírica adquiere un gran desarrollo y alcanza extraordinaria elevación en toda la literatura española de nuestro siglo. Todavía en forma más evidente que en el terreno del pensamiento vemos en el de la lírica el influjo renovador del espíritu finisecular.

Los ensayistas, por lo que se refiere a su enfoque de los problemas españoles, tienen algunos precursores importantes en la generación anterior. En los poetas, salvo su afinidad con la actitud esencialmente poética de Bécquer, casi todo es nuevo y arranca del modernismo. La influencia de Rubén Darío es decisiva en el comienzo, pero pronto los poetas españoles, por lo menos los más grandes, después de aceptar las innovaciones importantes en la forma y la premisa mayor del modernismo —que la poesía era esencialmente arte, sensación y sentimiento, lirismo en una palabra— se apartan pronto de la tendencia hacia una poesía externa, cromática y decorativa, y buscan su propia voz en la vida interior, en el espíritu o en otras fuentes: tradición de los grandes líricos españoles o las preocupaciones intelectuales de la época.

Francisco Villaespesa, Manuel Machado, Eduardo Marquina y Valle Inclán, dentro éste siempre de su línea de artista personalísimo, se mantienen fieles en lo fundamental al credo estético y esteticista del modernismo, a través, por supuesto, de distintas modalidades como las que hemos señalado en la obra de Valle Inclán o pueden verse en la de Manuel Machado. Unamuno es, como ya hemos visto, caso aparte. Revolucionario en todo, se revolvió contra los poetas "de la siringa" y los que a todas horas "andaban con eso del ritmo" y en busca de sensaciones nuevas, señalando con instinto certero las limitaciones del esteticismo modernista.

Del conjunto renovador se destacaron dos poetas, dos grandes líricos andaluces, Antonio Machado y Juan Ramón Jiménez, en quienes culmina la poesía de todo este período.

**El lirismo profundo de Antonio Machado.** — Tres veces aparece el adjetivo profundo en la bella semblanza que de Antonio Machado (1875-1939) hizo Rubén Darío:

> Su mirada era tan profunda
> que apenas se podía ver.
> Era luminoso y profundo.
> Cantaba en versos profundos.

No hay adjetivo que mejor defina la lírica de este poeta sevillano, con toda su delicada y honda espiritualidad andaluza acendrada por treinta años de meditación ante el austero paisaje castellano. Poeta que busca en la soledad, en el recuerdo y en las galerías de su alma el misterio de lo eterno; que conversa consigo mismo porque cree "que quien habla solo, espera hablar a Dios un día," según nos dice en su "Retrato"; y que se apartó del modernismo —tras de aprender su lección renovadora y rendir culto al magisterio de Rubén— porque pensaba (véase su prólogo a *Páginas escogidas,* ed. Calleja) que "el elemento poético no era la palabra por su valor fónico, ni el color, ni la línea, ni un complejo de sensaciones, sino una honda palpitación del espíritu, lo que pone el alma, si es que algo pone, o lo que dice, si es que algo dice... en respuesta animada al contacto con el mundo."

Idea que, sin cambiar en lo esencial, vendrá a centrarse en el sentimiento de lo temporal, según define en la nota de la *Antología* de Gerardo Diego y en el arte poética de Juan de Mairena. Dice en el primero de los lugares citados que "la poesía es la palabra esencial en el tiempo" y explica cómo "al poeta no le es dado pensar fuera del tiempo, porque piensa su propia vida que no es, fuera del tiempo, absolutamente nada."

Fue hombre retirado y modesto. Tras unos años de iniciación literaria en Madrid y París, pasó casi toda su vida en pequeñas ciudades, Soria, Baeza, Segovia, como profesor de francés y, luego, de literatura en institutos de segunda enseñanza. Ya viejo, abandonó esta semi-anonimidad con ocasión de la guerra civil española, cuando su fe liberal y republicana le llevó a abrazar la causa del pueblo a cuyo servicio puso todo lo que él podía dar: su verso y su ejemplo moral. Salió de España en los últimos días de la guerra —fines de enero— confundido con la masa de miles de españoles que marchaban hacia el destierro y murió poco después (22 de febrero de 1939) en Collioure, pueblecito francés a orilla del Mediterráneo.

La obra poética de Machado no es muy extensa; es un caso extraordinario de concentración espiritual en pocos temas esenciales: los recuerdos y sueños de su juventud; la emoción de los paisajes y campos por los que pasea su sombra de poeta ensimismado —paisajes de Castilla y de su Andalucía nativa— el amor puro por su esposa Leonor, de cuya compañía gozó sólo cinco años y cuyo recuerdo le acompañó siempre; los anhelos de una España renaciente; el fluir de las cosas y la vida en lo momentáneo y circunstancial; y, sobre todo, los temas eternos de la más alta poesía: el tiempo, la muerte y la busca de Dios.

Por algunos de estos temas —Castilla, las aspiraciones renovadoras de España, los elogios a sus contemporáneos— así como por su predilección hacia lo popular y la preocupación filosófica, se ha dicho de él que es el poeta del 98. Y en efecto, su angustia metafísica y sus preocupaciones españolas están muy cerca de las de Unamuno, a quien siempre admiró, y su emoción ante el paisaje castellano muy cerca de la de Azorín. Pero Machado es siempre un lírico de substancia universal incluso cuando canta temas políticos y circunstanciales o cuando hace poesía moral y filosófica, casi diríase didáctica, en sus "Proverbios y Cantares."

Debe recordarse otro juicio exacto de Rubén Darío: "Algunos críticos han visto en él un continuador de la tradición castiza, de la tradición nacional. A mí me parece, al contrario, uno de los más cosmopolitas, uno de los más generales, por lo mismo que lo considero uno de los más humanos."

Como se ha dicho, la obra de Machado no es muy cuantiosa. En 1917 publicó la primera edición de *Poesías completas* en la que reunió toda su labor poética anterior: *Soledades* (1903), *Soledades, galerías y otros poemas* (1907) y *Campos de Castilla* (1912). En 1926 apareció otro libro, *Nuevas Canciones,* y luego añadió a las siguientes ediciones de *Poesías completas* todo lo que, cada vez más espaciadamente, iba produciendo.

El proceso poético puede resumirse en varias etapas. Primero, un lirismo centrado en las impresiones, recuerdos e inquietudes sentimentales de sus años mozos, el de "soledades" y "galerías": el poeta medita sobre lo pasajero y sobre lo eterno ("Y me detuve un momento —en la tarde, a meditar...— ¿Qué es esta gota en el viento que grita al mar: Soy el mar?") o busca a Dios y lo esencial humano por los umbrales de su sueño.

Es probablemente la poesía de los primeros libros la de calidades líricas más puras. Poesía juvenil tan sólo por la edad del poeta (aunque al publicarse *Soledades* anda ya cerca de los treinta años), porque desde el principio advertimos en ella madurez de espíritu y el eco de una vieja sabiduría. Entre el coro modernista se revela Machado con voz propia y un mundo poético concentrado en unos temas esenciales. Se ha asimilado la herencia del intimismo de Bécquer y Rosalía juntamente con lo más fecundo del simbolismo. No la retórica, sino el sentido de la poesía: emoción del momento; significado oculto de las cosas que nos rodean; intuición del misterio y del lenguaje vago de los sueños; el alma del mundo y el alma del poeta moviéndose al unísono en una relación que, a través de sensaciones indefinidas, aspira a captar el significado eterno de una realidad huidiza. Los temas se repiten con insistencia como se repiten las palabras: recuerdo, sueño, tiempo, juventud y amor perdidos. La realidad se da a través de imágenes, de objetos, de impresiones cuotidianas que apuntan siempre a lo pasajero —camino, fuente, río, luz y sombra, horas del día, figuras que pasan por la calle solitaria o la plaza desierta, rumores y sonidos que se pierden; o a lo vago e inefable —recuerdo, sueño, ensueño, laberinto interior ("Para escuchar tu queja de tus labios / yo te busqué en tu sueño / y allí te vi vagando en un borroso / laberinto de espejos"). El hastío, "el tedium vitae," las fuentes y los jardines dolientes y hasta la tristeza del placer y de la carne ("fiestas de amores" y "bacanales de la vida"), el repertorio, en fin, del decadentismo finisecular asoman alguna vez. Son el tributo del poeta a su tiempo y a sus años de bohemia en París (cuando conoció a Wilde y a Moréas y convivió con Rubén y con Gómez Carrillo), pero están fuertemente contrarrestados —a diferencia de todos los poetas del modernismo— por un tono de "viril melancolía," de estoicismo y resignación callada. Era el fondo de su espíritu que ya entonces presentía lo castellano. Por eso pudo decir años más tarde al despedirse de los campos de Soria ("donde parece que las rocas sueñan") "me habéis llegado al alma, / ¿o acaso estabais en el fondo de ella?"

Lirismo, dentro de su monotonía, de gran riqueza por su concentración. Cuando se lee, nunca cansa, y cada nuevo poema nos sacude con una nueva emoción.

La unidad y la emoción se logran mediante la coordinación de sentimiento, idea y palabra.

El sentimiento de monotonía —la repetición de unos cuantos motivos— hace que la palabra se cargue de resonancias y significaciones, fenómenos que ha estudiado con perspicacia Carlos Bousoño, al analizar algunos poemas. [3] Y la sensación de melancolía y nostalgia se espiritualiza y realza líricamente por un vago anhelo filosófico-religioso, que en la poesía de los primeros libros no ha adquirido todavía el carácter ideológico —aforístico y sentencioso— que tendrá más tarde. El poeta siente y piensa. En los poemas de juventud el pensar está supeditado al sentir. En lugar de aforismos, sentencias y conceptos, tan característicos de la poesía posterior, el poeta de *Soledades* quiere encontrar el sentido del mundo y el sentido de la vida. Como el místico, interroga a las cosas, pero a diferencia del místico, Machado, hombre de su tiempo, está dominado por un desolado escepticismo. En esto, como en muchas otras cosas, está cerca de Unamuno, aunque su angustia, por la ausencia total de dramatismo real o fingido, nos parece más auténtica. El poeta simplemente espera resignado "al borde del camino," en tanto que busca a Dios en el tiempo, en las cosas, entre la niebla de sus

---

[3] Véase "El símbolo bisémico en la poesía de Antonio Machado," en el libro *Teoría de la expresión poética.*

sueños y recuerdos, en el laberinto de su mundo interior, verdadero laberinto de la soledad.

La poesía de Machado varía poco en lo esencial. El poeta hará esfuerzos para salir de su laberinto, del subjetivismo radical de la juventud. Su sentimiento se objetiviza y la expresión se depura, perdiendo en resonancias. Al fin deriva hacia una poesía más conceptual. La segunda etapa se inicia con *Campos de Castilla.*

El lirismo, las preocupaciones anteriores y los temas claves —recuerdo, sueño, etc.— no desaparecen. Se vierten ahora en la contemplación y recreación del paisaje castellano, paisaje humanizado como en pocos poetas; en la historia —Castilla, "hoy miserable, ayer dominadora"; en impresiones de la vida provinciana; en la poesía política y social de los elogios a sus contemporáneos, la crítica de la España que bosteza, la fe en un posible revivir; en la recreación épica del numen sanguinario y fiero de los campos castellanos que es el de la tierra, el del Génesis, proyectado sobre un paisaje histórico que, a través de la leyenda y volviendo a la tradición del romance, le inspira "La tierra de Álvar González," nueva conjunción de historia y naturaleza. Lo característico es que la poesía, a pesar de objetivarse, de hacerse incluso descriptiva, no ha perdido su fuerte carga lírica. Además, en *Campos de Castilla* va a aparecer con tremenda emoción el tema del amor logrado, vivido y perdido. Cuando Leonor muere, encuentra Machado su voz más conmovedora: "Señor, ya me arrancaste..." Y el pobre idilio provinciano de un modesto profesor se convierte en uno de los grandes motivos amorosos de la poesía española: "A un olmo seco", "Palacio, buen amigo", etc.

Sin poder detenernos más en el resto de la obra, a partir de *Nuevas canciones,* algunas de cuyas notas hemos ya apuntado, digamos que la poesía de Machado se hace cada vez más ceñida y deriva hacia lo sentencioso, lo filosófico. En lo esencial se conceptualiza. Pero así como al objetivarse en las descripciones de Castilla, por ejemplo, no pierde el sentido humano ni la resonancia lírica, al conceptualizarse, queda mucho aún de la emoción antigua, traducida ahora en angustia filosófica de raíz personal, pero influenciada por el pensamiento de Bergson —influencia visible desde antes según mostró Clavería— y quizás del existencialismo, como han tratado de probar Sánchez Barbudo y Serrano Poncela, entre otros. Por los mismos años se dedicó a exponer su pensamiento poético y filosófico en los pequeños fragmentos que forman el libro *Juan de Mairena: sentencias, donaires, apuntes y recuerdos de un profesor apócrifo.* Libro sugestivo, de estilo cuajado en un seco humor, sentencioso, de calidad y espíritu análogos a la poesía de *Cantares y Proverbios* o de *Humorismos, fantasías y apuntes*. Muestra, bajo la aparente intrascendencia de su ironía, que en Machado el filósofo se hermanaba con el poeta.

Ya maduro, la voz profundamente lírica o la del poeta patriótico vuelve a resurgir —junto a la poesía más conceptual— inspirada por dos sentimientos poderosos: los de un nuevo amor en las hermosas canciones a Guiomar o, un poco más tarde, el fervor de los años de la guerra, cuando recrea, casi desde la otra orilla, en algún momento de calma y contemplación —paz en la guerra— el mundo de sus recuerdos, acaso con el sentimiento que había expresado muchos años antes, al pensar en la historia de España: "cual pasa del ahogado en la agonía / todo su ayer, vertiginosamente."

Aparte de otros escritos en prosa que se han venido reuniendo, compuso también, en colaboración con su hermano Manuel, teatro poético original —*Desdichas de la fortuna o Julianillo Valcárcel, Juan de Mañara, La Lola se va a los puertos*, etc.— y refundiciones de obras clásicas españolas y extranjeras. Teatro de calidad, nada esencial añade sin embargo a la significación de su obra.

Machado es poeta muy de su momento, muy moderno, y, al mismo tiempo, el poeta que se ha asimilado la tradición en sus dos aspectos: el culto y el popular. En todo caso, el valor de su obra no consiste ni en la cantidad de tradición que arrastra ni en la asimilación de la estética de fin de siglo. Recordemos la pregunta que sobre el sentido de su poesía se hace en el *Retrato:*

> ¿Soy clásico o romántico? No sé. Dejar quisiera
> mi verso, como deja el capitán su espada;
> famosa por la mano viril que la blandiera,
> no por el docto oficio del forjador preciada.

No era poco docto el oficio de Machado, aunque él pretendiera no dar gran importancia a la forma. Pero la permanencia de su poesía y el que hayan vuelto a ella con fervor las generaciones jóvenes (hoy es, con Unamuno, el poeta más admirado y el que más influye) se debe a la concentración —que no excluye la riqueza de intuiciones— en algunos temas esenciales: el tiempo y las cosas; la naturaleza y el paisaje; el hombre y Dios.

**La pureza lírica de Juan Ramón Jiménez.** — Andaluz como Machado y como él poeta de extraordinaria concentración espiritual es Juan Ramón

Jiménez (1881-1958), nacido en Moguer, provincia de Huelva. Hay entre la poesía de ambos más semejanza de lo que suele suponerse ya que obedecen a incitaciones análogas, las del espíritu de su época. Las diferencias son, no obstante, fundamentales y acaso el camino más corto para caracterizar sus obras respectivas sea señalar lo que tienen de común y lo que tienen de diferente. Comparten en los comienzos la herencia intimista de Bécquer, la asimilación del simbolismo francés y la influencia de Rubén. Muchos de los temas son comunes —recuerdo, sueño, nostalgia y melancolía, agua y fuentes, jardines y crepúsculos, emoción del momento lírico y anhelo de eternizarlo. Su evolución, vista en términos generales, es parecida: del subjetivismo sentimental a la objetividad y finalmente hacia una poesía filosófica, metafísica. Y sin embargo sus mundos poéticos, la emoción o la idea que la lectura de cada uno de ellos suscita no puede ser más diferente, casi diríase totalmente distinta, como son distintos sus temperamentos, su vida y su actitud ante el mundo.

El lirismo de Machado se inclina hacia lo moral, hacia la idea y hacia lo clásico; el de Juan Ramón hacia lo sentimental, hacia la belleza y hacia lo romántico, en cuanto lo romántico significa exaltación del sentimiento y de la sensación. En efecto, Juan Ramón es un sensitivo; su preocupación cardinal es de tipo estético. Machado es un meditativo; su preocupación cardinal es ética y religiosa, humana: el hombre en la tierra, en el paisaje, en relación consigo mismo, con los demás, el prójimo y el hermano (que jamás preocuparon a Juan Ramón), con Dios. Juan Ramón se crea, desde el primer momento hasta el último, su propio mundo, y en la relación entre vida y poesía, con la que tantas veces se le ha caracterizado, no sabemos si la vida se supedita a la poesía —a una actitud estética— o viceversa. En todo caso la interrelación entre ellas es completa. El paralelo podría continuarse hasta comparar la angustia de Machado, oscilante entre Dios y la nada, con el Dios deseado (de *Animal de fondo*) de Juan Ramón, que busca y encuentra en su propio ser y en el fondo del mundo que él se crea. Si las palabras se toman en su sentido estricto, se podría decir que la poesía de Juan Ramón es "egoísta," es decir, centrada en sí mismo; la de Machado, "altruista." El uno, Juan Ramón, está en la tradición platónica; Machado, en la agustiniana.

Dos grandes poetas viven la misma circunstancia y crean dos obras de máxima calidad poética, regida por diferentes valores.

Fue también Juan Ramón poeta de intimidad cuya vida se consagró por entero al culto de la poesía, a lo que él llama "la obra." No tuvo cargos públicos ni representaciones; hizo varios viajes —Francia, luego Norteamérica, donde se casó con la compañera ejemplar de toda su vida, Zenobia Camprubí— pero vivió, tras su juventud en Moguer, casi siempre en Madrid, y después de la guerra civil española, en América: Cuba, Estados Unidos, Puerto Rico, donde murió y recibió, ya casi moribundo, la noticia de la concesión del Premio Nobel. Sólo el escenario cambia. Su existencia de poeta es la misma en todos los lugares.

La obra poética de Juan Ramón Jiménez es muy numerosa o tiene por lo menos gran cantidad de títulos, libros que a lo largo de su vida, en un afán constante de depuración, fue repudiando o de los cuales salvaba algún poema, casi siempre retocado en sus sucesivas selecciones. Las principales son: *Poesías escojidas* (1917); *Segunda antolojía poética* (1922); *Canción* (1936) —libro con que inicia un nuevo reagrupamiento de la obra según las formas; y finalmente, *Tercera antolojía* (1957).

Más aún que en la obra juvenil de Machado, se percibe la influencia del modernismo en algunos de los primeros libros, *Arias tristes* y *Jardines lejanos.* Pero en éstos, como en dos anteriores —*Ninfeas* y *Rimas,* escritos casi en la adolescencia, y aún bajo el influjo de la poesía de fines del siglo XIX— el mundo poético de Juan Ramón apunta con perfiles y acentos que muestran la exquisita delicadeza y melancolía de un espíritu que, como el de Bécquer, aparece inquieto ante la belleza y lo inefable. Se revelan ya en ellos las notas que van a caracterizar a Juan Ramón —temperamento sensitivo además de sentimental; poesía hecha, más que de lujosas descripciones externas, de sensaciones refinadas por la espiritualidad y de sutiles estados líricos. El lenguaje de estos primeros libros es predominantemente musical y esta musicalidad es en rigor lo que más le acerca al modernismo.

Tras este primer momento, el arte de Juan Ramón se hace independiente de toda escuela, aunque el simbolismo, ya totalmente absorbido, siga operando en su poesía, casi hasta el fin. Se orienta ahora hacia un estilo más depurado en busca siempre de la Belleza absoluta, de la Poesía y del Espíritu que él intenta fundir en su lirismo esencial, interior, pero al mismo tiempo metafísico, abstracto. Cada vez cree llegar a su meta a través de diversas etapas: en primer lugar, la poesía espontánea, inspirada en el paisaje y la naturaleza, de *Baladas de Primavera, La soledad sonora* y *Pastorales,* etapa en la cual la temática y la palabra simbolista, procedentes de la poesía francesa, en lo substancial, toman coloración española, por influencia de lo popular tradicional, cuajado en el romance lírico. Se acentúa poco después, en *Estío* y *Sonetos espirituales,* la depuración de todo lo emocional y quejumbroso en una poesía de mayor profundidad y de una forma severa, en la que cada palabra parece tallada en su más recóndita y a la vez más clara significación y todavía parte de ahí hacia una nueva perfección, hacia una mayor pureza y espiritualidad, en los poemas y libros, pocos y breves, que publica después del *Diario de un poeta recién casado* (1917).

Juan Ramón describe ese incesante deseo de pureza que le guía y le atormenta, dando continuidad a su obra, en una composición titulada "La poesía," muchas veces recordada.

Empieza: "Vino, primero, pura, / vestida de inocencia / y la amé como un niño," para terminar con esta exclamación de entrega completa: "¡Oh pasión de mi vida, poesía / desnuda, mía para siempre!"

El punto más alto en la trayectoria poética de Juan Ramón —obsesionado por alcanzar la expresión adecuada a su vida interior, regida cada vez más por la pura idea poética— se alcanza probablemente en *Estación total,* escrito entre 1923 y 1936, aunque no se publique hasta 1946. La identificación del poeta con la belleza, con la plenitud de lo real, con el mundo es casi absoluta. Fórmula difícil en la que abstracción y realidad se hermanan en la palabra. Ya en la emigración, dos nuevos libros mantienen la alta tensión poética en su doble línea: emoción ante las impresiones concretas del paisaje y la naturaleza —*Romances de Coral Gables*; y aspiración metafísica concentrada ahora en una religiosidad inmanente, panteísta, *Animal de fondo.*

El afán ininterrumpido de perfección hizo que Juan Ramón fuese siempre a la vanguardia de la poesía durante las tres primeras décadas del siglo, no como seguidor de modas sino abriendo nuevos caminos, coincidentes a veces con los de otros poetas que sentían el anhelo de encontrar una poesía pura, intelectualizada o, como se dijo, entre las dos guerras, deshumanizada. El proceso juanramoniano coincidió entonces con la sucesión de varios "ismos," que en la literatura de lengua española se concretaron en el ultraísmo, aunque Juan Ramón, siempre distante y encerrado en su vida interior, sólo tuviese una relación marginal con las nuevas tendencias. Fue en cambio maestro y ejemplo de varios grupos de poetas jóvenes —especialmente de la generación hoy llamada del 26 o el 27: Guillén, Salinas, Lorca, Alberti.

En los últimos años, la juventud española ha mostrado algún desvío hacia una poesía que encerrada en sí misma, al menos en apariencia, parece desentenderse de la angustia del hombre. Se siente, por ello, más cercana al lirismo de Unamuno o de Machado. No hay duda, sin embargo, del extraordinario valor de la poesía de Juan Ramón, que quedará como uno de los grandes poetas de su tiempo, no inferior a los otros dos. Cada uno representa una visión poética propia y trata de captar el mundo de acuerdo con imperativos distintos. Orestes Macrí los ha resumido en una forma acertada: "El tríptico está completo —dice—: *Verdad* de Unamuno, *Alma* de Machado, *Belleza* de Jiménez". [4]

Es autor Juan Ramón de hermosos libros de prosa —*Platero y yo*, impresiones y recuerdos de adolescencia, *Versos y prosas para niños, Españoles de tres mundos*— en los que se advierte el mismo deseo de depuración, la misma espiritualidad y esa capacidad de transformar lo concreto, la impresión directa, en algo inefable y absoluto en el mundo de la belleza y del sentimiento, que caracterizan a su poesía. Y debe también subrayarse la importancia de numerosos ensayos críticos recientemente recogidos en libro.

**Otros poetas.** — Entre los fieles seguidores del modernismo, es decir, entre aquellos en quienes los caracteres de la escuela se presentan más acusados o persisten por más tiempo, el poeta de más valor y de personalidad más firme es Manuel Machado (1874-1947), nacido en Sevilla como Antonio. Su lirismo, refinado en el sentimiento y elegante en la expresión, no nace de una vida interior intensa como en su hermano o en Juan Ramón, sino de estímulos externos. Es por eso gran poeta descriptivo y en quien el elemento parnasiano, colorista —que, combinado con el musical procedente del simbolismo, caracteriza a los modernistas— logra en la poesía castellana su expresión más perfecta en las evocaciones literarias y artísticas de sus primeros libros, *Alma, Museo, Apolo (Teatro pictórico)*. Nada superior en este aspecto a las recreaciones de los retratos de "Carlos V" y "Felipe IV". Abunda en esta fase la nota galante, versallesca, parisina. Pero lo que más le define es la variedad de temas: hay también en su obra poesía de inspiración castellana, y hasta poesía moral y sentenciosa como la de su hermano. Combina lo culto con lo popular y lo francés con lo sevillano. Según dice exactamente en su "Retrato," comulga "con Montmartre (el boulevard parisién) y con la Macarena" (la virgen sevillana). Prefiere "a lo helénico y puro" lo "chic y lo torero." Añade en el mismo lugar que "antes que un tal poeta, mi deseo primero hubiera sido ser un buen banderillero." Su andalu-

---

[4] Véase "El segundo tiempo de la poesía de Jiménez," en el número de *La Torre* citado en la bibliografía.

cismo, que termina por prevalecer como motivo central de su inspiración, es visible tanto como en los temas en notas esenciales de su arte: gracia y aire del verso; gesto de desgana y elegante hastío ante la vida, y, sobre todo, sabor, autenticidad y belleza, con los que, sin caer en lo vulgar, supo recrear en parte de su obra —*Los cantares, El cante hondo*— el estilo y el espíritu de la copla andaluza, abriendo así el camino por el que seguirán en la generación siguiente, con nuevo espíritu y nueva técnica, Federico García Lorca y Rafael Alberti.

Poetas representativos también de la escuela modernista son Francisco Villaespesa, Eduardo Marquina y Emilio Carrere.

Villaespesa, andaluz de Almería, poeta fácil y espontáneo, de la estirpe de Zorrilla, fue de los primeros en alcanzar popularidad por la riqueza de su verso y de sus imágenes y algunos aciertos en la expresión de los estados de sensibilidad doliente de fin de siglo; pero sus dotes se malograron en gran medida porque le faltó disciplina, espiritualidad y no pudo depurar ni el tono quejumbroso neorromántico, ni la fastuosidad verbal. Derivó hacia el teatro y hacia evocaciones de un superficial orientalismo, entregado a una vida bohemia y desarreglada. Parecido es el caso de Emilio Carrere, aunque en éste, traductor de Verlaine, bohemia y desarreglo fueron más bien temas poéticos que realidades vitales. Representa dentro del modernismo la nota decadente, que fue gastándose en una poesía amanerada.

En 1905 los jóvenes modernistas publicaron *La corte de los poetas,* antología prologada por Carrere que asumía así, en cierto modo, la jefatura de la escuela, cuando ya los poetas de mayor personalidad se apartaban, según hemos visto, del modernismo. Dicha antología ha sido olvidada casi por completo pero tuvo importancia en su momento y el joven Ortega y Gasset, que por entonces —primeros años de su carrera— comentaba atentamente los hechos literarios, le dedicó un artículo —"Poesía nueva. Poesía vieja". Dicha antología representaba entonces la falange muy numerosa de los nuevos: alrededor de cuarenta poetas. Su interés hoy es el de mostrar cómo cambian la perspectiva y las valoraciones. Muy pocos en la amplia nómina han sobrevivido, al menos como poetas. Algo parecido a lo ocurrido con el libro sobre la novela publicado poco después por Andrés González Blanco, donde un Baroja, por ejemplo, ocupaba una situación muy secundaria y en cambio se dedicaba gran espacio a novelistas que nadie volverá a leer.

Mayor vigor, originalidad y riqueza tiene la poesía del catalán Eduardo Marquina en quien el verso del modernismo se funde con motivos y formas clásicas de tradición mediterránea. El éxito, continuado luego, de sus primeros dramas poéticos de tema histórico, en los que resucita el teatro romántico —*Las hijas del Cid, En Flandes se ha puesto el sol*— le apartó casi por entero de la poesía lírica.

Como modernistas sólo en parte empezaron su obra un poco más tarde Ramón Pérez de Ayala, a quien estudiaremos en el capítulo siguiente; Enrique Díez Canedo, de espíritu mesurado y mente clara, que además de poeta limpio, sereno, fue el mejor crítico literario contemporáneo, y Enrique de Mesa, poeta del paisaje castellano, de gusto tradicional y clásico, dentro de su tono moderno. Estos tres poetas pertenecen realmente a lo que Federico de Onís ha llamado el "postmodernismo."

Coincidiendo con el 98 y las corrientes de renovación lírica, se desarrolla en lengua castellana una poesía de tipo regional con motivos campesinos, representada por el murciano Vicente Medina y el salmantino José María Gabriel y Galán, a quienes nos referimos al estudiar a los poetas de fines del siglo XIX.

[Selecciones: del Río, *Antología* II, págs. 441-682.]

# BIBLIOGRAFÍA

(Véanse Bell, Montesinos, Torrente Ballester y otros en bibliografía del capítulo anterior)

## 1   GENERAL

a) Historia, crítica y estudios varios.

J. Cassou, *Panorama de la littérature espagnole contemporaine*, París, 1929.
P. Salinas, *Literatura española siglo XX*, México, 1941.
J. Chabás, *Literatura española contemporánea, 1898-1950*, La Habana, 1950.
Azorín, "La generación del 98," en *Clásicos y modernos*, Madrid, 1919.
D. King Arjona, "La voluntad and abulia in Contemporary Spanish Ideology," en *Rev. Hispanique*, LXXIV (1928), 573-672.
H. Jeschke, *Die Generation von 1898 in Spanien*, Halle, 1934; trad. española, Madrid, 1954.
K. P. Reading, *The Generation of 1898 in Spain as seen through its fictional hero*, Northampton, Mass., 1936.
R. Seeleman, "The Treatment of Landscape in the Novelists of the Generation of 1898," en *Hispanic Review*, IV (1936), 226-238.
P. Laín Entralgo, *La generación del noventa y ocho*, Madrid, 1945.
M. Fernández Almagro, *En torno al 98. Política y literatura*, Madrid, 1948.

*Número conmemorativo de 1898 de la revista "Arbor,"* XI, 1948, no. 36 [varios autores].

G. Díaz Plaja, *Modernismo frente a noventa y ocho...,* Madrid, 1951.

M. Henríquez Ureña, *Breve historia del Modernismo,* México, 1954.

L. Granjel, *Panorama de la generación del 98,* Madrid, 1959.

R. Darío, *España contemporánea,* París, 1899.

A. González Blanco, *Los contemporáneos,* París, 1907-1910.

R. Cansinos-Assens, *La nueva literatura,* Madrid, 1917-1927, 4 vols.

———, *Poetas y prosistas del novecientos,* Madrid, 1919.

E. Levi, *Figure della letteratura spagnola contemporanea,* Firenze, 1922.

J. Dos Passos, *Rocinante to the Road again,* New York, 1922.

M. Legendre, *Portrait de l'Espagne,* París, 1923.

S. Madariaga, *Semblanzas literarias contemporáneas,* Barcelona, 1924 (en inglés, *The Genius of Spain,* Oxford, 1923); Nueva edición ampliada con el título *De Galdós a Lorca,* Buenos Aires, 1960.

W. Frank, *Virgin Spain,* New York, 1926.

G. G. King, *Heart of Spain,* Cambridge, Mass., 1941.

G. de Torre, *La aventura y el orden,* Buenos Aires, 1943 [Unamuno, García Lorca, Machado].

———, *Las metamorfosis de Proteo,* Buenos Aires, 1956 [Ortega, Gómez de la Serna, J. R. J., M. Hernández, Salinas, Cansinos-Assens, d'Ors, García Lorca].

C. Clavería, *Cinco estudios de literatura española moderna,* Salamanca, 1945 [Azorín, Pérez de Ayala, Machado].

S. Serrano Poncela, *El secreto de Melibea y otros ensayos,* Madrid, 1959 [Silverio Lanza, Ganivet, Unamuno, Baroja, Azorín, Ortega].

J. López Morillas, *Intelectuales y espirituales,* Madrid, 1961 [Unamuno, Machado, Ortega, Marías, Lorca].

*El impresionismo en el lenguaje* [Col. de Estudios estilísticos], ed. A. Alonso y R. Lida, 3.ª ed., Buenos Aires, 1956.

b) Novela y teatro

(Veánse González Blanco, Gómez de Baquero, Balseiro, Entrambasaguas en capítulo anterior.)

E. Gómez de Baquero, *Novelas y novelistas,* Madrid, 1918.

M. Aub, *Discurso de la novela española contemporánea,* México, 1945.

D. Pérez Minik, *Novelistas españoles de los siglos XIX y XX,* Madrid, 1957.

E. G. Nora, *La novela española contemporánea,* Madrid, 1958.

M. Fernández Almagro, "Esquema de la novela española contemporánea," en *Clavileño,* 5 (1950), 15-28.

S. Serrano Poncela, "La novela española contemporánea," en *La Torre,* I (1953), 105-128.

M. Durán, La técnica de la novela y la generación del 98," en *Revista Hispánica Moderna,* XXIII (1957), 16.

L. Livingstone, "Interior Duplication and the Problem of Form in the Modern Spanish Novel," en *PMLA,* LXXIII (1958), 393-406.

M. Bueno, *Teatro español contemporáneo,* Madrid, 1909.

A. González Blanco, *Los dramaturgos españoles contemporáneos,* Valencia, 1917.

J. G. Underhill, "The modern Spanish drama," *Drama League Monthly,* Mount Morris, Ill., 1917.

R. Pérez de Ayala, *Las máscaras, ensayos de crítica teatral*, Madrid, 1917-1919, 2 vols.

E. de Mesa, *Apostillas a la escena*, Madrid, 1929.

G. Díaz Plaja, *La voz iluminada. Notas sobre el teatro a través de un cuarto de siglo*, Barcelona, 1952.

G. Torrente Ballester, *Teatro español del siglo XX*, Madrid, 1960.

c) Poesía

E. Gómez de Baquero (Andrenio), *Pen Club: Los poetas*, Madrid, 1929.

A. Valbuena Prat, *La poesía española contemporánea*, Madrid, 1930.

M. Aub, *La poesía española contemporánea*, México, 1954.

L. F. Vivanco, *Introducción a la poesía española contemporánea*, Madrid, 1957.

L. Cernuda, *Estudios sobre poesía española contemporánea*, Madrid, 1957.

D. Alonso, *Poetas españoles contemporáneos*, 2.ª ed., Madrid, 1958.

J. L. Cano, *Poesía española del siglo XX*, Madrid, 1960.

C. Zardoya, *Poesía española contemporánea. Estudios temáticos y estilísticos*, Madrid, 1961.

J. F. Cirre, *Forma y espíritu de una lírica española (1920-1935)*, México, 1950.

P. Salinas, *El romancismo y el siglo XX*, en *Ensayos de literatura hispánica*.

C. Bousoño, *La correlación en la poesía española moderna*, en *Seis calas...*

C. Zardoya, "La técnica metafórica en la poesía española contemporánea," en *Cuadernos Americanos*, X (1961), núm. 3, 258-281.

d) Selecciones y antologías

A. Alonso, *Antología de ensayos españoles*, Introd. de F. de Onís, New York, 1936.

H. Guerlin, *L'Espagne moderne vue par ses écrivains*, París, 1924.

M. de Maeztu, *Antología, Siglo XX, Prosistas españoles*, Buenos Aires, 1943.

D. Franco, *La preocupación de España en su literatura*, Madrid, 1944; 2.ª ed., 1960.

A. del Río y M. J. Benardete, *El concepto contemporáneo de España, Antología de ensayos (1895-1931)*, Buenos Aires, 1946.

L. J. Navascués, *De Unamuno a Ortega y Gasset*, New York, 1951.

S. Serrano Poncela, *Prosa moderna en lengua española*, Univ. de Puerto Rico, 1955.

E. y M. Da Cal, *Literatura siglo XX*, New York, 1955.

B. Patt and M. Nozick, *The Generation of 1898 and after*, New York, 1960.

G. Diego, *Poesía española (1915-1931)*, Madrid, 1934; 3.ª ed., 1959.

J. M. Souviron, *Antología de poetas españoles contemporáneos*, Santiago de Chile, 1933.

F. de Onís, *Antología de la poesía española e hispanoamericana (1882-1932)*, Madrid, 1934.

J. J. Domenchina, *Antología de la poesía española contemporánea (1900-1936)*, 2.ª ed., México, 1946.

Laurel: *Antología de la poesía moderna en lengua española*, México, 1941.

*Las cien mejores poesías españolas contemporáneas*, ed. J. Díez-Canedo, vol. II de *Poesía española (Del siglo XIII al XX)*, México, 1945.

O. Macrí, *Poesia spagnola del Novecento*, Parma, 1952.

## 2    GANIVET Y UNAMUNO

Ángel Ganivet, *Obras completas,* Madrid, 1928-1930, 10 vols.; ed. Fernández Almagro, Madrid, 1943, 2 vols.

M. Fernández Almagro, *Vida y obra de Ángel Ganivet,* Valencia, 1925.

H. Jeschke, "Ángel Ganivet, seine Personlichkeit und Hauptwerk," en *Rev. Hispanique,* LXXII (1928), 102-246.

C. Armani, *Ángel Ganivet e la rinascenza spagnola del 98,* Napoli, 1934.

A. Espina, *Ganivet: el hombre y la obra,* Buenos Aires, 1942.

F. García Lorca, *Ángel Ganivet. Su idea del hombre,* Buenos Aires, 1952.

M. de Unamuno, *Obras completas,* Madrid, 1951-58, 8 vols.

———, *Obras selectas,* Pról. de J. Marías, Madrid, Plenitud, 1956.

———, *Antología poética,* ed. Vivanco, 1952 (Hay otras selecciones de poesía, de Domenchina y de J. M. Cossío).

———, *Cancionero, Diario poético,* ed. Onís, Buenos Aires, 1953.

———, *Teatro completo,* ed. García Blanco, Madrid, 1959.

———, *Mi vida y otros recuerdos personales,* Buenos Aires, 1960, 2 vols.

J. E. Crawford Flitch, "Introduction," en *Unamuno, Essays and Soliloquies,* New York, 1925.

M. Romera Navarro, *Miguel de Unamuno, novelista, poeta, ensayista,* Madrid, 1928.

H. Daniel-Rops, *Carte d'Europe,* París, 1928.

C. González Ruano, *Vida, pensamiento y aventura de Miguel de Unamuno,* Madrid, 1930, 2.ª ed., 1954.

J. Ferrater Mora, *Unamuno, bosquejo de una filosofía,* Buenos Aires, 1944.

J. L. Aranguren, "Sobre el talante religioso de Miguel de Unamuno," en *Arbor,* XI (1948), 485-503.

H. Benítez, *El drama religioso de Unamuno,* Buenos Aires, 1949.

S. Serrano Poncela, *El pensamiento de Unamuno,* México, 1953.

C. Clavería, *Temas de Unamuno,* Madrid, 1953.

M. García Blanco, *Don Miguel de Unamuno y sus poesías,* 1954.

(García Blanco es autor de numerosos artículos y prólogos sobre aspectos particulares y viene desde hace tiempo publicando la obra inédita y el epistolario de Unamuno.)

C. Blanco Aguinaga, *Unamuno, teórico del lenguaje,* México, 1954.

———, *El Unamuno contemplativo,* México, 1959.

F. Meyer, *L'Ontologie de Miguel de Unamuno,* París, 1955.

L. Granjel, *Retrato de Unamuno,* Madrid, 1957.

A. Sánchez Barbudo, *Estudios sobre Unamuno y Machado,* Madrid, 1959.

A. F. Zubizarreta, *Unamuno en su nivola,* Madrid, 1960.

## 3    PROSA Y TEATRO

Azorín, *Obras selectas,* Madrid, 1943.

———, *Obras completas,* ed. Cruz Rueda, Madrid, 1947-1954, 9 vols.

W. Mullert, *Azorín,* Halle, 1926; trad. esp., Madrid, 1930.

R. Gómez de la Serna, *Azorín,* Madrid, 1930; 2.ª ed., 1942.

A. Krause, *Azorín, the little philosopher,* Los Ángeles, 1948; trad. esp., Madrid, 1955.

M. Granell, *Estética de Azorín,* Madrid, 1949.

M. G. Rand, *Castilla en Azorín*, Madrid, 1956.
José M. Cachero, *Las novelas de Azorín*, Madrid, 1960.
L. A. LaJohn, *Azorín and the Spanish Stage*, New York, 1961.
Pío Baroja, *Obras completas*, Madrid, 1948-49, 8 vols.
H. Peseux-Richard, "Un romancier espagnol: Pío Baroja," en *Rev. Hispanique*, XXIII (1910), 109-187.
J. Ortega y Gasset, *Ideas sobre Pío Baroja*, en *El espectador*, vol. I, Madrid, 1916.
D. Helmut, *Pío Baroja: Das Weltbild in seinen Werken*, Hagen, 1937.
L. Granjel, *Retrato de Pío Baroja*, Madrid, 1958.
M. Pérez Ferrero, *Vida de Pío Baroja. El hombre y el novelista*, Barcelona, 1960.
Ramón del Valle Inclán, *Obras completas*, Madrid, 1944, 2 vols.
————, *Baza de espadas*, Madrid, 1958.
*Valle Inclán (1866-1936): Vida y obra, Bibliografía, Antología*, Extr. de *Rev. Hispánica Moderna*, New York, 1936 (Arts. de J. R. Jiménez, M. Fernández Almagro y J. Mañach).
M. Fernández Almagro, *Vida y literatura de Valle Inclán*, Madrid, 1943.
R. Gómez de la Serna, *Don Ramón María del Valle Inclán*, Buenos Aires, 1944.
P. Salinas, *Significación del esperpento o Valle Inclán, hijo pródigo del 98*, Extr. de *Cuadernos Americanos*, México, 1947.
A. Alonso, *Estructura de las "Sonatas" de Valle Inclán...*, en *Materia y forma...*
A. Zamora Vicente, *Las "sonatas" de Ramón del Valle Inclán. Contribución al estudio de la prosa modernista*, Madrid, 1951.
W. L. Fichter, *Publicaciones periódicas de don Ramón María del Valle Inclán anteriores a 1895*, México, 1952.
E. S. Speratti Piñero, *La elaboración artística en "Tirano Banderas,"* El Colegio de México, 1957.
F. Meregalli, *Studi su Ramón del Valle Inclán*, Venezia, 1958.
J. Rubia Barcia, *A Bibliography and Iconography of Valle Inclán (1866-1936)*, Univ. of California Press, 1960.
Jacinto Benavente, *Teatro*, Madrid, Hernando, 1904-1930, 37 vols.
————, *Obras completas*, Madrid, Aguilar, 1950-1958, 11 vols.
F. de Onís, *Jacinto Benavente, estudio literario*, New York, 1923.
W. Starkie, *Jacinto Benavente*, Oxford, 1924.
I. Sánchez Estevan, *Jacinto Benavente y su teatro*, Barcelona, 1954.

## 4   POESÍA

A. Machado, *Obras*, pról. Bergamín, México, 1940.
————, *Juan de Mairena, Poesía, Abel Martín, etc.*, Buenos Aires, Losada, 1943, 4 vols.
————, *Obra poética*, con epílogo de Rafael Alberti, Buenos Aires, Pleamar, 1944.
Manuel y Antonio Machado, *Obras completas*, Madrid, Plenitud, 1947.
(Se han publicado numerosos fragmentos inéditos en diversas revistas. Se recomienda ver las traducciones al inglés de Alice J. McVan (con un largo estudio), New York, The Hispanic Society, 1959; y de W. Barstone, New York, Las Américas, 1959.)
R. F. Giusti, "Antonio Machado," en *Cursos y Conferencias*, Buenos Aires, XV (1939), 738-763.
S. Monserrat, *Antonio Machado, poeta y filósofo*, Buenos Aires, 1940.

E. A. Peers, *Antonio Machado*, Oxford, 1940.

M. Pérez Ferrero, *Vida de Antonio Machado y Manuel*, Madrid, 1947; 2.ª ed., Buenos Aires, 1957.

*Antonio Machado (1875-1939): Vida y obra, Bibliografía, Antología, Obra inédita*, Extr. de *Rev. Hispánica Moderna*, XV (1949). El estudio de "Vida y obra" (1-80) es de G. Pradal Rodríguez.

*Cuadernos Hispanoamericanos*, 1949, núms. 11 y 12, 722 págs. Número Homenaje a A. M. con artículos de Laín Entralgo, J. Marías, D. Alonso, L. Aranguren, J. M. Valverde, G. Diego y otros.

J. B. Trend, *Antonio Machado. With an appendix of verse and prose not included in the collected editions*, Oxford, 1953.

S. Serrano Poncela, *Antonio Machado: su mundo y su obra*, Buenos Aires, 1954.

J. Cassou, *Trois poètes: Rilke, Milosz, Machado*, París, 1954.

R. de Zubiría, *La poesía de Antonio Machado*, Madrid, 1955.

P. Darmengeat, *L'homme et le réal dans Antonio Machado*, París, 1956.

A. Sánchez Barbudo, *Estudios sobre Unamuno y Machado*, Madrid, 1959.

R. Gullón, *Las secretas galerías de Antonio Machado*, Madrid, 1959.

O. Macrí, *Antonio Machado*, Milano, 1959.

J. Chabás, *Vuelo y estilo*, Madrid, 1924 (Sobre A. y M. Machado).

Juan Ramón Jiménez, *Tercera antolojía poética* (1898-1953), Madrid, Btca. Nueva, 1957.

(La bibliografía de Juan Ramón es especialmente complicada, por su constante preocupación en seleccionar, eliminar y reordenar su obra. Nos limitamos pues a dar la última selección. La bibliografía más completa hasta el momento de su publicación puede verse en el libro de la Sra. Palau de Nemes. De *Platero y yo* hay numerosas ediciones y dos versiones al inglés; también algunas traducciones de poesía. De *Españoles de tres mundos*, la última edición es la de Madrid, Aguado, 1960. R. Gullón lleva algún tiempo publicando la correspondencia de J. R. de la que han salido ya varios cuadernos. También está en prensa, al escribirse esto, un volumen de crítica, *El modernismo*, con una buena introducción de R. Gullón y E. Fernández Méndez que ha aparecido ya en *Cuadernos*, núm. 56, enero 1962, 3-18.)

P. Henríquez Ureña, "La obra de Juan Ramón Jiménez," en *Cursos y Conferencias*, Buenos Aires, 1919. XIX, 251-263.

E. Nedderman, *Die symbolistischen Stilelemente im Werke von Juan Ramón Jiménez*, Hamburg, 1935.

E. Díez Canedo, *Juan Ramón Jiménez en su obra*, México, 1944.

G. Palau de Nemes, *Vida y obra de Juan Ramón Jiménez*, Madrid, 1957.

*La Torre*, V, núms. 19-20 (julio-dic. 1957), 412 págs. Homenaje a J. R. J. con artículos de A. del Río, G. de Torre, E. Vandercammen, F. Verhesen, J. L. Cano, R. Gullón, O. Macrí, E. Florit, J. Marías y otros.

F. Garfias, *Juan Ramón Jiménez*, Madrid, 1958.

G. Díaz Plaja, *J. R. J. en su poesía*, Madrid, 1958.

R. Gullón, *Conversaciones con Juan Ramón Jiménez*, Madrid, 1958.

B. Gicovate, *La poesía de Juan Ramón Jiménez, Ensayo de exégesis*, San Juan de Puerto Rico, 1959.

# 6 LA LITERATURA CONTEMPORÁNEA:
## Del Novecentismo y el Modernismo hasta el presente

A medida que nos acercamos al momento actual, el criterio historicista se hace más inseguro; la labor de deslindar movimientos o valorar obras y personalidades, más arriesgada. La dificultad se agrava por el carácter convulsivo, en todos los terrenos, de los últimos cuarenta o cincuenta años: dos guerras mundiales, un estado permanente de revolución social, de la cual emergen nuevas fuerzas directivas y nuevos países directores, la revolución tecnológica, las transformaciones de estructuras históricas, sociales y morales, y otros muchos hechos que no es necesario recordar. ¿Quién puede hoy hablar con seguridad de los valores que van a prevalecer en ningún terreno de la actividad humana?

Causa o consecuencia o simple síntoma de tales acontecimientos ha sido la pérdida del sentido de unidad. No ha habido en casi todo lo que va de siglo ni credos religiosos ni normas morales. Ni en el terreno estético y literario, doctrinas, teorías o instituciones que contrarresten el sentido de libertad creativa —de anarquía, sería mejor decir— que ha caracterizado al individualismo extremo y al constante estado de rebelión y flujo producido por una crisis radical de la cultura de occidente. Cierto que a ese individualismo se oponen fenómenos cohesivos de enorme poder: socialización, comercialización, influjo de las masas, y, en otro plano, totalmente distinto, una intelectualización progresiva del quehacer artístico, como respuesta o reacción a la irracionalidad de muchas de las fuerzas operantes en los cambios y transformaciones que están ocurriendo en el mundo.

Ha sido típica de casi toda la época —especialmente entre las dos guerras mundiales —la sucesión de "ismos" que, apenas iniciados, cedían el paso a otros de tipo enteramente opuesto. Gómez de la Serna enumera veintisiete, muchos sobre arte; faltan algunos sobre literatura.

Por lo que respecta a España es preciso no perder de vista su situación periférica, marginal, que históricamente se manifiesta en la neutralidad durante las dos guerras mundiales y que, en el proceso interno de su cultura, se traduce en dos fenómenos contradictorios. De un lado, la tendencia cada vez más fuerte a la europeización, a entrar en las corrientes universales del siglo, principalmente como reflejo o como respuesta a estímulos exteriores. De otro, un proceso de involución, es decir, de retorno a las fuentes de la propia cultura y de obsesión con las realidades españolas. En lo fundamental continúa, sin resolverse, el conflicto ya planteado en el siglo XVIII y que al comienzo del XX vivieron tan intensamente los hombres del noventa y ocho. La tensión que en las generaciones siguientes —entre las dos guerras mundiales— parecía próxima a resolverse, estalló, sin embargo, con mayor fuerza entre 1930 y 1939, produciendo el advenimiento de la República, en una revolución incruenta que pronto dejó de serlo, y la guerra civil, con la consiguiente escisión política, moral y espiritual del país.

Hasta ese momento parecía que la acumulación de esfuerzos hechos por muchas generaciones, desde el siglo XVIII y con mayor intensidad por las personalidades y movimientos estudiados en el capítulo anterior, iba al fin a dar como resultado que España se incorporase plenamente al concierto del mundo occidental. Sin entrar en otros aspectos de la vida nacional, la subida del nivel universitario, intelectual y artístico era indudable. Sin perder su acento propio, los españoles estaban creando un estilo que no desentonaba del común estilo europeo. Acaso por primera vez desde los Siglos de Oro se cultivaba en la universidad española la filosofía con originalidad y rigor. Subía —aunque aquí la distancia fuera más perceptible— el nivel científico. La investigación histórica, filológica y literaria, o, en otro plano, la poesía, alcanzaron altura comparable a las de otras lenguas y contaban con personalidades de rango internacional.

Si comparamos los escritores de comienzos de siglo con los que continúan su obra, aquéllos tienen acaso una individualidad mayor, pero son incapaces de una acción cohesiva, no logran elevar el ambiente cultural ni crear escuela. Su estilo es puramente personal, y a lo sumo van a servir de estímulo para los jóvenes. Unamuno, Azorín, Baroja, Valle Inclán acusan su singularidad, son grandes solitarios interesados en crearse un mundo que puede desentonar en el estilo intelectual de Europa entre las dos guerras. Ortega, d'Ors, Gómez de la Serna, Madariaga, Juan Ramón, en trance de renovación constante, los investigadores y críticos de la escuela de Menéndez Pidal, los poetas de la generación del 27 son, sin dejar de ser españoles, voces europeas. Lo mismo ocurre con las artes plásticas. Por primera vez desde los tiempos de Goya, nombres como Picasso, Miró, Juan Gris o más tarde Dalí entran de lleno en las corrientes centrales de la renovación pictórica mundial. En la música encontramos el caso parecido de Falla.

Todo ello es independiente del valor que tengan la obra y la personalidad de cada uno.

Esta plena reincorporación a Europa, el aire más internacional que bajo el signo intelectualista de la primera postguerra empezaron a adquirir la literatura y la cultura españolas no representaban más que un aspecto del proceso. Frente a él la involución continuaba y en la discordia civil van a operar por igual los reflejos de la crisis europea con sus totalitarismos cada día más potentes y las tensiones perturbadoras de la vida del país.

Sobre este marco general podemos estudiar la literatura española en tres momentos correspondientes a tres generaciones: las fechas aproximadas irían de 1910 a 1923, prolongación y rectificación del 98; 1923-1936, que en Europa coincide con el auge de los totalitarismos y en España con la Dictadura de Primo de Rivera y con la República, y finalmente los años que siguen a la guerra civil, período ya de más de dos décadas y en el que acaso ahora se inician, dentro de la situación anormal creada por la guerra —aislamiento y emigración— nuevas direcciones.

Puede ser inexacto afirmar que aún no se ha cerrado por completo el ciclo inciado por los hombres del 98, a diferencia de lo que ocurre en otras literaturas. En los últimos escritores se perciben todavía ecos claros de la angustia de Unamuno o del pesimismo de Baroja, en tanto que la expresión poética, pese a la abundancia y variedad y a múltiples intentos de cambio de estilo y actitud, parece más el resultado de cincuenta años de extraordinario florecimiento que de una creación realmente nueva.

## I. Novecentismo y postmodernismo

Pasado el período de las innovaciones traídas por los hombres del 98 y el modernismo, al acercarse la segunda década del siglo ya es visible que los escritores más jóvenes ensayan formas distintas de expresión y adoptan nuevas actitudes ante los problemas del arte, de la cultura y de la realidad española.

Empieza a definirse una nueva generación. Los primeros signos de divergencia podrían fecharse alrededor de 1904, cuando Ortega y Gasset —que acaba de cumplir los veintiún años— dirige a Unamuno unas cartas que éste comenta en el ensayo "Almas de jóvenes." Ortega, sin negar el magisterio del rector de Salamanca —a quien llama entre otras cosas "desmontador de almas sociales"— denuncia como peligros que se desprenden de su obra el viento de *personalismo* y la esperanza en el *genio* salvador. Es preferible para España "alentar los pasos mesurados y poco rápidos del talento." Sigue Ortega en varios artículos manifestando su disconformidad con el ambiente literario. Y así, en el titulado "Poesía nueva, poesía vieja," de 1905 —al que aludimos al hablar de *La corte de los poetas*— arremete contra el culto de la palabra sin idea. Es una crítica a fondo de lo más deleznable y pasajero del modernismo.

> "En tanto que España cruje de angustia —escribe— casi todos estos poetas vagan inocentemente en torno de los poetas de la decadencia actual francesa y con las piedras de sillería del verbo castellano quieren fingir fuentecillas versallescas, semioscuras meriendas a lo Watteau, lindezas eróticas y derretimientos nerviosos de la vida deshuesada, sonámbula y femenina de París."

Obsérvese que estas primeras escaramuzas surgen cuando apenas los "mayores," los noventaiochistas, han comenzado a afirmar su prestigio y a entrar en la madurez.

De ahí y de la cercanía de las fechas en darse a conocer unos algo más viejos y otros más jóvenes, procede el que aún sea común entre algunos historiadores y críticos el incluir en la "generación del 98" a Ortega mismo o a Pérez de Ayala y Gabriel Miró. Se olvida la coexistencia cronológica de dos o más generaciones, entre las cuales la nueva es siempre disidente de la que le precede, en cuyo ámbito se forma y a cuyos estímulos responde. El deslinde no es fácil y hasta podría señalarse el caso de que algunos de los viejos, Maeztu por ejemplo, y en algún respecto, Antonio Machado —luego Baroja y Azorín— se sientan atraídos por algunas de las orientaciones de Ortega.

Si nos atenemos a criterios de estilo y conciencia creemos que hacia 1910 empiezan a tomar forma corrientes literarias e ideológicas complementarias y dependientes aún de las del 98, pero netamente opuestas a ellas en muchos aspectos importantes. Y si aplicamos las pruebas que Salinas, por ejemplo, aplicó a la caracterización del 98 —coetaneidad, relaciones personales, empresas comunes, "lenguaje generacional"— se ve cómo responde a ellas el grupo de escritores que vamos a estudiar. En cuanto al acontecimiento o experiencia que le da cohesión no es, como en el caso del 98, un hecho histórico nacional, sino la repercusión en España de la gran guerra europea de 1914. Se inician por entonces direcciones que van a dominar la literatura posterior y dentro de las cuales aún cabe hablar de otra generación, la de los poetas que se dan a conocer en la tercera década, entre 1920 y 1930. Las relaciones entre estas varias generaciones son múltiples y sus diferencias no son estrictamente cronológicas. Sólo por las actitudes fundamentales podemos distinguirlas.

Viniendo ya a analizar lo que constituye los caracteres propios de esta nueva generación, o generaciones, diremos que en su forma más amplia se manifiesta como un intento de superación de las actitudes predominantes en el momento anterior. No es tanto un viraje completo, como lo es el 98 con respecto al realismo, sino un cambio de enfoque y de propósitos dentro, en lo fundamental, de las preocupaciones, los temas de orientación intelectual y estética que arrancan del modernismo. Es un nuevo espíritu y una nueva forma de sensibilidad para designar a los cuales sus creadores usan la palabra "novecentismo." Eugenio d'Ors la prodiga y Ortega da en Buenos Aires una conferencia con este título. El contenido de la palabra no es muy preciso; designa simplemente una serie de actitudes que definiremos un poco más abajo. Por su parte Federico de Onís, estudiando ya con criterio histórico la evolución de la poesía, divulgó el término postmodernismo en la Introducción a su *Antología*. Dice así Onís: "El postmodernismo (1905-1914) es una reacción conservadora, en primer lugar, del modernismo mismo, que se hace habitual y retórico como toda revolución literaria triunfante y restauradora de todo lo que en el ardor de la lucha la naciente revolución negó."

Estos caracteres que Onís asigna a la poesía pueden aplicarse a otros géneros, sobre todo al ensayo, que afirma aún todavía más su preeminencia en este momento hasta el punto de que todos los escritores salientes son casi exclusivamente ensayistas. Si los hombres del 98 negaban, aun siendo profundamente intelectuales, la primacía de la inteligencia, los escritores que les siguen la proclaman en todas sus páginas. En cuanto a la corriente restauradora "de todo lo que en el ardor de la lucha la naciente revolución negó," vemos cómo Pérez de Ayala o Madariaga proclaman, por ejemplo, el valor de Galdós, por quien Unamuno o Baroja mostraron en ocasiones injusto desdén, y cómo la novela del primero enlaza con la de Galdós mismo y con la de Clarín; en Ortega y Gasset y en sus discípulos renace el espíritu de disciplina filosófica de los krausistas, aunque las ideas sean muy distintas; y hasta un escritor socialista y revolucionario de esta generación, Luis Araquistain, llega a reivindicar sin reserva la obra de Menéndez Pelayo.

Es Ortega el maestro y animador de la gente nueva y ejerce, a partir de la segunda década del siglo, una influencia mucho mayor que la de Unamuno, resultado en gran medida del carácter mismo positivo y coherente que imprime a su labor, frente al negativo, inquietador y anárquico que tiene la obra de aquél.

Lo realmente característico, diferencial, de Ortega y de los escritores que en torno a él se agrupan será el intento de superar las tendencias neorrománticas e individualistas del 98 y del modernismo mediante la disociación de pensamiento y emoción que el personalismo de los escritores de fin de siglo había fundido y hasta confundido.

Quieren dar también un sentido intelectual y creativo al esteticismo superficial, colorista y decorativo en que van cayendo los imitadores de Rubén Darío. Los ataques de Ortega al individualismo unamunesco, del que hemos visto algunas muestras, aún veladas por el respeto, se convierten en declaración de guerra abierta en un artículo de 1909 —"Unamuno y Europa, Fábula"— y en algunos ensayos reunidos luego en el libro *Personas, obras, cosas,* especialmente el titulado "¿Hombres o ideas?", donde declara: "En general no concibo que puedan interesar más los hombres que las ideas, las personas que las cosas... Lo objetivo es lo verdadero y ha de interesarnos más que nada." Y la divergencia se personaliza cuando llama a Unamuno "morabito máximo que entre las piedras reverberantes de Salamanca inicia a una tórrida juventud en el energumenismo."

Frente a la busca del hombre y de lo humano —que traspasa de inquietud la obra de Ganivet, de Unamuno o de Baroja o que resuena en los versos de Antonio Machado— la busca de valores, de conceptos, de ideas. La diferencia no puede ser más patente ni mayor la distancia en las posiciones fundamentales, cualesquiera que sean los lazos que unen a las dos generaciones. Si para el espíritu que informa a los escritores del 98 podría adoptarse el lema de Nietzsche, uno de sus maestros, "humano, demasiado humano," las nuevas generaciones pueden en parte quedar definidas con el título de una de las obras de Ortega de mayor fortuna: *La deshumanización del arte,* si se da a este concepto el significado recto que le dio el autor, no el peyorativo de indiferencia ante lo humano que muchos le han dado tendenciosamente.

De acuerdo con la orientación hacia lo objetivo —cosas y conceptos— el estilo se hace por un lado más conceptual; por otro, más plástico, menos musical y lírico. Desaparece de él el tono emocional y subjetivo: la palabra vale, no por las resonancias íntimas o la pasión de que va cargada, sino por su valor significativo o por el placer que como imagen de las cosas suscita. Es decir, se va pasando de la metáfora y el símbolo a la imagen como realidad creada o recreada, según la entenderá la poesía imaginista.

España deja de ser motivo de angustia: se convierte en una realidad histórica que más que sentir es necesario entender. Compárense *En torno al casticismo* de Unamuno con *España invertebrada* de Ortega o el apasionado y poético quijotismo de *La vida de don Quijote y Sancho,* análisis de almas, con el lúcido y frío análisis de ideas y técnicas literarias de las *Meditaciones del Quijote,* primer libro de Ortega y Gasset. En el pensamiento filosófico, frente al yo angustiado, al hombre de carne y hueso, de Unamuno, Ortega proclama la filosofía del "yo y mi circunstancia," de la razón vital y del perspectivismo, y Eugenio d'Ors la filosofía del hombre que trabaja y juega. Ya no domina el tono de nostalgia frente al pasado, sino que éste se convierte en historia, una realidad que es preciso estudiar para descubrir su sentido. El cambio de actitud se percibe en todo: en la manera de tratar el paisaje, el arte, las realidades humanas.

Los nuevos escritores, intelectuales puros, se sienten, ante todo, europeos, según ya apuntamos, y miran a España, por lo menos en una gran parte de su obra, con ojos y criterios europeos. Ortega es para el escritor alemán Curtius "uno de los doce pares del espíritu europeo" y Eugenio d'Ors y Salvador de Madariaga escriben parte de su obra en lenguas europeas, francés o inglés.

Los cambios de estilo, forma, pensamiento y vida que aparecen en Europa antes y después de la primera guerra mundial se reflejan inmediatamente —es decir, sin el retraso de otros tiempos— en España y en gran medida determinan el tono de la literatura en los años posteriores hasta llegar a 1936.

En cuanto al cuadro de conjunto de la literatura, durante esos años del 1910 al 1925, deben tenerse en cuenta algunos hechos: 1. Los escritores del 98 siguen escribiendo y hasta cierto punto están en su plenitud; algunos de ellos reciben el influjo de las nuevas corrientes y tratan de adaptarse a ellas. 2. Se intensifica el proceso de confusión de los géneros; domina la prosa, ya en el ensayo, ya en formas mixtas, poco diferenciadas, como la novela de Pérez de Ayala, Gabriel Miró o Gómez de la Serna. 3. En el teatro se agudizan la decadencia y la comercialización. 4. Los poetas que se dan a conocer en este período son inferiores a los del modernismo y a los que vendrán después de 1920. Los Machado, Valle Inclán, Unamuno siguen haciendo su obra poética un poco independientes de movimientos y escuelas, fieles a sí mismos. En el caso de Pérez de Ayala, poesía, ensayo, novela son formas varias de una misma actitud eminentemente intelectual. El poeta que domina la época, que entronca más con su espíritu, es Juan Ramón Jiménez que en su busca de nuevos caminos sirve de lazo de unión entre el modernismo y las tendencias posteriores y en este sentido ocupa el centro de toda la poesía contemporánea española.

## II. La obra literaria y filosófica de Ortega y Gasset

Ya hemos visto cómo José Ortega y Gasset (1883-1956) es la figura más importante y el corifeo en esta etapa del espíritu contemporáneo. Entre 1914 —fecha de publicación de su primer libro, *Meditaciones del Quijote,* y de su conferencia *Vieja y nueva política*— y 1931, cuando muchos de sus admiradores se vuelven contra él por razones, en parte, de carácter político, Ortega ejerce una sutil dictadura intelectual en los sectores más significativos de la vida literaria española. Por eso, al examinar las tendencias y corrientes generales de la literatura de esos años, hemos tenido que aludir constantemente a la personalidad de Ortega y hemos establecido ya allí algunos de los caracteres salientes de su obra.

Nació en Madrid y, a diferencia de la mayoría de los escritores de esta época pertenecientes a familias provincianas, Ortega estaba emparentado por ambas ramas familiares con personalidades conocidas en el mundo de la literatura y de la política. Su padre, José Ortega Munilla, fue novelista bastante popular en su tiempo y, sobre todo, periodista muy influyente en la prensa liberal; dirigió el suplemento literario "Los Lunes del Imparcial," donde escribió Ortega, igual que otros escritores jóvenes, sus primeros artículos hacia 1904. Los Gasset, la familia de su madre, eran políticos de alguna importancia y varios de ellos fueron ministros. Esto sin duda facilitó al joven Ortega el llegar pronto al puesto preeminente que ocupó en la vida española. Como otros escritores liberales de familia acomodada, se educó con los jesuitas y terminados sus estudios universitarios de filosofía en España, los continuó durante varios años en Alemania, especialmente en Marburgo con Hermann Cohen, que le inició en el movimiento neokantiano. Aunque su pensamiento se desarrolló más tarde en forma personal y se apartó de sus primeras posiciones, la filosofía alemana dejó una huella en sus ideas, visible a través de toda su obra, determinó su manera intelectual de acercarse a los problemas y despertó en él el propósito —que en gran medida realizó— de crear en España una atmósfera adecuada al desarrollo de los estudios filosóficos y de un pensamiento sistemático. Fue este propósito probablemente lo que le enfrentó en seguida con Unamuno y le llevó a combatir su influencia entre la juventud. Con Ortega culmina en la literatura española la influencia de la cultura germánica que empezó, en la segunda mitad del siglo xix, con los krausistas y con los poetas imitadores de Heine. Esa influencia afecta principalmente a las ideas y a los estudios científicos, porque en el estilo, en el arte, Ortega, como otros coetáneos suyos, buscó la gracia y la transparencia que más bien identificamos con la tradición de los países latinos. Ya desde sus primeros escritos se advierte cómo comparte su adhesión a las ideas de pensadores alemanes con la admiración por el elegante diletantismo esteticista y espiritual del francés Renan.

A los pocos años de volver a España, en 1910, gana la cátedra de metafísica en la Universidad de Madrid y se inicia el proceso ascendente de su prestigio en la literatura, en la vida social, en el periodismo —a través de diarios como *El Sol* y revistas como *España* y la *Revista de Occidente* fundadas y dirigidas por él— en importantes empresas editoriales, en la política. Su influjo se extiende a partir de 1916, fecha de su primer viaje a Buenos Aires, a la juventud intelectual de muchos países hispanoamericanos. No es necesario seguir en detalle todo el proceso de la vida y la influencia de Ortega, hasta que, como otros intelectuales, abandona a España en 1936, a poco de estallar la guerra civil. Debe, sin embargo, quedar señalada su importancia por constituir un factor esencial en la historia literaria e intelectual de los últimos cincuenta años, todavía perceptible hoy, a través de sus discípulos.

Por lo que se refiere a su obra escrita, su orientación quedó definida muy pronto cuando dijo que su intento era "sacudir de nuestra conciencia el polvo de las ideas viejas... y hacer que en ellas se afirme lo nuevo." Ortega encarnó, mejor quizá que ningún otro escritor, el espíritu contemporáneo tal y como éste se entendía en unos años obsesionados por la "contemporaneidad," los anteriores a las tremendas transformaciones que trajo la segunda guerra mundial. El punto de partida de su variado meditar fue, casi siempre, "la actualidad," "la circunstancia": el mundo del siglo XX en todos los aspectos: literarios, políticos, artísticos, sociales, históricos y filosóficos. Se situó ante él como "espectador" —palabra de noble alcurnia en el ensayismo universal (recuérdese *The Spectator,* de Addison) y que Ortega, el ensayista máximo de la literatura española, eligió como título de varios volúmenes de ensayos (*El Espectador,* 8 vols., 1916-1934). Espectador no indiferente y escéptico, sino espectador en el sentido más puramente filosófico. Su actitud, según explica en las palabras que dirige "Al lector" en las *Meditaciones del Quijote,* era la de mirar al mundo que le rodeaba con "amor intelectual" con el objeto, decía, de "dado un hecho —un hombre, un libro, un cuadro, un paisaje, un error, un dolor— llevarlo por el camino más corto a la plenitud de su significado." Trató por igual, y con el mismo afán de buscar su más alta significación, del paisaje castellano, de las modas sociales, del deporte o de la obra de un pintor, de la formación y naturaleza del Estado moderno, de la concepción de la filosofía de la historia en Hegel, de la misión de la universidad en las sociedades modernas o del tiempo y la forma en el arte de Proust. A todos estos temas y a otros muchos llevó Ortega un punto de vista personal y extraordinaria claridad, valoraciones e ideas que abrieron muchas ventanas a la juventud española, aunque no dejaran de suscitar reticencia en algunos de los "mayores." Muchas veces, ese variado meditar, sin establecer la debida gradación en la trascendencia de los temas, unido a su deseo de novedad y actitud minoritaria (el hablar constantemente de minorías selectas) hizo que pudiera acusársele de diletantismo. Ahora, pasado el tiempo, va desvaneciéndose lo que en la obra de Ortega parecía simple culto a la moda, culto, por su parte, consciente e intencionado, como antídoto contra el arraigado desdén, contra la contumaz desconfianza del español ante las novedades. Quería, como ya hemos visto, "sacudir el polvo" y más de una vez debió de pensar en aquel "castellano viejo" de Larra, hostil a todo cambio. Van también perdiendo brillo las fulgurantes metáforas que tanto impresionaban al lector de hace cuarenta años. Queda en cambio lo mucho de sólido, de permanente y de verdaderamente original que el "meditador del Escorial" traía en su bagaje. Fue común entre sus detractores decir que Ortega era "un literato" y no "un filósofo." Y todavía hay quien lo repite. Creemos, sin embargo, que los más serenos o menos comprometidos en ideologías partidistas, empiezan a reconocer —sin rebajar en nada los valores del estilo, del escritor— la importancia, irradiación y consecuencia del pensamiento orteguiano.

En una historia de la literatura interesa especialmente lo que éste tiene de más general, no el aspecto que podemos llamar "técnico," cuyo examen incumbe al historiador de la filosofía.

Se organiza el pensamiento de Ortega en torno a varias preocupaciones dominantes: España y los problemas españoles, con un sentido análogo al que tenían para los hombres del 98; la crisis de la sociedad moderna; el significado y rumbo de la historia; y la necesidad de formular una nueva filosofía que supere las consecuencias del racionalismo, filosofía que él mismo fue perfilando en sus ideas sobre la vida humana y la razón vital.

De las obras que dedica a problemas de la cultura española las *Meditaciones del Quijote* (1914) es probablemente la más fecunda, la menos discutible por ser la menos polémica. Explica en ella Ortega, con perspicacia superior a la de la mayoría de los historiadores de la literatura, la esencia del realismo cervantino, no como simple réplica de la realidad, sino como síntesis genial de realidad y fantasía, del mito poético y de la experiencia humana. Las ideas de Ortega, aceptadas por toda la crítica moderna, abrieron el camino a toda una visión nueva del *Quijote,* de la novela y, en gran medida, de todo el arte español.

Libro concentradísimo y preñado de intuiciones, no se limita, ni mucho menos, a la interpretación de la creación cervantina que en términos excesivamente simples hemos resumido. A la crítica estética y literaria interesan otras muchas observaciones; por ejemplo, el concepto nuevo de género no como distinción puramente formal, sino como resultado de cambios radicales en la actitud del hombre, del escritor, ante el mundo; la diferencia entre culturas germánicas —culturas de la profundidad y del concepto— y culturas mediterráneas: de la superficie, visuales, impresionistas; la relación entre realidad y poesía, entre tragedia y comedia; la interpretación del "héroe," etc. De pasada deja caer Ortega sugerencias enormemente fecundas. Una muestra: "Cada objeto estético es individuación de un protoplasma-estilo." Y algo más adelante "... un estilo poético lleva consigo una filosofía y una moral, una ciencia y una política. Si algún día viniera alguien y nos descubriera el perfil del estilo de Cervantes..." ¿No hay aquí como un anticipo de la estilística, muchos años antes de que nadie se ocupara de ella en España? Y si consideramos la obra en su aspecto filosófico, Julián Marías ha mostrado en un detenido comentario cómo se formulan en ella las bases de todo el pensamiento orteguiano —"el yo y las circunstancias," el perspectivismo o doctrina del punto de vista, la idea de generación, etc.— o se anticipan incluso ideas como la de la razón vital, que sólo muchos años después van a adquirir pleno desarrollo.

Nos hemos detenido en las *Meditaciones* por ser la obra más próxima por su tema a la literatura, aunque habría que examinar otras, como *Ideas sobre la novela* o numerosos ensayos críticos, desde los dedicados en su juventud a Baroja, Azorín, Machado, Valle Inclán hasta los *Papeles sobre Goya* o el bello prólogo a *Aventuras del Capitán Alonso de Contreras,* escritos en los últimos años. No es posible, sin embargo, entrar aquí con algún detalle en el rico mundo de incitaciones de toda clase que hay en la obra de Ortega. Volviendo a sus ensayos sobre problemas españoles, *España invertebrada* (1921) no tuvo la misma aceptación que su análisis del arte y el mundo cervantino. Se trataba de hechos que atañían a la realidad misma del ser histórico de la nación y las tesis orteguianas suscitaron discrepancias graves y, en parte, fundadas. Según ellas, la decadencia y la anarquía, casi siempre presentes en la historia nacional, eran resultado de no haber logrado España dar estructura firme a su Estado por la falta de minorías selectas, hecho que era a su vez consecuencia de la debilidad en su Edad Media del elemento feudal y germánico, decisivo, según Ortega, en la creación de otras grandes nacionalidades europeas. Como ocurre en las *Meditaciones,* hay en esta obra anticipos importantes de ideas que desarrollará más tarde en otras. Por ejemplo, las que atañen a los procesos históricos de integración y desintegración o las relaciones de minoría y masas en la estructura de la sociedad. Otros libros sobre España —*Vieja y nueva política, La redención de las provincias, Rectificación de la república*— se refieren a temas de la actualidad política en su momento.

A estudiar los problemas del mundo moderno dedica principalmente *La deshumanización del arte* (1925), lúcido análisis, y, al mismo tiempo, defensa implícita del antirrealismo del arte contemporáneo; y *La rebelión de las masas* (1930), su obra más conocida fuera de España, penetrante diagnóstico de la crisis actual del mundo que —muchos años antes de que fenómenos allí señalados se vieran con la evidencia que hoy los vemos— él explica, de acuerdo con ideas centrales de su pensamiento, como una inversión de valores, debida al declinar de la cultura europea. Este declinar de la cultura rectora se manifiesta, sobre todo, en el imperio de una mentalidad de masa frente a la mentalidad del hombre selecto. Desaparecen las minorías selectas, que son, según Ortega, las que imperan en los momentos de plenitud y las que dan sentido superior a la historia, al arte, al pensamiento. El mundo, abandonado a los instintos primarios, vuelve a la barbarie.

En las obras de carácter más específicamente filosófico —*El tema de nuestro tiempo* (1923), *En torno a Galileo* (1933), *La historia como sistema* (1941) y otras que dejó inconclusas y han aparecido como libros póstumos: *El hombre y la gente* (1957), *¿Qué es filosofía?* (1958), *La idea de principio en Leibniz y la evolución de la teoría deductiva* (1958)— su pensamiento fue ganando en rigor y coherencia sistemática, si bien nunca llegase a constituirse en verdadero sistema, acaso por las circunstancias anormales de los últimos veinte años de su existencia: guerra, destierro, enfermedades, tensiones de la vida española.

El valor y la significación de Ortega como filósofo se ha discutido mucho y —como dijimos— no faltan quienes han negado la importancia de su obra en este aspecto. Para un juicio desapasionado no cabe duda que su pensamiento, aunque excesivamente ensayístico y en relación muy estrecha con el de las últimas escuelas germánicas, de las que dimana, tiene importancia real y puesto propio en el terreno de la especulación pura, además de ser producto de una de las mentes más lúcidas del siglo. Este pensamiento se centra en varios conceptos que Ortega resumió en algunas fórmulas: a) frente al yo cartesiano, el "yo soy yo y mis circunstancias," es decir, la realidad vital y humana no está constituida exclusivamente ni por lo que yo pienso y siento ni por la realidad exterior que determina mis actos y hasta mi ser, sino por un juego constante entre los dos; el individuo en lugar de obedecer ciegamente a sus circunstancias, "las cosas que le rodean," puede influir en ellas haciendo de su vida un *quehacer,* una creación, pero no puede desconocer esas circunstancias; b) "perspectivismo," según el cual el ser y la realidad están constituidos por una multiplicidad de valores no inmutables, sino variables y sólo aprehensibles a través de una variedad de "puntos de vista," de "perspectivas"; c) la "razón vital" frente a la razón pura que todo lo supedita a la idea; una razón afectada y determinada constantemente por la vida humana, cuya realidad radical consiste en ser algo que no nos es dado sino que el hombre tiene que hacer y que hacerse. La vida es, pues, elección, proyecto, quehacer, conceptos que relacionan su pensamiento con el de la filosofía existencial, de la que se separa, sin embargo, Ortega en el papel que asigna a la razón. El hombre no tiene naturaleza, tiene —es— historia y la historia, hacia cuya explicación se dirige todo el pensamiento de Ortega, se concibe como interrelación constante entre la vida y las ideas, entre el hombre y la cultura.

Hay indicios de que el pensamiento de Ortega interesa en algunos sectores de la filosofía fuera de España, sobre todo en Alemania, donde Ortega gozó en los últimos años de enorme prestigio. Es posible que, como ha ocurrido con otros pensadores españoles de distintos tiempos, no logre penetrar en las grandes corrientes de la filosofía universal. Lo que no cabe duda es que representa el intento más serio que se ha hecho en España en mucho tiempo por incorporarse a esas corrientes y que, en España al menos, ha producido un renacer de los estudios filosóficos y un grupo muy valioso de cultivadores de la filosofía con un sentido moderno y no ajeno enteramente a la literatura. En este grupo, como discípulos de Ortega o influenciados por él, se han destacado Manuel García Morente, Xavier Zubiri, Joaquín Xirau, José Gaos, David García Bacca, María Zambrano, Julián Marías y algunos otros. Nombres heterogéneos y varios de los cuales llegaron hace tiempo o han ido llegando a un pensamiento propio, distante y aun opuesto al de su maestro, como en el caso de Zubiri.

Aparte de su importancia como filósofo, Ortega entra de lleno en la literatura como el escritor más brillante de su momento, como el ensayista más rico en ideas y como creador de una prosa que aventaja a la de sus contemporáneos en precisión, riqueza, elegancia y en el poder sugeridor de la metáfora.

En la generación literaria que creció bajo su sombra su influencia fue enorme y fructífera, aunque no siempre beneficiosa: fue una generación de escritores con un sentido culto y aristocrático del arte y del estilo, con tendencia hacia una poesía y una literatura demasiado intelectualistas. Lo cual no impidió, como veremos, la aparición y logro de un grupo extraordinario de poetas.

## III. La prosa y la poesía del postmodernismo

La literatura adquiere en este momento del novecientos un nivel medio muy elevado aunque no haya en él, por lo general, personalidades tan fuertes y acusadas como las del 98. Continúa ahora y aun se acrecienta, en la prosa sobre todo, la confusión de géneros: domina, más todavía que en los años anteriores, el ensayo; la novela se hace más intelectual por un lado y más poética por otro y a medida que nos acercamos a los últimos tiempos tiende a fraccionarse en una serie de impresiones, cuadros o reflejos psicológicos e intelectuales. Lo que sigue imprimiendo carácter no es esta o la otra técnica, sino la personalidad del escritor que crea sus propias formas, a veces arbitrarias, y un estilo que nada tiene en común con el de otros que cultivan el mismo género.

Las personalidades literarias sobresalientes son cuatro prosistas: Ramón Pérez de Ayala (1881-1962), Gabriel Miró (1879-1930), Ramón Gómez de la Serna (1888-1963) y Eugenio d'Ors (1882-1954).

**Pérez de Ayala.** — Uno de los escritores más originales de su momento es este novelista, poeta y ensayista asturiano. Como a Miró y al mismo Ortega, varios críticos lo sitúan en la generación del 98. Esperamos que la cuestión —el deslinde de las dos generaciones— haya quedado clara. A la orientación intelectual, a las diferencias de estilo, podemos añadir en el caso de Ayala la salida a Europa con objeto de continuar su educación en Londres, tras el paso por los jesuitas, y la vinculación a Ortega en la Liga de Educación Política Española donde se adopta una actitud *educativa,* de fe en la acción intelectual, que es otro importante rasgo distintivo de esta generación en contraste con la actitud desesperanzada y negativa de la anterior. Educativa será también la posición de d'Ors, por ejemplo. De la acción de Ortega (Tejero) y su espíritu renovador se da testimonio en *Troteras y danzaderas.* Está vista con viva simpatía en contraste con la ironía tremenda en la pintura del ambiente literario general. Con Ortega y Marañón formó también Ayala, años más tarde, en 1931, la "Agrupación al servicio de la República," hechos todos ellos que indican la semejanza en situarse ante la realidad española, en forma muy distinta de la de los "solitarios" anarquizantes del 98.

Comienza su obra como poeta en 1903 con el libro *La paz del sendero,* al que siguieron algunos años después *El sendero innumerable* y *El sendero andante.* Se ve ya en su poesía un carácter común a toda la producción de Ayala: la tendencia al intelectualismo puro y que sin embargo no elude la realidad sino que en cierto modo la exalta. Lo que hace es combinar y dar unidad a elementos muy variados y en apariencia contradictorios. Así, su sentimiento directo de la naturaleza, campo o mar, adquiere significación panteísta y se traduce en poesía simbólica. La emoción llega a nosotros convertida en concepto de acuerdo con un criterio de Ayala según el cual "no hay más poesía que la poesía del entendimiento." En el lenguaje, lo arcaico, lo primitivo y la lengua viva se combinan con lo clásico y abstracto. En general toda su obra, sea poesía, novela o ensayo, gira en torno a dos polos, lo humano y natural de un lado y las ideas de otro, en juego constante, de que resulta la nota dominante en el arte de Ayala: su humor, su ironía.

Otra paradoja de su obra es que, pese al intelectualismo, sus novelas nos dejan la impresión de ser más realistas que las de los otros escritores contemporáneos. Si el término no se toma demasiado literalmente, podría decirse que la novela de Ayala cierra el ciclo del realismo español, por lo menos hasta que resurja con carácter diferente en los últimos veinte años. Enlaza, más que con la de sus antecesores inmediatos, con la de Galdós y con la de Clarín, su primer maestro.

Esto es sobre todo exacto con referencia a sus cuatro primeras obras narrativas publicadas en 1907 y 1913 —*Tinieblas en las cumbres, A.M.D.G., La pata de la raposa* y *Troteras y danzaderas*— de substancia autobiográfica, en las que se estudia, sin atenuaciones, la vida erótica en la adolescencia y la juventud del protagonista y se refleja con vigoroso realismo satírico el ambiente español de principios del siglo.

Son las novelas que luego llamaría él mismo generacionales, encaminadas a "reflejar y analizar la crisis de la conciencia hispánica desde principios de este siglo". Inicia luego la "novela poemática": *Prometeo, Luz de domingo, La caída de los Limones.* Y su arte culmina en tres obras de gran originalidad: *Belarmino y Apolonio; Luna de miel, luna de hiel, Los trabajos de Urbano y Simona; Tigre Juan, El curandero de su honra.* Lo distintivo de ellas es el tratar irónicamente de algún tema o problema humano fundamental a los que, en unos casos, les da significación simbólica análoga a la de los mitos antiguos; y en otros aspira a proyectar valores universales, sobre escenarios y anécdotas de una realidad casi extrema que con frecuencia adquiere carácter grotesco. Así el contraste entre expresión y comunicación, entre vida e intelecto, entre el mundo del drama y el mundo de la filosofía, da unidad a *Belarmino y Apolonio;* el mundo cerrado del amor y la iniciación amorosa en contraste con la inocencia primigenia y adámica, a *Luna de miel... y Los trabajos;* el mundo del honor unido a la significación de lo varonil y lo femenino (tema de don Juan), a *Tigre Juan* y *El curandero de su honra.*

La complejidad de elementos que Ayala en su intelectualismo combina persiste en las dos épocas. Varía la relación de unos y otros. En las novelas de la primera época las preocupaciones intelectuales están presentes, aunque supeditadas a la pintura realista de los personajes y de los ambientes. En las de la segunda, los personajes, el contorno total de la novela son enteramente poemáticos, creaciones del intelecto y de la imaginación, pero Ayala logra emplazarlos en un ambiente que, aunque estilizado, tiene una intensa realidad: casas de huéspedes madrileñas en *Belarmino,* el mercado de Pilares (Oviedo) en *Tigre Juan.* Nota digna de tenerse en cuenta en un análisis del arte de Ayala es su "perspectivismo," resultado de su doble enfoque —filosófico y real— y que se traduce en aplicar tanto a los lugares como a los valores o las reacciones psicológicas del personaje diferentes puntos de vista y hasta diferentes procedimientos narrativos. De ello serían ejemplos el comienzo de *Belarmino* —doble visión de la ciudad— o la narración paralela y la bifurcación de las vidas de Tigre Juan y Herminia, en *El curandero.* No falta, por último, en la novela de Ayala el elemento lírico pero, como ocurre en su poesía, el lirismo está deshumanizado, es frío y conceptual.

Los libros de ensayos, *Política y toros, Las máscaras,* alguno más reciente, publicado tras un largo silencio, tienen menos importancia y su originalidad no es tan evidente. De todos modos siempre hallamos en Ayala, cualquiera que sea la forma que su obra tome, vasta cultura; ironía acerada y, a veces, cruel; sagacidad psicológica; y ojo extraordinario para pintar, satirizándolas hasta el ridículo, las costumbres y las debilidades humanas. Pero acaso la creación máxima de Ayala sea el lenguaje, su estilo artificial, sin duda, y hoy un poco envejecido, mas insuperable en empaque humanístico y libresco, en riqueza de recursos y sabio retorcimiento barroco. Estilo un poco intemporal, alejado de la sensibilidad.

**Miró y Gómez de la Serna.** — Aunque no quepa concebir dos escritores de sensibilidad más distinta que estos dos prosistas del novecientos, ocupan ambos un lugar equivalente y paralelo en el proceso de la literatura contemporánea española. La semejanza es de "situación" ante la herencia del naturalismo-simbolismo que en ellos, por caminos distintos, se transforma radicalmente.

Juntos representan la liquidación del 98 y del modernismo. Son además, con Ortega y Gasset, en el terreno de las ideas, y con Juan Ramón Jiménez, en el de la forma y el lenguaje poéticos, los escritores que más influencia tuvieron en la literatura posterior, en los "jóvenes vanguardistas" de 1920. El fondo humano, los personajes abúlicos y el pesimismo lírico del primer Miró, igual que los elementos más característicos de la arbitraria visión de la exorbitancia española de Gómez de la Serna, proceden casi íntegros del 98. Hay además en el arte delicadísimo de Miró y su tendencia a la prosa poética mucho del modernismo y por eso se le ha relacionado siempre con artistas del lenguaje como su coterráneo Azorín, Valle Inclán o Juan Ramón, a quien se parece además en la sutileza y espiritualidad y en el predominio de ciertos estados líricos. En cuanto a Gómez de la Serna, aprende en Azorín el amor por las cosas, en Unamuno el juego de conceptos, en Baroja el gusto por lo callejero y absurdo.

Está, pues, la obra de estos dos prosistas muy unida a la de sus inmediatos antecesores, pero en ellos todos estos elementos adquieren un sentido distinto, nuevo. En Miró el impresionismo de la generación anterior se estiliza y se lleva hasta su máxima expresividad. Su arte es sensación pura. En Gómez de la Serna se estiliza, y llega también a sus máximas consecuencias, el irracionalismo que entre otras muchas tendencias contradictorias podemos encontrar paradójicamente en la base psíquica y en la tensión humana de los intelectuales del 98. Y así como Miró entronca por la pureza de la sensación, base de su arte, con las corrientes posteriores de la "poesía pura," Gómez de la Serna entronca por el irracionalismo con las corrientes ultraístas y surrealistas.

Tienen también de común el que ambos representan, cada uno a su manera, la tendencia a romper con todas las tradiciones para crearse un mundo personal, en el que se niega la validez convencional de los sentimientos y de la realidad. Sentimiento y realidad no desaparecen, sino que adquieren un valor suprarreal. El arte de Miró está hecho casi exclusivamente de sentimiento, un sentimiento, no de tipo introspectivo, sino contemplativo, que se basa siempre en la impresión de la naturaleza y de las cosas; en el de Gómez de la Serna la realidad, las cosas, lo ocupan todo. Sin embargo, en ambos el realismo pierde por entero el carácter que tiene en el siglo xix, al punto que si en el arte de Miró el sentimiento, al ser exaltado hasta el límite, pierde toda resonancia sentimental, en el de Gómez de la Serna desaparece toda noción realista y el mundo se nos presenta como algo caótico, incongruente. En una forma u otra Miró y Gómez de la Serna son ejemplos claros de lo que Ortega llamó "la deshumanización del arte," acaso, al menos en Miró, por exceso de "humanización." En ambos encontramos ese hecho, que más que ningún otro caracteriza a la "deshumanización," es decir, a la "desrealización," según la define Ortega, al hablar de supra e infrarrealismo:

> Para satisfacer el ansia de deshumanización no es, pues, forzoso alterar las formas primarias de las cosas. Basta con invertir la jerarquía y hacer un arte donde aparezcan en primer plano, destacados con aire monumental, los mínimos sucesos de la vida...
> Éste es el nexo latente que une las maneras de arte nuevo más distantes. Un mismo instinto de fuga y evasión de lo real se satisface en el suprarrealismo de la metáfora y en lo que cabe llamar infrarrealismo... Los mejores ejemplos de cómo por extremar el realis-

mo se le supera —no más que con atender, lupa en mano, a lo microscópico de la vida— son Proust, Ramón Gómez de la Serna, Joyce.

En efecto, los dos —Miró y Gómez de la Serna— ven el mundo lupa en mano. Lo que ven y cómo lo ven es distinto. La esencia del arte de Miró es temporal, espiritual; la de Gómez de la Serna, el humor. Pero ambos coinciden, aunque en planos opuestos, en adoptar un punto de vista ante la realidad y el objeto que no es el normal del realismo, aún operante en los escritores de la generación anterior: Azorín, Baroja o el mismo Valle Inclán, que deforma por otros procedimientos. Suprarrealismo, en Miró; infrarrealismo, en Gómez de la Serna. En ambos se han señalado también ciertas concomitancias con el cubismo.

Esto, en cuanto se refiere a situar históricamente la significación de los dos escritores; en cuanto al carácter de sus respectivas obras, insistimos en que son muy distintos y obedecen a dos sensibilidades diametralmente opuestas.

Miró, alicantino, mediterráneo, cultivó la novela, el cuento, pero es difícil comprender y gustar su obra si lo consideramos sólo como novelista porque la fábula, la trama, el suceso, que es el elemento distintivo de la novela, aparece diluido en sus libros entre impresiones, recuerdos, paisajes y confesiones íntimas. Más que narrador, es un pintor de lugares y seres humanos recreados, por lo común, en el recuerdo, lo cual le asemeja a Proust, aunque el mundo que cada uno refleja sea muy diferente. Es, ante todo, un sensitivo y un contemplador; un artista extraordinario de la sensación transfundida en espíritu y poesía por la gracia de un estilo de suma delicadeza y minuciosa perfección. Se ha dicho de su estilo que es el de un artífice y Jean Cassou definió su sensibilidad al decir que era un "ermitaño embriagado de sensualidad." En su primer libro (descontadas un par de obras juveniles), *Del vivir* (1904), aparece ya el tono evocador de toda su obra. Luego escribió novelas o cuentos —*Nómada, La palma rota, Las cerezas del cementerio, Nuestro Padre San Daniel, El obispo leproso*—mientras seguía desarrollando con creciente perfección y creciente espiritualidad el arte de la descripción y de la viñeta o el cuadro evocadores: *Libro de Sigüenza, El humo dormido, El ángel, el molino, el caracol del faro, Años y leguas.* Una modalidad importante de su obra es la representada por *Figuras de la Pasión del Señor,* escenas de ambiente bíblico en las que funde sus grandes cualidades de artista plástico, su sensibilidad de hombre mediterráneo, sobre quien la realidad, la naturaleza envuelta en luz brillante ejerce una atracción misteriosa, y el fondo religioso, franciscano, de su espíritu. Este artista de la sensación posee un sentido místico y contemplativo, transformando en belleza hasta las impresiones de la realidad más fea y repugnante. Abundan por ejemplo en su obra los cuadros de leprosos o las imágenes de una realidad casi morbosa. Quizá esa capacidad de producir belleza con lo que por sí es la negación de lo bello sea la medida mayor del arte de Miró, arte difícil y un poco decadente y mórbido, pero extraordinariamente sugestivo, en el que todo —el paisaje, los niños, la vida miserable de los leprosos, y el agua, el silencio y el zumbido de los insectos en una tarde de verano y la naturaleza en sus mil detalles— cobra en su palabra un valor esencialmente poético.

De muy distinta índole es la originalidad extrema de Gómez de la Serna. En Miró —heredero y superador del simbolismo— la sensibilidad lo domina y permea todo. La cualidad dominante en Ramón, nombre con el que Gómez de la Serna es generalmente conocido, es la imaginación que en él se manifiesta con la genialidad de un temperamento creativo, barroco y españolísimo para hacer un arte desmesurado con perfiles grotescos. Es un arte que en la apariencia carece de sentimiento, de ideas, de lógica, en el que lo trivial ocupa el primer plano. Es Gómez de la Serna un humorista excéntrico que adopta consciente y premeditadamente una actitud de intranscendencia y burla ante las cosas más serias. Escritor de fecundidad pasmosa, sus libros pasan de la centena. Empezó a producir, aún adolescente, en 1904 y desde entonces ha escrito novelas: *El doctor inverosímil, El novelista, El torero Caracho, Policéfalo y Señora, Seis falsas novelas, El caballero del hongo gris*; teatro: *El drama del palacio deshabitado, Los medios seres*; algunas biografías de gran valor: *El Greco, Goya, Azorín, Silverio Lanza, Valle Inclán*, escritores o artistas a los que se sintió vinculado; libros de crítica; obras sobre Madrid. Pero, sobre todo escribió más de cincuenta libros en los que con un humorismo funambulesco y profundo recoge la imagen del mundo exterior en una forma arbitraria y descoyuntada como si todo obedeciera a un sentido anárquico, independiente de leyes naturales, de motivaciones, morales o lógicas. Este humorismo, que dimana de una concepción mucho más seria de lo que podamos pensar y es uno de los más significativos reflejos de la anarquía espiritual y moral del siglo, constituye una visión originalísima y casi un sistema que su creador ha bautizado con el nombre de "ramonismo." Para expresarlo inventó una forma literaria, "la greguería," frase, impresión, metáfora o pensamiento entre aforístico, poético y epigramático que intenta captar "lo que gritan los seres confusamente desde su inconsciencia, lo que gritan las cosas."

Las greguerías están hechas a base de imaginación pura, de intuición y de una extraordinaria capacidad de observar lo fugitivo, momentáneo y disparatado de las cosas que vemos todos los días. Lo distintivo, sobre todo, la asociación inesperada de lo dispar, con lo cual su estilo y arte miran por un lado a la agudeza y el juego verbal de los conceptistas barrocos y, por otro, al supuesto automatismo de los surrealistas. Seres y cosas se confunden en el arte de Gómez de la Serna sin línea divisoria: lo humano se convierte en algo mecánico y lo inerte se nos muestra con los atributos de lo viviente. Por eso habla del amor o de cualquier gran pasión con el mismo frío humor que de un farol o de los muñecos de una verbena. La literatura para Gómez de la Serna es el arte de recoger impresiones, sensaciones, gestos, no de una manera directa o lógica, sino por medio de metáforas y asociaciones insospechadas con el fin de crear la imagen de un mundo en donde todo aparece roto y sin sentido.

Además de novela, biografía y teatro, Gómez de la Serna escribió colecciones de greguerías sobre todo lo imaginable en libros como *Tapices, El Rastro, Senos, El circo, Muestrario, Pombo, Disparates,* etc., que hicieron de "Ramón," por su originalidad, uno de los profetas de lo que en Europa se llamó el arte nuevo hace cuarenta años.

Hay algo de monstruoso en la capacidad de Gómez de la Serna para convertirlo todo en literatura. Pero su obra no es tan arbitraria como parece, sino reflejo de la crisis espiritual de la época contemporánea. Su humor tiene además largas raíces españolas en el Quevedo de los *Sueños* y el Goya de los "caprichos" y "disparates."

Más que ningún otro escritor contemporáneo aparece Gómez de la Serna vinculado a un momento, pasado el cual su obra ha ido perdiendo actualidad. Gozó entre los años 20 y 30 de fama inmensa y de influencia entre la vanguardia literaria en España y fuera de ella. La evolución del gusto y de las preocupaciones estéticas o sociales no le fue propicia. Y al semi-olvido en que hoy ha caído su nombre han podido contribuir otras circunstancias: su apoliticismo y neutralidad, durante la contienda española; el desplazamiento de Madrid y de la capilla del Café de Pombo, su habitáculo natural. Vivió en Buenos Aires desde 1936 y ha seguido produciendo artículos y libros al mismo ritmo intensivo pero sin variar en lo esencial ni de estilo ni de actitud. De los producidos en estas últimas décadas tres, al menos, merecen atención: *Ismos* y *Retratos,* sobre las muchas escuelas artísticas del siglo XX y sobre sus contemporáneos, ambos crítica y testimonio de un testigo excepcional que por debajo de sus aparentes caprichos funambulescos suele calar hondo en lo esencial del fenómeno artístico o simplemente humano.

Y además de ellos, su propia biografía, *Automoribundia* (1948), probable culminación y síntesis del arte, el mundo y la vida de una personalidad realmente singular.

**Eugenio d'Ors.** — Este escritor, nacido en Barcelona, que gozó de gran prestigio entre la juventud de la tercera década del siglo, compartió con Ortega y Gasset el puesto de mentor intelectual del "novecentismo," palabra que él puso en circulación. Ambos fueron máximos intérpretes del espíritu, pensamiento y sensibilidad de los hombres que en España continuaron la obra de la generación del 98. Por unos años la influencia de d'Ors no fue menor que la de Ortega y hubo muchos jóvenes —los más inclinados a la literatura— que empezaron su obra como "glosadores" imitando la retórica amanerada orsiana. Con el tiempo la importancia de Ortega se ha ido afirmando, en tanto que la obra del meditador catalán parece hoy un poco remota, vinculada a un momento, como en el caso de Gómez de la Serna. D'Ors volvió a gozar fama de "maestro," después de la contienda civil, por razones, en parte, independientes de valores literarios.

Como Ortega, se inclinó d'Ors hacia la especulación filosófica y se identificó con la cultura occidental aspirando a ser su definidor y, como la obra de Ortega, obedece la suya a todos los estímulos del mundo intelectual contemporáneo.

Dentro de este conjunto de rasgos comunes, d'Ors, formado en una tradición mediterránea, catalana, e influido por Francia e Italia, en contraposición con la castellana y el germanismo de Ortega, se interesa más en lo estético que en lo metafísico, político, histórico o social, aunque de todo haya en su obra. De ahí que lo más valioso de ésta verse sobre temas artísticos como *Poussin y el Greco, Tres horas en el Museo del Prado, El arte de Goya, Cézanne, Picasso.*

Escribió primero en catalán con el pseudónimo de "Xenius" y su *Glossari* (1906) o su novela *La Ben Plantada* (1911) fueron la síntesis de un nuevo renacimiento catalanista que deslumbró a la juventud de su región. Luego le atrajo lo castellano, lo español, bajo cuya sugestión escribió *El nuevo glosario* (1921-1923), siete volúmenes con títulos distintos, como *El viento en Castilla, Hambre y sed de verdad, Europa,* etc. Pasó más tarde a Francia y escribió en francés con espíritu europeo, para terminar, después de reintegrarse a España, en exponente de la hispanidad y de la tradición católica. A esta última orientación pertenecen ensayos u obras como *Los Reyes Católicos* (1939), *Epos de los destinos*

(1943), etc. En cuanto a los trabajos de carácter más filosófico, quizás bastará citar una obra de esta época, *El secreto de la filosofía* (1947).

Es difícil predecir el puesto que ocupará en la historia. Los cambios de actitud, no indiferentes a las modas, dejan la impresión, en parte, de una falta de solidez que afecta a su obra, pese al sentido de orden por el que aparece regida. Pretendió d'Ors, y ese fue el sentido de su filosofía, encontrar la norma clásica en todo lo circunstancial. Los títulos de algunos de sus libros son ya significativos: *La filosofía del hombre que trabaja y juega, De la amistad y del diálogo, Las obras y los días, Las ideas y las formas*. Siempre junto a algo fijo o creativo (idea, trabajo, obra), algo cambiante o ligero (juego, días, formas). Ese espíritu oscilante entre lo permanente y lo momentáneo le indujo a crearse un estilo propio cuya unidad es "la glosa," breve comentario con el que pretendía recoger, huyendo del desarrollo formal y sistemático del ensayo, la esencia permanente de cada minuto, de cada fenómeno artístico o social. Es una manifestación más de la tendencia que hemos señalado hacia la fragmentación de los géneros, resultado a su vez del carácter impresionista que determina a casi todo el arte contemporáneo y se mantiene aún dentro de la reacción conceptualista que representan Ortega y d'Ors. Busca d'Ors la norma y el orden, pero es dudoso que el camino de conseguirlo sea éste de presentarlo todo en forma fragmentaria e inconexa. Y aunque en su obra como en su pensamiento haya una continuidad innegable unida a un noble afán intelectual, en conjunto produce más bien la impresión de diletantismo, lo mismo que su estilo, claro, sutil, elegante, enormemente sugestivo, produce la sensación de un afectado conceptismo neo-barroco.

**Otros ensayistas.** — Varios ensayistas, sin haber alcanzado por diversas razones el rango de los escritores que acabamos de estudiar, ocupan lugar sobresaliente en las letras contemporáneas.

Hagamos, de nuevo, una salvedad de tipo cronológico. En esta generación podrían situarse, por la edad o por ciertos aspectos de su pensamiento, algunas de las figuras estudiadas en el capítulo anterior. Ejemplos: Azaña o Julio Camba. Creemos, sin embargo, que en lo fundamental —estilo, ideas, manera de enfocar los problemas de la cultura o la realidad española— caen más bien hacia la vertiente crítica del 98, o del mundo intelectual y de la estética anteriores al de la primera guerra europea, según las diferencias que explicamos al caracterizar los dos momentos.

Entre los representantes del espíritu y la sensibilidad novecentistas debe figurar en lugar destacado Salvador de Madariaga (n. 1886). Gallego de nacimiento (en La Coruña); francés de educación (estudió ingeniería en el Institut Polytechnique); inglés, por muchos años de residencia; europeo por convicción (ha sido uno de los abogados de la unidad europea), presenta la personalidad de Madariaga rasgos de sumo interés. Su internacionalismo está compensado por un temperamento muy español. La variedad de actividades —ingeniería, cátedra, política, diplomacia, viajes constantes, investigación histórica, estudios sobre el desarme, etcétera— no debilita su vocación literaria que, juntamente con el afán apasionado, persistente, de explicar y explicarse a España, son los ejes de su vida y de su obra. Ha escrito en francés y, especialmente, en inglés con la misma facilidad que en su propia lengua castellana. Ha cultivado con finura en diferentes momentos diversas formas literarias: poesía, novela, teatro; pero el género en el que ha realizado labor más conocida es el ensayo. Sus cualidades distintivas son cultura y espíritu cosmopolitas o, más bien, plenamente europeos, mente vivaz y pluma ágil. Ayudado por ellas ha dedicado varios libros a divulgar los valores de la cultura española, interpretándolos en forma asequible al lector de otros países: *Ensayos angloespañoles (Shelley and Calderón), Semblanzas españolas (The Genius of Spain), España (Spain),* o sus más recientes obras históricas sobre Colón, Hernán Cortés, Bolívar, y sus dos valiosos libros sobre el imperio español —el auge y el ocaso. En *Ingleses, franceses* y *españoles* ha confrontado con agudeza psicológica el carácter de estos pueblos. La *Guía del lector del Quijote* es un análisis, con tendencia también a lo psicológico, de varios personajes cervantinos. En libros de carácter menos literario, como *Disarmament, Discursos internacionales, Theory and Practice of International Relations, Anarquía o jerarquía, De la angustia a la libertad,* ha tratado con autoridad y conocimiento cuestiones de política internacional, con las que se familiarizó durante varios años de servicio en el Secretariado de la Sociedad de Naciones, o aspectos de la crisis política, social, moral de los últimos tiempos, a la que aporta Madariaga, con su experiencia del mundo y de los libros, una firme convicción liberal.

Hombre y escritor de gran vitalidad, traducida a veces en facilidad peligrosa, le ha perjudicado sin duda la dispersión. De ahí que su obra poética (tres o cuatro libros), dramática —en la que hay que señalar *Don Carlos*— o novelística, con presentar siempre notas de talento indiscutible y personal, no haya llegado a cuajar en una creación de valores superiores. Sin abandonar otras actividades ni su labor periodística, ha mostrado preferencia en los años más recientes por la novela (vieja vocación como muestra *La jirafa sagrada*) y ha publicado varios volúmenes —*El corazón de piedra verde, Guerra en la sangre, Una gota de tiempo, El semental negro*— de una serie de narraciones de fondo americano en los tiempos que siguen a la Conquista.

Como en la generación anterior, muchos ensayistas proceden de diversas disciplinas científicas y aportan los conocimientos de su especialidad a la interpretación de temas históricos, filosóficos o literarios. Entre estos ensayistas científicos o universitarios, como se les ha llamado, uno de los más distinguidos fue el doctor Gregorio Marañón (1888-1960), que aparte de estudios sobre temas médicos y biológicos, como *Tres ensayos sobre la vida sexual,* o de interpretaciones médicas de personajes literarios como Don Juan, trató problemas de significación nacional en *Raíz y decoro de España* (1933), *Ensayos liberales* (1946) u otros libros. Lo más notable de su labor ensayística fue probablemente la revalorización de algunas figuras de la cultura española —por ejemplo, en la obra *Las ideas biológicas del Padre Feijoo*— y varias biografías de personajes históricos o figuras humanas muy diversas que le interesaron por razones en alguna forma relacionadas con sus preocupaciones médicas, comúnmente como "casos" psicológicos o representativos de las tendencias de una época: *Enrique IV, Amiel, El Conde-Duque de Olivares, Tiberio, Antonio Pérez, El Greco.*

En el ensayo filosófico descuella Manuel García Morente, el colaborador más cercano de Ortega y Gasset y uno de los mejores profesores de filosofía que ha tenido la Universidad española. De sus obras de carácter especial y técnico, sólo interesa recordar las *Lecciones preliminares de filosofía,* libro en el que puede iniciarse en esta disciplina el lector más ajeno a ella, por la extraordinaria claridad que Morente pone en la exposición. Algunas de sus traducciones —Kant, Spengler— son modelo y tuvieron gran influencia en el ambiente intelectual español. Entró muy tarde al campo del pensamiento de significación literaria —es decir, no estrictamente filosófico— con un libro notable, *Idea de la Hispanidad,* del que forma parte un ensayo realmente valioso para el estudiante de la cultura española, el titulado "El caballero cristiano."

De las disciplinas filosóficas, especialmente de la jurídica y política, procede también Fernando de los Ríos, autor de un libro de gran significación, *El sentido humanista del socialismo,* y de un ensayo sugerente para la comprensión de algunas corrientes ideológicas de la España de los Siglos de Oro: *Religión y Estado en la España del siglo XVI,* publicado en 1927 y reeditado, con otros de tema afín, en 1957.

De los ensayistas procedentes de otros campos habría que recordar a Juan de la Encina y Ángel Sánchez Rivero, entre los críticos de arte, a Luis Araquistain, entre los periodistas políticos, y a Claudio Sánchez Albornoz, entre los historiadores; y a un número de finos periodistas que combinaban sensibilidad, cultura y sentido de lo actual. De ellos podía ser cifra y modelo un escritor como Corpus Barga.

**Crítica y erudición.** — En esta materia debemos diferenciar a escritores de tres tipos: el que hace la crítica de actualidad; el erudito e historiador que, como los ensayistas procedentes de otras disciplinas, proyecta sus estudios hacia valoraciones de carácter general, históricas, filosóficas, estéticas, etc.; y el que practica la erudición que llamaríamos pura, con un sentido positivista, de mera aportación de datos. La diferencia no es en todos los casos clara por las relaciones que existen entre estas maneras de entender la crítica.

De carácter predominantemente literario es la obra de Enrique Díez Canedo (1879-1944), poeta de tono menor y de vena lírica muy pura, en la que el sentimiento se hermana con una técnica equilibrada y académica dentro de su modernidad. Fue autor de varios ensayos sobre temas artísticos, *Los dioses en el Prado,* 1931, y crítico literario de gran autoridad y gusto, ya en algunas ediciones de clásicos, ya en estudios diversos como los reunidos en *Conversaciones literarias,* o al enjuiciar diariamente en la prensa la producción teatral contemporánea y la literatura de la América Española, a la que concedió preferente atención.

Varios discípulos de Menéndez Pidal, de la escuela del Centro de Estudios Históricos, combinan en la crítica el rigor científico requerido por su formación filológica con preocupaciones concomitantes con las del ensayismo en su más amplio sentido. Las dos figuras más destacadas en este aspecto dentro de la generación que ahora estudiamos son Américo Castro (n. 1885) y Federico de Onís (n. 1885).

El primero, profesor de la Universidad de Madrid y luego de la de Princeton, empezó su obra dedicado casi exclusivamente a los estudios filológicos, pero después fue ensanchando en proceso ascendente el radio de sus investigaciones y a él se deben hoy algunos de los trabajos y libros más importantes para el estudio de la literatura española, en particular de la del Siglo de Oro: *Vida de Lope de Vega,* 1919 (en colaboración con el hispanista norteamericano H. A. Rennert); ediciones de Lope, Tirso y Quevedo; *El pensamiento de Cervantes,* 1925, que abrió nuevas perspectivas al cervantismo al situar a Cervantes en las corrientes centrales del pensamiento renacentista con mayor precisión que se había

hecho antes; *Santa Teresa y otros ensayos*, y *Hacia Cervantes*, 1957. En
este libro dedica la primera parte a obras de la literatura medieval y renacentista, "sendas rectas o torcidas, conducentes a los amplios espacios del
escritor máximo en España" —como dice el autor en sus "Aclaraciones
preliminares"; la segunda parte consta de ensayos sobre Cervantes, en
quien culminaron "las formas de expresión, las posibilidades y preferencias del vivir español." Inquieto y siempre preocupado, Castro busca,
cada vez con mayor ahinco, interpretaciones generales de la cultura española que la vinculen, sin perder de vista su originalidad, a la cultura
universal. A ello responden varios de sus estudios, como *The Meaning
of Spanish Civilization* o *Lo hispánico y el Erasmismo*, y sus libros:
*España en su historia: cristianos, moros y judíos* (estudio de cómo las
tres culturas influyeron en la formación de una manera de vida distinta
y original), 1948, y su segunda versión, *La realidad histórica de España*,
1954; *Santiago de España*, 1958, y *Origen, ser y existir de los españoles*,
1959. Como historiador y crítico fecundo y original ha adquirido su más
alto vuelo de pensamiento y estilo en estos últimos quince años. Destaquemos su teoría de la "morada vital" del español, esto es, la conciencia
que tiene éste de existir como hombre esencial según su propio sistema
de valores (vitales más que técnicos, científicos o económicos), según
su modo de ser ("vividura") y su lengua. El culto al Apóstol y las peregrinaciones medievales a Santiago de Compostela son parte de esa morada vital.

Federico de Onís abandonó pronto los estudios puramente filológicos
y se dio a conocer como ensayista en el libro *Disciplina y rebeldía*, 1915.
Habiendo desarrollado la mayor parte de su obra fuera de España, en la
Universidad de Columbia, su atención se orientó hacia la afirmación de
los valores universales españoles, independientemente del carácter proble-
mático y polémico que el espíritu del 98 y sus continuadores imprimen
a la crítica española, y hacia el interés por lo hispanoamericano. A la
primera orientación responden los ensayos reunidos en el libro *El sentido
de la cultura española*, 1932. A la segunda su *Antología de la poesía
española e hispanoamericana* (1882-1932), 1934. Es autor también de
ediciones, con introducciones importantes, de Fray Luis de León y Diego
de Torres Villarroel; y de estudios sobre varios autores modernos y
contemporáneos, Galdós, Baroja, Azorín, Unamuno, etc.; de una monografía sobre Luis Palés Matos, 1959, y de un libro de ensayos, *España
en América*, 1955.

Pertenecen también a la escuela del Centro en esta época Tomás Navarro Tomás, Antonio García Solalinde y Samuel Gili y Gaya. Los tres

siguen en lo fundamental de su obra la orientación estrictamente lingüística que los trabajos del Centro tienen en su origen. Navarro Tomás (n. 1884) es el maestro y la máxima autoridad en el campo de la fonética y de la geografía lingüística. Fue director del laboratorio de fonética del Centro de Estudios Históricos, donde organizó y dirigió, desde 1928 hasta 1936 que salió de España, el *Atlas lingüístico de la península ibérica*, cuyo primer volumen acaba de publicar el Consejo Superior de Investigaciones Científicas de Madrid. Sus manuales de pronunciación y entonación españolas y diversos estudios especiales tales como *El español de Puerto Rico*, 1948, y *Documentos lingüísticos del alto Aragón*, 1957, gozan de prestigio merecido por su ciencia y su claridad; ha editado a algunos clásicos como Garcilaso y Santa Teresa. De 1956 es su *Métrica española*, excelente análisis de los versos y las estrofas que emplearon en sucesivas épocas los poetas españoles. Solalinde (1892-1937) hizo el estudio de autores medievales como Berceo y dejó preparada una obra de gran importancia filológica e histórica en la edición de la *Grande e General Estoria* de Alfonso el Sabio, de la que sólo se ha publicado el primer tomo. Gili y Gaya (n. 1892), buen maestro, trabajador infatigable y serio, se ha dedicado especialmente a los estudios de sintaxis y lexicografía y ha editado a algunos autores clásicos, entre ellos a Alemán y a Espinel. De interés filológico es su *Tesoro lexicográfico*.

Entre los que cultivan la erudición y la historia literaria con carácter más restringido deben citarse a Julio Cejador, al arabista Ángel González Palencia, a Pedro Sáinz Rodríguez y a Miguel Artigas, cuya biografía de Góngora contribuyó en gran medida a la revalorización del poeta en la generación siguiente.

## IV. El Postmodernismo

**Los poetas: del modernismo a las nuevas escuelas.** — Los años entre 1910 y 1925 son en la poesía, más que en ningún otro género, años típicos de transición entre el modernismo y los movimientos de la primera postguerra. Los poetas tienden a apartarse o superar las tendencias de los primeros años del siglo y reaccionan contra lo que el modernismo como escuela tenía de más característico —su aire francés, su complacencia en lo que de sensación de color, forma o sonido tenía la palabra— para hacer una poesía más ideológica o intelectual y más enraizada en la tradición española.

En conjunto la poesía conserva, por estos años, un aliento renovador superior al del teatro e incluso al de la novela, si se exceptúan los escritores estudiados que sólo en un sentido lato pueden ser considerados como novelistas. Los poetas que entonces se dan a conocer no tienen, sin embargo, dicho sea con la reserva que la contemporaneidad impone, la importancia de los de la década anterior ni la que alcanzarán varios de la generación siguiente.

Es éste, como ya se ha dicho (el afán de claridad nos obliga a la insistencia) el momento en que escriben acaso lo mejor de su obra los poetas anteriores; el momento de mayor significación en el proceso siempre ascendente en busca de nuevos caminos de Juan Ramón Jiménez —a quien le conceden el Premio Nobel en 1956 por "su pureza lírica" y su "alta espiritualidad"; y el momento en que definen su personalidad poetas como Pérez de Ayala, Díez Canedo y Enrique de Mesa. Pero lo relativamente nuevo está representado principalmente por tres poetas: José Moreno Villa (1887-1955), Juan José Domenchina (1898-1960) y León Felipe (n. 1884). Entre otras cosas tienen de común, a pesar de sus diferencias, el que en los tres es visible la influencia de Juan Ramón, Antonio Machado y Unamuno.

Moreno Villa es el primero de este grupo en darse a conocer con su libro *Garba* (1913) y el primero de los que por entonces fueron considerados como "poetas jóvenes" y "poetas nuevos." Lo nuevo en Moreno Villa era una combinación de gracia, sutileza, espiritualidad y concepto substantivo de la metáfora como unidad poética. Todo ello apuntaba hacia la "poesía pura" y hacia una poesía de intimidad en tono menor. Es un poeta que ha permanecido al margen de escuelas y cuya obra —compuesta de ocho o nueve libros, entre los que sobresalen *El pasajero, Evoluciones, Jacinta la Pelirroja* o alguno posterior como *Puerta cerrada* y *La noche del verbo*— presenta modalidades muy variadas: lo ingenioso, excursiones al surrealismo, lirismo basado en un concepto profundo del dolor y de la vida. Es autor también Moreno Villa de varios libros de prosa, de monografías sobre temas artísticos, de estudios literarios, y desde hace muchos años cultiva la pintura. Son manifestaciones diversas de una sensibilidad delicada y de un temperamento artístico e intelectual, enriquecido por una extensa cultura, que ha buscado, quizá sin conseguirlo por completo, la expresión de una personalidad complicada.

Domenchina publicó su primer libro, *Del poema eterno,* siendo aún muy joven, en 1917. Ya en él como en el siguiente, *Las interrogaciones del silencio,* propendía su poesía hacia lo intelectual y abstracto en extraño maridaje con un sentido realista y una forma barroca, notas que se acusan aún más en los libros posteriores —*La corporeidad de lo abstracto, Dédalo, Margen,* etc.— tomando carácter neorromántico y expresionista que llega, a menudo, a un retorcido tono satírico de la más pura tradición española del siglo XVII. Se acentúa en sus últimos libros, sobre todo en *La sombra desterrada,* 1949, y *El extrañado,* 1958, la añoranza de España, Castilla y, más concretamente, Madrid. En esa nostalgia se aúnan la nota dramática y a veces amarga, la sensación de desarraigo y soledad, con una actitud resignada, si no serena, ante la caducidad de todo y el destierro padecido. Murió en 1960. Cultivó también la crítica literaria, con un sentido, a veces, excesivamente personalista, en artículos como los reunidos en *Crónicas de Gerardo Rivera.*

El último en aparecer, ya casi en los tiempos del ultraísmo, fue León Felipe (n. 1884), que inicia su obra cerca de los cuarenta años en 1920. El título de su primer libro, *Versos y oraciones de caminante,* unido a la humilde sencillez en temas y formas que lo caracterizaba, define lo que ha sido la trayectoria vital y poética de su autor: vida de caminante y romero sin propósito aparente y un sentido religioso de la poesía, al margen de todas las confesiones. Ha sido actor en España, farmacéutico en África, profesor en América, agitador quijotesco durante la guerra española y profeta de la desesperación de su pueblo en el destierro. En una época de poesía esteticista e intelectual, León Felipe es un poeta de acento moral que ha fundido en un estilo personalísimo influencias muy diversas: Cervantes y los místicos españoles, Antonio Machado y Unamuno, Walt Whitman, de quien es traductor, y los profetas de la *Biblia.* No se desentiende por entero de los problemas de la forma y de la expresión artística, pero la poesía es para él, antes que forma o arte, fuerza y voz redentora de los dolores de la vida y de los males e injusticias de la sociedad, del destino del hombre, de la existencia humana por humilde que sea. Su estilo, de suma sencillez y sobriedad de léxico, adquiere en parte de su obra, con la reiteración y la extensión del verso, un ritmo amplio, de sabor bíblico. Además del libro citado es autor de *Versos y oraciones de caminante,* Libro II, *Drop a Star, El hacha, El español del éxodo y del llanto, Ganarás la luz* y de *Antología rota* (1947), donde ha recogido lo mejor de su obra. *El último publicano* es de 1950. También ha escrito para el teatro.

Federico de Onís, guía seguro e imparcial en el laberinto de la poesía contemporánea española, incluye en su *Antología* a varios otros poetas de este momento: Mauricio Bacarisse, Antonio Espina, Francisco Vighi, Ramón de Basterra y Fernando Villalón. Por razones diversas —la muerte

prematura en algunos casos— ninguno excede en valor representativo a
los tres que hemos destacado.

## V. Ultraísmo, vanguardia, nueva poesía

Encabezamos esta sección con los nombres usados durante algunos
años de la primera postguerra, entre 1918 y 1927, para designar diversos
movimientos sucesivos y estrechamente vinculados. Tuvieron en sí mismos corta duración y escasa importancia pero de ellos deriva indirectamente una nueva generación representada por un grupo muy valioso de
poetas con los que se cierra el gran renacimiento lírico iniciado por el
modernismo.

Como en otros momentos de renovación encontramos en éste tres
fuerzas actuantes y complementarias: el reflejo de corrientes universales;
la influencia y magisterio de escritores de la generación anterior, especialmente de Juan Ramón Jiménez, Ortega y Gasset, Miró y Gómez de
la Serna; y la gravitación del pasado literario nacional, cuyo influjo al
fin termina por prevalecer. Se repite así un fenómeno característico de
la historia literaria en general y de la evolución de la literatura española
de los últimos siglos en particular. Lo que empieza como una rebelión
contra el arte tradicional, con un marcado sello de extranjerismo, viene
a parar en una mayor conciencia del propio pasado literario, en una
inmersión profunda en las aguas de la tradición y, concretamente, durante la etapa que vamos a estudiar, en una vuelta consciente y manifiesta
a las fuentes más puras de la antigua poesía lírica española.

El estímulo inicial vino entonces de fuera como un eco del llamado
clamor de los "ismos," de las revueltas que en literatura, igual que en
otras manifestaciones de la vida, se sucedían con rapidez e irresponsa-
bilidad alarmantes en la Europa de la postguerra. Conviene, por tanto,
antes de estudiar lo que pasó en España, echar una rápida ojeada sobre
lo que sucedía en el resto del mundo.

**El ambiente universal de la postguerra: resumen de algunos movimientos
literarios.** — La época contemporánea desde sus comienzos está presidida
por un espíritu de libertad artística y de rebelión contra toda ley, que
procede del romanticismo. Sus últimas consecuencias, ya en pleno siglo XX, fueron una serie de movimientos de signo negativo. La nota
común a todos ellos será el deseo, ilusorio e irrealizable, de romper por

completo con el pasado y el proclamar, como consecuencia, la necesidad
de un arte nuevo desligado de toda sujeción a normas morales, ideológicas o artísticas. Se afirma así —y ésta es la única afirmación— la
absoluta autonomía del artista y, en otro sentido, la absoluta autonomía
de la forma como elemento esencial del arte. El contenido —idea, emoción, realidad— no importa.

La precedencia cronológica de estos movimientos parece corresponder
al "futurismo," fundado por el italiano Marinetti al publicar en París
el año 1909 su *Manifeste du futurisme*. Con un sentido apocalíptico y
catastrófico lanzaba Marinetti la consigna de un nuevo iconoclastismo o
destrucción del arte del pasado, viejo y burgués, y, al mismo tiempo,
glorificaba la guerra como la única higiene del mundo." Por lo que se
refiere concretamente a la creación literaria, establecía el credo de "las
palabras en libertad," manifestación extrema del principio de la autonomía de la forma. La única importancia del futurismo consiste en ser
uno de los primeros síntomas de la sensibilidad revolucionaria que iba
a apoderarse de la juventud al hacer crisis en la primera guerra europea
todos los valores de la cultura occidental. Crisis profunda que abrió las
puertas no sólo a las revueltas artísticas o literarias, sino al estado revolucionario, caótico y desesperado en el que se encuentra el mundo actual
y del que los numerosos y contradictorios "ismos" artísticos son simple
reflejo.

Tras el futurismo vino, ya en plena guerra, en 1916, el "Movimiento
Dada" o "dadaísmo" iniciado en Zurich por el escritor rumano Tristan
Tzara, de actitud no menos irreverente hacia el arte del pasado ni menos
arbitrario en cuanto a su credo estético y programa creativo. A pesar
de sus radicales desatinos no dejó de tener influencia en otras manifestaciones posteriores. Entre los primeros dadaístas figuraban, por ejemplo,
el poeta francés André Breton, uno de los creadores más tarde del
"surrealismo" o "superrealismo."

Las innumerables formas que toma el espíritu de rebelión artística
e intelectual en los años que siguieron a la paz de Versailles pueden ser
estudiadas en varios libros cuya referencia damos en la bibliografía. Aquí
bastará llamar la atención a varias direcciones concomitantes, aunque
contradictorias, de las que en una forma u otra encontramos rastros en
los autores españoles de los años siguientes. Citaremos para ello la reca-
pitulación que el mayor profeta español del "arte nuevo," Guillermo de
Torre, hacía en un estudio reproducido en su libro *La aventura y el
orden:*

la revuelta contra la literatura...; el anhelo de evasión; el nuevo
mal del siglo, la crisis del racionalismo; el llamamiento a lo incons-
ciente y la influencia de Freud; la disociación de la personalidad
bajo el influjo de Pirandello y la atomización y reversibilidad del
tiempo bajo Proust; el espíritu internacionalista, condensado en
el novecentismo de Bontempelli...; el expresionismo germánico...; la orientación neotomista, las conversiones, la nostalgia medievalista y los reclamos de un orden católico; el europeísmo, la
corriente internacionalista y viajera que diputa como nueva musa
la geografía; la aparición de un nuevo romanticismo en los últimos
rasgos superrealistas; el auge de Valéry y del monólogo interior
joyciano; el culto del cuerpo y la literaturización del deporte; el
espíritu de proselitismo político social insuflado en las letras.

Esta enumeración voluntariamente desordenada por parte del autor no
agota las corrientes significativas. Enumeremos aún por su importancia, "el cubismo" en las artes plásticas y el movimiento francés de "la
poesía pura" o el "imaginismo" norteamericano. Obsérvese el carácter
internacional de estas tendencias y que no todas ellas son exclusivamente
literarias, sino que se dan por igual en la filosofía, en la ciencia o en
diversos campos del arte, viniendo así a demostrar que la literatura es
sólo un aspecto parcial de la sensibilidad de una época que todo lo
abarca.

Para completar el panorama debe recordarse la ola de optimismo que
invade el mundo occidental en la postguerra, indiferente ante los signos
de un derrumbamiento social: revolución comunista, depresiones económicas, hambre y violencia. Antes de que el escritor responda a ellos en
otros movimientos de raíz desesperada, la misma frivolidad que se advierte en las costumbres se refleja por pocos años en la literatura que
toma aires de juego intrascendente e irónico. El artista se contagia del
entusiasmo por el deporte, por la mecánica —electricidad, automóvil,
radio, cine— y en general por todo lo que signifique goce de la vida.

**El influjo de los movimientos de postguerra en la literatura española.
Ultraísmo, creacionismo y vanguardia.** — En España las noticias que llegan
de los varios movimientos aludidos se traducen en algunos intentos
de renovación literaria y en un estado general de espíritu que, tras la
alharaca de los primeros "ismos," y, sin duda, estimulado por ellos, llegará a encontrar cauces más seguros.

Las únicas manifestaciones explícitas y relativamente orgánicas del arte de postguerra en la literatura española fueron el "ultraísmo" y "el creacionismo," movimientos casi simultáneos y que se influyen entre sí.

El primero arranca de la publicación, en enero de 1919, de un manifiesto firmado por un grupo pequeño y heterogéneo de escritores, entre los cuales el único conocido era Rafael Cansinos Assens, novelista y crítico de la literatura contemporánea procedente del modernismo. A su lado figuraba un joven de diecinueve años, Guillermo de Torre, que entonces se dio a conocer y que fue el verdadero animador teórico y el sacerdote fervoroso del nuevo culto. El ultraísmo afirmaba la urgencia de un arte sin ligaduras con el pasado, su relación con algunos movimientos europeos, especialmente con el "dadaísmo," y, por lo que se refería a la literatura castellana, la necesidad de liquidar lo emocional y los falsos oropeles modernistas de un rubendarismo vulgar y degenerado en los imitadores, cada día más mediocres, del poeta nicaragüense. Su estética se reducía a identificar la lírica con el que consideraba su elemento primordial, la metáfora; a la supresión de los elementos ornamentales y de los nexos gramaticales en el verso; y también de los nexos lógicos mediante la síntesis de las imágenes. Mostraba entusiasmo además por los temas de la mecánica y la ciencia, por el vocabulario científico y antipoético y por una ortografía arbitraria que suprimía mayúsculas, puntos y comas o creía esencial para la significación del poema el ordenar los versos en forma de figuras geométricas. El movimiento se gastó pronto y sólo quedan de lo que un día se creyó una revolución transcendental algunas pintorescas anécdotas, varias revistas de vida breve entre 1919 y 1922 (*Grecia, Cervantes, Ultra, Tableros, Reflector, Perseo, Cosmópolis, Horizonte*), y algún libro como *Hélices* de Guillermo de Torre, más interesante hoy como curiosidad que por su valor literario. Torre encontró en la crítica y no en la poesía su verdadero camino. De otros escritores que en mayor o menor medida tomaron parte en el movimiento o colaboraron en sus revistas, sólo Gerardo Diego, Juan Larrea y el argentino Jorge Luis Borges han hecho después obra importante.

De menos resonancia, pero en conjunto más serio, fue el "creacionismo," doctrina poética elaborada a partir de 1916 por el poeta chileno Vicente Huidobro, en relación estrecha con el francés Pierre Reverdy. Adquiere vuelo entre 1920 y 1925 por virtud de los libros de Huidobro, poeta de indudable personalidad, y a través de la revista *Creation*. La mejor exposición teórica de lo que el creacionismo pretendía se encontrará en el libro *Manifestes* (1925). Partía de la distinción establecida ya por los simbolistas entre literatura y poesía. Frente a la primera, atada en forzosa servidumbre a la realidad y a propósitos morales, sociales, etc., proclamaba la libertad suprema de la poesía cuya esencia era el acto creativo. La fórmula en que se resume este concepto de la poesía es "crear un poema como la naturaleza crea un árbol" y "el poema creado" era para Huidobro aquel en que "cada parte constitutiva del cual y cuyo entero conjunto presenta un hecho nuevo, independiente del mundo externo, desprendido de toda otra realidad fuera de la suya propia porque hace acto de presencia en el mundo como un fenómeno particular aparte y distinto de los demás fenómenos." Lo sustantivo en el poema era la palabra, la imagen autónoma e independiente de las referencias que pudiera tener al mundo real o al mundo de las ideas. Al creacionismo se adhirieron dos poetas españoles ya citados en relación con el ultraísmo, Juan Larrea y Gerardo Diego. De los varios poetas que luego adquirieron nombre son, en rigor, los únicos que se entregaron por entero a los movimientos de los primeros años de postguerra y los que en este sentido los representan en la historia de la poesía castellana en mayor medida que ningún otro.

En el balance de las corrientes literarias, el valor del ultraísmo queda limitado al de haber sido reactivo que despertó en la juventud un deseo de novedad y superación, que, en términos generales e independientemente de doctrinas y escuelas, es lo que se llamó "vanguardismo" y "literatura joven." Su órgano principal fue *La Gaceta Literaria,* fundada en 1927 y dirigida por Ernesto Giménez Caballero, uno de los pocos prosistas de valor en este período, con la estrecha colaboración de Guillermo de Torre.

Los jóvenes encontraron aliados poderosos y maestros orientadores entre algunos escritores de la generación anterior y las diversas tendencias de la postguerra empiezan a adquirir transcendencia al incorporarse en cuanto tenían de creativo a la poesía de Juan Ramón Jiménez, a la prosa de Miró y al arte personalísimo de Gómez de la Serna, el cual se adhirió explícitamente al movimiento ultraísta. Ortega y Gasset, siempre atento a los signos nuevos, fue de hecho el primero que estableció un poco de orden en las discordantes y confusas teorías del nuevo arte, al hacer con su claridad y penetración habituales un lúcido análisis de sus postulados básicos en el libro *La deshumanización del arte e ideas sobre la novela,* 1925.

**La nueva poesía.** — La renovación verdadera de la poesía española por estos años y su incorporación con valores propios al panorama de la literatura universal fue obra de varios poetas que, si no estuvieron por entero disociados de los "ismos" de postguerra, sólo les deben el estímulo inicial, la preferencia por ciertos temas y elementos secundarios de su estilo. Los primeros en darse a conocer, algo mayores que el resto, son dos poetas que eran a la vez profesores y críticos muy familiarizados con la larga tradición de la lírica española, Jorge Guillén y Pedro Salinas. Ambos maduran, además, en contacto directo con las corrientes de la "poesía pura" en Francia durante su estancia en aquel país como lectores de español de la Sorbona. A Guillén y Salinas se unen, por afinidad nacida de su doble condición de poetas y críticos, Gerardo Diego y Dámaso Alonso. Y el grupo se enriquece poco después con la entrada en él de otros dos poetas de formación menos académica y temperamento más espontáneo: Federico García Lorca y Rafael Alberti.

Poetas todos de personalidad muy definida y en cierto modo divergente, les asocia un común intento por el cual la llamada "nueva poesía" adquiere, al fin, tras del gesto subversivo de los ultraístas, fisonomía propia: el intento de fundir todo el difuso espíritu contemporáneo con el espíritu y aun con las formas de la tradición profunda de la lírica española en su doble herencia culta y popular: Garcilaso, Herrera, San Juan de la Cruz, Fray Luis de León, Quevedo o Bécquer y Gil Vicente, Lope o la rica vena de la poesía anónima del Romancero y de los Cancioneros, viva aún en las canciones del pueblo. En ellos también se salva, vertido en nuevos moldes, lo que quedaba de fecundo del simbolismo francés incorporado a la poesía pura, de Valéry por ejemplo, y lo fecundo aún del modernismo español absorbido a través de Unamuno, de Machado y, sobre todo, del magisterio de Juan Ramón Jiménez por todos acatado en sus comienzos y traducido en el culto a una poesía esencial, desnuda, íntima. Son, como quería Darío, "muy antiguos y muy modernos," muy universales, atentos a las voces de la poesía mundial y muy apegados a la entraña nacional de la lengua. En ellos parece cumplirse, además, la profecía de Ortega y Gasset a los insurgentes ultraístas en 1921: "Más allá me parece estar viendo otros hombres más jóvenes que ustedes, una próxima generación en quien un nuevo sentido de la vida comenzará a pulsar. Amantes de las jerarquías, de las disciplinas, de las normas." Aunque cronológicamente la observación resulta insostenible —Guillén y Salinas son algunos años mayores y empiezan a escribir antes del ultraísmo— es exacta en lo que se refiere a la sucesión de actitudes porque esta nueva poesía tiene sobre todo un carácter clásico, busca el orden, la perfección y la claridad frente a lo hondo, lo turbio, emocional y atormentado de la poesía de principios de siglo.

En cuanto a la fecha en que esta nueva generación se incorpora plenamente a la literatura, Salinas la sitúa entre 1925 y 1928. Alguien ha propuesto, y nosotros aceptamos, un año intermedio, el de 1927, en el que concurren varios hechos: fundación de *La Gaceta Literaria,* con la cual los nuevos poetas tienen, al menos, una relación de fines coincidentes; centenario de Góngora, cuya revalorización como poeta lleva a cabo esta generación y cuya influencia alcanza más o menos profundamente a todos; y aparición entre 1926 y 1929 de algunos de los libros más característicos: *Canciones* y el *Romancero gitano* de Lorca; *El alba del alhelí* de Alberti, *Seguro Azar* de Salinas y el primer *Cántico* de Guillén. En 1927 estrena también Lorca *Mariana Pineda,* con lo que la nueva literatura sale del ambiente de cenáculo y empieza a ser conocida del gran público de cuyo gusto, salvo excepciones, permanecerá siempre apartada. Como ya advertía Antonio Machado, era una poesía, especialmente la de Guillén y Salinas, que no podía aspirar a ser popular sino a ser leída por los más capaces de atención reflexiva. Para terminar de establecer con precisión los hechos que pueden servir para situar esta generación, aludiremos a la publicación en 1932 de la antología *Poesía Española (1915-1931)* de Gerardo Diego, que recoge el espíritu y la obra del grupo, con un criterio expresamente parcial basado en la distinción, expuesta en el prólogo, entre literatura y poesía. Ésta, la poesía, se define por "la desnudez... y plenitud de la intención poética." Los poetas incluidos son: Unamuno, los dos Machado, Juan Ramón Jiménez, precursores con los que los nuevos poetas sienten afinidad espiritual; José Moreno Villa, en calidad de adelantado un poco mayor de la "nueva poesía"; Salinas, Guillén, Dámaso Alonso, Juan Larrea, Gerardo Diego, García Lorca y Alberti, el núcleo central; Fernando Villalón, poeta más viejo, pero que se revela por entonces bajo el influjo sobre todo de la tendencia hacia lo popular; y un grupo de poetas un poco más jóvenes o de aparición más tardía: Emilio Prados, Vicente Aleixandre, Luis Cernuda y Manuel Altolaguirre. La antología se reeditó en 1934 y, más ampliada (1901-1934), en 1959.

**Jorge Guillén y Pedro Salinas.** — Unidos tan sólo por un común deseo de elevar la poesía a su significación más alta, por la afinidad de gustos y por el carácter predominantemente lírico de la obra de todos ellos, pronto se destacan del grupo de la "nueva poesía" dos parejas bien diferenciadas. De un lado, Jorge Guillén (n. 1893) y Pedro Salinas (1891-1951) en la línea de la poesía intelectual y culta; de otro, Federico García Lorca (1898-1936) y Rafael Alberti (n. 1902) en la línea de la poesía de tradición popular. La de los dos primeros es principalmente poesía de conceptos, de espíritu y estados mentales; la de los segundos, poesía de sensaciones, más musical y ligada a temas reales, de efecto más artístico que espiritual. Estas diferenciaciones, útiles y necesarias para el análisis de la lírica de este tiempo, son en gran medida convencionales porque lo fundamental en cada uno de estos cuatro poetas es su estilo personalísimo, expresión en cada caso de mundos poéticos bien definidos. Además, ni la poesía de Guillén y de Salinas está tan desprovista de emoción y de sensaciones como parece, ni la de García Lorca y Alberti es tan espontánea y puramente artística.

Guillén, al menos si se juzga por la primera impresión que su lectura produce, es el más puramente intelectual. No deja de ser paradójico que este poeta, para quien la claridad es obsesión constante y en cuya temática encontraríamos probablemente una mayor cantidad de alusiones a la realidad y de emociones diferenciadas, haya sido considerado, por lo general, como un poeta oscuro y desprovisto de sentimiento. Es, desde luego, la suya poesía difícil pero cuya dificultad no proviene de una artificiosidad rebuscadamente retórica sino de su concentración y del rigor para eliminar del poema todo elemento que le reste virtualidad poética, lírica o, mejor dicho, para devolver a los elementos de la poesía —palabra, emoción, percepciones de realidad circundante, de que el poeta parte siempre— su valor substantivo e independiente. En este sentido, y sólo en éste, puede considerarse a Guillén como el representante en la lírica castellana de lo que se llamó "poesía pura."

Su obra tiene, ante todo, unidad. Consistió mucho tiempo en un solo libro, *Cántico,* publicado en cuatro ediciones (1928, 1936, 1945, 1950). En cada nueva edición fue aumentando el número de poemas —de setenta y cinco a trescientos treinta y cuatro— y creció en profundidad el mundo poético. La visión se ensanchó, y la variedad de temas y de formas, todas igualmente perfectas, fue cada vez mayor. En lo básico de su actitud poética permanece invariable porque ésta fue desde el principio en Guillén firme y meditada.

De su segundo libro, *Clamor,* se han publicado dos partes: *Maremágnum,* 1957, y *Que van a dar en la mar,* 1960. Si *Cántico* es la exaltación del ser, de la belleza y del júbilo que la contemplación de ésta produce, *Clamor* (*Tiempo de historia* es el subtítulo) es la visión dramática del existir del hombre, de la injusticia, la destrucción, el caos de la vida moderna con el consiguiente dolor, aunque de vez en cuando aparezcan entremetidos en esta visión poemas de tema plácido y gozoso. El propio Guillén desea que se considere toda su obra "como una unidad poética que oscila entre dos niveles." Algunos críticos ven dos etapas del poeta en estas dos obras, distintas en cuanto a temas y enfoque. *Que van a dar en la mar* tiene acentos nostálgicos y a veces elegíacos; el amor y la muerte mezclados con recuerdos de infancia, claroscuros misteriosos.

No es fácil resumir con precisión en pocas líneas lo que constituye el carácter de la poesía de Guillén ni la gran riqueza de sus temas dentro de su aparente simplicidad y de la aparente semejanza entre todos sus poemas. En trance de definir ese carácter brevemente diríamos que resulta de la combinación de su maestría formal con una espiritualidad que pugna por encontrar la significación, real y transcendente, en el conjunto maravilloso o dramático del mundo: de cada momento, de cada cosa, de cada ser, de cada sentimiento; y con una actitud, humilde y segura al mismo tiempo, de alegre entusiasmo ante todo lo creado y de fe constante en la armonía y en la vida. La realidad y la emoción lejos de eludirse se exaltan.

Por su maestría y por su reacción en favor de las formas clásicas —vuelta a la estrofa— se ha relacionado siempre a Guillén con Góngora y con Paul Valéry. Salinas lo comparaba muy acertadamente por su entusiasmo vital con Whitman. Debe relacionarse también con la gran tradición castellana de poetas en quienes realidad y espíritu, inmanencia y trascendencia de la poesía se funden indisolublemente, como San Juan de la Cruz y Fray Luis de León.

Castellano de Valladolid, su castellanismo, compatible siempre con la aspiración a la universalidad, se ve además en muchos de sus temas, en el diáfano y luminoso aire de la meseta que su verso deja traslucir y en la austeridad, jugosa y humana, no fría y deshumanizada, de su espíritu. Además de sus libros de versos ha publicado Guillén ensayos de crítica literaria: en 1961 en inglés y en 1962 en español publicó *Lenguaje y poesía,* libro en el que recogió las conferencias que pronunció en la universidad de Harvard durante el curso de 1957-58; son estudios de la lengua que utilizaron Berceo, San Juan, Góngora, Bécquer, Miró y la generación del 27. En 1961 recibió Guillén el Premio Internacional de Poesía.

La obra de Salinas es más variada que la de Guillén y consta de ocho libros (*Presagios, Seguro azar, Fábula y signo, Amor en vilo, La voz a ti debida, Razón de amor, Todo más claro*) y algunos poemas largos posteriores a éstos; su libro póstumo, *Confianza,* se publicó en 1954; sus *Poesías completas,* en 1956. Podemos ver en ellos el cambio en las preferencias por ciertos temas. En lo fundamental la poesía de Salinas ha variado poco y es, como la de Guillén, ejemplo de unidad en el desarrollo de una central actitud poética. Semejantes en esto, son muy distintos, casi opuestos, en la esencia de esa actitud. Guillén va movido por el entusiasmo ante todo lo creado, reflejo para él de un orden superior que gobierna lo mismo el mundo de la realidad que el mundo interior psíquico. Por eso, sentimiento y emoción tienen en Guillén un acento afirmativo. Para Salinas el mundo externo es desorden, caos; no es claro, sino oscuro y su poesía va inspirada por la avidez espiritual de transformar las percepciones externas de una realidad siempre variable en una realidad inmutable y superior que es a la vez para el poeta fuente de la certeza que busca en el mundo y de las emociones características de su poesía: amor, fruición, felicidad. Así la naturaleza —mar, aire, luz— los temas de la experiencia diaria, los objetos infinitos que la vida actual ofrece a la atención del hombre y del poeta, están percibidos en Salinas más directamente quizá que en ningún otro poeta de ese momento, pero pronto pierden al entrar en el poema su significación real y se convierten en motivos de un sutil juego mental, esencialmente irónico, en el que el humor y el sentimiento se mezclan y confunden. Está hecha sobre todo la poesía de Salinas de sutilezas psicológicas, expresadas en un estilo preciso, y al mismo tiempo ágil, definido con exactitud por Leo Spitzer al hablar de su "conceptismo interior."

Fue Salinas, además de poeta, crítico de gran cultura y gusto literario, hombre de clara inteligencia y de una gran capacidad para interesarse por las cosas y por la vida. Todo esto, en perfecto equilibrio, se advierte, igual que en su poesía, en un delicioso libro de narraciones en prosa, *Víspera del gozo,* en numerosos estudios sobre la literatura española, entre los que deben citarse *Reality and the Poet in Spanish Poetry, La poesía de Rubén Darío, Jorge Manrique* y *Literatura española, siglo XX,* en 1940, y en algunos ensayos. Salinas poseyó un talento literario de primera clase, flexible y curioso, que le incitó a expresarse en diversas formas: narraciones tan originales como las incluidas en *El desnudo impecable,* 1951, novelas como *La bomba increíble,* 1950, y una docena de obras dramáticas, entre ellas *La fuente del arcángel* cuyo estreno presenció el autor en la Universidad de Columbia. Juan Marichal ha recopilado dos colecciones de ensayos, aparecidos en periódicos y revistas de distintos países: *Ensayos de literatura hispánica (Del Cantar de Mío Cid a García Lorca),* 1958, *La responsabilidad del escritor,* 1961. En todos los géneros mostró Salinas poder creativo, vivo ingenio y un singular dominio del lenguaje, a la vez refinado y popular.

**Federico García Lorca y Rafael Alberti.** — Si la poesía de los castellanos, Guillén y Salinas, se define en términos generales por la complejidad de sus procesos creativos y por el espíritu, la de estos poetas andaluces está presidida por la gracia y la belleza.

García Lorca (1898-1936), cuya trágica muerte conmovió al mundo, es no sólo el poeta contemporáneo español cuyo nombre ha alcanzado mayor universalidad sino el que entre todos estaba dotado de un genio poético más cierto, genio que en su caso, como en ningún otro, no quiere decir inconsciencia sino capacidad creativa, poder de síntesis y facultad natural de captar, expresar y combinar la mayor suma de resonancias poéticas, sin esfuerzo aparente, por pura inspiración, y de llegar a la perfección, no como resultado de una técnica penosamente lograda sino casi de golpe, como por un don divino.

Deja, a pesar de haber muerto en plena juventud, una producción cuantiosa y variadísima en la poesía y en el teatro, género este último al que fue el único autor posterior al modernismo que aportó elementos renovadores. Su obra lírica consta de *Libro de poemas, Canciones, Romancero gitano, El poema del cante jondo, Poeta en Nueva York* y *Llanto por Ignacio Sánchez Mejías,* además de numerosos poemas no reunidos en libro. La elegía a Sánchez Mejías es síntesis de los más altos valores de su arte y cumbre de su poesía que tendía a lo elegíaco, así como su teatro tendía a la tragedia. En su obra dramática, como en su poesía, encontramos una gama variadísima: el capricho poético dramático de arte de "camera," *Amor de don Perlimplín con Belisa en su jardín;* la farsa con aire de estampa y romance populares, *La zapatera prodigiosa;* la delicada comedia psicológico-poética, *Doña Rosita la soltera;* tragedias como *Yerma, Bodas de sangre* y *La casa de Bernarda Alba,* obra póstuma; y ensayos de teatro surrealista como *El Público* y *Así que pasen cinco años.* En las tres tragedias rurales el elemento básico es una pasión honda: la amorosa, más el odio, como en *Bodas* y *La casa de Bernarda Alba,* o el anhelo de maternidad frustrado, como en *Yerma.* Funde, en la acción de ambiente campesino andaluz, la música, el canto y la plástica —técnica lopesca— añadiendo nuevos símbolos o personajes fantásticos con función simbólica como la Muerte y la Luna. En *La casa* disminuyen los pasajes líricos y logra Federico la alucinante sencillez de la tragedia clásica.

La variedad y la riqueza, dentro de la unidad de estilo y de un acento inconfundible, parecen haber sido su ley creativa. Por eso todo análisis que se haga de su obra —y no son pocos los que ya se han hecho— resulta necesariamente parcial. En él lo más exquisitamente lírico y simple, por ejemplo algunas canciones, se encuentra al lado de poemas cargados de misterio y de un sentido profundo de las fuerzas de la naturaleza y de la vida: amor, sueño, sangre, muerte. Lo poético puro se transmuta en emoción dramática, por ejemplo en algunos romances gitanos, y los momentos más trágicos de su teatro tienen siempre substancia lírica. La misma complejidad de elementos es evidente también en las formas de su arte. Lo musical y lo plástico, lo real y lo irreal, lo natural y lo estilizado se funden en él y a él confluyen por otro lado las más diversas tendencias y tradiciones poéticas: lo popular y lo andaluz, lo clásico y lo romántico, elementos procedentes del simbolismo con otros de aparente origen surrealista. Y si nos fijásemos en el contenido emocional de su poesía y su teatro o en cualquier otro aspecto de ellos, nos encontraríamos con la misma riqueza. De hecho lo que en Lorca se realiza con mayor amplitud que en ningún otro poeta es la síntesis de toda una rica tradición artística que como en los grandes poetas naturales se vierte en una lengua suya y propia. En este sentido —en el de la creación de una nueva lengua poética en la que la palabra y la imagen, igual que la fantasía y la realidad, cobran significación desconocida— sólo es comparable Lorca en la poesía moderna de lengua española a Rubén Darío con quien además presenta otras semejanzas que no podemos analizar aquí. Es ante todo el de Lorca, como el de Darío, arte de integración, que si bien se logra con mayor claridad en algunas obras de plenitud, como el *Llanto por Sánchez Mejías* o *Bodas de Sangre,* está presente, al menos en esbozo, desde sus primeros poemas.

Y si la lengua poética y metafórica de canciones y romances se transforma en el simbolismo surrealista y barroco de *Poeta en Nueva York,* es porque han cambiado temas y ambiente. En el mundo extraño y pesimista del Nueva York de la depresión se enfrenta Lorca, en 1929, con la angustia colectiva de la gran ciudad archicivilizada, con los infinitos adelantos técnicos, mas donde sufren ciertos grupos raciales: negros y judíos. El poeta siente su propia soledad en este mundo caótico y frustrado y siente el dolor de los otros hombres. Lejos, pues, de la "deshumanización" que explicara Ortega. Al estado de pesadilla y delirio en que los vivos bailan una nueva danza de la muerte corresponde la incoherencia aparente de imágenes surrealistas, extrañas y enigmáticas, entretejida la realidad neoyorkina de Harlem y el Bowery con la fantasía inagotable y original del poeta español.

Por lo que de andaluz y de entronque con la tradición de la poesía popular tenían ambos, el nombre de Alberti fue unido siempre al de Lorca y existe además un paralelismo entre los diversos modos que adoptan en su poesía. Fuera de ello, son dos poetas bastante distintos. En Alberti, la gracia, indudable y airosa, resulta de una sabiduría poética natural y al mismo tiempo cultivada y consciente; en Lorca es atributo de raíz más profunda. En Alberti todo es claro, como producto de una inteligencia poética de primer orden, pero inteligencia fría, aunque la naturalidad con que consigue el verso perfecto deje la impresión de una suma espontaneidad. En Lorca, todo, hasta lo más perfecto, bruñido y calculado, arrastra un fondo de pasión. Por eso sus diferentes estilos se entrelazan y hay una relación evidente entre sus canciones más ingenuas o los poemas de elaboración más compleja como algunas de sus *Odas*; relación que procede de la intensidad expresiva y de la persistencia, en todas las modalidades de su poesía, de los temas y elementos que, combinados, forman su mundo poético. En cambio, el mundo poético de Alberti nos parece tener menos autenticidad. Lo esencial en él es la gracia de la forma, siempre perfecta, el don realmente extraordinario de adaptarse a nuevos estilos. Su poesía ha pasado con facilidad asombrosa del refinado popularismo de *Marinero en tierra, La amante,* y *El alba del alhelí,* al neogongorismo de *Cal y canto* o al surrealismo de *Sobre los ángeles.* Este carácter externo, formal, de su lirismo explica que sin gran esfuerzo Alberti pudiera, en otra etapa de su evolución poética, poner la maestría de su verso al servicio de temas sociales y de la agitación política, al entrar en el partido comunista. Luego ha vuelto en sus últimos libros, especialmente en *El clavel y la espada,* a una poesía más íntima, en la que su arte, sin perder su perfección airosa, alcanza mayor densidad espiritual y humana.

Como Lorca, Alberti, ha cultivado también el teatro. Ha escrito obras dramáticas, entre las que sobresale *El hombre deshabitado,* con la técnica y el espíritu de los antiguos autos, adaptados a temas y preocupaciones del mundo contemporáneo.

**Otros poetas.** — De todos estos poetas de la postguerra fue Gerardo Diego (n. 1896) el primero en abrazar los nuevos credos poéticos, ultraísmo, creacionismo, neogongorismo, etc., y el animador más entusiasta del grupo. Su obra, bastante abundante, se caracteriza por una maestría que no es producto de rigurosa atención intelectual como en Guillén o Salinas, ni de una fuerza casi indefinible como en Lorca, ni de gracia natural como en Alberti. La maestría de Diego es académica y retórica, en la mejor acepción de estas palabras, y está además noblemente sostenida por un fervor poético auténtico y por una loable honestidad literaria. De esta honestidad dimana el rasgo más característico de la posición poética de Gerardo Diego, que escindido entre su entusiasmo por lo nuevo y su formación tradicional, escolar, entre su fe creacionista y la necesidad de expresar sus propios sentimientos, adoptó desde el principio un doble estilo. Por un lado, poesía en la que vierte sus experiencias humanas, reales y sentimentales en libros como el *Romancero de la novia, Soria, Versos humanos*; de otro, poesía desrealizada, deshumanizada, basada en su adhesión teórica y práctica al creacionismo: *Imagen, Manual de espumas, Fábula de Equis y Zeda*; en *Biografía incompleta* recoge poesías creacionistas escritas después de *Manual de espumas*. En libros más recientes, *Alondra de verdad, Ángeles de Compostela,* tiende a la integración de sus dos estilos. Además de la perfección técnica y las metáforas afortunadas y originales, en los sonetos de *Alondra de verdad* vibra una emoción humana y religiosa muy honda. En ellos, y más aún en *Ángeles de Compostela,* se fundieron armoniosamente lo aventurero y lo tradicional, otras veces pugnantes en la personalidad del poeta.

De los poetas que se dieron a conocer un poco más tarde, el de temperamento más intenso y mayor originalidad es Vicente Aleixandre (n. 1900). Su primer libro, *Ámbito,* se publica en 1928, cuando la nueva poesía ha adquirido ya carta de naturaleza en el mundo literario. Pronto se reconoció en Aleixandre una voz distinta. Los libros siguientes, *Espadas como labios* y *La destrucción o el amor,* significaron la plena incorporación del surrealismo a la poesía castellana. Mas el surrealismo de Aleixandre no era tanto un surrealismo de escuela o de fórmulas como una posición poética afirmada sobre un fondo personal, oscuro, apasionado, romántico, que en el grupo de estos nuevos poetas le aproximaba a Lorca, aunque las diferencias de estilo sean entre ellos considerables. El mundo poético de Aleixandre está exactamente definido en el título del último libro citado y tiene como base una desesperación real y humana que se estremece con la confusión del mundo y un esfuerzo también desesperado, y aunque parezca contradictorio, entusiasta de amor a la vida y a la naturaleza en todo su cósmico desorden. La naturaleza, la tierra —no el paisaje— es el tema constante de Aleixandre, naturaleza lujuriante y sensual, que fundida con los anhelos humanos del poeta adquiere ya valor afirmativo, vital y adámico, en su libro, *Sombra del paraíso.*

Otros poetas que empiezan su obra casi simultáneamente, al acercarnos al fin de la tercera década del siglo, completan el cuadro de esta generación, una de las más brillantes de la lírica española y que en los últimos cien años sólo cede en importancia a la de Unamuno, los Machado y Juan Ramón Jiménez. En los poetas más jóvenes es visible el influjo de sus predecesores inmediatos, pero tienen todos personalidad y estilo propio.

Luis Cernuda es poeta de tipo intelectual, muy influido por Guillén en sus comienzos, pero en el cual el intelectualismo se complica con un fondo romántico y elegíaco que se manifiesta en la sensación de soledad, en su nostalgia por Andalucía y por el mundo helénico que tal vez agudizó la lectura de Hölderlin, a quien tradujo. Tiene Cernuda afinidades con Bécquer, tales como la expresión íntima y trágica del amor y el tono de desengaño y desilusión. En 1936 reunió en *La realidad y el deseo* los versos y libros que había escrito hasta entonces, aumentando en ediciones posteriores el número de obras allí recopiladas. Aparte del verso, escribe Cernuda una prosa de alta calidad poética, patente en *Ocnos* (1942), poemas en prosa, y *Variaciones sobre temas mexicanos,* 1952; en el primero evoca y añora a su Sevilla natal; en el segundo se complace en registrar cuantos rasgos de Andalucía encuentra en Méjico. Interesado por la literatura extranjera, tradujo a Shakespeare y Hörderlin y publicó varios ensayos sobre escritores alemanes, franceses e ingleses, reuniéndolos en *Pensamiento poético de la lírica inglesa* (siglo XIX), 1958, y en *Poesía y literatura,* 1960 (españoles y extranjeros). De 1957 son sus *Estudios sobre poesía contemporánea.* Como crítico no está a la altura de su poesía.

Emilio Prados (n. 1899, Málaga, m. 1962, Méjico) se caracteriza por un lirismo más íntimo y apasionado, más lorquiano. De temperamento muy auténtico, aunque en un principio lo que toma de otros fuera más evidente que lo original y suyo, alcanza, sin embargo, expresión propia en los romances que escribe durante la guerra civil y en *Jardín cerrado,* publicado en Méjico en 1946; de este libro se publicó una selección hecha por Prados mismo —*El dormido en la yerba*— en Málaga, 1953. Losada publicó en Buenos Aires una *Antología* (1923-1954) de sus poesías. En los primeros libros aparece ya la obsesión por el misterio de la vida en la naturaleza, uno de sus grandes temas. Pero la obra de Prados suena más grave y honda a partir de *Jardín cerrado.* En *Río natural,* 1957, expresó con fluidez el sentimiento de su resurrección en la poesía, gracias al ensimismamiento que le permitió encontrar la fuente del río —voz con que canta. *Circuncisión del sueño,* 1957, dice —según Blanco Aguinaga— "la parábola de la Vida y de la Muerte que a través del significado de su propia vida se ha revelado." Su último libro, *La piedra escrita,* 1961, presenta en incesante curso imaginístico su lírica meditación ante lo invisible, rodeado de presencias que son transfiguraciones de mitos eternos, reinventados por él.

Manuel Altolaguirre (1905-1961), dentro del acento y de las influencias comunes del grupo y de reminiscencias variadas de Juan Ramón,

Lorca, Salinas y Alberti, se distingue por una gracia ingenua y fina. El amor es el tema central de su poesía; la naturaleza y la soledad, los secundarios; *Fin de un amor,* 1949, y *Poemas en América,* 1955, son quizás lo más interesante de su obra. Tradujo el "Adonais" de Shelley y fue impresor y fundador de varias revistas.

Debemos mencionar por último a Miguel Hernández que, sin la formación literaria rigurosa de la mayoría de los que constituyeron este grupo de la "poesía nueva," se incorporó a él, llevando al par que sorprendentes cualidades para adaptarse al nuevo estilo, fuerza y brío naturales, como de quien se ha formado en un absoluto autodidactismo en lecturas de los clásicos españoles y en la relación con el movimiento poético del Madrid del 34, fecha en que llegó a la capital. Los ambientes en que vivió —infancia y adolescencia como pastor en Orihuela; el del Madrid de la guerra; el de la cárcel como preso condenado a muerte, más tarde indultado— no sólo aparecen en su poesía como temas, sino como realidades vividas. Sencillo o gongorino, conciso o reiterativo, vigoroso en su desesperación o patéticamente tierno en sus nanas, lleva a la poesía el amor, desolado a veces, la guerra, la muerte y la injusticia social. Su *Cancionero y romancero de ausencias* (1938-1941) es un diario íntimo y doloroso. Escribió también para el teatro; un auto sacramental, *Quien te ha visto y quien te ve y Sombra de lo que eras,* 1934, y varias obrillas de propaganda durante la guerra. Murió en prisión, tuberculoso, a los treinta y dos años, pero a pesar de su temprana muerte, dejó una admirable suma de poesía, rica en imágenes, pasión viril y contenido humano.

La poesía femenina está representada en esta generación por Ernestina de Champourcin y Concha Méndez.

Dámaso Alonso y Juan Larrea aparecen asociados, como se ha visto, a estos movimientos de renovación poética. El primero, con su libro *Poemas puros: Poemillas de la ciudad* (1921), se revela como poeta de sensibilidad antes de consagrarse principalmente a la crítica. El segundo, escritor siempre inquieto, de trayectoria muy personal e independiente, busca, a través del creacionismo, del surrealismo, de ensayos y fugas varias, algo que satisficiera su fervor de profeta de un nuevo mundo estético y espiritual; no encontrará su camino firme hasta años después, ni alcanzará su plenitud de escritor hasta el destierro. Por estos años, escribe poesía en francés e influye bastante en algunos poetas, directamente en Gerardo Diego, indirectamente en la etapa surrealista de García Lorca y Alberti.

**La literatura nueva en otros géneros: prosa, crítica, teatro.** — El espíritu renovador se manifestó en la prosa con caracteres análogos a los de la poesía, pero en parte porque el signo de los nuevos tiempos era ante todo lírico, en parte por otras razones, no logra, salvo casos excepcionales, fructificar en nada que hasta donde podemos hoy juzgar vaya a adquirir valor histórico permanente.

En el ensayo sobresale José Bergamín (n. 1894), en quien se combinan el gusto de la paradoja y la pasión intelectual de Unamuno con la tendencia hacia la asociación ingeniosa a lo Gómez de la Serna. En el proceso de fragmentación de formas, característico de la época, Bergamín deriva hacia el estilo aforístico, sentencioso. Esto y la inclinación a un pensamiento sutil y abstracto hacen de él el representante máximo en la prosa contemporánea del neobarroquismo, por el que enlaza con la tradición de los conceptistas españoles del siglo XVII, Quevedo y Gracián, en relación paralela y semejante a la que los poetas tienen con Góngora. Sus libros más importantes son *El cohete y la estrella, La cabeza a pájaros, Mangas y capirotes* y *Disparadero español.* En 1959 publicó *Fronteras infernales de la poesía.* Al regresar a España, después de veinte años de ausencia, escribió un libro de ensayos titulado *Al volver.*

Temperamento también barroco, pero sin la sutileza y la tendencia hacia lo abstracto de Bergamín, es el del otro prosista de mayor interés en estos años, el de Ernesto Giménez Caballero (n. 1899), el director de la *Gaceta Literaria,* que asumió por sí solo, con aire combativo, la jefatura del movimiento de vanguardia. Escribió de todo, y en todo mostró inestabilidad junto a un talento literario de primer orden. Empezó escribiendo un libro de crítica del militarismo español, *Notas marruecas de un soldado* (1923), que le acarreó un proceso. En la época vanguardista, escribió ensayos de entusiasmo deportivo, *Hércules jugando a los dados,* o una serie de relatos —*Yo, inspector de alcantarillas*— influidos por el surrealismo y el irracionalismo poético e imaginativo de Kafka. Profesor de literatura, formado en la escuela del Centro de Estudios Históricos, y discípulo de los hombres del 98, intentó interpretaciones críticas, arbitrarias y muy originales de la literatura española en el libro *Los toros, las castañuelas y la Virgen.* Después de una etapa de robinsonismo literario, se volvió contra las generaciones anteriores y adoptó una posición tradicionalista en *Genio de España,* libro violento y exagerado como todos los suyos, pero que en conjunto representa una de las aportaciones más serias de esta generación al tema de interpretación de la historia española. Le daña y resta significación el partidismo fascista. Con él pasa ya Giménez Caballero, uno de los fundadores del falangismo español, a un terreno plenamente político.

La novela se halla en este momento en franca liquidación. Sólo dos escritores se salvan de la general mediocridad. Ambos, por caminos distintos, intentan dar vida al género. Benjamín Jarnés (1888-1950), por el camino de la nueva sensibilidad; Ramón J. Sender (n. 1902), tratando de resucitar la técnica del realismo y la significación social de la novela del siglo pasado.

La obra de Jarnés, prosista de calidad y autor muy fecundo, comprende varias biografías —Sor Patrocinio, Castelar, Zumalacárregui— algunos libros de ensayos y, sobre todo, cerca de una veintena de novelas, narraciones en las que la realidad se supedita a la ironía, al sentido poemático y a la fantasía. Su valor principal consiste en un estilo sinuoso, poético, límpido, metafórico, y a veces un poco artificial.

En Sender se repite el caso de Blasco Ibáñez. Es novelista vigoroso, capaz de recrear con brío la realidad y de tratar con celo revolucionario problemas sociales y problemas humanos, pero su estilo es deficiente, carece de finura y de matiz. Deficiencia que en otra época, en el siglo XIX por ejemplo, no hubiera perjudicado a su fama, pero que, en un momento en el cual el arte del estilo y el gusto por la palabra poética han tenido tanta importancia, ha hecho que se le sitúe en un lugar más bien secundario. Su éxito ha sido mayor fuera de España, porque sus obras, valiosas por la substancia más que por la forma, no pierden nada en la traducción. Casi todas ellas, o, al menos, las más importantes —Imán, Siete domingos rojos, Mr. Witt en el cantón, El lugar del hombre, Epitalamio del prieto Trinidad— se han traducido a las principales lenguas. En 1960 apareció Requiem por un campesino español, brevísima novela —con la traducción inglesa, ocupa ciento veintidós páginas— que por su sencillez de estilo recuerda algunas páginas de Imán, 1934. Si ésta fue resultado de su experiencia en la guerra de Marruecos, Requiem es una de las novelas inspiradas por la guerra civil. En ella Mosén Millán, sacerdote de un pueblo, reconstruye la vida de Paco, el del molino, con la técnica del flash back, mientras el monaguillo recita a trechos un romance sobre su muerte. La breve narración se concentra en el momento en que Mosén Millán espera a los feligreses para decir la misa de Requiem por Paco, a quien puso él, de buena fe, en manos de los asesinos. Sender apunta el ansia de justicia de la víctima que nunca hizo mal a nadie y la ironía de que sean los responsables de su muerte los únicos que asisten a la misa y que quieren pagarla.

En mayor medida aún que la novela, refleja el teatro el proceso general de decadencia de las formas literarias tradicionales. Si se exceptúa a García Lorca, sólo un nombre nuevo merece mencionarse en la historia de la literatura dramática de estos años, el de Alejandro Casona (n. 1900), que en algunas comedias como *La sirena varada, Nuestra Natacha, Otra vez el diablo, Romance de Dan y Elsa, Los árboles mueren de pie* y *La dama del alba,* ha logrado insuflar un poco de fantasía y dignidad literaria al teatro psicológico derivado de Benavente y Martínez Sierra. Sin superar la obra de sus maestros, lleva a ella elementos de la sensibilidad de postguerra.

Por su éxito y su fama —ha llegado a ser Director de la Academia Española, bajo el actual régimen político de España— mencionaremos el nombre de José María Pemán (n. 1898), cuyo teatro poético representa el último residuo del modernismo, aliado en él, como lo estaba ya en Marquina, con un superficial nacionalismo.

En la crítica literaria de estos años continúan las dos tendencias separadas, pero confluentes, de las generaciones anteriores. De un lado, la crítica de actualidad de propósitos periodísticos; de otro, la crítica de base filológica e histórica de los profesores formados bajo el magisterio de Menéndez Pidal y de sus discípulos inmediatos.

En la primera descuellan Melchor Fernández Almagro (n. 1893) y Antonio Espina (n. 1894). "La obra crítica de Fernández Almagro —según Ángel del Río— se distingue por un sentido de objetividad, una gran riqueza de expresivos detalles y una fina percepción de los valores culturales y literarios." Pero además de crítico literario y teatral, es Fernández Almagro un buen historiador de la España moderna. A sus *Orígenes del régimen constitucional de España,* 1928, habría que añadir libros sobre la historia del reinado de Alfonso XIII, la república española, la emancipación de América, etc. No puede separarse al crítico del historiador en *Cánovas, su vida y su política,* 1951, que es a la vez biografía del hombre y análisis certero de la situación política española en la segunda mitad del siglo pasado.

Antonio Espina es, además de crítico, poeta, novelista —*Pájaro pinto,* 1927— y autor de una deliciosa biografía del bandido Luis Candelas, 1929, llena de humor y gracia.

En la crítica de base filológica e histórica la generación siguiente —la primera es la de Castro, Navarro Tomás, Onís, Solalinde— está integrada por figuras importantes: Dámaso Alonso, Amado Alonso, José F. Montesinos, Joaquín Casalduero, Ángel del Río, [1] Ángel Valbuena

---

[1] Véase pág. vi.

(n. 1900) —historiador del teatro clásico, especialista en los autos sacramentales de Calderón y autor de una *Historia de la literatura española*— y Ramón Iglesia, especializado en estudios de historiografía. Manuel García Blanco y otros más jóvenes como Rafael Lapesa mantienen la tradición del Centro de Estudios Históricos. García Blanco, catedrático de la Universidad de Salamanca en donde fue discípulo de Unamuno, ha dedicado lo mejor de su actividad a la edición (diez volúmenes hasta la fecha) de las *Obras completas* de su maestro y ha escrito numerosos estudios sobre él y ensayos sobre el *Romancero* y otros temas.

A Dámaso Alonso (n. 1898), entre otras muchas cosas, se debe la plena revalorización de Góngora, con su edición de las *Soledades* y sus muchos estudios, principalmente *La lengua poética de Góngora,* 1935, Otros estudios suyos están recogidos en *Ensayos sobre poesía española,* 1944. Es autor de un libro sobre San Juan de la Cruz, de una magnífica antología de la poesía medieval, de *Poesía española* (ensayos de métodos estilísticos), *Poetas españoles contemporáneos,* 1952, y *De los siglos oscuros al de Oro,* 1958. Su valor como crítico y erudito no debe hacer olvidar su condición de poeta excelente. Tras varios años en los que parecía haber abandonado el campo de la poesía volvió a él, en 1944, con dos libros de sumo interés: *Oscura noticia* e *Hijos de la ira,* en los que poetiza realidades corrientes, a veces horrendas, a veces plácidas y tiernas, pero siempre con palabra plástica, rica y eficaz. En estos libros de autoanálisis y autoacusación, ahonda en la soledad del hombre, en su congoja, y entabla diálogo con su Dios particular. La emoción humana de su poesía le consagra como uno de los grandes poetas de su generación en la corriente Unamuno-Machado, esto es, en la poesía de hondo sentimiento. En 1955 aparece *Hombre y Dios,* afirmación de su tendencia ascética y humana.

Amado Alonso (1896-1952), profesor de Buenos Aires y luego de Harvard, es el que ha seguido más fiel a la disciplina filológica, que no le ha impedido tratar con gran acierto temas literarios, sea al estudiar el complicado arte del poeta chileno Pablo Neruda, o al analizar el estilo de Valle Inclán, o en su *Ensayo sobre la novela histórica.* En el campo puramente lingüístico, junto a su labor al frente del Instituto de Filología de Buenos Aires y a sus múltiples trabajos de tipo técnico, deben ser mencionados por su interés más general libros como *El problema de la lengua en América, Castellano, español, idioma nacional,* sus *Estudios lingüísticos-Temas españoles,* 1951, *Estudios lingüísticos-Temas hispanoamericanos,* 1953, y *Materia y forma en poesía,* 1955, reunido con cuidado por Raimundo Lida. Su libro póstumo, *De la pronunciación medieval a la moderna en español,* ultimado y dispuesto para la imprenta por Rafael Lapesa, fue publicado en 1955. Su labor como filólogo y ensayista literario fue a la par con su labor docente de maestro, en el sentido más noble de la palabra.

Aunque José F. Montesinos (n. 1897) se especializó en Lope de Vega, a quien editó y estudió en espléndidos ensayos —de lo mejor que ha producido la crítica erudita de estos años— se interesó por otros autores y diversos períodos de la literatura española como puede verse por la extensa bibliografía que de él publicó Joseph H. Silverman en 1959. Editó a los hermanos Valdés y *Primavera y flor de los mejores romances recogidos por el Lcdo. Arias Pérez,* 1954, con sendos estudios. Desde 1955, fecha de aparición de *Introducción a una historia de la novela en España en el siglo XIX,* viene publicando excelentes libros sobre novelistas décimononos: *Pedro Antonio de Alarcón,* 1955, *Valera o la ficción libre,* 1957, *Fernán Caballero y Pereda o la novela idilio,* ambos de 1961.

Joaquín Casalduero (n. 1903) ha aunado las tareas docentes, siempre en el extranjero —Francia, Alemania, Estados Unidos— y el trabajo como crítico agudo y original. Se podría decir que se ha especializado en Cervantes por los diversos libros que ha dedicado al *Quijote,* 1949, las *Novelas ejemplares,* 1943, el teatro cervantino, 1951, y el *Persiles,* 1947, cuyo "sentido y forma" estudia con maestría. Igual atención ha prestado al teatro y la novela galdosianos, al teatro clásico y a la poesía de los siglos XIX y XX (*"Cántico" de Jorge Guillén,* 1953, *Espronceda,* 1961). La segunda edición de *Vida y obra de Galdós* es de 1961 y *Estudios sobre literatura española* y *Estudios sobre el teatro español* (clásicos, más Moratín y Rivas) de 1962.

No debe olvidarse que poetas como Salinas, Guillén y Gerardo Diego son a la vez críticos y autores de estudios importantes sobre la lírica castellana. Su nombre va asociado en la actual revalorización de la poesía clásica al de otro crítico, José María Cossío, cuyos muchos estudios sobre poetas españoles fueron oscurecidos por su obra *Los toros,* monumental enciclopedia del arte taurino. Ha publicado ensayos de gran interés; entre ellos, *Racionalismo del arte dramático de Calderón, Romanticismo a la vista* y *Fábulas mitológicas de España,* con prólogo de Dámaso Alonso, 1952, y *Cincuenta años de poesía española (1900-1950),* 1960, en dos gruesos volúmenes.

Aunque el carácter de su obra sea más bien ensayístico, deben recordarse en relación con la crítica los nombres de Fernando Vela, Antonio Marichalar, Juan Chabás, del crítico de música Adolfo Salazar y del de arte Manuel Abril.

## VI. La guerra civil y sus consecuencias

Uno de los resultados del vanguardismo fue la derivación de muchos de los jóvenes en él formados hacia campos políticos extremos e irreconciliables. Escritores que daban la impresión de ser demasiado ajenos a los problemas del hombre y de la sociedad, hasta el punto de poder ser definidos por su arte deshumanizado, pronto fueron absorbidos por el torbellino de los totalitarismos. El fenómeno tuvo carácter universal. Marinetti fue uno de los corifeos del fascismo italiano. El grupo surrealista francés se puso casi en bloque al servicio del comunismo. Ello era resultado inevitable de la escisión espiritual del mundo, que después de 1930 adquiere estado beligerante. En España, un escritor de origen revolucionario como Giménez Caballero pasa a ser, de la noche a la mañana, inspirador del fascismo o falangismo español y, en contraste, un poeta puro como Rafael Alberti se hace simpatizante del comunismo y un escritor católico como José Bergamín, aliado circunstancial de él.

Esta polarización de la literatura hacia las ideologías revolucionarias en lucha iba, por lo que se refiere a la literatura española, a convertirse, el año 1936, en necesidad dramática al estallar la guerra civil provocada por la rebelión del ejército acaudillado por el general Franco y otros generales, aliados con falangistas y carlistas, contra el gobierno legal de la República. La guerra de España, por su índole y por sus causas, no permitía la neutralidad. Era consecuencia de la división del mundo, pero también culminación de la trágica división de las dos Españas que hemos visto reflejada en la literatura a partir del siglo XVIII. Su resultado inmediato, por lo que a nosotros nos interesa, fue el de interrumpir violentamente el desarrollo normal de la literatura en las últimas generaciones y el de obligar a los escritores, viejos y jóvenes, a tomar partido. Resumiremos a grandes trazos cuál fue el que tomaron. Los de la generación del 98, de tradición liberal salvo Maeztu, se inclinaron, casi todos, hacia el lado conservador. Unamuno aprobó explícitamente la rebelión aunque esa aprobación duró apenas unos días y el autor de *Abel Sánchez* murió en Salamanca a los seis meses de empezada la guerra en dramático debate consigo mismo y con lo que le rodeaba. Azorín y Baroja, después de pasar algún tiempo en París, terminaron por contemporizar con los rebeldes; Maeztu hacía mucho que era jefe y teorizador de una España tradicionalista y fue condenado a muerte por el gobierno; Benavente, que se hallaba en territorio republicano, se adhirió al régimen, mas al terminar la guerra recibió con entusiasmo a los triunfadores. Sólo dos poetas, Antonio Machado y Juan Ramón Jiménez, se unieron incondicionalmente a la causa popular.

Con la excepción de Eugenio d'Ors, entusiasta del falangismo, los escritores de la generación siguiente, los novecentistas, salieron de España y trataron de situarse al margen de la revuelta. Su neutralidad imposible pronto llevó a hombres como el doctor Marañón y Pérez de Ayala a colaborar con el régimen militar. Otros como Ortega y Gasset y Gómez de la Serna mantuvieron desde el principio una posición equívoca. Aunque algunos de sus actos pudieron interpretarse como aceptación implícita del actual gobierno español, ambos siguieron por un tiempo fuera de España. Ortega volvió al fin y fundó en Madrid en 1948 el Instituto de Humanidades; Gómez de la Serna ha muerto en la Argentina.

Sólo los escritores de las generaciones más jóvenes tomaron puesto decidido en el combate. Algunos con el fascismo; la mayoría con la España liberal y republicana. García Lorca murió en forma trágica, como una de las primeras víctimas del terror falangista. Otros siguieron en la lucha hasta que al ser vencidos tuvieron que salir para el destierro. Tras los años de guerra, la literatura tiene necesariamente que resentirse de la dramática ruptura de la unidad nacional. Los que voluntaria o forzadamente se quedaron en España escriben bajo la presión de un ambiente totalitario. Los que salieron viven en el destierro con la nostalgia de la patria lejana, la amargura de la derrota y separados de las fuentes primarias de toda creación literaria, el suelo y la lengua del escritor. Todos anhelan volver a encontrar su voz entera en una patria libre.

Entre tanto, los escritores ya conocidos trataron de continuar su obra y surgieron algunos nuevos, que estudiaremos rápidamente.

**España peregrina.** — Adoptamos este título, que fue el de una revista publicada en Méjico por un grupo de emigrados, para designar al conjunto de escritores salidos de España al terminar la guerra y que continúan en el destierro. Un número reducido se quedó en Europa, en Francia principalmente. La mayoría encontró acogida fraternal en Méjico y otros países de habla española. Juan Ramón Jiménez, Américo Castro, Tomás Navarro Tomás, Fernando de los Ríos, Pedro Salinas, Jorge Guillén estuvieron en los Estados Unidos en calidad de profesores.

En América los españoles ya conocidos han continuado su obra y han publicado algunos libros importantes pero que en nada modifican su trayectoria anterior. Fenómeno curioso, si bien explicable, es que la guerra civil, con todo su tremendo dramatismo, no haya encontrado aún intérprete en la literatura y apenas se reflejara al principio como tema en obras de valor. Su influjo indirecto se advierte en la actitud de muchos escritores, mas la tendencia general ha sido la de volver cada autor a reanudar el hilo de su obra eludiendo en lo posible el tema. Sólo en un poeta, León Felipe, la tragedia del "español del éxodo y del llanto," como titula uno de sus libros, fue motivo central y directo de inspiración. Pero esa tragedia está presente, aunque expresada en tono distinto, en otros poetas emigrados —Prados, Cernuda, Domenchina— así como en los novelistas —Arturo Barea, Max Aub, Sender, etc.

Un escritor se singulariza en el panorama de la emigración: Juan Larrea, hombre de intenso fervor que tras un largo proceso en busca de la expresión plena de su mundo poético e intelectual, nada simple, parece haberla encontrado, cumplidos ya los cincuenta años. Larrea, como se recordará, se identificó activamente con las aspiraciones literarias de la primera postguerra. Pasó por el ultraísmo, el creacionismo y el surrealismo; tuvo gran prestigio entre los jóvenes de entonces, pero su obra escrita permanecía en gran parte inédita. Sacudido hasta lo hondo por la guerra civil, entra en Méjico en una etapa de enorme actividad literaria, de la que resulta la fundación de la mejor revista actual de lengua española, *Cuadernos americanos,* y la publicación de varios libros y estudios —*Rendición de espíritu,* 1943, *El surrealismo entre viejo y nuevo mundo,* su interpretación del "Guernica" de Picasso, aparecida en inglés (*The Vision of the Guernica*) que constituyeron a nuestro juicio la novedad más importante en las letras españolas de aquellos años. De 1950 es *La luz iluminada*; *Razón de ser y La espada de la paloma,* ambos de 1955; *César Vallejo o Hispanoamérica en la cruz de su Razón,* de 1957. Ni su valor ni su significado son fáciles de resumir en unas líneas. Aquí sólo puede quedar registrado el hecho de su aparición.

Mencionaremos también como significativo y nuevo la existencia de un grupo de filósofos, casi todos discípulos de Ortega y Gasset, que en Méjico han realizado en la cátedra, en el libro y en las revistas una labor importante, bajo el patrocinio, primero, de la Casa de España, y luego del Colegio de Méjico, instituciones creadas por el gobierno mejicano para acoger y organizar la obra de los intelectuales españoles. Se destacan en él Joaquín Xirau, prematuramente fallecido, José Gaos, David García Bacca, Eugenio Imaz, Luis Recasens Siches y Eduardo Nicol. Sus nombres, unidos a los de María Zambrano y José Ferrater Mora que en otros países han publicado libros filosóficos de carácter semejante, y a los de Francisco Ayala, Rafael Dieste y el crítico literario Guillermo de Torre, representan la supervivencia en el destierro del ensayo como género literario de importancia en la literatura española.

Crítico de amplia cultura es Guillermo de Torre (n. 1900), autor de varios libros de ensayos. Si en *Las metamorfosis de Proteo,* 1956, se preocupa de lo español y lo extranjero, en *El fiel de la balanza,* 1961, se concentra en Juan Ramón, Machado, Lorca, Guillén, Galdós y Ortega. En 1961 apareció *Escalas en la América hispana,* y ya en 1959 había prestado su atención a temas americanos en *Claves de la literatura hispanoamericana,* librito de breves ensayos. De su interés por los escritores de este hemisferio dan testimonio sus prólogos a Herrera Reissig, Mallea y Victoria Ocampo.

A los tres novelistas —Francisco Ayala, Max Aub y Arturo Barea, éste totalmente revelado en la emigración— se les estudiará más adelante.

Durante la guerra, o poco antes, empezaron a escribir algunos jóvenes que luego en la emigración han continuado su labor literaria. Aunque en pocos casos está claramente determinado su camino definitivo, José Herrera Petere parece derivar hacia la novela; Francisco Giner de los Ríos, Juan Gil Albert y Juan Rejano, hacia la poesía; y Antonio Sánchez Barbudo hacia el ensayo y la crítica.

En España, como en la emigración, lo sobresaliente de la vida literaria fue, por un tiempo, lo que siguieron produciendo los escritores ya conocidos. En el ensayo y la crítica, Azorín, Eugenio d'Ors, Marañón o Melchor Fernández Almagro, José María Cossío y Miguel Pérez Ferrero. En la erudición, Menéndez Pidal, Dámaso Alonso, Ángel Valbuena o Manuel García Blanco. En la filosofía, Xavier Zubiri. En la novela, Baroja y Concha Espina. En el teatro, Benavente. En la poesía, Manuel Machado, fallecido en 1947, Gerardo Diego y Vicente Aleixandre. Escritores todos que permanecen en lo fundamental al margen de las tendencias políticas. Más unidos a ellas como escritores falangistas están Rafael Sánchez Mazas, Ernesto Giménez Caballero, Eugenio Montes y Dionisio Ridruejo, este último desvinculado ya hace tiempo del falangismo.

Entre los que alcanzaron nombre en la década del 40 merecen señalarse Julián Marías, Pedro Laín Entralgo y Antonio Tovar, en el ensayismo, y Guillermo Díaz Plaja, José Manuel Blecua, José Luis Cano, Joaquín Entrambasaguas y Ricardo Gullón en la crítica literaria.

En conjunto el panorama es poco alentador, mas la poesía lírica, gracias probablemente al impulso recibido de las generaciones anteriores, mantiene un nivel bastante digno.

En el teatro la renovación sólo se manifestó en un par de dramaturgos. En cambio en la novela se ha producido un renacimiento con la aparición de unos cuantos novelistas jóvenes. Este renacimiento de la literatura narrativa se caracteriza en conjunto por la tendencia a devolver a la novela el contenido humano y realista, psicológico y social, que había perdido, no como mera vuelta a un realismo décimonónico sino conservando en el estilo algunas de las conquistas hechas por la sensibilidad contemporánea.

# VII. Los últimos veinticinco años: de 1936 a 1960

**El ensayo.** — Mantiene el ensayo un alto nivel en España y fuera de ella por los españoles que lo cultivan. Junto al maestro D. Ramón Menéndez Pidal y sus discípulos —Américo Castro, Amado Alonso, Dámaso Alonso, José F. Montesinos, Joaquín Casalduero y Ángel del Río— un número considerable de ensayistas más jóvenes cultivan temas filosóficos, crítico-literarios, históricos y artísticos.

En un primer grupo —en el que domina el influjo intelectual de Ortega y el filosófico de Xavier Zubiri— destacan Pedro Laín Entralgo, José Luis Aranguren, José Ferrater Mora y Julián Marías.

Pedro Laín Entralgo (n. 1908) resume la trayectoria de sus inclinaciones en estas palabras: "Comenzó mi formación intelectual por la física, siguió por la medicina y ha terminado en la historia." Fenómeno frecuente este desvío de inclinaciones en muchos escritores españoles: recuérdese a Baroja que de médico pasó a novelista. Laín Entralgo ha multiplicado sus "quehaceres": conferenciante, periodista, catedrático de historia de la medicina, rector de la Universidad de Madrid y, sobre todo, escritor. Ha desarrollado diversos temas: como los hombres del 98, siente a *España como problema* (dos tomos, 1960); como médico, escribe el tratado *Historia de la medicina* y *El médico en la historia,* que se leen con placer por la diafanidad del estilo; como ensayista, se interesa por la historia, los temas de nuestra época, la literatura y la crítica literaria. Aparte de *La generación del '98* (1945), su mejor libro es *La espera y la esperanza: historia y teoría del esperar humano,* tratado filosófico por el que recibió el "Premio de la Crítica" en 1957. En sus seiscientas páginas estudia la constitución de la teoría cristiana de la esperanza, la esperanza y la desesperanza en el mundo moderno y en la España contemporánea, concentrando su análisis en Unamuno, Machado, Ortega y la poesía española. Junto a la diversidad de temas destaca el afán de integración del ser humano en los ensayos reunidos en *La empresa de ser hombre,* donde se manifiestan una vez más el deseo de entender, la comprensión del pensamiento de los demás, de su propia cultura y de la extranjera. Son *Ejercicios de comprensión*, título de otro de sus libros. En 1961 publicó *Teoría y realidad del otro* (2 vols.).

José Luis Aranguren (n. 1909) se interesa por los problemas filosófico-teológicos: *Protestantismo y catolicismo como formas de existencia*, 1952; *El protestantismo y la moral*, 1954, y *Catolicismo día tras día*, 1955. Es autor de un breve libro —*La ética de Ortega*, 1958— en el cual resume las tesis generales del "gran filósofo de la vida," y de una obra muy importante —*Ética*, 1958— en que expone su creación personal de modo sistemático y profundo. En 1961 publica *La juventud europea y otros ensayos*, libro revelador de su preocupación por el destino del hombre en el mundo moderno.

Si José Ferrater Mora (n. 1912) no hubiera escrito más que su espléndido *Diccionario de filosofía* (lleva ya cuatro ediciones: 1941, 1944, 1951, 1958) bastaría esta obra para testimoniar el rigor de su pensamiento y la amplitud de su erudición, y no sólo es elogiable por la precisión de sus definiciones, sino por constituir una introducción sistemática y clara a la historia de la filosofía. Pero Ferrater Mora es además autor de varios ensayos filosóficos entre los cuales interesarán al estudiante de literatura, *Unamuno: Bosquejo de una filosofía*, 1944, aumentado en la edición de 1957; *El hombre en la encrucijada*, 1952, *Cuestiones disputadas. Ensayos de filosofía*, 1955, *Cuatro visiones de la historia universal* (San Agustín, Vico, Voltaire, Hegel), revisión de la edición de 1945, y un breve estudio en inglés, *Ortega y Gasset. An Outline of His Philosophy*, 1957, luego publicado en español.

Julián Marías (n. 1914), discípulo de Ortega —"Su mejor, su más fiel y a la vez más original discípulo" le llama Ferrater Mora— ha publicado numerosos ensayos y libros, entre ellos *Historia de la filosofía*, 1941 (séptima edición en 1954), *El método histórico de las generaciones*, 1949; *Idea de la metafísica* y *Biografía de la filosofía*, ambos de 1954, a los que siguen la *Introducción a la filosofía*, 1956, y *Ortega, circunstancia y vocación*, 1960, en que estudia, además de la obra del maestro, el pensamiento europeo de la época que le precede; llega hasta el año 1914 y es el primer volumen de los tres de que constará la obra completa. Sería prolijo enumerar los ensayos que ha escrito Marías sobre el existencialismo, la novela, la metafísica, el mundo del intelectual, la "convivencia," los Estados Unidos. Baste apuntar que, gracias a éstos y a los cursos y conferencias profesados en universidades y otros centros intelectuales de este país, ha dado a conocer en él las inquietudes de los ensayistas españoles al par que las suyas propias. Han ayudado a esta labor de divul-

gación ennoblecedora su modo de exponer —claro, franco y riguroso—
y el afán de comprensión y convivencia que su obra exalta. De 1962
es su libro *Los españoles,* comentario a los problemas culturales, morales y religiosos de la España actual y reiteración de su actitud ante la
discordia presente y pasada.

Entre los ensayistas que se dedican a la crítica literaria —en su mayoría también profesores universitarios— destacan Rafael Lapesa y Ricardo Gullón. Rafael Lapesa (n. 1908), catedrático de "Gramática histórica" en la Universidad de Madrid, ha dividido su obra escrita entre la
lingüística y los estudios literarios. En su *Historia de la lengua española*
(1942; segunda edición aumentada, 1950) "sabe decir" —según Menéndez Pidal— "lo sustancial y sabe decirlo bien"; es un libro, como todos
los suyos, de notable rigor científico, pero escrito en un lenguaje sencillo
y accesible. Los estudios que ha dedicado a *La obra literaria del marqués
de Santillana,* 1957, y a *La trayectoria de Garcilaso,* 1948, son admirables
por la aportación y ordenación de datos, por el análisis estilístico y por la
elegancia. de su prosa.

Ricardo Gullón (n. 1908) es otro ejemplo del desvío de vocaciones.
Gullón abandona una fiscalía por la cátedra de literatura que ejerce
ahora en la Universidad de Tejas y le deja tiempo para el ensayo y la
crítica literaria. No erró su decisión. Aparte de sus libros sobre Pereda
y Enrique Gil y Carrasco y de varios ensayos sobre Clarín, cuestiones
galdosianas, panorama novelístico de la España actual y el ensayo sobre
*La poesía de Jorge Guillén,* ha publicado últimamente un magnífico libro
sobre *Galdós, novelista moderno* (segunda edición, 1960) y tres sobre
poesía: *Las secretas galerías de Antonio Machado,* 1958, *Conversaciones
con Juan Ramón,* 1959, y *Estudios sobre Juan Ramón,* 1960. A su erudición y a su profundo conocimiento de lo que se piensa y se escribe en
España —y fuera de ella— une Gullón sensibilidad, buen gusto y ecuá-
nime juicio. A esto se debe, sin duda, el que se le encargara de los papeles de Juan Ramón, con quien estuvo en íntima relación en Puerto Rico
durante los años 1953-1955.

Son muchos los excelentes ensayistas españoles aquende y allende
los mares, pero las limitaciones de espacio nos obligan a mencionar solamente a los que más descuellan y apuntar entre paréntesis la obra u
obras que pueden servir de guión de lectura a los estudiantes interesados
o en el ensayo "per se" o en el tema estudiado en ellos. Casi todos los

ensayistas se ganan la vida como catedráticos, simultaneando su trabajo con la investigación literaria, la biografía, estudios de estética y estilística, etc.; a veces combinan los temas filosóficos y la crítica literaria.

En España: Carlos Clavería (*Cinco estudios de literatura española moderna*, 1945; *Temas de Unamuno*, 1952; *Estudios hispano-suecos*, 1954); José Manuel Blecua (estudio *En torno a "Cántico,"* publicado en el mismo volumen que *La poesía de Jorge Guillén,* de Ricardo Gullón, 1949; editor de excelentes antologías de poesía lírica; Carlos Bousoño (*Teoría de la expresión poética,* 1952; *La poesía de Vicente Aleixandre,* 1956; en colaboración con D. Alonso, *Seis calas en la expresión literaria,* 1951); Luis Granjel (*Retrato de Unamuno,* 1957; *Retrato de Azorín,* 1958); Manuel Granell (*Estética de Azorín,* 1949; *El humanismo como responsabilidad,* 1959; *Ortega y su filosofía,* 1960); Antonio Rodríguez Moñino (*Relieves de erudición; Del Amadís a Goya,* 1959); Vicente Gaos (*La poética de Campoamor,* 1955); Antonio Tovar (*Vida de Sócrates,* 1947); José Antonio Maravall (*El humanismo de las armas de Don Quijote,* 1948; *Teoría del saber histórico,* 1958; *Menéndez Pidal y la historia del pensamiento,* 1960); Martín de Riquer (*Los cantares de gesta francesa,* 1952); Francisco Maldonado de Guevara (*Cinco salvaciones,* 1953); Eugenio Asensio (*Poética y realidad en el cancionero peninsular de la Edad Media,* 1954).

En universidades americanas desempeñan cátedras de literatura: Francisco Ayala (*Tratado de sociología,* 1947; *El escritor en la sociedad de masas,* 1956; *Experiencia e invención,* 1960); Vicente Lloréns (*Liberales y románticos; una emigración española en Inglaterra (1823-1834),* 1954; Juan López Morillas (*Intelectuales y espirituales,* 1961); Juan Marichal (*La voluntad de estilo,* estudio del ensayismo hispánico desde el siglo XV hasta hoy); Carlos Blanco (*El Unamuno contemplativo,* 1959); Antonio Sánchez Barbudo (*La segunda época de Juan Ramón Jiménez,* 1916-1953; estudios sobre *Unamuno y Machado,* 1959); Luis Cernuda (*Poesía y literatura,* 1960); Segundo Serrano Poncela (*El pensamiento de Unamuno,* 1952; *Antonio Machado, su vida y su obra,* 1954; *El secreto de Melibea,* 1959); Manuel Durán (*La ambigüedad en el Quijote,* 1960); Agapito Rey (*Cultura y costumbres del siglo XVI en la península Ibérica y en la Nueva España,* 1944); Francisco García Lorca (*Ángel Ganivet, su idea del hombre,* 1952; *The World of Federico García Lorca,* 1962).

Como obras que abarcan el estudio de un género en la literatura de estos últimos años merecen mención aparte varios libros sumamente útiles para el estudiante de nuestras letras. En 1950 se imprime en Méjico *Forma y espíritu de una lírica española. Noticia sobre la renovación poética en España de 1920 a 1935;* en sus ciento sesenta y siete páginas analiza José Francisco Cirre las tendencias y técnicas de esos años y sus poetas representativos. En 1954 publica Max Aub, también en Méjico, *La poesía española contemporánea.* Max Aub abarca en su estudio un período más extenso que Cirre, desde el modernismo hasta "la poesía soterrada," de la que apunta el tono sin referirse a ningún poeta específico. Ha logrado su propósito: "dar la sensación de unidad" de la poesía española de nuestro tiempo, "tan distante de la europea, y tan rica como la que más." Aclara; es justo y franco en sus apreciaciones, pero late a través del libro el espíritu atormentado del español en el exilio. Tanto el libro de Max Aub como el de Cirre son libros bien escritos, que se leen con placer.

José Luis Cano (n. 1912) publicó en 1955 *De Machado a Bousoño,* que incorpora más tarde a *Poesía española del siglo XX: De Unamuno a Blas de Otero,* 1960. Interesan a Cano las tendencias de la poesía española actual, algunas de las cuales enlaza con poetas anteriores, con lo que perdura de éstos. Lleva su sensibilidad de poeta a su labor crítica.

Luis Felipe Vivanco (n. 1907), poeta también, es crítico perspicaz y autor de *Introducción a la poesía española contemporánea. De Juan Ramón a Leopoldo Panero,* 1957. Como bien dice, no es esta obra ni historia de la poesía ni panorama. Es un estudio inteligente y original de quince poetas, hecho por un poeta de gran sensibilidad y acusada personalidad.

El ensayo que precede a *Veinte años de poesía española, 1939-1959* (1960), de José María Castellet (n. 1926), estudia el desarrollo de la poesía desde el simbolismo hasta la tendencia realista de los poetas de los últimos años, teniendo en cuenta el papel que desempeña la historia en la técnica y en el tono de la poesía. Al ensayo siguen doscientas ochenta páginas de *Antología* un tanto parcial, en la que figuran cuarenta poetas.

Los ensayos que componen el volumen *Poesía española contemporánea. Estudios temáticos y estilísticos,* publicado por Concha Zardoya en 1961, son excelentes análisis de quince poetas de la generación del 98 y del 27, desiguales en extensión y en profundidad, pero no en calidad. La vocación docente y el hecho de que la autora sea poetisa influyen en el rigor de la exposición, en el análisis de los estilos y en la acertada interpretación de los poetas.

Domingo Pérez Minik, en *Novelistas españoles de los siglos XIX y XX,* 1957, estudia la novela en un período amplio con enfoque preciso. Comienza con el "sentido vigente de la novela picaresca" —dedicando capítulos al *Lazarillo, Guzmán* y Quevedo— para pasar luego a Galdós, la Pardo Bazán y Clarín, y desde ellos a Pérez de Ayala, Miró y Gómez de la Serna. La parte final, que ocupa un tercio del libro, va dedicada a novelistas de hoy.

Un poeta de la generación más joven, Eugenio G. de Nora (n. 1925) ha estudiado *La novela española contemporánea* (1898-1927), 1958, en un primer tomo de más de quinientas páginas sin contar cincuenta de bibliografía. Comienza con la novela agónica de Unamuno y termina con Pérez de Ayala. Entre los novelistas del 98 y el estudio de Miró y Ayala analiza obras de escritores de segunda y tercera categoría, generalmente desdeñados por los críticos, añadiendo así interés al conjunto del cual destacan, como es natural, las grandes figuras. Recientemente, 1962, ha publicado el segundo volumen de esta obra (1928-1959).

Del año 1958 es un libro interesante, no sólo como estudio panorámico de la novela en España, comenzando con Cela, sino como análisis de novelas concretas: *Hora actual de la novela española* de Juan Luis Alborg. Relaciona Alborg lo español con lo extranjero, apunta deficiencias y exalta lo valioso en el estudio de quince novelistas, entre los que se echa de menos el nombre de algunos muy conocidos.

Aunque Gonzalo Torrente Ballester (n. 1910) es dramaturgo y novelista, interesa más como historiador de la literatura, por su *Teatro español contemporáneo,* 1957, y, sobre todo, por el *Panorama de la literatura española contemporánea,* 1956, que estudia con agudeza e independencia de criterio los últimos setenta y cinco años de las letras españolas. Son más de ochocientas páginas de texto.

**La poesía.** — No se ha agotado el hontanar de la poesía española en lo que va de siglo: excelentes poetas en la primera generación (Unamuno, A. Machado, Juan Ramón, León Felipe) y en la del 27 (Lorca, Guillén, Dámaso Alonso, Aleixandre, Alberti, Gerardo Diego); muy estimables en la del 36 (Vivanco, Rosales, Hernández, L. Panero, etc.) y buenos en la de estos últimos diez años (Hierro, Otero, Bousoño y otros).

Es curioso notar cómo fechas tan artificiales como lo son las de los centenarios parecen remover fibras poéticas semidormidas: en 1927, el tercer centenario de la muerte de Góngora; en 1939, el cuarto de la de

Garcilaso. El centenario del poeta cordobés acentuó la importancia de la metáfora que pasa al primer término (quedan muy a retaguardia la idea y el sentimiento cuando no desaparecen por completo), exaltó la belleza "per se" y el subjetivismo. El poeta escribe para una minoría selecta, pauta que apuntó Rubén y siguió Juan Ramón. El centenario de Garcilaso incitó a un retorno a la forma, al clasicismo y a temas parnasianos. Portavoz de esta tendencia fue la revista *Garcilaso* dirigida por García Nieto.

Ante los poetas vanguardistas del 27 reaccionan los poetas del 36, la "generación escindida" como la bautizó Ricardo Gullón. Los poetas de este lado del Atlántico, los de "la España peregrina," añoran la tierra natal y expresarán esa añoranza en tonos exaltados, imprecatorios y estremecidos —León Felipe— o con acento melancólico y actitud meditabunda —Cernuda, Prados, etc.

Los que permanecen en España vuelven a las fuentes religiosas, a la poesía íntima, a la evocación lírica y a la contemplación de lo cotidiano, a experiencias expresadas serenamente en lenguaje claro y sintaxis sencilla, con parquedad en la metáfora y en la imagen, más bien insinuadas que expresas. Las formas poéticas tienden al formalismo.

Los cuatro poetas del 36 que se destacan del grupo son: Luis Felipe Vivanco (n. 1907, San Lorenzo del Escorial); Leopoldo Panero (n. 1909, Astorga); Luis Rosales (n. 1910, Granada) y Dionisio Ridruejo (n. 1912, Burgo de Osma, Soria). Coinciden en el conocimiento del "métier" pero tienen voz propia. Ridruejo, clásico y actual, reúne sus poesías *En once años,* 1950, obra por la que recibió el Premio Nacional de Literatura, y Rosales recibe el mismo premio por sus *Rimas* en 1951; ya en este poeta apunta el realismo que se acentuará en poetas más jóvenes. Panero ha escrito elegías de gran belleza, nanas y evocaciones del Guadarrama en que se mezcla su dolorido sentir con la naturaleza que describe; apuntemos sus interrogaciones a Dios: ¿quién eres? ¿quién soy? ¿por qué la tristeza de ser hombre? y la pincelada magistral con que caracteriza a César Vallejo: "indio manso hecho de raíces eternas / desafiando su soledad, hambriento de almas" "siempre solo, aunque nosotros le quisiéramos / ígneo, cetrino, doloroso como un aroma." Vivanco, quizás más que los otros, aúna el lírico sentir religioso e íntimo del hombre con la realidad cotidiana que describe —ya lo dice Gullón— "con minucia y amor de primitivo." A esta generación del 36 pertenecen, además, Juan Panero, muerto durante la guerra; Miguel Hernández, fallecido en la cárcel; Germán Bleiberg, Carmen Conde, José Luis Cano, Ildefonso Manuel Gil, etc.

La promoción siguiente la representan, entre otros, los nueve poetas de la *Antología consultada,* 1952 (Carlos Bousoño, Gabriel Celaya, Victoriano Crémer, Vicente Gaos, José Hierro, Rafael Morales, Eugenio de Nora, Blas de Otero, José M. Valverde). Tienen, dentro de la originalidad de los mejores, tres rasgos comunes: el cultivo de una poesía humana, temporalista, para la mayoría lectora, con tendencia religiosa en muchos casos; España como tema casi obsesivo; claridad y sencillez verbal.

La habilidad que, según William Carlos Williams, tiene la literatura española para crear poesía con "lo de aquí y ahora" (*out of the here and the now*) se acentúa en las nuevas promociones. No es precisamente una novedad. Esa temporalidad de la poesía la predicó y practicó Antonio Machado y más tarde Alberti; fue lo que hizo Dámaso Alonso, cuyos *Hijos de la ira,* 1944, tuvo merecida resonancia e influencia; "el dolor del hombre y la injusticia que constantemente mana del mundo" es lo que conmovió a García Lorca cuando en junio de 1936 expresó su adhesión al dolorido sentir de su pueblo y declaró la imposibilidad de trasladar su casa "a las estrellas."

El poeta se sitúa en un espacio —España— y en un tiempo —el suyo—: se enfrenta con los problemas actuales, con la historia en marcha; no puede permanecer ajeno al sufrimiento del prójimo; de ahí, su tendencia a lo social (Crémer, Otero, Celaya, Ángela Figuera). El sentimiento, la razón, las ideas —puestas a un lado por los poetas simbolistas y surrealistas— retornan en la poesía última. Recordemos que con excepción de Crémer (n. 1906), Celaya (n. 1911) y Angela Figuera (n. 1902) todos eran muy jóvenes [2] durante la guerra civil —de la que preferirían no acordarse— y que ésta dejó indeleble huella en la memoria: "y la guerra en seguida metida por los ojos a puñetazos, y toda la crudeza y miseria y grandeza de la realidad" (Nora). "He visto en unos ojos de niño qué es el hambre / y he visto en unos ojos de madre qué es el miedo" dirá Celaya. Esta compasión expresada en verso —"Tengo la dicha / de ser hombre y de sentirme unido a todos" (Otero)— se reitera en prosa cuando los poetas explican su modo de "concebir y realizar su poesía." Así dirá Blas de Otero: "demostrar hermandad con la tragedia viva, y luego, lo antes posible intentar de superarla." Y José Hierro: "el hombre que hay en el poeta cantará lo que tiene de común con los demás hombres, lo que los hombres todos cantarían si tuviesen un poeta dentro;" "quien no vibra con su tiempo, renuncie a crear. Será un ana-

---

[2] Nacen del 1916 al 1926.

cronismo viviente, un hombre incompleto. Y sin hombre total no hay poesía."

De ahí que se cante a los desgraciados —ciegos, leprosos, idiotas, a la humanidad que sufre, como hace Morales; que se tenga presente "la constancia del pueblo callado", "los humildes motores" dice Celaya. "A la inmensa mayoría, fronda / de turbias frentes y sufrientes pechos" van los versos de Otero. Muy lejos quedan la torre de marfil, el afán purista, el gongorismo, o el garcilasismo, el esteticismo de quienes se dirigían a las minorías selectas. "Lanzar gorgoritos rítmicamente, mientras el hombre a secas trabaja, sufre y muere, es un delito," afirmará Victoriano Crémer, y Celaya maldice "la poesía concebida como un lujo / cultural por los neutrales." El poeta escribe ahora para la mayoría lectora, "a lo menos [para ser comprendido] por una mayoría relativa" (Morales).

Paralelos a este sentimiento de solidaridad humana van la búsqueda de Dios o el clamor ante la soledad del hombre y su lucha con la muerte, que angustia a Otero, enlazando su preocupación con las poesías de Machado y Unamuno.

Y por fin tema el de la patria. Si España fue preocupación atormentadora en el 98; objeto de rabia, protesta y amor en León Felipe; emocionada vivencia en Hernández y arma de combate en Alberti; añoranza melancólica en Cernuda, Domenchina, Prados, Giner de los Ríos y tantos otros poetas de la España peregrina, en los más jóvenes es anhelo de paz y esperanza de un futuro justo.

¿Habrá que explicar, después de este somero resumen de los rasgos característicos de estos poetas, "la vuelta a Machado" y por qué se sienten más cerca de don Antonio que de Juan Ramón, acaso mal leído por ellos? Y no sólo cerca en espíritu, sino a veces en la forma.

A los nombres de la *Antología consultada* habría que añadir los de Ángela Figuera (publica en 1951), Ramón de Garciasol, Concha Zardoya, Rafael Montesinos, Leopoldo de Luis, José Luis Hidalgo, José Suárez Carreño, José A. Goytisolo, Ángel Crespo, Jaime Ferrán, José Manuel Caballero Bonald, José Ángel Valente y Claudio Rodríguez.

**La novela.** — De la novela —género dinámico que parece adquirir nuevos bríos con las nuevas generaciones— se puede decir que después de un remanso, explicable por la guerra civil y sus consecuencias, se produjo en las dos últimas décadas un renacimiento caracterizado por la tendencia a devolver a la novela el contenido humano y realista, psicológico o social, que había perdido en los años deshumanizadores, no como mera vuelta a un realismo decimonónico, sino incorporando en el estilo algunas de las conquistas hechas por la sensibilidad contemporánea.

En la novela del post 98 —la de Miró, de estilo poético, y la de Ramón Gómez de la Serna, construida por acumulación de greguerías— la acción era mínima. La de la generación del 27, casi paralítica: Benjamín Jarnés y Antonio Espina se preocupaban, más que por las tramas, por el lirismo, el autoanálisis, la expresión imaginística y lo que Ortega llamó "el álgebra superior de las metáforas" de una literatura deshumanizada. A esa generación pertenecen Max Aub y Francisco Ayala que comenzaron iniciándose en el juego de las introspecciones y los tropos, de moda entonces en los círculos literarios selectos; pero, como desembocaron en rutas realistas y escribieron sus mejores obras en años recientes, serán estudiados en esta sección.

Unos años después de la guerra, en 1942, apareció *La familia de Pascual Duarte,* de Camilo José Cela, y en 1944, *Nada,* de Carmen Laforet. Las dos obras, por razones diversas, dieron que hablar y sirvieron de estímulo para que surgiera el novelista latente que había en algunos jóvenes.

*La familia de Pascual Duarte* inauguró el llamado tremendismo, o sea un realismo que acentuaba las tintas negras, la violencia y el crimen truculento, episodios crudos y a veces repulsivos, zonas sombrías de la existencia. Esto, en cuanto al material novelesco; respecto al lenguaje, desgarro, crudeza y, en alguna ocasión, una cierta complacencia en lo soez. Vino a ser como un remozamiento de la novela picaresca combinada con el aguafuerte goyesco.

*Nada* es la primera novela escrita en España donde se reflejan las consecuencias de la guerra civil. Es una narración de carácter autobiográfico desarrollada en un ambiente sórdido de gentes anormales y desquiciadas. Más que el arte, impresiona la revelación del absoluto vacío espiritual y moral de una juventud que ha perdido la fe en toda clase de valores. Carmen Laforet (n. 1921) fue oportuna y su obra obtuvo el premio Nadal e infinitos lectores. *La isla y los demonios,* 1952, reitera, con menos fuerza, lo sustancial de *Nada. La mujer nueva,* 1956, y dos libros de cuentos completan hasta la fecha su obra.

Eulalia Galvarriato (n. 1905) se dio a conocer poco después que Carmen Laforet con una novela, *Cinco sombras en torno a un costurero,* 1947, en la que reveló fina sensibilidad, sencillez de estilo y sutileza psicológica que rara vez suelen ser cualidades de escritores noveles. Estas mismas cualidades caracterizan sus cuentos publicados en diferentes revistas y la novela *Raíces bajo el agua,* 1953.

Arturo Barea (1897-1957) publicó en lengua inglesa una trilogía —*The Forge, The Track, The Flash,* 1944— escrita en Londres adonde emigró después de la guerra civil. Estas novelas se publicaron en español en 1951 bajo el título general *La forja de un rebelde.* En el primer tomo, *La forja,* cuenta Barea su vida hasta 1914, o sea su niñez y adolescencia en Madrid; en el segundo —*La ruta*— el episodio central es la guerra en Marruecos en que sirvió como soldado en 1921. *La llama* —el tercero— son sus experiencias del sitio de Madrid, y, las páginas finales, el exilio a Francia. Es autobiografía o novela, o ambas cosas, que se lee con gusto por la humanidad y vitalidad de su contenido, por la espontaneidad con que recrea el ambiente, sea el del barrio popular del Avapiés o el de África o el del Madrid en guerra, y por la sencillez del estilo. Barea dice en el tercer tomo que escribió el primero "en el idioma, las palabras y las imágenes de mi niñez." Así logró páginas conmovedoras en las cuales describe a su madre y el barrio en que aprendió "lo bueno y lo malo" y a "sentir el ansia infinita de subir y ayudar a subir a todos el escalón de más arriba." Sentimos la autenticidad de su anhelo de justicia. Todas las experiencias íntimas y sociales de Barea —en el Banco, en el sindicato, en la guerra— se vierten en estas novelas escritas con estilo adecuado al asunto: la evocación sentimental o pintoresca, la descripción de paisajes o tipos, el reportaje, la crítica social. El tono —tierno, cómico, dramático, satírico o de "protesta y rebeldía"— va, pues, en armonía con los temas.

El afán de objetividad lleva a los novelistas de las últimas décadas a la novela testimonial (*El gran sol* de Ignacio Aldecoa, *El Jarama* de Rafael Sánchez Ferlosio) o a reflejar la violencia del mundo actual (*Muertes de perro,* de Francisco Ayala), violencia motivada por la corrupción de los hombres que detentan el poder y motivadora a su vez de la desesperación y el pesimismo de sus súbditos y víctimas.

Los novelistas que viven en España soslayan en general los problemas políticos y religiosos, y tomando un fragmento de la realidad circundante —por lo regular vidas humildes, grises y monótonas— nos ofrecen el testimonio, el documento. El resultado artístico está obviamente en relación con el talento del novelista.

La propensión al relato autobiográfico y confesional es constante y de ella nace un tipo de novela introspectiva a base de recuerdos de niñez y adolescencia. No es fácil decidir si esto se debe a penuria imaginativa, a exceso de cautela o a falta de libertad para presentar problemas candentes, o si es un recurso estilístico utilizado para dotar a la narración de mayor veracidad.

En muchas novelas se respira un aire de disconformidad, de sorda protesta ante un mundo en que el individuo, aparte de la agobiante lucha económica, no tiene libertad para pensar ni para opinar y se da cuenta de la futilidad de sus esfuerzos para vivir la vida según la desearía. De ahí el tono pesimista de la novelística actual, pesimismo que en ocasiones parece atenuado por la calidad poética de algunas páginas aisladas. Es poco frecuente el tono bienhumorado y optimista que puede encontrarse en las obras de un Delibes.

En cuanto a la técnica, las divergencias corresponden a la diversidad de los temperamentos y de los propósitos. Unos apresan la realidad a la manera tradicional de los novelistas del siglo XIX, manifiesta en el detallismo extremo (Agustí, Zunzunegui). Otros siguen la trayectoria barojiana con su multiplicidad de escenarios, personajes deambuladores y digresiones incesantes. De la novela dialogada —de viejo abolengo y que tuvo excelentes cultivadores en Galdós y Valle Inclán— se valen, con modificaciones, Ignacio Aldecoa (*Gran sol*) y Sánchez Ferlosio (*El Jarama*). Presentan al personaje a través del diálogo.

Si algunos continúan la trayectoria lineal —como en la narración picaresca— otros ensayan técnicas más modernas: planos cambiantes, cruzados, desorden temporal, el contrapunto, el "flash back" y el arte de la sugerencia, gracias al cual ambientes y personajes son trazados con ligeras pinceladas, a menudo vibrantes de sofrenado lirismo. El esbozo y el unanimismo los emplea con agilidad Cela en *La colmena*. Algunos manejan la acción utilizando distintos niveles (*Algo pasa en la calle*, de Elena Quiroga).

En la novela actual han influido, aparte de la picaresca y las monstruosidades quevedescas, los escritores decimonónicos, Baroja y Valle Inclán, el Solana escritor, los novelistas norteamericanos, la morosidad proustiana, el monologuismo interior de Joyce y Faulkner; unos, en el tono de la narración, otros en la manera de contar o en la forma de penetrar en la conciencia del personaje.

Por ser tantos los novelistas españoles que ahora escriben, dentro y fuera de España, forzosamente tendremos que limitarnos a reseñar rápidamente la obra de quienes más se destacan.

Escritores que aplican a los temas actuales las técnicas decimonónicas son Juan Antonio Zunzunegui (n. 1901) e Ignacio Agustí (n. 1913). Zunzunegui es autor de numerosas novelas, entre ellas *La quiebra*, 1947, crónica de una familia de banqueros, en Bilbao, donde señala cómo fracasan los valores morales. En el Madrid de las clases humildes —Madrid es otro de sus escenarios— acontecen las peripecias de *La vida como es*, 1954.

Lo que el vizcaíno intentó hacer por Bilbao lo hizo con más finura el catalán Agustí por Barcelona, cuya vida retrata desde fines del XIX —el desarrollo económico de la ciudad, ·la agitación política y social, la vida de placer— en la trilogía titulada *La ceniza fue árbol*, compuesta por *Mariona Rebull*, 1944, *El viudo Ríus*, 1945 y *Desiderio*, 1957. Son novelas objetivas y de lento desarrollo.

Max Aub (n. 1903) y Francisco Ayala (n. 1906), en cambio, supieron beneficiarse de los adelantos logrados a través de la experiencia vanguardista y encontraron técnicas más personales. Max Aub, poeta, crítico y cuentista, es, además y sobre todo, novelista y dramaturgo. Escribió sobre la guerra civil española en 1943, *Campo cerrado* y *Campo de sangre*, con una técnica cinematográfica; en 1960 publica *La verdadera historia de la muerte de Francisco Franco* novela corta en que campean el humorismo y la gracia. Siempre original, lleva su fantasía a imaginar un pintor, *Jusep Torres Campalans*, 1958, a quien inventa una vida, vivida sobre todo en París y Méjico, relacionándolo con seres reales como Picasso, Alfonso Reyes y el propio Max Aub, y con entes literarios de su invención. Como si la vitalidad de su prosa no fuera bastante para convencernos de la existencia real de Torres Campalans, en el libro así titulado inserta reproducciones de la supuesta obra pictórica del imaginario artista catalán e incluso un catálogo de sus cuadros. Las pinturas —cubistas o abstractas— de encendidos colores son del propio Max Aub. Apenas será preciso decir que, a través de Jusep, declara el autor sus preferencias o su desprecio por ciertos pintores y su curiosa inquina contra Juan Gris. En *La calle de Valverde*, 1961, novela de ambiente madrileño, vuelve a mezclar personajes ficticios con gentes que el autor conoció en la preguerra española, para mostrar cómo fueron las ingenuas y claras esperanzas de los hombres que soñaron con cambiar la patria.

En el teatro logró Aub triunfar con *Deseada*, 1950, drama en ocho cuadros cuyo tema recuerda el de *La malquerida*, sólo que el padrastro, al saberse amado por su hijastra y darse cuenta de que le corresponde, se mata. El ambiente y la técnica son muy diferentes de los utilizados por Benavente. Si en *Deseada* y en otras obras se interesa el dramaturgo por el problema del hombre en su vida afectiva y privada, en algunas es el drama colectivo lo que le mueve a escribir tragedias de la envergadura de *San Juan*, en donde expone con evidente grandeza el dolor de un grupo de hebreos perseguidos que encuentra la muerte, y la liberación del sufrimiento, en un naufragio. Max Aub siente el dolor implícito en el destino del hombre, habitante de un mundo desesperado por la miseria, la guerra, la violencia. Para expresar ese dolor encuentra acentos vigorosos, formas variadas, sencillas o complicadas, según los casos, bajo las cuales se trasluce la autenticidad del sentimiento.

Francisco Ayala (n. 1906) ha ocupado cátedras en varios países de la América del Norte y del Sur. Crítico, sociólogo —es autor de un *Tratado* y de varios ensayos sobre sociología— nos interesa sobre todo como narrador: cuentista en *Los usurpadores,* 1949; *La cabeza del cordero,* 1949; *Historias de macacos,* 1955; y novelista en *Muertes de perro,* 1958, y su continuación *El fondo del vaso,* 1962, que se desarrollan en un ambiente de engaños, crímenes y seducciones macabras, todo contado en tono satírico, con humor crudo y sarcástico. En la primera, el autor emplea varios métodos narrativos, encaminados a hacerse oír por la voz de sus personajes: apuntes de Pinedito, memorias de Tadeo Requena, secretario del dictador Bocanegra, cuadernito a modo de diario que escribe María Elena, la niña educada en un convento, que cede a la seducción de Requena en circunstancias espeluznantes. Ya en *Los usurpadores* había acentuado Ayala las pasiones que mueven a los hombres, el afán de poder sobre todo, y cómo el poder les corrompe. En *El hechizado,* su cuento más conocido, muestra la podredumbre y la estolidez del representante del poder, encarnado en el anormal Carlos II. En *La cabeza del cordero* reúne cuatro extensos relatos cuyo tema es la guerra civil española. Pero es en *Muertes de perro* donde más ahonda en el destino del hombre, subrayando con éxito las deformaciones ridículas, las tintas quevedescas de la pesadilla en que toman parte todos, desde la primera dama hasta la inocente colegiala María Elena. La ambición del poder lleva al hombre a la perversidad, al dolor y a la muerte. El mundo de Ayala es monstruoso, cínico, grotesco; en él los instintos se desencadenan llevando al hombre a destruirse, a encontrar la muerte de perro que merece, asesinado o suicida. Si sobrevive, es en la indignidad y el cinismo. Como dice el autor, "cada cual es autor de su propia suerte" (eco cervantino y calderoniano). El libre albedrío no ha servido a los personajes más que para encontrar un final desastroso, previsible e inevitable. Es una gran novela de prosa compacta, jugosa, ambigua a veces, irónica siempre, que fluye con facilidad y seguridad. De vez en cuando surge un rasgo de humor, una anécdota pintoresca del tipo de las de *Historias de macacos,* pero casi siempre ese humor es amargo y la ironía dolorosa. En *El fondo del vaso* cuenta Ayala historias subsiguientes a la revolución, utilizando, como en la primera parte de su novela, diferentes portavoces que comunican los sucesos contemplados desde distintos puntos de vista y algunos de los personajes de *Muertes de perro*; es una "sátira sobre la sociedad floreciente," según su autor.

A la generación del 36 pertenecen Camilo José Cela (n. 1916) y Miguel Delibes (n. 1920). Cela comenzó a publicar libros en 1942. Su primera novela fue *La familia de Pascual Duarte,* libro truculento por el asunto y terso por el estilo. A él se debe el renacimiento de la novela picaresca, llevando al extremo el cinismo y la crudeza de un lenguaje que contrasta con la prosa intelectualizada y los primores estilísticos de algunos de sus predecesores, que a puro esforzarse a escribir "artísticamente" habían perdido de vista la importancia de la acción, relegando por tanto a segundo plano el interés novelesco. Si el novelista gallego no ahonda en la psicología de los personajes de *Pascual Duarte* o si nos enfrentamos con situaciones que a veces parecen un tanto arbitrarias, ha de reconocerse, sin embargo, el rigor de su estilo y lo que significó históricamente la aparición de esta novela a la vez tradicional en estructura y moderna en forma y densidad. La crítica considera que su mejor novela es *La colmena,* 1951. Según Castellet, representa "la incorporación española a la novelística moderna." Ya no es la vida de un individuo narrada por él mismo, sino la presentación de ciento sesenta personajes en un Madrid hambriento de pan y de sexo. Es novela de arquitectura fragmentada y esquemática, como conviene a los que habitan la colmena. A la multiplicidad de personajes corresponde la diversidad de los incidentes y la técnica acumulativa, gracias a la cual consigue el autor la imagen panorámica y viva de la ciudad. Como en la picaresca, el tono es pesimista, el lenguaje crudo y uno de los principales resortes de la conducta de los personajes es el hambre. El estilo es sencillo; utiliza Cela un diálogo sobrio y ágil, no sólo para presentar directamente la vida de estos seres vulgares y corrientes sino para acentuar algunos de sus rasgos característicos.

En otras novelas Cela ha empleado diversas técnicas: el estilo epistolar en *Mrs. Caldwell habla con su hijo,* 1953, serie de cartas a su hijo muerto; la viñeta en *Pabellón de reposo,* historias de tuberculosos en un sanatorio; la narración naturalista y morosa en *La catira,* 1955, obra de ambiente venezolano que ocasionó una tempestad de protestas en Venezuela por creerse allí que ni el ambiente ni el lenguaje respondían a la realidad del país.

Ha cultivado Cela el cuento —son excelentes las cuatro caricaturas que componen *El molino de viento,* 1956, llenas de humor regocijado— y el libro de viajes: *Viaje a la Alcarria,* 1948; *Del Miño al Bidasoa,*

1953, y *Judíos, moros y cristianos,* 1956. En hábito de vagabundo recorre a pie las tierras españolas, alejándose de las rutas turísticas para ponerse en contacto con la vida del pueblo y con seres humildes por quienes siente tierna simpatía y en quienes halla la dignidad humana de que carecen muchos personajes de otros estratos sociales. Recargados de datos, en estos libros luce un humor sano, reverberante en la prosa concisa de natural encanto. Su último libro —*Los viejos amigos,* 1961— reproduce cortos fragmentos de libros anteriores relativos a personajes episódicos y en dos páginas traza el retrato del personaje en expresiva miniatura.

Se han señalado las muchas influencias operantes sobre la obra de Cela: novelas picarescas, barojianas, valleinclanescas, azorinescas, prosa del pintor Solana... pero lo cierto es que la personalidad extraordinaria del autor se impone en su obra. Apuntemos que el primer tomo de *Memorias* dedicado a su niñez —*La rosa,* 1959— tiene el interés de una buena novela.

El gusto por los clásicos le llevó a escribir una versión modernizada del *Poema del Cid,* y su curiosidad por lo contemporáneo a fundar una revista de gran prestigio que dirige y publica en Palma de Mallorca: *Papeles de Son Armadans.*

Del pesimismo con que comenzó su obra literaria a los veintisiete años el vallisoletano Miguel Delibes (n. 1920) con su novela *La sombra del ciprés es alargada,* 1947, hasta el novelista de sus *Diarios* (1955-1958) la distancia es grande: no en el tiempo sino en el tono. Ese ciprés de su primer libro, símbolo de muerte, cuya sombra se prolonga sobre la vida del protagonista, sitúa la novela en un clima de amargura. *Aún es de día,* 1949, anuncia el cambio de tonalidad. En estas dos primeras obras se presiente al buen narrador y es el aire optimista y el sano humorismo de la segunda lo que predomina en las siguientes: *El camino,* 1950; *Diario de un cazador,* 1955, y *Diario de un emigrante,* 1958. En *El camino* cuenta retrospectivamente la vida de un niño que ha de abandonar su aldea para estudiar en la ciudad; en los *Diarios* narra la vida de un bedel de instituto en dos momentos de su existencia: el primero, sus triunfos como cazador, y sus sencillos amores; el segundo, su viaje con la esposa a Chile, el nacimiento del hijo y el retorno a España. Nada extraordinario sucede a este jactancioso bedel, enamorado de la caza y, de refilón, de la naturaleza, nostálgico de los amigotes, el pueblo, las perdices... La gracia de los *Diarios* reside en la lengua desenvuelta y popular con que están redactados y en el humorismo tierno con que el protagonista se burla de sí mismo y de quienes le rodean. La forma autobiográfica —tan frecuente en la novela contemporánea— contribuye a dar sensación de vida y sirve para expresar fielmente una realidad cotidiana que se eleva hasta lo poético en las contenidas pinceladas con que refleja el paisaje o en descripciones más extensas, como la que hace del cielo. También escribió Delibes *Mi idolatrado hijo Sisí*, 1953, novela en la que intenta la captura del instante, a lo Dos Passos, y aborda el tema del malthusianismo, origen de tanta polémica. Es autor de dos libros de cuentos: *Siestas con viento sur* y *La partida.*

Uno de los novelistas de mayor popularidad, gracias a sus novelas *Los cipreses creen en Dios,* 1953, y *Un millón de muertos,* 1960, es José María Gironella (n. 1917). Novelas extensas, de carácter panorámico y asunto político-social —desarrollada la primera en su Gerona natal en los años anteriores al comienzo de la guerra civil—, por su tema y su supuesta objetividad se difundieron dentro y fuera de España. En conjunto constituyen un reportaje discreto, pero en cuanto a técnica Gironella sigue dentro de los cánones del realismo del siglo XIX, igual que en sus primeras novelas: *Un hombre,* 1946, y *La marea,* 1948.

José Suárez Carreño (n. 1914) obtuvo el premio Nadal de 1949 con su novela *Las últimas horas,* publicada en 1950. Reduciendo el tiempo de la acción a una noche, revela trozos de la vida atormentada de Ángel Aguado, personaje de compleja psicología; su amante Carmen, muchacha tan misteriosa y tan sola como él; y un golfo, Manolo, quien, al lograr escapar con vida del accidente automovilístico en que mueren los otros dos, se afianza en la realidad de su existencia. Interesan por igual la técnica faulkneriana con que el novelista descubre, a retazos, cómo son los personajes, la intensidad de los instantes vitales y la crítica de una sociedad cuyos principios morales se desvanecieron.

De novelistas españoles que viven en América destaquemos a Segundo Serrano Poncela (n. 1912) catedrático de literatura española en Venezuela. Posee Poncela ironía para presentar, en sus cuentos, ambientes, situaciones y personajes; a muchos de éstos los esboza con ritmo lento, profundizando en su psicología y envolviéndolos en cierto misterio que aumenta el interés del lector. Esta técnica la sigue, con tensión dramática en *Cirios rojos,* una de las tres narraciones incluidas en *La puesta de Capricornio,* 1959, y con humorismo en *La raya oscura,* 1959. Narrador excelente —a menudo cuenta en primera persona— utiliza poco el diálogo, pero cuando lo escribe, acierta. Serrano Poncela es autor de varios libros de ensayos.

Contrasta con el tono dramático o simplemente adolorido de la mayoría de las novelas contemporáneas la gracia, el humor, el absurdo esperpéntico del mundo que presenta Eugenio F. Granell (n. 1912) en *La novela del indio Tupinamba,* 1959. Capricho goyesco, novela surrealista o infrarrealista, o como se la quiera calificar, lo cierto es que el humorismo caricaturesco de Granell es extraordinario y cala honda y cruelmente en personas e instituciones de la España actual, en incidencias de la guerra civil, etc. Granell, pintor y profesor de historia del arte, combina en su obra literaria las pinceladas goyescas y solanescas con los disparates de *Los sueños* de Quevedo, logrando así crear un ambiente vital y grotesco.

Novelistas más jóvenes son Ignacio Aldecoa (n. 1925) y Rafael Sánchez Ferlosio (n. 1927). A Aldecoa le caracterizan dos rasgos: la simpatía humana que trasciende de sus relatos, acezados de vida, y el dominio del lenguaje, tanto en la parte narrativa de sus ficciones como en los diálogos. Con Baroja tiene Aldecoa puntos de contacto: preocupación social; predilección por los humildes, los golfos y los vagabundos a quienes hace deambular por caminos y ciudades, y el gusto por las trilogías. Una —sobre gitanos, guardias civiles, toreros— está integrada hasta la fecha por *Con el viento solano,* 1956, y *El fulgor y la sangre,* 1954. La primera es un trozo de vida —seis días— de un gitano fachendoso que del ambiente de chulos y mujeres de la vida pasa al de una feria; borracho, y más por miedo que por maldad, mata a un cabo de la guardia civil. Al huir descubre este pobre hombre tres cosas: que no puede encontrar albergue ni aun entre su acobardada familia; que sólo hallará conmiseración en un hombre que es a la vez lo más bajo y lo más generoso que se puede ser; y, por último, la radical soledad de su vida que acaba por incitarle a entregarse. La técnica, según corresponde al tema de la huida, es dinámica; la de *El fulgor y la sangre,* estática. Se trata aquí del momento angustioso en que unas cuantas mujeres esperan en el cuartel de la Guardia Civil a que les digan cuál de los guardias fue asesinado por el gitano. El tema de la aflicción común da unidad a los episodios. La intriga es en ambas novelas escasa. Lo esencial son las reacciones de la gente y el modo como se describen en prosa sobria, en diálogos densos y simples a la vez.

En el *Gran sol,* 1957, primera novela de una trilogía sobre el mar, la anécdota es aún más esquemática y fluida: en dos barcos salen unos pescadores norteños a los bancos de "el Gran Sol," cerca de Irlanda. A bordo de una de las naves conversan los pescadores y esas conversaciones triviales, junto con la descripción de la vida a bordo y de las faenas de la pesca, constituyen la novela; al final, la muerte, en el cumplimiento de su oficio, del patrón Orozco, es la única peripecia. A la monotonía y grisura de las vidas presentadas por Aldecoa corresponde un idioma ceñido, directo e idiomático. Los hombres van declarando su intimidad y, sobre todo, el sentimiento de soledad y la nostalgia que les poseen. El autor intercala brevísimas descripciones poéticas del mar entre los diálogos naturales y elementales. Por la discreta y artística selección de los detalles escapa la novela del aburrido género o subgénero documental, recargado de minucias. La realidad monótona está presente en las vidas de estos hombres rudos —algunos desesperanzados— que luchan estoicamente para ganarse el pan; siguiendo la tradición perediana, el autor hace vibrar almas tiernas bajo la tosca corteza. Lo mismo ocurre en sus libros de cuentos *Espera de tercera clase,* 1955, y *Vísperas del silencio,* 1955.

Parecida a la técnica de *Gran sol* es la de *El Jarama,* 1956, de Rafael Sánchez Ferlosio. Tampoco hay protagonista, a menos que se considere como tal al río mismo, testigo del momento eterno —un día de domingo— en que acontece ese casi nada que es la vida. Un grupo de excursionistas: artesanos, estudiantes y muchachas comen, beben, bailan, se bañan, se tumban al sol y hablan, hablan... Al final la muerte se presenta de improviso: una de las chicas se ahoga. Esa muerte hace ver, por contraste, lo que era y podía ser su vida. Sí; la vulgaridad es el tejido de la vida. Ni aventuras ni grandes ideales, ni frases memorables, ni introspecciones complicadas. Los personajes se revelan hablando y la conversación de dos de los jóvenes con la guardia civil que les reprocha su falta de modestia es un excelente ejemplo de la coacción que rodea a la juventud española, reflejada aquí en esos pobres chicos a quienes por todo premio de una semana o un mes de trabajo les queda la posibilidad de un día de campo bajo la vigilancia de los agentes de la autoridad. Ferlosio quiso ofrecer una fotografía realista de seres anodinos y corrientes y por eso representativos de la mayoría. El "documento" es español por la geografía y la lengua, pero universal en cuanto al olvido de los ideales, al vivir sin preocupaciones ni complicaciones ideológicas o sentimentales. El valor de Ferlosio estriba en haber escrito con mano maestra una novela paralítica, si pensamos en la acción, pero sumamente viva en cuanto a interés humano.

Cuatro años antes había publicado Sánchez Ferlosio *Industrias y an-danzas de Alfanhuí,* 1951, de tono y técnica distintos. Alfanhuí es un niño que deambula por varias ciudades españolas, tiene aventuras fantásticas con un gallo de veleta, con un disecador de Guadalajara diestro en el arte de la metamorfosis, con una marioneta, con un herborista de Palencia, etc. La realidad del ambiente geográfico preciso se mezcla eficazmente con la imaginación para que irrumpa la poesía con la aventura fantástica y extraordinaria. De picaresca esta novela no tiene sino la juventud del protagonista, su vagar por España y el utilizarle como hilo para unir los diferentes episodios. En el tono es lo contrario de ese género, pues adopta el del más puro y encantador disparate.

Dos son las mujeres novelistas de que nos ocuparemos ahora: Ana María Matute (n. 1926) y Elena Quiroga (n. 1921). Ana María Matute, aparte de cuentos y viñetas, realistas o imaginativo-poéticos, escribió varias novelas por las que fue premiada en distintas ocasiones. Sus temas fundamentales son los niños y la guerra, tomando ésta como fondo (*Primera memoria*) o como asunto principal (*En esta tierra*), y el sufrimiento humano debido al desbocamiento de pasiones como la envidia, el odio, la incomprensión, el resentimiento. Su técnica: cuando se trata de recuerdos o de análisis introspectivos emplea la primera persona; por lo regular narra en prosa compacta con copiosos epítetos que frenan su andadura. El realismo va entreverado de oportunas descripciones líricas de la naturaleza que atenúan el tono trágico o violento del relato.

Desde su primera novela, *Los Abel*, 1948, hasta *Primera memoria*, 1959, lleva publicados ocho libros, que sepamos. De mayor interés por la actualidad que retrata son, a nuestro juicio, *En esta tierra*, 1955, y *Primera memoria*. Sitúa la acción de la primera en la Barcelona de la guerra civil que separa a los hermanos Pablo, anarquista, y Cristián, nacionalista, pero en quienes el cariño parece mayor que la oposición de las ideas. Más que la trama novelesca, impresiona el ambiente de lucha, desbarajuste, excesos, y la falta de comprensión entre los adversarios. Cuando parece que se van a lograr las esperanzas de paz y dicha con la unión de Sol y Cristián, éste cae atravesado por una bala en el momento en que corre a dar la bienvenida a los suyos. En *Primera memoria* el mundo poético de *Los niños tontos*, 1956, se convierte en una pesadilla a causa del adolescente Borja, de precocidad perversa, mentiroso, hipócrita, envidioso del joven Manuel a quien acusa injustamente hasta lograr que le recluyan en un reformatorio. Unas palabras suyas refiriéndose a su víctima —"pelirrojo, chueta asqueroso"— resumen los prejuicios que ya deforman su alma, o por heredarlos o por copiarlos de los mayores.

La diversidad de la obra novelística de Elena Quiroga interesa al historiador de la literatura, aun reconociendo que algunas de sus novelas, como *Viento del norte*, 1950, pertenecen al pasado; el costumbrismo interesa menos que las novelas de trascendencia universal. Si Elena Quiroga no hubiera escrito más que *La sangre*, 1952, y *Algo pasa en la calle*,

1954, su prestigio no sería menor del que tiene. Desde la primera página de *La sangre,* ese preludio lírico, vivimos desde dentro la vida del árbol (un castaño) que hace muchas lunas fue "un árbol mozo y engreído." Observa el árbol cuanto ocurre, en un pazo gallego, a cuatro generaciones de una familia rica; cuenta cómo nacen, viven y mueren; habla de sus amores, sensualidad, odios, pasiones violentas, crímenes y ternuras, a través de la descripción y la narración y, sobre todo, del diálogo natural que presenta a los habitantes del "Castelo." Por último el árbol dice que van a abatirle y describe la tortura final. Los interludios líricos son remansos entre las escenas dramáticas que viven los fogosos personajes de carne y hueso. La decadencia de la tradición y del poderío de la familia aparece reflejada simbólicamente en la del árbol que poco a poco va perdiendo la savia y la vida.

De contextura muy diferente es *Algo pasa en la calle,* título inspirado en *Juan de Mairena.* El tema es análogo al de una novela de Jean Giono. Con estilo sencillo y sobrio la autora resucita a Ventura, muerto y de cuerpo presente en el humilde pisito en que vivió con su segunda mujer. En las horas que transcurren hasta la hora del entierro aparecen la primera mujer y la hija del muerto, y luego el hijo de la segunda esposa. Vemos a Ventura según fue como profesor, esposo y padre; conocemos sus ideas y su cambiante sentir, por boca de las diferentes personas que le amaron. Unas veces el diálogo y otras el monólogo interior sirven para que el lector ahonde en el alma del personaje. La evocación de los hechos no se produce cronológicamente, sino en un vaivén de aconteceres y juicios que reproduce fielmente el movimiento oscuro de la conciencia.

De técnica moderna es también una de las novelas publicadas en los últimos años: *En la hoguera,* 1957, de Jesús Fernández Santos (n. 1926). Con la preponderancia del diálogo sobre la narración y someras descripciones, el autor, con desplazamientos continuos, nos lleva de unas vidas a otras, en un mundo de seducciones, violencias, pequeñeces y, sobre todo, de soledad espiritual y pensamientos de muerte. De 1954 data su primera obra, *Los bravos.*

De acuerdo con sus teorías de que el arte debe ser reflejo de los problemas del hombre contemporáneo, presenta Juan Goytisolo en *Juegos de manos,* 1954, a una juventud anárquica, amoral y cínica, y en *La resaca,* 1958, una colección de desheredados de la fortuna en un barrio miserable cerca de Barcelona. Son novelas documentales. Novelas sin protagonista —aunque destaquen aquí y allí algunos personajes— como lo es también *Duelo en el Paraíso,* 1955, trozo de realidad cruel en la que unos niños refugiados viven en un pueblecito el desbarajuste de la guerra, y en el espacio que media entre la salida de los soldados republicanos y la llegada de los nacionalistas matan a un niño de doce años. El ambiente que pinta lo vivió el autor, de los seis a los diez años, en un pueblo catalán, huérfano de madre y con el padre encarcelado. La técnica de la novela es un continuo fluir de tiempos y cruentas realidades en una naturaleza hermosa, paradisiaca e indiferente.

La limitación de espacio nos impide comentar otras novelas de interés —debido a su contenido, técnica o estilo— por lo que nos limitaremos a mencionar las siguientes: *La vida nueva de Pedro de Andía,* de Rafael Sánchez Mazas; *Sobre las piedras grises,* de Juan Sebastián Arbó; *Vida con una diosa* de Antonio Rodríguez Huéscar; *Enterrar a los muertos,* de Juan Guerrero Zamora. G. Torrente Ballester es autor de *Javier Marino,* 1942, y la trilogía *Los gozos y las sombras,* integrada por *El señor llega,* 1958, *Donde da la vuelta el aire,* 1960, y *La Pascua triste,* 1962, novelas de un naturalismo renovado, escritas con soltura, dinamismo y vigor. Ildefonso Manuel Gil recibió el Premio Internacional de Novela por *La moneda en el suelo;* en 1960 publica *Pueblonuevo,* donde plantea el tema de la vida desarraigada, de la implacable lucha del hombre contra lo que suele llamarse el destino: opresión, corrupción, mezquindad.

**El teatro.** — El teatro, con muy raras excepciones, no ha estado en las últimas décadas al nivel de los demás géneros literarios, a pesar del estímulo de los premios y de los éxitos comerciales y de prensa obtenidos por algunos dramaturgos. Han seguido en las carteleras obras de Benavente, de Casona y de algunos autores clásicos españoles; se representaron adaptaciones del *Libro de Buen Amor* —bajo el título de *Doña Endrina,* por Criado de Val—, de la *Celestina,* y en 1961 de *Divinas palabras,* de Valle Inclán, versión de G. Torrente Ballester, y comedias extranjeras, de Pirandello, Thornton Wilder, Tennessee Williams, Claudel, Priestley, Noel Coward, Somerset Maugham, etc. El teatro de cámara ha montado obras de Anouilh, Lilian Hellman, Unamuno y García Lorca. Continúan estrenando Juan Ignacio Luca de Tena y José María Pemán (n. ambos en 1897), Edgar Neville (n. 1899), José López Rubio (n. 1903), Miguel Mihura (n. 1903) y Joaquín Calvo Sotelo (n. 1905). Enrique Jardiel Poncela (1901-1952) estrenó en 1940 su obra más interesante, *Eloísa está debajo de un almendro.* A la promoción siguiente pertenecen

Víctor Ruiz Iriarte (n. 1912), Alfonso Paso (n. 1926), Antonio Buero Vallejo (n. 1916) y Alfonso Sastre (n. 1926).

Sería prolijo estudiar las causas por las cuales España —uno de los dos países que crearon el teatro moderno— va ahora a la zaga en el género. No podrá decirse que no se han asomado, aunque tímidamente, a ella todas las tendencias del teatro universal: expresionista, neorrealista, realista-poético, simbolista, "comprometido" o social, existencialista, histórico, psicológico, escapista, mitológico, costumbrista, funcional a la norteamericana... Tampoco podría afirmarse que no se han ensayado nuevas técnicas como la combinación de fantasía y realidad, el desdoblamiento del personaje, el espectáculo dentro de la comedia en que el espectador pasa a ser actor (como Don Quijote en el episodio de Maese Pedro o los personajes de *La entretenida* ante quienes los criados representan un entremés); los elementos oníricos, la doble realidad y otros varios recursos teatrales que ya se encuentran en Cervantes, Lope, Tirso, Calderón, etc. Pero lo cierto es que, salvo Buero Vallejo y Sastre, la mayoría de los dramaturgos sigue empleando situaciones y temas trillados y formas heredadas.

El teatro de Antonio Buero Vallejo (n. 1916) es ecléctico. Su unidad reside en el tono grave y en la veta moral que corre a través de las desesperanzas y frustraciones de sus personajes. En la trayectoria de Buero Vallejo —que comienza con obras neorrealistas, pasa por el simbolismo y tiende últimamente al teatro de ideas— destacaremos siete dramas: *Historia de una escalera*, 1949, *En la ardiente oscuridad*, 1950, *La tejedora de sueños*, 1952, *Madrugada*, 1954, *Hoy es fiesta*, 1956, *Las cartas boca abajo*, 1957, y *Un soñador para un pueblo*, 1958.

Los tres actos de *Historia de una escalera* se desarrollan en 1919, 1929, 1949, en la escalera de una casa de un barrio popular de Madrid. Es obra realista de tono melancólico en la cual se entrecruzan vidas monótonas de gente humilde en quienes prenden las ilusiones para desvanecerse con el transcurso de los años y renacer más tarde en los hijos. El tiempo y la escalera vienen a ser dos personajes más: invisible y angustioso el uno; concreta e inmutable la otra. Ambos son testigos del eterno retorno de las tristezas y esperanzas del hombre, a quien el autor contempla con sincera compasión, como en *La ardiente oscuridad*, comedia de la frustración de los ciegos, manifiesta cuando Ignacio, recién llegado al asilo, les contagia su amargura y su escepticismo. No sólo se resquebraja el mundo de la ilusión y de la generosidad, sino que se envilecen las pasiones hasta llegar al crimen.

El mismo juego de sueño y realidad perceptible en estas obras lo hallaremos en *Hoy es fiesta* y *Las cartas boca abajo*. En la primera se repiten el ambiente y los personajes de *Historia de una escalera*: vidas, cuya sola esperanza es la lotería, por un momento viven una ilusión semejante a la de la lechera de la fábula: el número premiado, que podría sacarles de apuros, corresponde al del billete que compraron a una vecina pero es de un sorteo anterior.

La mezquindad de *Hoy es fiesta* y de *Las cartas boca abajo* la lleva Buero a una clase social más alta en *Madrugada*. A través de dos largos actos vivimos la tensión de su protagonista Amalia que, haciendo pasar por vivo a su marido, reúne en su casa a los parientes más próximos para averiguar cuál de ellos la calumnió. Los amenaza con despertarle y hacerle firmar un testamento a su favor si no le confiesan el secreto. El cadáver, en un cuarto contiguo, está vivo para los buitres que esperan ansiosos que su pariente muera sin testar. A Amalia no le basta saber que es la heredera; le angustia la incertidumbre. ¿Se casó Mauricio con ella y le dejó su fortuna por piedad o por amor? El transcurso del tiempo agobia por el riesgo de que den las seis de la mañana —hora en que han de venir los empleados de la funeraria— sin haber conseguido Amalia su propósito. Pero lo esencial no es tanto la tensión entre la protagonista y los otros sino la interior, en el alma de Amalia, para quien es una cuestión vital saber qué sintió por ella su marido.

En *La tejedora de sueños* da Buero un viraje al mito de Penélope, símbolo de la mujer fiel, haciendo que teja sus sueños concretados en uno de sus pretendientes. *Un soñador para su pueblo* aborda el tema histórico en el personaje de Esquilache y sus fracasos reformadores.

Como el de Buero, el de Sastre es teatro serio, con especial insistencia en la angustia, la desesperanza y lo brutal. Consciente de la misión pedagógica y catártica de la comedia, Sastre trata de demostrar algo: la violencia engendra odios; la codicia destruye vidas; todos tenemos derecho a la libertad y la justicia... No sólo por la ideología está Sastre dentro de las corrientes dramáticas actuales sino por la técnica sobria, el arte del diálogo y la habilidad para crear el ambiente en que agonizan sus personajes. Esto se observa, sobre todo, en las que creemos sus tres mejores obras: *Escuadra hacia la muerte*, 1953; *La mordaza*, 1954, y *La cornada*, 1959. En la primera se hallan en un bosque cinco soldados y un cabo destinados, en la segunda guerra mundial, a cumplir una misión consistente en defender su posición hasta morir. Tal misión es el castigo por faltas cometidas por ellos. El cabo Goban, maniático de la disciplina, consigue hacerse tan odioso que cuatro de los soldados lo matan mientras el quinto hace la guardia. Tras el crimen, la desbandada: dos soldados se marchan; otro se cuelga de un árbol. Sólo uno acepta la responsabilidad del crimen y decide entregarse después de declarar la inocencia del centinela.

La misma atmósfera deprimente se halla en *La mordaza*. Con técnica acumulativa va creando Sastre el ambiente de miedo que en los hijos inspira el padre criminal a quien sólo se atreve a denunciar la nuera. A los hijos los tiene amordazados el miedo o la compasión. A la nuera la mueven, con el sentido de justicia, la antipatía y repugnancia que siente por el suegro y por la pasión malsana que éste le demuestra. El "calor de tormenta" se alega aquí como uno de los factores que ahogan a los personajes como a los que matan al médico en *Muerte de barrio* por un delito que, según dice, se debió al miedo, a la "angustia de esperar allí encerrado." En *La cornada* hallamos también el miedo como uno de sus temas, mas no miedo ante un individuo, sino ante la muerte. Son horas angustiosas las que vive el torero José Alba antes de ir a lidiar seis toros de buída cornamenta. Es víctima de la ambición de gloria y dinero con que le empuja y tortura el apoderado Juan Marcos que no ve en la tauromaquia sino negocio y para quien los toreros no son criaturas humanas sino instrumentos. Los exprime hasta que hallan la muerte en el ruedo o se convierten en pobres olvidados. El *Epílogo* recalca su constancia en el mal; muerto Alba, busca a otra criatura a quien sacrificar. Aunque el tema no sea original —la explotación de actores, boxeadores, etc., se ha repetido mucho en el cine americano— la manera de presentarlo sí lo es.

La misma sensación de desamparo se halla en *Tierra roja*, obra en cinco cuadros y epílogo. Sastre tiende a dividir sus dramas en breves cuadros. En *Tierra roja* el desamparo llega con la jubilación del minero Pedro, obligado a abandonar la casa en donde habitó mientras fue útil a la compañía para quien trabajaba. Pablo —el que luego ha de ser su yerno— protesta ante esta injusticia, los obreros se declaran en huelga, siguen escenas de violencia en que la policía mata a un niño de pecho, se incendia la residencia de los ingleses y, fracasada la protesta, somete el capitán de la policía a los mineros a un interrogatorio y los tortura. Como en la escena del tormento de *Fuenteovejuna*, muestran los mineros su tesón en la invariable respuesta: "Todos. Entre todos." Como resultado de la inútil pesquisa, ametrallaron el pueblo. En el *Epílogo* el que se jubila es Pablo y se repiten las circunstancias de diez años atrás, mas ahora no están solos y por esta solidaridad humana puede vislumbrarse el triunfo final. En esta obra cumple el drama su función social y didáctica: no podemos desentendernos de la infelicidad del prójimo porque todos somos responsables de la de todos. Tal es uno de los mensajes ideológicos de Sastre. El otro es que los sacrificios y fracasos de quienes lucharon solos prepararon el camino para los que luego luchan en compañía de otros para que la esperanza se logre. Lo que escribió Javier, el profesor de metafísica, a su madre (*Escuadra hacia la muerte*) —"Tengo miedo. Estoy solo. Estoy en un bosque, muy lejos"— tiene su antítesis en las palabras del joven que trae la esperanza en *Tierra roja*: "Pero ahora es distinto... Ahora tenemos compañeros."

Algunas comedias de autores contemporáneos merecen mención: entre ellas *Eloísa está debajo de un almendro*, de Enrique Jardiel Poncela (1901-1952); estrenada en 1940, se ha repuesto en 1961. Su comicidad unas veces depende del diálogo y otras de las situaciones y sorpresas escénicas que se acumulan en la comedia. En ella aparece un loco que no lo es (modo de evadirse de la realidad) y su hermana que de veras lo es. En 1952 se estrenaron *El baile*, de Edgard Neville, y *Tres sombreros de copa*, de Miguel Mihura. En la primera un hombre y su amigo están enamorados de la mujer —ya muerta— de aquél y ven la resurrección de la belleza y gracia, que tanto recuerdan, en la nieta, que acaba yendo al baile con los dos viejos. *Tres sombreros de copa*, escrita en 1932, se desarrolla en el cuarto de un hotel de provincia la noche antes de casarse el protagonista y es una serie de astracanadas de buen gusto —valga la expresión— impregnadas de cierta vaga melancolía y de crítica humana. Se considera a Mihura como el mejor humorista del teatro actual y lo es por su destreza en el manejo del lenguaje caricaturesco y absurdo. *Tres sombreros*, primera comedia que escribió, es también la más original. *Veneno para mi marido* (estrenada en 1953), de Alfonso Paso, comienza con la representación de una comedia que la primera actriz encuentra absurda por el tema: una mujer engañada envenena al marido. Lo curioso es que en los dos actos siguientes, por una serie de casualidades, vive la actriz en un hotelito de la sierra las mismas peripecias de la comedia. Es un nuevo enfoque del tema mito-realidad.

En 1961 estrenaron Antonio Valencia Linacero *Un hermoso pedazo de nada*, cuyos dos personajes —los vagabundos Mimo y Popo— recuerdan a los de *Esperando a Godot*; y Lauro Olmo, *La camisa*, drama sobre los obreros que emigran a Alemania, mezcla de sainete y crítica durísima.

[Selecciones: del Río, *Antología*, págs. 683-820.]

# BIBLIOGRAFÍA

*(Véase bibliografía del capítulo anterior)*

## 1   GENERAL

a) Historias, crítica y estudios varios

G. de Torre, *Literaturas españolas de vanguardia,* Madrid, 1925.
S. Putnam, *The European Caravan,* New York, 1931.
G. C. Lemaître, *From cubism to surrealism in French Literature,* Cambridge, Mass., 1941.
G. Torrente Ballester, *Panorama de la literatura española contemporánea,* Madrid, 1956.

b) Novela y teatro

S. Serrano Poncela, "La novela española corta del '98," en *La Torre,* I (1953), 105-128.
J. L. Alborg, *Hora actual de la novela española,* Madrid, 1958.
R. Gullón, "The modern Spanish novel," en *Texas Quarterly,* IV (1961), número 1, 79-96.
G. Torrente Ballester, *Teatro español contemporáneo,* Madrid, 1957.
D. Pérez Minik, *Teatro europeo contemporáneo,* Madrid, 1961.

c) Poesía

A. J. Battistesa, "Del simbolismo a la 'poesía pura'," en *Cursos y Conferencias,* Buenos Aires, 1933, 1009-1034.
M. Raymond, *De Baudelaire au surréalisme,* Paris, 1940.
A. Moreno, *Poesía española actual,* Madrid, 1947.
D. Alonso, *Poetas españoles contemporáneos,* Madrid, 1952.
M. Aub, *La poesía española contemporánea,* México, 1954.
L. Cernuda, *Estudio sobre poesía española contemporánea,* Madrid, 1957.
L. F. Vivanco, *Introducción a la poesía española contemporánea,* Madrid, 1957.
J. L. Cano *De Machado a Bousoño; notas sobre poesía española contemporánea,* Madrid, 1955; *Poesía española del siglo XX. (De Unamuno a Blas de Otero),* Madrid, 1960.
J. M. Castellet, *Veinte años de poesía española (1939-59),* Barcelona, 1960.
C. Zardoya, *Poesía española contemporánea,* Madrid, 1961.
———, "La técnica metafórica en la poesía contemporánea," en *Cuadernos Americanos,* XX (1961), núm. 3, 258-281.

d) Selecciones y antologías

E. Turnbull, *Contemporary Spanish Poetry. Selections from Ten Poets*, Baltimore, 1945.

*Las cien mejores poesías españolas del destierro*, Selección de F. Giner de los Ríos, vol. III de *Poesía Española (Del siglo XIII al XX)*, México, 1945.

Juan José Domenchina, *Antología de la poesía española contemporánea* (1900-1936), México, 1946.

J. L. Cano, *Panorama y antología de la joven poesía española, 1936-1946*, Madrid, 1947.

———, *Antología de la nueva poesía española*, Madrid, 1958.

F. Ribes, *Antología consultada de la joven poesía española*, Valencia, 1952.

Jiménez Martos, *Antología de la poesía española 1960-1961*, Madrid, 1961.

## 2    ORTEGA Y OTROS ENSAYISTAS

José Ortega y Gasset, *Obras completas*, Madrid, 1947, 6 vols.

M. G. Morente, "El tema de nuestro tiempo (Filosofía de la perspectiva)," en *Rev. de Occidente*, 1923, I, 201-207.

L. Giuso, *Tre profili (Dostoiewski, Freud, Ortega y Gasset)*, Napoli, 1932.

C. Barja, "José Ortega y Gasset," en *Libros y autores contemporáneos*, 98-263.

H. L. Nostrand, "Introduction," en Ortega y Gasset, *Mission of the University*, New York, 1944.

J. Sánchez Villaseñor, *Ortega y Gasset: pensamiento y trayectoria*, México, 1945.

Eugenio d'Ors, *La filosofía del hombre que trabaja y juega. Antología*, intr. de M. G. Morente, Barcelona, 1914.

———, *Novísimo glosario*, Madrid.

A. R. Schneeberg, *Eugenio d'Ors, le philosophe et l'artiste*, Barcelona, 1920.

A. del Río, "Salvador de Madariaga," en *Ibérica*, núm. 11 (nov. 1956), 5-8 y núm. 12 (dic. 1956), 3-6.

## 3    PROSA Y TEATRO

Ramón Pérez de Ayala, *Obras completas*, Madrid, 1923-1927.

———, *Selections*, ed. Adams y Stoudemire, New York, 1934.

———, *Poesías completas*, Buenos Aires, 1942.

F. Agustín, *Ramón Pérez de Ayala, su vida y obras*, Madrid, 1927.

J. A. Balseiro, "Ramón Pérez de Ayala, novelista," en *El Vigía*, II, Madrid, 1928, 124-269.

L. Livingstone, "The theme of the 'Paradoxe sur le comedien' in the novels of Pérez de Ayala," *Hispanic Review*, XXII (1954), 208-233.

K. W. Reinik, *Algunos aspectos literarios y lingüísticos de la obra de Don Ramón Pérez de Ayala*, El Haya, 1959.

N. Urrutia, *De Troteras a Tigre Juan. Dos grandes temas de Ramón Pérez de Ayala*, Madrid, 1961.

Gabriel Miró, *Obras completas*, ed. conmemorativa, Barcelona, 1932-1936, 6 vols.; Madrid, 1943.

*Gabriel Miró (1879-1930): Vida y obra. Bibliografía. Antología*, Extr. de *Rev. Hispánica Moderna*, New York, 1936 (Artículos de M. de Mayo y A. Oliver Belmás).

J. Chabás, "Gabriel Miró," en *Vuelo y estilo*, 17-58.

M. Baquero Goyanes, *La prosa neomodernista de Gabriel Miró*, Murcia, 1952.

J. Casalduero, "Gabriel Miró y el cubismo," en *La Torre*, V (1957), núm. 18, 79-127.

E. Anderson Imbert, "La creación artística de Gabriel Miró," en *Homenaje a Amado Alonso*, en *Filología* (Buenos Aires), V (1959), núms. 1-2, 81-94.

J. Guillén, *Lenguaje suficiente: Gabriel Miró*, en *Lenguaje y poesía*, Madrid, 1962.

Ramón Gómez de la Serna, *Ismos*, 2.ª ed., Buenos Aires, 1943.

G. de Torre, "Ramón Gómez de la Serna. Cincuenta años de literatura," en *Las metamorfosis de Proteo*, 1956.

M. Pérez Ferrero, *Vida de Ramón*, Madrid, 1935.

J. Cassou, "La signification profonde de Ramón Gómez de la Serna," en *Revue Européene*, III (1928), 175-178.

R. Cardona, *Ramón, A Study of Gómez de la Serna and his Works*, New York, 1957.

Federico García Lorca, *La casa de Bernarda Alba* (Obra póstuma), Buenos Aires, 1945.

Francisco García Lorca, "Prologue," en *Three Tragedies of Federico García Lorca*, New York, New Directions, 1947.

## 4    POESÍA

León Felipe, *Antología rota*, Buenos Aires, 1947.

B. D. Wolfe, "León Felipe, Poet of Spain's Tragedy," en *American Scholar*, XII (1943), 330-338.

G. de Torre, "León Felipe, poeta del tiempo agónico," en *La Aventura y el orden*, Buenos Aires, 1943, 221-231.

Jorge Guillén, *Cántico, Fe de vida*, México, 1945; *Clamor: Maremágnum*, 1957; *Que van a dar en la mar*, 1961.

F. A. Pleak, *The Poetry of Jorge Guillén*, intr. A. Castro, Princeton, 1943.

J. Casalduero, *Jorge Guillén: Cántico*, Santiago de Chile, 1946.

R. Gullón y J. M. Blecua, *La poesía de Jorge Guillén*, Zaragoza, 1946.

Pedro Salinas, *Poesía junta*, Buenos Aires, 1942.

"Pedro Salinas: Vida y obra. Bibliografía. Antología," Extr. de *Rev. Hispánica Moderna*, 1942 (Artículos de A. del Río y L. Spitzer).

Federico García Lorca, *Obras completas*, Buenos Aires, 1940, 6 vols.

*Federico García Lorca (1899-1936): Vida y obra. Bibliografía. Antología. Obras inéditas. Música popular*. Extr. de *Rev. Hispánica Moderna*, 1941 (Artículos de A. del Río y F. de Onís).

A. de la Guardia, *García Lorca, persona y creación*, Buenos Aires, 1941.

A. Berenguer Carísomo, *Las máscaras de Federico García Lorca*, Buenos Aires, 1941.

E. Honig, *García Lorca*, Norwalk, Conn., 1944.

*Lorca: A Collection of Critical Essays*, ed. Manuel Durán, Englewood Cliffs, N. J., 1962.

Rafael Alberti, *Antología poética*, Buenos Aires, 1945.

E. Proll, "Popularismo and Barroquismo in the Poetry of Rafael Alberti," en *Bull. of Spanish Studies*, XIX (1942), 59-86.

D. Alonso, "La poesía de Gerardo," en *Ensayos sobre poesía española*, 313-340.

V. Aleixandre, *Poesías completas*, Madrid, 1960.

D. Alonso, "La poesía de Vicente Aleixandre," en *Ensayos sobre poesía española*, 351-384.

Carlos Bousoño, *Poesías completas*, Madrid, 1960.

# APÉNDICES

(Rápida ojeada sobre las literaturas catalana y gallega)

De acuerdo con el criterio expuesto en la Introducción, nuestro propósito ha sido el de estudiar la literatura española en su rama fundamental o sea la que se desarrolló en lengua castellana. Creemos oportuno, sin embargo, dar una idea sumaria de las otras dos literaturas —la catalana y la gallega— que han florecido en España desde que se formaron las lenguas románicas o neolatinas. Ambas nacieron y crecieron paralelamente a la castellana durante la Edad Media, interrumpieron su curso al hacerse la unidad nacional en el siglo XV y han renacido en los últimos cien años bajo el impulso que el Romanticismo dio a las literaturas regionales. Ambas, por tanto, se desarrollan en dos épocas bien diferenciadas y separadas por un paréntesis de más de tres siglos: la época medieval y la moderna.

# 1 LA LITERATURA CATALANA

## I. Época medieval

**Los orígenes.** — La verdadera literatura catalana —nos referimos a la escrita en catalán— comienza en el siglo XIII con la *Crónica* del rey Jaime I. El único texto original anterior que se conoce, las *Homilies d'Organyá* (fines del siglo XII), son unos sermones carentes de todo valor literario. Antes, sin embargo, de ese tiempo adquiere en Cataluña gran florecimiento la poesía trovadoresca que crece allí fundida con la provenzal hasta el punto de ser considerada como parte integrante de ella.

Cataluña, la antigua provincia Tarraconense de los romanos, llamada luego tierra de los godos (Gothi, Gothland, Gotolaunia, Cataluña), estuvo unida a la Septimania desde principios del siglo VIII en que fue conquistada por los francos. Más tarde, Carlomagno, al establecer la provincia de la Marca Hispánica en el año 801, fundó en ella una serie de condados, entre los cuales el de Barcelona llegó pronto a predominar y a convertirse en el núcleo de la Cataluña medieval, prácticamente independiente desde los tiempos de Wifredo el Velloso (874-896), de quien arranca el tronco de los posteriores Condes de Barcelona. Uno de ellos, el Conde Ramón Berenguer IV, contrajo matrimonio en 1151 con Doña Petronila, heredera del Reino de Aragón, y desde entonces Cataluña pasó a formar parte de este reino hasta que se unificó con el de Castilla en tiempos de los Reyes Católicos. En Cataluña se desarrolló durante los tres últimos siglos de la Edad Media una civilización propia y especialmente una literatura que en muchos aspectos rivalizó en brillantez con las de otras naciones medievales. La lengua en que esta literatura se escribió —el catalán— fue durante mucho tiempo considerada como una variedad dialectal de la *lengua de oc* o provenzal, llamada luego *lemosina* por el trovador y gramático Ramón Vidal de Besalú. Algunas investigaciones modernas, y en particular las del filólogo Amado Alonso, han probado en forma bastante concluyente que el catalán pertenece en su origen a la familia lingüística iberorománica, es decir, a los dialectos derivados del latín en la península ibérica. Por otro lado, es evidente que el provenzal influyó de manera notoria en la formación del catalán literario y que la primera literatura catalana —la trovadoresca— se escribe en la lengua de Provenza, territorio con el que además Cataluña tenía estrechas relaciones de toda índole. Al avanzar la Reconquista, el catalán se extendió por las Islas Baleares y por Valencia donde aún se hablan variedades dialectales de la antigua lengua. En Valencia particularmente fue cultivado en el siglo XV por una brillante generación de poetas.

**Los trovadores.** — "A pesar de la diferencia dialectal —dice Milá y Fontanals— todos los trovadores tanto los oriundos de Provenza, Galia inferior, como los catalanes y algunos italianos cantaron en provenzal o lemosín durante los siglos XII y XIII." La poesía trovadoresca es, pues, en Cataluña una manifestación más de la provenzal. Allí florecieron las mismas Cortes de amor, la misma poesía caballeresca de sutilezas amorosas o las diatribas irónicas y juegos artificiosos de trovadores y juglares. Provenzales y catalanes cultivaban idénticas formas —la canción, la tornada, el serventesio, la tensión o tensó, el descort, la albada, la nova, etc.

Milá establece la cronología de esta poesía catalano-provenzal y distingue tres períodos: 1, el de desarrollo de la lírica cortesana, desde Guillermo de Poitiers (1071-1127), considerado como el primer trovador conocido, hasta 1150; 2, el de apogeo y difusión por otros territorios, hasta 1210; y 3, un período de decadencia y casi desaparición, desde la derrota de los albigenses en la batalla de Muret hasta que en 1323 la escuela erudita de los Juegos Florales de Tolosa intentó sin conseguirlo dar nueva vida a la antigua poesía.

Por lo que se refiere a la literatura catalana, hay que distinguir dos aspectos: a) el de los trovadores provenzales que vivieron en Cataluña protegidos por los reyes o grandes señores y tratando con frecuencia temas catalanes; y b) el de los trovadores nacidos en Cataluña misma y que allí compusieron la mayor parte de su obra.

a) Casi desde los albores del movimiento poético provenzal algunos de los más famosos trovadores como Marcabrú y Pedro de Alvernia en tiempos del Conde Ramón Berenguer IV (1131-1162) residieron en Cataluña y celebraron a sus protectores.

Un momento de apogeo fue el de la época de Alfonso II de Aragón

(1162-1196), poeta él mismo, autor de unas *coblas* a su amada. Por este tiempo escriben en Cataluña Rimbald, o Rambaldo de Vaqueiras, protegido del Marqués de Monferrat y autor de los *Cants* en elogio de Beatriz de Monferrat, hermana de su protector; Bertrán de Born, Guiraldo de Borneil y Bernardo de Ventadorn, los tres trovadores celebrados por Dante; y otros menos importantes como Folqueto de Marsella, Pierre Rogiers, Pierre Raimond y Aimeric de Peguilhá. En el reinado de su sucesor Pedro II siguieron los trovadores encontrando buena acogida en Cataluña y entonces escribieron allí, entre otros, Pedro Vidal, Hugo de Saint Cir y Ramón Miraval. Finalmente, en el glorioso reinado de Jaime I (1213-1276), el gran monarca aragonés del siglo XIII, los provenzales conocieron sus últimos días de gloria en España, después de su dispersión de Provenza. Jaime I rivalizó con su coetáneo Alfonso X, de Castilla, en la protección a la poesía. En su tiempo florecieron Bertrán de Born, hijo, Guiraldo Riquier de Narbona y Pierre Cardinal.

b) No menos importantes que sus hermanos en letras, los provenzales, fueron algunos trovadores catalanes que, por serlo, pertenecen más de lleno a la poesía que estudiamos aunque usasen el provenzal en sus composiciones.

El más antiguo de los conocidos es Berenguer de Palol (1136-1170), a quien siguieron Guiraldo Cabrera, autor de una violenta sátira contra el juglar Cabra, fechada en 1170; Alfonso I de Cataluña, hijo de Ramón Berenguer IV y de Doña Petronila; Guillermo de Bergadán, hijo del Vizconde de Bergadá y hombre de vida azarosa; ladrón, asaltador de conventos, homicida a traición del noble Ramón Folch de Cardona y autor de cínicas invectivas contra el rey Alfonso II. De la misma época o un poco posteriores son dos de los trovadores catalanes más destacados: el noble Hugo de Mataplana, perteneciente a una de las más ilustres familias, que estableció una gran corte poética en su castillo, y su protegido Ramón Vidal de Besalú, autor de unas bellas *noves* y de un tratado de gramática y arte poética titulado *Dreita maniera de trobar* o *Razós de trobar.*

De los tiempos inmediatos, especialmente de los de Jaime I, deben recordarse Arnaldo Catalán, Guillermo de Cervera, Guillermo Mur, Olivier el Templario y Serverí de Girona (1250-1280), a quien puede considerarse como el último trovador de alguna importancia.

Desde fines del siglo XIII languideció la escuela entre artificios cada vez más rebuscados y en 1323 los magistrados de la ciudad de Tolosa, amantes de la poesía, intentaron darle nueva vida, creando la *Sobregaia Companya dels Set Trobadors,* y organizando un concurso en honor de la

Virgen María, en el que obtuvo el premio, juntamente con el título de Doctor en Gay Saber, Arnaldo Vidal de Castelnaudary. No muchos años después se crearon los Juegos Florales que se celebraban el día 1 de mayo y eran regulados, a partir de 1355, por el *Consistori del Gay Saber*. Resultado de este movimiento fue también la redacción por Guillermo Molinier de un Arte de Trovar al que se dio el título de *Leys d'amor*. Estos esfuerzos por resucitar el antiguo arte de los trovadores, si bien no tuvieron gran éxito, encontraron eco en Cataluña, donde el rey Juan I pidió en 1388 a Carlos IV de Francia que le enviase dos trovadores. Llegaron éstos dos años más tarde y establecieron en Barcelona el *Consistori de la Gaya Sciencia* y los Juegos Florales. Pero ello coincidía ya con el auge de una nueva escuela poética en lengua catalana, iniciada por Jaume March.

**La historia.** — Debido al influjo y adopción del provenzal como lengua poética, la literatura catalana presenta la particularidad de haber producido sus primeras obras importantes en prosa, mucho antes de que los poetas adoptasen para su expresión el habla vernácula, es decir, el catalán.

De los géneros en prosa el más antiguo y el que en su conjunto llega a un desarrollo más notable es la historia, que empieza con la traducción de la *Crónica* del arzobispo Jiménez de Rada por Pere Ribera de Parpejá en 1267 y en forma ya enteramente original con la *Crónica* del rey Jaime I (publicada en 1557), que es un animado relato autobiográfico de los hechos de su reinado (1218-1276), de sus conquistas de Mallorca, Valencia y Murcia y de otros aspectos de la vida de su tiempo.

A esta obra, valiosa por su estilo y composición, siguieron otras tres Crónicas importantes que marcan el período áureo de la prosa histórica catalana:

La *Crónica de Pedro III y sus antepasados,* escrita hacia 1300 por Bernardo Desclot con el título de *Cróniques o conquestes de Catalunya compostes e ordenades per en Bernat de Sclot.* Trata de la historia de Cataluña desde 1035 hasta 1285.

La *Crónica de Jaime I* de Ramón Muntaner (1265-1336) es la obra clásica de la literatura histórica catalana. Muntaner narra en forma de recuerdos personales con estilo vigoroso los acontecimientos de cuatro reinados hasta el de Alfonso IV, y más ampliamente la expedición de los catalanes a Oriente y sus campañas contra griegos y turcos bajo la dirección del caudillo Roger de Flor, hechos en los que el autor tomó parte. La prosa de Muntaner influyó mucho en la de novelistas e historiadores y su obra fue siglos más tarde fuente de la *Expedición de los catalanes y aragoneses* de Francisco de Moncada y de numerosas composiciones poéticas y teatrales. Recordemos entre estas últimas el drama *Venganza catalana* de García Gutiérrez.

La *Crónica de Pedro III,* escrita por su secretario, Bernardo Descoll, con la probable colaboración del monarca, narra los hechos de su reinado (1336-1387) y del de su padre, Alfonso IV (1319-1336). Al rey Pedro se atribuye también la *Crónica dels Reis d'Aragó e Contes de Barcelona* más conocida con el nombre de *Crónica de San Juan de la Peña o Pinatense,* sobre los orígenes de Aragón y Cataluña.

Otras obras anónimas o de autores de menor importancia testimonian la riqueza que el género histórico alcanzó en Cataluña.

**Raimundo Lulio.** — Paralelamente a la historia, la prosa didáctica y novelesca recibió un gran impulso gracias sobre todo a la pluma del mallorquín Raimundo Lulio o Ramón Lull (1232-1315), la personalidad de mayor relieve de la literatura catalana antigua y una de las figuras más interesantes en toda la cultura medieval. Fue Lulio hombre activo, de vida mundana en su juventud y, luego, místico fervoroso, propagandista ardiente de la religión cristiana entre árabes y judíos. Viajó mucho por África y Oriente, combatió contra los averroístas en París y sufrió martirio un año antes de su muerte. Fue beatificado por el Papa Pío XI. Escritor prolífico, de vasta cultura, dejó muchas obras en latín, pero en una parte considerable de su producción —poesía, didáctica, novela— usó su lengua natal, siendo el primero de los escritores europeos en emplear una lengua moderna para la especulación filosófica y también, en rigor, el primer poeta que escribió en catalán. Su filosofía, alegórica, llena de apólogos y figuras, un poco arbitraria, obedece en lo fundamental a una inspiración místico-ascética y está muy influida por la de los *sufíes* o místicos musulmanes. Hay en ella atisbos geniales, que no llegaron a cuajar en una construcción sistemática como la de Santo Tomás u otros escolásticos.

Entre los libros doctrinales y enciclopédicos de Lulio se encuentran el *Libre del gentil y de los tres sabis,* el *Libre felix de les merevelles del mon* y el *Libre de Contemplació,* su obra más importante de carácter ascético. De interés doctrinal y novelístico son el *Libre del Orde de Cavayleria* y el *Blanquerna,* utopia novelesca de tipo alegórico encaminada al aleccionamiento de un joven para que encuentre la perfección a través de diversos estados. Ambas obras influyeron bastante en Don Juan Manuel.

Como poeta, Lulio escribió bellas canciones y un hermoso poema lírico, el *Desconhort.*

**La novela.** — Siguiendo en parte las huellas de Lulio y recogiendo al mismo tiempo influjos árabes o de otras literaturas europeas, se desarrolla desde fines del siglo XIV la novela catalana que presenta muestras más o menos originales y valiosas de las diferentes formas narrativas conocidas en la Edad Media: novela moral, religiosa, filosófica, amatoria, caballeresca, etc. Es de interés, por ejemplo, entre las narraciones caballerescas y religiosas una *Historia del Sant Grial* conservada en manuscrito del siglo XIV. Con el desarrollo del apólogo se relaciona la curiosa *Disputa del asno contra fray Anselmo de Turmeda* que se conserva en una versión francesa, pero que fue escrita en catalán, a mediados del siglo XIV, por Turmeda, fraile mallorquín de vida pintoresca que después de ser apóstata de la religión cristiana, cobró fama de santo entre los musulmanes. Es la obra, al parecer, traducción directa de una fuente árabe. En ella, al discutirse la superioridad del hombre sobre los animales, se relatan entre otras cosas de tipo misceláneo, una serie de cuentos, algunos de muy subido color.

Aparte de estos y otros ejemplos de escaso interés cuenta la novela catalana antigua con dos autores de valor: Bernat Metge (1350?-1450) y Johanot Martorell (m. 1470).

Metge tradujo el último cuento del *Decamerón* de Boccaccio, *Historia de Walter e Griselda,* primer reflejo de la novela italiana en España, y compuso *El Somni,* narración alegórico-filosófica en cuatro libros que en cuanto a pureza y elegancia de estilo no tiene rival en la literatura catalana. Con espíritu prerrenacentista combina Metge en los diálogos de su obra los frutos de la cultura medieval italiana con reminiscencias de autores latinos como Cicerón.

Martorell compuso hacia 1460 su novela caballeresca *Tirant lo Blanch* concluida por Johan de Galba, cuyo tema central es el de la expedición de los catalanes historiada por Muntaner, tratado a la manera caballeresca. Abunda en episodios varios pero siempre con un evidente cuidado de no caer en lo absurdo y con cierta ironía, aspectos ambos que fueron gratos a Cervantes. *Tirant,* aunque de carácter bastante distinto, forma con el *Amadís* la pareja de los libros españoles de caballerías dignos de sobrevivir.

Manifestación también valiosa de la literatura narrativa catalana es *Curial y Guelfa,* novela erótico-sentimental sobre las complicaciones amorosas de una dama con su amante, trovador y caballero. Es de origen italiano y compuesta por un autor anónimo hacia 1450.

**Los poetas catalanes y valencianos de fines de la Edad Media.** — La literatura catalana medieval que empieza con la poesía de los trovadores termina, asimismo, con el valioso reflorecer poético del siglo XV que siguió a la fundación del *Consistori de la Gaya Sciencia* en Barcelona y la instauración de los Juegos Florales durante el reinado de Juan I.

Se compusieron entonces numerosos compendios de arte poética como los de Castellnou, Berenguer de Noya, Jofre de Foxá y especialmente el *Diccionario de rimas* de Jaume March, que con Luis Aversó puede ser considerado como el verdadero restaurador de la poesía catalana.

De aquí nace, según dice Milá, el período áureo de esta poesía, en el cual la tradición trovadoresca se enriquece con la influencia creciente de la escuela italiana de Dante y Petrarca. El centro de la poesía se desplaza en gran medida hacia Valencia, donde nacen los más grandes poetas de este período, y hacia Nápoles, donde brilla la corte poética de Alfonso V. La producción de los autores de este tiempo puede estudiarse en el *Cancionero de poetas catalanes,* que comprende desde Jaume March hasta Ausias March, o en otras colecciones análogas, entre ellas, el *Cancionero de Stúñiga* y el *Cançoner d'Obres Enamorades.*

Tres poetas merecen mención especial. En primer lugar, el más grande de entre los petrarquistas de su tiempo: Ausias March (1379-1459), de noble familia valenciana. Su obra consta de 116 *Cants* de los cuales la mayoría está formada por los *Cants d'amor* dedicados a su amada Teresa Bou, a quien el poeta conoció en la iglesia el día de Viernes Santo, como Petrarca, su modelo, a Laura. Hay, además, algunas canciones didácticas y ocho *Cants de mort. El Cant Espiritual,* su composición más inspirada, se caracteriza por una purísima elevación religiosa. En sencillez, sentimiento, austeridad y noble tono moral, Ausias March, aunque sigue muy de cerca a Petrarca, es poeta de una auténtica sensibilidad y no tiene quien pueda comparársele dentro de su escuela en la poesía española de su tiempo hasta que casi un siglo después empiezan a escribir los italianizantes castellanos como Garcilaso. Las poesías de Ausias March fueron traducidas al latín y al italiano, y Jorge de Montemayor las tradujo al castellano.

De Valencia también fueron otros dos poetas famosos, cada uno en su estilo: Jordi de Sant Jordi (m. antes de 1449), autor de *Passió d'amor,* muy admirado de Santillana; y Jaume Roig (1377-1479), poeta satírico y boccaccesco en el *Libre dels consells,* más conocido con los títulos de *Spill* o *Libre de les dones* que es acaso la obra en verso más característica de la corriente antifeminista en la literatura española del siglo XV.

Además de estos poetas sobresalientes, hay otros muchos de interés, entre los que deben citarse a Luis de Vilarasa, Arnau March, Hugo Bernat de Rocaberti, autor de la *Gloria d'amor,* a imitación de Dante; Andrés Febrer, que en 1428 tradujo la *Divina Comedia,* Antonio Vallmanya, Lleonard de Sors, Francesc Ferrer, Pere Torroella, y los valencianos Juan Ruiz de Corella, Bernardo Fenollar, Jaime Gazul y Narciso Vinyolas.

Al final del siglo XV y al aproximarse con el triunfo de la mentalidad renacentista la unidad nacional, muchos de estos últimos poetas del reino de Aragón adoptaron espontáneamente el castellano como su lengua literaria hasta que Juan Boscán, el introductor del italianismo en la poesía castellana, marca el fin casi absoluto de esta literatura catalana antigua.

**El teatro y otros géneros.** — Igual que en el resto de los países europeos, en Cataluña se conservan abundantes noticias sobre el teatro medieval y algunos textos o fragmentos de textos de lo que debió constituir una floreciente actividad litúrgico-literaria. A diferencia de lo que ocurre en la literatura castellana, de la que sólo existe el *Auto de los Reyes Magos,* hay al menos tres o cuatro piezas teatrales catalanas que han llegado hasta nosotros, sea en manuscrito o por tradición oral. La primera de las conocidas es el *Misteri de Sant Esteve,* de la catedral de Gerona, fechado en 1380. Otra obra notable es la *Representació de la Asumpció de Madona Santa María,* dada a conocer por don Juan Pie; trata del tránsito de la Virgen y se supone que es antecedente del *Misteri de l'Assumta,* de la Catedral de Elche, el llamado *Misterio de Elche,* drama litúrgico, compuesto probablemente en la segunda mitad del siglo XV, que todavía se representa en su forma primitiva a mediados de agosto en el bello pueblo alicantino.

Un poco anteriores, de fines del siglo XIV y principios del XV, son *El Sermó del Bisbetó* (pequeño obispo) y la dramatización de un milagro de San Vicente Ferrer, *Conversió dels chudíos de la Sinagoga de Salamanca, Milacre de San Vicente Ferrer, año 1412,* del que da noticia Milá en sus *Orígenes del teatro catalán.*

Junto al teatro religioso debieron adquirir también gran desarrollo en Cataluña las representaciones profanas, a juzgar por los numerosos testimonios que se conocen de celebraciones de *cantidanses, entremesos* y otros juegos escénicos. Hay que citar, por último, la *Dança de la mort,* versión catalana de una obra universal, con su forma mixta de drama y poesía.

En otros aspectos dio también la literatura de la Cataluña antigua muestras de gran vitalidad y cuenta con autores de mérito.

En el género erudito y filosófico sobresale Francisco Eximenis (1340?-1409), que sólo cede en sabiduría a Lulio. Su obra más importante es *Lo Crestiá,* gran enciclopedia del siglo XIV a juicio del historiador de la literatura catalana José Comerma. Es autor también Eximenis de un *Libre de les dones* y se le han atribuido otras muchas obras.

Entre los moralistas medievales posee Cataluña otro nombre ilustre, el de Arnaldo de Vilanova, aparte de otros de menor relieve. Finalmente, pueden añadirse al caudal de la literatura catalana algunas obras de derecho y costumbres medievales como la compilación de los *Usatges* o el libro del *Consulado del Mar,* código de leyes y usos marítimos, que con otras recopilaciones de leyes locales y la obra de numerosos juristas conservan considerable interés histórico y lingüístico.

## II. Época moderna

**La Renaixensa.** — Dase este nombre al renacimiento de las letras catalanas en el siglo XIX que fue, como dijo Menéndez Pelayo, una consecuencia del romanticismo histórico que despertó el amor a lo tradicional, castizo y genuino, abriendo las fuentes de la poesía popular.

A partir del siglo XVI, la literatura catalana había desaparecido casi totalmente y hasta la lengua misma había quedado reducida al estado de un habla rústica. Capmany, en el siglo XVIII, la proclamaba "muerta para la república de las letras". Tan sólo algunos oscuros autores aislados, como Pere Serafí, Juan Pujol Mataró y sobre todo Vicente García, el famoso Rector de Vallfogona (1582-1623), mantuvieron viva, pero sin brillo alguno, una tradición que parecía llamada a extinguirse. En el siglo XVIII algunos eruditos empezaron a estudiar la lengua y la literatura medievales y, a comienzos del XIX, los hermanos Ignacio y Antonio Puig i Blanch, y José Pau Ballot empezaron a preparar ya en forma manifiesta el movimiento de restauración; los dos primeros con la composición de algunos poemas en catalán, y Pau Ballot con su *Gramática y apología de la lengua catalana* (1814).

Cataluña, y más particularmente Barcelona, fue uno de los centros importantes de irradiación de todo el movimiento romántico. Allí se publicó, como se recordará, *El Europeo,* la primera revista del romanticismo en España, y allí se hicieron las primeras traducciones de Scott, Byron, Schiller y otros muchos autores de la misma tendencia. En Cataluña nació además una brillante generación de poetas, pensadores, eruditos, arqueólogos e historiadores románticos —Manuel de Cabanyes, Pablo Piferrer, José María Quadrado, Jaime Balmes y Manuel Milá y Fontanals, para citar sólo los más importantes —que si por la lengua en que escribieron pertenecen a la historia general de la literatura española o castellana, por el amor a su tierra y a sus tradiciones que fueron los primeros en estudiar pueden ser considerados como los principales obreros de la Renaixensa.

La gloria de haberla iniciado directamente corresponde, sin embargo, en forma muy definida a un escritor de ese grupo romántico, Buenaventura Carlos Aribau (1798-1862), antiguo redactor de *El Europeo,* que en el año 1833 publicó en otra revista romántica, *El Vapor,* su oda *A la patria,* escrita en catalán. Esta composición, modesta y de no mucho mérito literario, recuerdo melancólico de la pasada grandeza catalana y llamamiento a continuarla, surtió el efecto de dar sentido a un movimiento hasta entonces disperso y es hoy considerada como el punto de arranque de toda la literatura catalana moderna.

**Rubió i Ors y el desarrollo de la poesía catalana de la Renaixensa.** — El despertar tímidamente iniciado por Aribau tomó impulso y forma hasta convertirse en movimiento organizado, gracias a la obra poética de Joaquín Rubió i Ors (1818-1899), quien en 1839 empezó a publicar en el *Diario* de Barcelona una serie de poesías, la primera de las cuales, *Lo gayter del Llobregat,* dio luego título al volumen donde fueron recogidas todas en 1841. En el prólogo se proclamaba la independencia literaria de Cataluña.

El ejemplo de Rubió, juntamente con el renacimiento de la poesía provenzal que por entonces se operaba también, sirvió de estímulo a otros poetas: Antonio Bofarull, José Sol i Padris, José Subirana, Francisco Morera, Víctor Balaguer —el más importante de este período— y el mismo Milá y Fontanals, el gran medievalista, que cultivó ocasionalmente la poesía en su lengua materna.

A esta escuela catalana vino a sumarse otra de poetas mallorquines, iniciada por Marián Aguiló y la de los valencianos, en la que figuraban Tomás Villarroya, Vicente Wenceslao Querol y Teodoro Llorente, los dos últimos figuras importantes también en la poesía castellana. En la escuela mallorquina que siguió las huellas de Aguiló sobresalen Jerónimo Roselló, José Luis Pons i Gallarza y Guillem Forteza. En la valenciana, Juan Antonio Almela y Pascual Pérez.

El coronamiento de este primer período de la Renaixensa fue la restauración en Barcelona, el año 1859, de los antiguos Juegos Florales, en los que fueron las primeras figuras Milá y Fontanals, presidente y mantenedor, Antonio Bofarull, secretario, y Rubió i Ors.

**Jacinto Verdaguer, el gran poeta catalán del siglo XIX.** — Predominaba en la poesía catalana moderna, desde su renacimiento, el espíritu romántico en sus varias direcciones: tono melancólico, sentimiento nacional, popularismo arcaizante y otras del mismo sentido marcadas por hombres del saber histórico de Piferrer y Milá. A mediados del siglo, un gran poeta, Jacinto Verdaguer (1845-1902), vino a superar el romanticismo dándole más alto vuelo nacional y poético, al par que iniciaba la evolución de la poesía y de la lengua catalanas hacia las formas dominantes en la literatura universal de los últimos años del siglo.

Verdaguer, o Mosén Cinto, como le llaman los catalanes, sacerdote de origen humilde y hombre de sensibilidad ardiente, tuvo una vida dolorosa y trágica que le llevó a los límites de la locura. La poesía fue su destino y la causa de casi todas sus desgracias, pero también fue su salvación. Es el poeta nacional y épico de Cataluña en sus dos grandes poemas: *La Atlántida* y *Canigó*, el canto geológico de los mitos prehistóricos de Iberia y el canto geográfico de la montaña, madre de la Cataluña legendaria. Fue además Verdaguer poeta lírico en los *Idilis* y poeta de profundo fervor religioso en los *Cants mìstics*.

Tras Verdaguer o por los mismos años en que él escribe, las letras catalanas siguen enriqueciéndose con poetas como Apeles Mestres, Francisco Matheu, Joaquín Riera i Bertrán, Arturo Masriera, Ferrán Agulló y, sobre todos, Juan Maragall, con cuya obra la poesía catalana entra en una nueva época.

**La prosa y el teatro en el siglo XIX.** — La prosa moderna tuvo en Cataluña un desarrollo más tardío y pobre que el de la poesía. Casi lo único digno de recordarse en ella hasta la aparición, muy avanzado el siglo, de la novela realista son los artículos de costumbres de Roberto Robert (1840-1905) y los estudios eruditos de Milá y Fontanals y del mallorquín Marián Aguiló.

La novela realista, o mejor dicho naturalista, se inicia, tras algunos intentos de escaso mérito, con *La Papellona* (1879) de Narciso Oller (1846-1930), a la que siguieron *Vilaniu, La febre d'or* y otras novelas del mismo autor. A la misma generación que Oller pertenece José Pin i Soler, autor de *La familia dels garrigues,* y Joaquín Ruyra, algunos años más joven, estilista y paisajista delicado en *Jacobé, El primer llustre d'amor* y *La parada.*

El teatro tuvo también un desarrollo lento. Al principio se limitó a una elemental escenificación de costumbres rústicas o a parodias de las obras de éxito en la literatura castellana. El primer autor de alguna importancia fue Federico Soler (1839-1895), conocido por el pseudónimo de Serafí Pitarra, que, además de escribir algunos pesados dramas históricos, creó en realidad el teatro catalán con su ingeniosa parodia *L'Esquella de la Torratxa* (1864). Otro escritor que contribuyó también eficazmente al desarrollo del nuevo género con su teatro de costumbres barcelonesas fue Emilio Vilanova. Pero la moderna escena catalana recibe su forma definitiva en manos de un escritor dramático de vigoroso aliento, Ángel Guimerá (1874-1924), que en sus tragedias *Gala Placidia* (1879) y *La boja* (1890) y, especialmente en su drama rural *Terra Baixa* (1898), dejó algunas de las obras más fuertes del teatro español moderno, Guimerá fue también poeta de acusada personalidad.

**Juan Maragall y la poesía contemporánea.** — La literatura catalana, sin desviarse de sus propios cauces, recoge como todas las literaturas europeas las diferentes corrientes que han caracterizado la evolución artística del siglo XX. Hasta cabe decir que Cataluña ha estado siempre más abierta a los aires ultrapirenaicos que el resto de España y que las nuevas escuelas han solido encontrar eco en Barcelona antes que en Madrid. Así, fue Juan Maragall (1860-1911), y con él algunos otros jóvenes escritores catalanes, uno de los primeros escritores españoles en recoger los estímulos de las transformaciones que se operaron en el pensamiento y en la poesía en el último tercio del siglo XIX. A diferencia del temple pesimista e individualista de los escritores del resto de España, coetáneos suyos, los del 98, fue Maragall, hombre y escritor de espíritu armónico, resultado de la combinación de una extensa cultura clásica y moderna, de influjos diversos como los de Dante, Goethe y Nietzsche y de un fino sentimiento de su lengua y de su tradición. Fue Maragall ensayista importante en catalán y en castellano y el poeta —muy admirado por Unamuno— que en su lengua sólo cede en importancia histórica a Verdaguer. De lirismo más fino que el de éste, en sus libros *Visions i Cants, Seqüències, Cants Homèrics* y en poemas como el "Conte Arnau" y "Cant espiritual" o en alguno de sus ensayos y discursos como en *Elogi de la paraula* alcanza un alto grado de poesía, pensamiento y emoción.

Con Maragall se abre la época contemporánea durante la cual la poesía lo mismo que los otros géneros recibe un gran impulso con la creación en 1914 de la Mancomunitat Catalana, presidida por Enrique Prat de la Riba, y por la del Institut d'Estudis Catalans. Tres poetas importantes, los sucesores legítimos de Maragall, sobresalen en las generaciones formadas en este movimiento: José Carner, de corte clásico y moderno al mismo tiempo, autor de una obra ya cuantiosa; el helenista Carles Riba, cuyas *Estances* han ejercido gran influencia en los poetas jóvenes; y José López Picó, que recoge ya algunas de las tendencias posteriores a la primera guerra mundial. En las últimas décadas alcanzó gran popularidad José María Segarra, poeta, dramaturgo y novelista, y son asimismo poetas que deben recordarse Joaquín Folguera, Jaime Bofill i Mates, Miguel de Palol, José Massó Ventós y Carles Soldevila.

En Mallorca una escuela de valiosos poetas continúa durante el siglo actual la tradición establecida por Marián Aguiló. De ella son exponentes

Miguel Costa i Llovera, Juan Alcover, Miguel S. Oliver, Gabriel Alomar y Lorenzo Riber. Estos poetas mallorquines se distinguen casi siempre por lo vivo de la inspiración clásica y mediterránea en su verso.

**La novela y el teatro.** — Como manifestaciones literarias muy cultivadas han adquirido gran desarrollo en la prosa catalana contemporánea la novela y el cuento que han incorporado el estilo de la novela novecentista a la tradición creada por los escritores de la generación anterior. Descuellan en estos géneros narrativos Prudenci Bertrana, irónico y seguro en la pintura de sus personajes, autor de *Crisálides, Els naufrags, Proses bárbares,* etc.; Víctor Catalá, pseudónimo de Catalina Albert, dama de noble familia, escritora de un realismo nada ñoño y autora de *Solitud* (1905), *Drames rurals* y *Caires vius;* Alfonso Maseras, introductor en Cataluña de la novela psicológica y mundana. Merecen mención también como novelistas y cuentistas de valor Pous i Pagés, Enrique Fuentes y Ferrán de Querol.

En el teatro, después de Guimerá, los dramaturgos principales son Santiago Rusiñol, pintor, novelista y personalidad muy atrayente y conocida en los medios artísticos españoles; Ignasi Iglesies y Adrián Gual, a los que siguen otros escritores como Juan Puig i Ferrater, Juli Vallmitjana, Víctor Brossá, Luis Millá, etc., que han mantenido viva la producción dramática catalana.

**Ensayo y crítica.** — Los años que siguieron a la creación de la Mancomunitat y del Institut d'Estudis Catalans fueron años de gran actividad intelectual, especialmente en Barcelona. Serían muchos los nombres que habría que citar en relación con esa actividad que abarca ya a varias generaciones y diversas disciplinas de la cultura, muchos de ellos nombres de escritores bilingües, como son la mayoría de los escritores catalanes, que han alcanzado fama en las letras españolas.

Probablemente las dos figuras que han desempeñado un papel más importante como impulsores del movimiento cultural catalán en nuestro siglo son Eugenio d'Ors y el filólogo Pompeyo Fabra, que, con su *Gramática de la lengua catalana* y otros estudios lingüísticos, ha sido el reformador y codificador del catalán moderno.

La obra filosófica y literaria de d'Ors rebasó pronto las fronteras de su región y después de sus años de juventud adoptó definitivamente el castellano como su lengua literaria y se unió en Madrid a los maestros de la generación que siguió a la del 98. Pero durante la primera época de su vida de escritor d'Ors, con el pseudónimo de Xenius, fue el guía espiritual indiscutible de una nueva Cataluña. Su novela *La Ben Plantada,* sus estudios filosóficos y su *Glossari,* continuados luego en castellano, son obras de valor permanente y fueron en las dos primeras décadas de este siglo breviarios en los que se educó la juventud catalana.

Junto a estas dos figuras terminaremos mencionando otros nombres que unidos a ellas forman lo que pudiéramos llamar la plana mayor de la intelectualidad catalana, críticos, historiadores y ensayistas: de la generación de principios de siglo, Pompeyo Gener, José Ixart, Antonio Rubió y Lluch, Jaime Massó Torrents, Pedro Corominas. Un poco o bastante más jóvenes, J. Rovira Virgili, José Pijoán, Luis Nicolau D'Olwer, Manuel de Montoliu, Juan Estelrich, Pedro Bosch Gimpera, uno de los especialistas en los estudios de prehistoria de mayor autoridad de España, y dos figuras muy destacadas también en los estudios filosóficos: Ramón Turró y Joaquín Xirau.

# BIBLIOGRAFÍA

## LITERATURA CATALANA

Textos en las colecciones *Els Nostres Classics* y *Collecció d'escriptors catalans moderns.*

F. Soldevila, *Història de Catalunya,* Barcelona, 1934-1935, 3 vols.

M. Aguiló y Fuster, *Catálogo de obras en lengua catalana impresas desde 1474 hasta 1860,* Madrid, 1923.

J. Vives y R. Aramón, *Bibliografía de llengua i literatura catalana,* Barcelona, 1925.

J. Massó Torrents, *Bibliografía dels antics poetes catalans,* Barcelona, 1914.

F. Torres Amat, *Memorias para ayudar a formar un diccionario crítico de los escritores catalanes,* Barcelona, 1836.

F. M. Tubino, *Historia del renacimiento literario contemporáneo en Cataluña, Baleares y Valencia,* Madrid, 1880.

M. Milá y Fontanals, *De los trovadores en España* y *Orígenes del teatro catalán,* en *Obras completas,* Barcelona, 1889.

M. de Montoliu, *Manual d'historia crítica de la literatura catalana moderna,* Barcelona, 1922.

J. Comerma, *Historia de la literatura catalana,* Barcelona, 1924.

L. Nicolau D'Olwer, *Resum de literatura catalana,* Barcelona, 1927.

J. Massó Torrents, *Repertori de l'antiga literatura catalana,* Barcelona, 1932.

M. García Silvestre, *Història sumària de la literatura catalana,* Barcelona, 1932.

J. J. A. Bertrand, *La littérature catalane contemporaine, 1883-1933,* París, 1933.

P. Bach y Rita, "Catalan", en *Encyclopedia of Literature,* New York, 1946.

*Columbia Dictionary of Modern European Literature,* ed. Smith, New York, 1947
(Artículo general de Joan Sales y artículos monográficos sobre los autores contemporáneos importantes).

# 2 LA LITERATURA GALLEGA

## I. Época medieval

**Los orígenes.** — Al iniciarse la Reconquista, Galicia, la región situada en el extremo noroeste de España, vecina de Asturias, fue pronto liberada del poder árabe y constituyóse allí un territorio que tuvo una agitada historia en los primeros tiempos. A veces independiente, como durante el reinado de Don García, hijo de Fernando I, a veces tributaria de Asturias y León, resistiendo a varios intentos de invasión de los normandos y a alguna incursión de los ejércitos árabes, Galicia aspiró en varios momentos a separarse enteramente de la monarquía leonesa o a alzarse con la hegemonía. Aun después de incorporada, al parecer definitivamente, al dominio leonés y castellano en tiempos de Alfonso VI, todavía conoció sus momentos de mayor esplendor como condado autónomo en tiempos de Doña Urraca, hija del rey Alfonso, cuando era de hecho regida por Diego Gelmírez, el Arzobispo de Santiago. A pesar de su revuelta historia, Galicia gozó en estos primeros siglos de la Reconquista de una cultura cada vez más floreciente, sobre todo a partir del descubrimiento en el siglo IX del sepulcro del apóstol Santiago. Creció allí la ciudad de Santiago de Compostela, que no tardó en convertirse en el centro espiritual de Galicia y en uno de los lugares más importantes de la devoción medieval

Aunque las colecciones de poesía que se conservan pertenecen al siglo XIII, cabe conjeturar que el gallego, dialecto nacido a la par con los otros de la Península, adquirió antes que ninguno de ellos desarrollo literario, merced al auge de las peregrinaciones a Santiago de Compostela y a las estrechas relaciones históricas, eclesiásticas y familiares de Galicia con Francia. Esto y su propio carácter de lengua dulce y suave, apta para la

401

expresión del sentimiento, explica que se convirtiese en la lengua poética por excelencia de la España medieval. Santiago fue probablemente el centro donde, bajo la influencia provenzal, nació en España la poesía trovadoresca y de allí se extendió a Portugal y Castilla. Hubo incluso algunos trovadores provenzales de los que visitaban el santuario compostelano que usaron el gallego en algunas ocasiones. Así parece indicarlo la existencia de una trova gallega de Rimbaldo de Vaqueiras (1180-1207), cuya composición coincide probablemente con la introducción del arte provenzal en Galicia.

**La lírica galaico-portuguesa: trovadores y juglares gallegos.** — Aunque se conservan textos fragmentarios de otros géneros o traducciones en prosa de algunas obras y hasta se conjetura que existió una épica gallega, hoy enteramente perdida, puede decirse que la literatura de Galicia es una literatura predominantemente y casi exclusivamente lírica.

Esta lírica medieval gallega o, mejor dicho, galaico-portuguesa, puesto que gallego y portugués son en su origen una misma lengua y una misma literatura, sólo separadas mucho después como resultado de la separación política, conoció sus días de esplendor en el siglo XIII. Sus creaciones se conservan en tres *Cancioneros,* descubiertos en el siglo XIX: *El Cancionero de la Vaticana,* publicado por E. Monaci en 1875 y, luego, por Teófilo Braga en 1878; el *Cancionero Colocci-Brancuti,* publicado en la parte que completa el Códice Vaticano, por E. Moltani, en 1880; y el *Cancionero d'Ajuda,* publicado fragmentariamente en 1823 y 1843 y en edición definitiva en 1904 por doña Carolina Michaelis de Vasconcelos. Si bien la poesía de estos *Cancioneros* es el fondo que nos queda para conocer esta lírica medieval de los siglos XIII y XIV a juzgar por la perfección que en esta época presenta, es casi seguro que viniera cultivándose en Galicia desde bastante antes.

El *Cancionero d'Ajuda* contiene tan sólo, con alguna rara excepción, composiciones de las llamadas *cantigas de amor,* de tipo cortesano, culto, y de abolengo provenzal, pero en los otros dos, junto a las formas trovadorescas, *cantigas de amor, serventesios, tensones,* etc., hay numerosas muestras de una poesía popular autóctona cultivada por los juglares que, fundida con la de influencia provenzal, da carácter distintivo a la lírica gallega. Las composiciones típicas de poesía popular son las *cantigas de amigo,* en las que predomina la forma paralelística o cantiga de refrán, las *villanescas* y *serranillas* o *vaqueras,* y las canciones rústicas llamadas de *ledino* con variedades diversas como las *bailadas, barcarolas* y *marinhas* o marineras. Abundan también en la lírica galaico-portuguesa las *cantigas de maldecir* y *de escarnio.* En el *Cancionero Colocci-Brancuti* se encuentran además algunos fragmentos de *lays* caballerescos de origen bretón, interesantes porque vienen a probar las múltiples relaciones europeas de esta lírica gallega y la importancia de Galicia —en donde se escribe, según parece, la *Crónica de Turpín*— en la difusión de los temas caballerescos por la península.

No es fácil precisar, ni se ha precisado que sepamos, quienes son los poetas gallegos que, mezclados con los portugueses y algunos castellanos, figuran en los Cancioneros. De la vida de estos antiguos poetas se sabe poco y en muchos casos sólo nos es conocido el nombre. Tampoco está clara la cronología. El primero o uno de los primeros, según Carré Aldao, debió ser Joan Soarez de Pavía o Payva, conocido también por Palha o Palla. Del mismo tiempo aproximadamente, del siglo XII, son Payo Soares de Taveiros, autor de la composición más antigua fechada con seguridad (1189), Fernández González de Sanabria y quizá uno de los buenos poetas medievales Ayres Nunes, trovador de estilo flexible, elegante y gracioso, autor de numerosas composiciones. Entre los que siguen que se supone ser gallegos se destacan Pero da Ponte, Pero Amigo, Joan Ayras, Joan Zorro, Martín Codax, Payo Gómez Charino, los hermanos Eans Mariño, Pero Moogo o Meogo.

Junto a estos trovadores y juglares de los Cancioneros hay que citar como gran figura española de la lírica gallega a Alfonso X el Sabio que en las *Cantigas a Santa María* dejó la obra individual más extensa y de mayor aliento. Después del siglo XIV esta literatura tiende cada vez más a confundirse con la castellana. A un escritor gallego se ha atribuido, por ejemplo, el *Poema de Alfonso XI,* que según conjeturas de algunos críticos pudo ser redactado primero en la lengua materna del autor y vertido luego al castellano. Más tarde, las muestras ciertas de la poesía gallega medieval hay que buscarlas en el *Cancionero de Baena,* que marca la transición de la poesía cortesana al castellano, o en composiciones de otros Cancioneros no muy posteriores, como el de Resende. El Profesor Lang, de la Universidad de Yale, formó con poesías procedentes de varios de ellos su *Cancionero gallego-castelhano* (New Haven, 1903). Recogió en él la producción de la etapa final de la literatura gallega, entre 1350 y 1450, representada por los siguientes poetas, entre los que quizá predominen los de origen no gallego: Pero González de Mendoza, Macías o Namorado, El Arcediano de Toro, Pedro de Valcárcel, Garci Fernández de Jerena, Alfonso Álvarez de Villasandino, Pedro Vélez de Guevara, Don Pedro, infante de Portugal, el Marqués de Santillana, Montoro, Pedro de Quiñónes, Pedro de Santa Fe, Gómez Manrique, Gonzalo de Torquemada y varios anónimos.

En el siglo xv los poetas españoles todos adoptaron el castellano y la literatura gallega se eclipsó para no reaparecer, igual que la catalana, hasta el Romanticismo. El portugués, por su parte, entró con el Renacimiento en su época de mayor esplendor y siguió su curso propio hasta diferenciarse grandemente de esta lengua medieval, aunque conserve hoy con el gallego moderno parentesco muy estrecho, como lengua procedente al fin de una misma raíz.

**Otras manifestaciones literarias.** — Hay historiadores de la literatura gallega que afirman, sin muchas pruebas, que la prosa tuvo en Galicia durante la Edad Media un cultivo análogo al de la poesía, sobre todo a partir del siglo xiv. Suponen dichos historiadores que el hecho de que se interrumpiese en el siglo xv, antes de la difusión de la imprenta, el desarrollo de la literatura gallega hizo que muchas de sus obras quedasen inéditas y que sólo futuras investigaciones podrán descubrir los viejos manuscritos. Lo cierto es que los Códices descubiertos hasta ahora no contienen más que traducciones o libros de materias sin ningún interés literario como Estatutos y Constituciones de Cofradías u otras organizaciones. Se puede afirmar, desde luego, que nada hubo en la prosa gallega comparable en importancia y calidad literaria con la poesía lírica de los Cancioneros.

De las traducciones, la más antigua parece ser la de la *Crónica Troyana,* hecha en el siglo xiv por Fernán Martis. Se conservan también versiones completas o fragmentarias de las *Siete Partidas,* de la *Crónica de Turpín,* cuyo original latino parece proceder asimismo de Galicia, y de un libro titulado los *Miragres de Santiago.* En cuanto a obras originales existe la *Crónica gallega de Iria,* atribuída a Rodríguez del Padrón, y se supone que el *Nobiliario* de Vasco da Ponte, *Relación de algunas casas y linajes del reino de Galicia,* aunque sólo se conserva en la redacción castellana, debió de ser escrito originalmente en gallego.

También al dominio de la conjetura pertenece la atribución de la primitiva redacción del *Amadís* en el siglo xiii al trovador gallego Juan de Lobeira. A ser cierto que Lobeira fue su autor, Galicia sería el centro de irradiación de la literatura caballeresca en España, cosa no del todo inverosímil.

# II. Época moderna

**Los comienzos de la poesía gallega del siglo XIX.** — Repítese en Galicia el caso de otras literaturas regionales y, en particular, el de la catalana. Reducido el gallego, a partir del siglo XVI, a la categoría de lengua rústica cultivada solamente como pasatiempo por algunos poetas locales, su decadencia se prolongó por cerca de tres siglos hasta que el movimiento erudito del dieciocho orientó la curiosidad de algunos escritores hacia el estudio de su antigua lengua y literatura. El verdadero restaurador de estos estudios en la centuria de las luces fue el Padre Martín Sarmiento que a sus investigaciones unió el ejemplo escribiendo varias poesías en gallego. Por el mismo tiempo otros escritores hicieron lo mismo. Entre ellos hay que recordar dos nombres, el de Feijoo por la importancia de su figura, aunque en realidad ganó poco su gloria con las poesías gallegas que compuso, y el de Diego Antonio Cernades y Castro, cura de Fruime, que con Sarmiento es el precursor más importante del renacimiento de la lengua gallega en el siglo siguiente.

Tras estos antecedentes, la guerra de la Independencia vino a despertar el sentimiento local y regional, hecho que se tradujo en Galicia en la aparición de numerosos libros, folletos, periódicos patrióticos y hojas sueltas, la mayoría de ellos escritos en castellano pero con marcado espíritu regionalista. Es de notar que en tanto que la renaixensa catalana tuvo en sus comienzos un carácter más bien histórico, arqueológico y poético, las primeras manifestaciones del renacimiento gallego tienen una predominante intención política. A estos años de la guerra de la Independencia y de las primeras luchas liberales corresponde la composición *Os rogos d'un gallego* de casi nulo valor poético, pero que alcanzó una popularidad enorme.

El movimiento se desarrolló muy lentamente. Al tono político vino a sumarse pronto el tono melancólico-sentimental de los románticos como Nicomedes Pastor Díaz, el cual aunque sólo escribió una poesía en gallego, *Alborada,* alumbró con la inspiración quejumbrosa de sus poesías castellanas la vena céltica del antiguo lirismo galaico.

La corriente recibió también impulso merced a la obra de algunos eruditos regionales, que en su mayor parte escribieron en castellano pero inflamados de patriotismo local, y a la de algunos poetas como Juan Manuel Pintos, autor de *La gaita gallega* y de un *Diccionario gallego* que no llegó a publicarse entonces, Francisco Añón y Alberto Camino. Estos tres poetas iniciaron en rigor la nueva poesía y prepararon el renacimiento de la musa regional que tomó forma definida con la celebración de los primeros Juegos Florales en La Coruña el año 1861 y la aparición, el año siguiente, del *Álbum de la Caridad,* antología de los poetas gallegos desde principios del siglo.

**Rosalía de Castro, sus contemporáneos y continuadores.** — Una poetisa de la más alta sensibilidad, Rosalía de Castro (1837-1885), consolidó la nueva poesía gallega y la elevó en su momento a una altura comparable con la de cualquier otra lengua con sus libros *Cantares gallegos* (1873) y *Folhas novas* (1880). En sus composiciones, de tonos y temas muy variados, las reminiscencias de la antigua lírica gallego-portuguesa, especialmente de la popular, se unían a importantes innovaciones métricas. Pero más significativo que la técnica era en la poesía de Rosalía de Castro el espíritu. En su verso el hondo sentimiento regional —naturaleza, hombres, costumbres, vida sufrida y miserable del campesino gallego, protesta contra el centralismo castellano, indefinible emoción de la *soidade* o *morriña*— adquiría acento universal. La importancia de Rosalía de Castro, autora de bellas poesías castellanas en su otro libro, *A orillas del Sar,* rebasa, en efecto, los límites de la literatura gallega. Su voz, juntamente con la de Bécquer, es de las más puras de toda la poesía española en el momento de transición del romanticismo a la lírica contemporánea, y es asimismo de las que más influencia tuvieron en algunos poetas jóvenes del modernismo.

Por el mismo tiempo que Rosalía, escribe otro de los mejores poetas gallegos, Eduardo Pondal (1835-1917), que en *Queixumes dos pinos* o la *Campana d'Aullons* canta con espíritu osiánico y nebuloso la melancolía del paisaje gallego y el fondo tradicional y céltico del alma de su región. A la generación siguiente pertenece Manuel Curros Enríquez (1851-1906) que con Rosalía y Pondal forma la trilogía de los grandes poetas gallegos en el siglo XIX. La poesía de Curros, recogida en su libro *Aires d'a minha terra* (1880), es fuerte y, a veces, declamatoria, tiene acento revolucionario y corresponde por el estilo, en parte, a la de los poetas del realismo y del parnaso. Se redime de su carácter tendencioso, de combate, por un dominio grande de la lengua gallega y un vivo sentimiento de la tierra y del hombre que en ella habita con sus dramas e ilusiones. Rigurosamente coetáneo de Curros es otro poeta de personalidad propia, el ciego Valentín Lamas Carvajal (1854-1906), cantor de la Galicia rural con un espíritu también rural en *Espiñas, follas e frores, Saudades gallegas* y *Musas d'as aldeas.* Lamas Carvajal fue al mismo tiempo costumbrista en prosa muy celebrado por su periódico *O tío Marcos da Portela* y su *Catecismo do labrego*.

Otros poetas de menos vuelo pero de algún prestigio en su región natal son Benito Losada, Juan Barcia Caballero, José María Posada, Evaristo Marlo, Alberto García Ferreiro, etc.

Junto a esta poesía que podemos llamar culta o de autor individual, es riquísima Galicia en restos o productos nuevos de la musa anónima y tradicional como puede verse en el *Cancionero popular gallego* de José Pérez Ballesteros.

**La prosa y el teatro en el siglo XIX.** — A semejanza de lo ocurrido en la Edad Media, la poesía es el único género de verdadero valor artístico en el moderno renacimiento literario de la lengua gallega. La prosa y los prosistas —los cuales publican gran parte de su obra en la prensa local— no traspasan las fronteras de su región ni alcanzan el desarrollo que en la literatura catalana. El alma de la lengua gallega en el siglo XIX lo mismo que en el XIII es ante todo un alma lírica. Las grandes novelas de la región, las de Emilia Pardo Bazán y Ramón del Valle Inclán, aunque gallegos sus autores, se han escrito en castellano.

Entre los novelistas y cuentistas de algún relieve que cultivan su lengua nativa están Marcial Valladares, autor de *Majina ou a filla espúrea* (1880); Manuel Amor Melián, autor de *Xuana* (1886); Jesús Rodríguez López, autor de la *A Cruz de salgueiro* (1893); Heraclio Pérez Placer, autor de *Contos, leendas e tradicioes de Galicia* (1891) y *Contos da terriña* (1895); y Francisco Portela Pérez, costumbrista más bien que cuentista en las notas descriptivas de *As romerías* (1889).

En el campo de la prosa didáctica se distingue Florencio Valladares con su *Resume da Historia de Galicia*. Mezcla de didáctica y creación literaria son las novelas históricas *Tecedeira de Bonaval* y *Castelo de Pambre* de Antonio López Ferreiro, arqueólogo y erudito.

De menor importancia aún que la novela son los escasos y poco logrados intentos de crear un teatro gallego por los siguientes autores: Francisco María de la Iglesia, en *A fonte do xuramento* (1882); Juan Cuveiro Piñol, en *Pedro Madruga* (1887); Galo Salinas y Rodríguez en *A torre de Peito Burdelo* (1891) y *Filla* (1892); y R. Caruncho en *Maruxiña* (1896).

Otro aspecto del movimiento que conviene mencionar es la publicación de numerosos periódicos y revistas, especialmente de la *Revista Gallega* y la de la colección de libros Biblioteca Gallega, que es donde se encuentran los textos para estudiar esta literatura.

**La literatura contemporánea.** — A pesar de que el ímpetu renovador ochocentista ha continuado durante nuestro siglo y se ha traducido en empresas de mayores aspiraciones intelectuales como la fundación de la Academia Gallega en 1906 y más tarde en la del Seminario de Estudios Gallegos, en general, puede decirse que la producción literaria ha sido quizá menos rica que la de la centuria anterior. Es dudoso que haya en la literatura gallega de nuestra época una personalidad del valor de Rosalía de Castro.

Sin embargo, varios autores, al par que mantienen vivo el espíritu regional, han dado vuelo a la lengua literaria y han procurado hacer entrar en la literatura gallega las conquistas del arte nuevo universal. No cuenta, con todo, Galicia hoy con una literatura tan variada y floreciente como la catalana.

Entre los autores de fin de siglo que marcan la transición hacia lo contemporáneo descuellan el novelista Aurelio Ribalta y Manuel Lugris Freire, poeta, novelista y dramaturgo, a quienes siguieron, ya en el pleno siglo XX, dos poetas distinguidos: Antonio Noriega Varela y Ramón Cabanillas, este último el escritor quizá más valioso en las letras gallegas contemporáneas.

Poco después de la primera guerra mundial, el dibujante Alfonso R. Castelao, autor de varias novelas, y Ramón Otero Pedrayo asumieron la dirección espiritual del movimiento, dándole un carácter nacionalista y político. Al mismo tiempo una generación de jóvenes procedentes de las escuelas literarias de postguerra trató de incorporar a su lengua las conquistas formales de las estéticas nuevas. A esta generación pertenecen los poetas Luis Amado Carballo, Denys Fernandes, Augusto M. Casas, Fermín Bouza, y Eduardo Blanco Amor; y los ensayistas Eugenio Montes y Rafael Dieste que ha cultivado también el teatro.

# BIBLIOGRAFÍA

## LITERATURA GALLEGA

Textos en *Biblioteca gallega.*

M. Murguía, *Historia de Galicia,* La Coruña, 1891.
V. García Martí, *Una punta de Europa: Ritmo y matices de la vida gallega,* Madrid [1928].

A. González Besada, *Historia crítica de la literatura gallega.*

E. Carré Aldao, *La literatura gallega en el siglo XIX,* 2.ª ed., Barcelona, 1911.

———, *Influencias de la literatura gallega en la castellana,* Madrid, 1915.

A. F. G. Bell, *Portuguese Literature,* Oxford, 1922.

C. Barja, *En torno al lirismo gallego del siglo XIX,* Northampton, Mass., 1926.

M. Rodrigues Lapa, *Das origens da poesia lirica en Portugal na idade Media,* Lisboa, 1929.

G. Prampolini, *La letteratura galego-portoghese* y *Letteratura galega,* en *Storia della Letteratura Universale,* vol. II, 1934, pp. 954-975 y vol. III, 1938, pp. 361-386.

S. Pellegrini, *Studi su trove e trovatore della prima lirica Ispano-Portoghese,* Torino, 1937.

E. G. Da Cal, "Galician Literature", en *Encyclopedia of Literature,* New York, 1946.

ÍNDICE-GLOSARIO

Combinado con el índice de obras anónimas y nombres citados, va un glosario en el que explicamos términos, alusiones y conceptos con los que quizá el estudiante no esté familiarizado. En el caso de escritores extranjeros y personajes históricos nos limitamos a dar fechas y la nacionalidad, aunque a veces añadimos algún detalle necesario para la mejor comprensión de las referencias que se hacen en el texto.

# A

Abati, Joaquín, 282

Aben-Humeya (1520-1569), o sea don Fernando de Córdoba y Válor; acaudilló a los moriscos que se sublevaron contra Felipe II en las Alpujarras. Le coronaron rey y tomó el nombre de Aben-Humeya. Fue asesinado por dos moriscos.

Abril, Manuel, 351

*academicismo*: sumisión en la expresión o formas literarias o artísticas a la técnica y al espíritu de la Academia del siglo XVIII.

Ackermann, Rudolph, 98

Adams, N. B., hispanista norteamericano, 105

Addison, Joseph (1672-1719), ensayista inglés que, con Richard Steele, dirigió el diario el *Spectator,* 310

*Adonis (muerte de)*: joven griego de gran belleza, amado por Venus. Según la leyenda mitológica, el dios Marte tomó la forma de un jabalí y le dio muerte para satisfacer sus celos.

Agulló, Ferrán, 397

Agustí, Ignacio, 367, 368

Agustín, Antonio, 29

Agustín, San (354-450): obispo de Hipona, en lo que hoy es Argelia; uno de los padres de la Iglesia y de los santos más famosos. Sus libros las *Confesiones, La ciudad de Dios* y el tratado *De la gracia* se cuentan entre las grandes obras de la literatura religiosa, 357

Alarcón, Juan Ruiz de. Véase Ruiz de Alarcón.

Alarcón, Pedro Antonio de, 142, 180, 181, 185-188, 191, 193, 195, 197, 198, 202, 212, 351

Alas, Leopoldo (Clarín), 136, 164, 180, 181, 190, 203, 210, 211, 212, 214-217, 218, 220, 223, 228, 238, 258, 278, 306, 316, 358, 361

Alberoni, Giulio (1664-1752), abate italiano, protegido de Isabel Farnesio y ministro que dirigió los destinos de España entre 1717 y 1720, en que fue destituído a petición de las potencias europeas, 4, 17

Albert, Catalina, 399

Alberti, Rafael, 85, 157, 292, 294, 336, 337, 338, 340, 342-343, 346, 352, 361, 363, 364

Alborg, Juan Luis, 361

Alcalá Galiano, Antonio, 86, 89, 96, 99, 102, 105

Alcázar, Mariano, 59

Alcolea, Santiago, 15

Alcover, Juan, 399

Aldecoa, Ignacio, 366, 367, 373-374

Alderete, Bernardo, 29

Aleixandre, Vicente, 337, 344, 355, 359, 361

Alemán, Mateo, 328

Alfieri, Vittorio (1749-1803), poeta y dramaturgo italiano, 4, 90, 109, 163

Alfonso I de Cataluña, 389

Alfonso II de Aragón, 388-389

Alfonso IV de Aragón, 390, 391

Alfonso V de Aragón, 393

Alfonso VI, 401

Alfonso VIII, 61

Alfonso X el Sabio, 278

Alfonso XII, 150

Alfonso XIII, 261

*Alfonso XI, Poema de,* 403

*aliteración*: empleo en la cláusula de voces que repiten los mismos sonidos.

Almela, Juan Antonio, 396

Alomar, Gabriel, 276, 399

Alonso, Amado, 245, 271, 349, 350-351, 356

Alonso, Dámaso, 155, 157, 336, 337, 346, 349, 350, 351, 355, 356, 359, 361, 363

"Alonso Quesada," pseudónimo del poeta canario Rafael Romero

Altolaguirre, Manuel, 337, 345-346

Álvarez de Cienfuegos, Nicasio, 47, 66, 71, 86, 87, 90, 93, 94, 100

Álvarez de Toledo, Gabriel, 16

Álvarez de Villasandino, Alfonso, 403

Álvarez, Miguel de los Santos, 140

Álvarez Quintero, Joaquín, 203, 281

Álvarez Quintero, Serafín, 203, 281

Alvernia, Pedro de, 388

*Amadís de Gaula,* 359, 392, 404

Amador Carballo, Luis, 408

Amador de los Ríos, José, 143, 220

Amiel, Henri Frédéric (1821-1881), escritor suizo, nacido en Ginebra, 236, 325

este sentido el término ha empezado a usarse muy recientemente en español como equivalente del alemán "Aufklärung" y del inglés "Enlightenment."

*ilustración*: se aplica esta palabra al movimiento de ideas del siglo XVIII como equivalente de la llamada filosofía de "las luces." Véase *iluminista*.

*imaginismo*: movimiento y grupo poético iniciado por el poeta norteamericano Ezra Pound y dirigido después por la poetisa Amy Lowell que publicó en Londres tres antologías *(Some Imagist Poets)* de 1915 a 1917. El grupo estaba constituído por tres poetas ingleses (D. H. Lawrence, R. Aldington, F. S. Flint) y tres norteamericanos (H. D., John Gould Fletcher y Amy Lowell). Su concepto de la poesía lo resumieron en seis principios coincidentes con el de otros muchos grupos en la poesía nueva de aquellos años. El más específico y del que se deriva el nombre es que el propósito de la poesía es "presentar una imagen: no somos una escuela de pintores, pero creemos que la poesía debe expresar lo concreto *(particulars)* con exactitud, y no vagas generalidades, por espléndidas y sonoras que sean."

Imaz, Eugenio, 354

*impresionismo*: tendencia artística derivada del naturalismo que arranca de la obra de un grupo de pintores franceses, el primero de los cuales fue Claude Monet (la palabra procede de su cuadro *Impressions,* expuesto en 1874), y que luego se manifiesta en literatura a partir de algunos naturalistas como Daudet y los Goncourt. Es acaso la tendencia estilística más acusada en los primeros treinta años del siglo XX. En filosofía se ha definido (Messer) como la "adaptación a lo percibido, su fiel reproducción y la exclusión de toda ingerencia del espíritu humano"; en pintura como "el predominio del color sobre la línea"; en literatura como "la voluntad de representar las sensaciones que las cosas provocan en

un temperamento y no las cosas mismas." (A. Alonso y R. Lida)

*Independencia, Guerra de la*: la que pelearon los españoles contra los franceses (1808-1814) y que los historiadores ingleses llaman *The Peninsular War*, 3

*Inquisición*. El tribunal de la Inquisición era un tribunal eclesiástico establecido por la autoridad del papa Gregorio IX en 1233, para reprimir la herejía en el sur de Francia. De Francia se extendió a la Europa occidental. En 1242 se estableció en Aragón y en 1480 en Castilla. Las Cortes de Cádiz decretaron la extinción del tribunal en 1813.

*intuicionismo*. Véase Bergson.

Iriarte, Juan de, 26

Iriarte, Tomás, 40, 44, 47, 48

Isabel II, 95, 150, 272

Isabel de Solís, 110

Isla, padre José Francisco de, 6, 12, 31, 33-37, 73, 91

Ixart, José, 220, 400

# J

*jácara*: romance o romancillo alegre, de tema casi siempre de la vida rufianesca que generalmente se cantaba y bailaba; muy común en el teatro cómico del siglo XVII.

*jacobinos*: los que constituían el partido más extremo de la Revolución Francesa. Se reunían en un convento de dominicos a quienes llamaban jacobinos por la calle de San Jacobo donde vivían; de ahí el nombre jacobinos con que se bautizó a los revolucionarios.

Jaime I, 387, 388, 390

James, William (1842-1910), filósofo norteamericano, creador del pragmatismo, doctrina basada en la idea de que lo "verdadero es lo prácticamente eficaz, lo que sostiene y guía la acción humana en el sentido de la conservación y fomento de la vida," 236

*jansenismo*: movimiento y doctrina religiosa que tiene su origen en las obras del teólogo holandés Jansenius (1585-1638); tuvo sus principales defensores en el grupo de teólogos franceses de la abadía de Port Royal. Los jansenistas tendían a limitar la doctrina del libre arbitrio y abogaban por una vida de austeridad moral; fueron combatidos por los jesuítas y finalmente condenados por la Iglesia. En España tuvieron algunos partidarios, entre los escritores del siglo XVIII, y, aunque no llegó a formarse un movimiento organizado, hubo un partido jansenista que intervino en las polémicas religiosas y políticas de la época.

Jardiel Poncela, Enrique, 377, 381

Jarnés, Benjamín, 348, 365

Jeschke, Hans, hispanista alemán, 240, 246

Jiménez de Cisneros, Francisco, 5, 45

Jiménez de Rada, Rodrigo, autor de *De rebus Hispaniae,* 390

Jiménez, Juan Ramón, 157, 226, 233, 239, 243, 244, 246, 247, 270, 284, 289-293, 303, 308, 317, 329, 331, 335, 336, 337, 344, 345, 353, 355, 358, 359, 360, 361, 362, 364

Jordi de San Jordi, 393

José I (Bonaparte), 3, 68, 86, 87, 88, 93

*Journal des savants,* fundado en 1665, publicaba trabajos eruditos además de literarios.

Jouy, 143

Jovellanos, Gaspar Melchor de, vi, 4, 5, 6, 7, 9, 11, 12, 14, 15, 21, 37, 39, 40, 42, 44, 46, 47, 48-53, 55, 56, 57, 59, 60, 63, 65, 68, 72, 86, 87, 88, 90, 91, 100, 103, 164

Joyce, James (1882-1941), novelista de lengua inglesa, nacido en Irlanda, 319, 367

*joyciano.* Véase Joyce.

Juan, Jorge (1713-1773), marino español y autor de trabajos náuticos, geográficos, etc. En colaboración con Antonio Ulloa escribió *Noticias secretas de América,* 17

Juana la loca, doña, 171

Juárez, Benito (1806-1872), político mejicano y tres veces presidente de la República, caudillo de la resistencia contra Maximiliano; en 1859 publicó las Leyes de Reforma que establecían la separación de la Iglesia y el Estado y otras medidas liberales, 149

*Junta Central:* gobierno formado en España en 1808, por delegados de diversas provincias, para dirigir la lucha del país contra Napoleón; fue substituída en 1810, después de reunidas las Cortes de Cádiz, por una Regencia.

*justificación:* acto por el cual el hombre pasa del pecado a la santificación interior por medio de la gracia, con la cual se hace justo y merecedor de la vida eterna.

## K

Kafka, Franz (1883-1924), novelista y ensayista de lengua alemana, nacido en Praga, muy influyente entre las minorías literarias. Al irracionalismo y expresionismo que caracterizan a sus temas y estilo, une un fondo de preocupación religiosa y moral, 347

Kant, Immanuel (1724-1804), filósofo alemán, autor de la *Crítica de la razón pura, Crítica de la razón práctica,* etc., 325

Karr, Alphonse (1808-1890), escritor francés, 186

Keyserling, Hermann (n. 1880), filósofo alemán nacido en Lituania, 264

Kierkegaard, Sören (1813-1855), teólogo danés que hace de la angustia y de la preocupación por la busca de Dios, la base de la existencia humana, de la personalidad y del conocimiento. Es considerado como el precursor más importante del existencialismo, 236, 253

King, E. L., 161

Kock, Paul de (1794-1871), novelista francés que presenta la vida de la clase media, 183

Kotzebue, August von (1761-1819), dramaturgo alemán, 90

Krause, Christian F. (1781-1832), filósofo alemán en el que se origina el pensamiento de los krausistas españoles, 152, 223

Kyd, Thomas (1557-1595), dramaturgo inglés, 171

## L

La Condamine, Charles Marie de (1701-1774), hombre de ciencia

## Ll

## M

# N

racionalismo: doctrina que considera a la razón como fuente primordial del conocimiento humano, contrario al empirismo para el cual la base del conocimiento está en la experiencia.

Radcliffe, Anne (1764-1823), novelista inglesa, 73

radial, novela: aquella en que se presenta una simultaneidad temporal de temas y acciones que funcionan a la vez.

Raimond, Pierre, 389

Ramazzini (1633-1714), médico italiano, 17

Rameau, Jean Philippe (1683-1764), compositor francés, 53

Ramón Berenguer IV, 387, 388, 389

Ramón y Cajal, Ramón, 228, 279

Ramos Carrión, Miguel, 175

Rapin, René (1621-1687), retórico francés y uno de los expositores de la poética clásica, en sus Reflexiones sobre la "Poética" de Aristóteles, 24

Rastadt, Paz de (1714), 2

realismo: en general toda tendencia a reproducir artísticamente la realidad en todos sus aspectos; y en particular, la escuela de novelistas posteriores al romanticismo que practicaron esa tendencia en el siglo XIX.

Recasens Siches, Luis, 354

Reconquista: período que va desde la invasión de España por los árabes a principios del siglo VIII hasta la expulsión de los invasores a fines del siglo XV y guerra o guerras que los españoles mantienen durante ese tiempo para liberar a España de la dominación árabe.

redondilla: estrofa de cuatro versos octosílabos que riman abba.

regalismo: doctrina político-religiosa muy extendida en el siglo XVIII, que defendía lo que se llamaba "regalías" de la Corona o sea preeminencias del Estado sobre la Iglesia en ciertas materias temporales y de disciplina eclesiástica.

regionalismo: doctrina política según la cual cada región debe ser gobernada según su carácter, deseos, etc.

Reglá, Juan, 15

Reina, Manuel, 152, 165, 246

Reinoso, Félix José, 67, 72, 93

Rejano, Juan, 355

Rejón de Silva, Diego, 73

Renan, Ernest (1823-1892), historiador, crítico y pensador francés, 216, 236, 309

Rennert, Hugo A., hispanista norteamericano contemporáneo, 326

Representació de la Asumpció de Madona Santa María, 394

Restauración: vuelta de la monarquía de los Borbones con Alfonso XII a España en 1874, después de seis años de diversos regímenes y uno de república; época que empieza con ese hecho y se extiende hasta fines del siglo.

Reverdy, Pierre (n. 1889), poeta francés, 334

Revilla, Manuel de la, 133, 220

Rey, Agapito, 359

Reyes, Alfonso, 124, 245, 273, 368

Reyes Católicos, 5, 45, 67, 133, 322

Riba, Carles, 398

Ribalta, Aurelio, 408

Riber, Lorenzo, 399

Ribera de Parpejá, 390

Ribera, Julián, erudito español contemporáneo, especializado en estudios de literatura árabe, 220

Ribera, padre Manuel Bernardo, 32

Ricci, Lorenzo (1703-1775), general de los jesuitas, 27

Richardson, Samuel (1689-1761), novelista inglés, 73

Ridruejo, Dionisio, 355, 362

Riego y Núñez, Rafael del (1785-1823), teniente coronel que se subleva en 1820 para proclamar la constitución de 1812; le ejecutan en 1823 en Madrid, 97, 123

Riera i Bertrán, Joaquín, 397

Rimbaud, Arthur (1854-1891), poeta francés, 244

Río, Ángel del, vi, 349, 356

Rioja, Francisco de, 72

Ríos, Amador de los, 220

Ríos, Fernando de los, vi, 325, 353

Ríos, Vicente de los, 64

Riquer, Martín de, 359

Riquier de Narbona, Guiraldo, 389

Risco, padre, 30

Risorgimento: período de la unificación nacional de Italia que se extiende de 1815 a 1870 y en el que se distinguieron Mazzini, Gari-

## U

## V

*versos asonantados*: los que tienen las mismas vocales a partir de la última sílaba acentuada. A esta rima se llama asonante o asonancia a diferencia de la rima consonante o consonancia en la cual son idénticas las vocales y las consonantes, a partir de la última sílaba acentuada: cond*esa,* t*ema,* l*etra,* son asonantes; cond*esa,* m*esa,* fr*esa* son consonantes.

# W